D1718979

Fachphraseologie am Beispiel der deutschen und der polnischen Fassung des Vertrags von Lissabon

DANZIGER

BEITRÄGE ZUR

GERMANISTIK

Herausgegeben von Andrzej Kątny, Katarzyna Lukas
und Czesława Schatte

Band 52

Joanna Woźniak

Fachphraseologie am Beispiel der deutschen und der polnischen Fassung des Vertrags von Lissabon

Bibliografische Information der Deutschen Nationalbibliothek
Die Deutsche Nationalbibliothek verzeichnet diese Publikation
in der Deutschen Nationalbibliografie; detaillierte bibliografische
Daten sind im Internet über http://dnb.d-nb.de abrufbar.

Diese Publikation wurde gefördert vom Internationalen Verlag der
Wissenschaften Peter Lang als Auszeichnung im Wettbewerb *Peter Lang Young
Scholars Award* 2015 und von der Adam-Mickiewicz-Universität in Poznań.

Gutachter:
Prof. Monika Bielińska
Prof. Janusz Taborek

Umschlagabbildung: Panorama von Danzig
mit dem Motto der Universität Gdańsk.

Abdruck mit freundlicher Genehmigung
der Universität Gdańsk.

Gedruckt auf alterungsbeständigem,
säurefreiem Papier.

ISSN 1617-8440
ISBN 978-3-631-67482-6 (Print)
E-ISBN 978-3-653-06694-4 (E-Book)
DOI 10.3726/978-3-653-06694-4

© Peter Lang GmbH
Internationaler Verlag der Wissenschaften
Frankfurt am Main 2016
Alle Rechte vorbehalten.
Peter Lang Edition ist ein Imprint der Peter Lang GmbH.
Peter Lang – Frankfurt am Main · Bern · Bruxelles · New York ·
Oxford · Warszawa · Wien

Diese Publikation wurde begutachtet.

www.peterlang.com

Dank

An dieser Stelle möchte ich mich herzlich bei allen bedanken, ohne die die Entstehung und die Veröffentlichung der Arbeit nicht möglich wären.

Zu besonderem Dank bin ich meiner Doktormutter Frau Professor Czesława Schatte für die Betreuung der Arbeit verpflichtet. Durch ihre nachhaltigen Anregungen, Ratschläge und die unschätzbare andauernde Diskussionsbereitschaft hat sie maßgeblich zum Gelingen der Arbeit beigetragen. Mein Dank gilt auch den Gutachtern der Arbeit Frau Professor Monika Bielińska (Schlesische Universität Katowice) und Herrn Professor Janusz Taborek (Adam-Mickiewicz-Universität Poznań) für kritische Bemerkungen und wertvolle Hinweise.

Mein Dank gebührt ganz besonders dem Verlag Peter Lang für die Auszeichnung meiner Arbeit im Wettbewerb „Peter Lang Nachwuchspreis" 2015 und die finanzielle Unterstützung bei der Drucklegung, sowie den Herausgebern der Reihe Danziger Beiträge zur Germanistik für die Aufnahme meiner Arbeit in diese Reihe.

Ferner danke ich meinen Kollegen und Kolleginnen, vor allem Frau Dr. Agnieszka Błażek, für stete Bereitschaft zu (fachlichen) Diskussionen. Nicht zuletzt möchte ich meinen Freunden und meiner lieben Familie für die unermüdliche Unterstützung, die mir immer wieder Kraft zum Durchhalten in schwierigen Phasen gegeben hat.

Zum Dank bin ich auch Central European Exchange Program for University Studies (CEEPUS) für die Finanzierung meines wissenschaftlichen Auslandsaufenthalts an der Universität Innsbruck verpflichtet.

Die Arbeit widme ich meinem verstorbenen Vater.

Inhaltsverzeichnis

0. Einleitung

Gesetzestexte werden immer wieder kritisiert, dass sie zu kompliziert und schwer verständlich abgefasst sind. Eine solche Meinung resultiert u. a. aus ihrem Nominalstil, langen, mehrfach zusammengesetzten Sätzen sowie komplexer präziser Fachterminologie und -phraseologie. Während zu juristischer Fachterminologie, sowohl explizit als Rechtsterminologie, als auch im Rahmen der Fachterminologie, bereits zahlreiche Untersuchungen vorliegen (vgl. u. a. Albrecht 1992, Hałas 1995, Jeand'Heur 1998, Fraas 1998, Iluk 2012), ist die Fachphraseologie noch nicht ausreichend erforscht.

Die Fachphraseologie wurde bisher entweder im Rahmen der Fachsprachenforschung, bzw. der Fachterminologie oder als Randerscheinung der allgemeinsprachlichen Phraseologie untersucht. Weder der eine noch der andere wissenschaftliche Ansatz erlauben die Fachphraseologie umfassend zu erörtern, und so entstehen allmählich Arbeiten, die die Ergebnisse der Fachsprachenforschung, der Fachterminologie und der Phraseologie in Bezug auf die Fachphraseologie zu integrieren versuchen (vgl. u. a. Duhme 1991; Caro Cedillo 2004, Gläser 2007). Auch in dieser Arbeit werden die Fachphraseologismen unter dem Gesichtspunkt der integrativen Richtung beschrieben und analysiert, d. h. sie werden mithilfe phraseologischer und terminologischer Kriterien charakterisiert.

Bereits vorhandene, richtungsweisende Arbeiten zur Fachphraseologie betreffen u. a. deutsche, englische oder spanische Sprache (vgl. u. a. Gläser 1986, 1989), vereinzelt auch aus kontrastiver Sicht (vgl. u. a. Caro Cedillo 2004, Plasencia 2010), jedoch nicht das Sprachpaar Deutsch-Polnisch. Diese Arbeit soll diese Lücke schließen und einen Beitrag zur Erforschung der deutsch-polnischen Fachphraseologie leisten.

Die vorliegende Arbeit soll in erster Linie die folgenden Fragen beantworten:

1. Sind **Fachphraseologismen** ein wesentlicher Bestandteil des Gesamtwortschatzes der Gesetzestexte?
   Eine positive Antwort auf diese Frage macht weitere Erforschung der Fachphraseologismen und ihrer einzelnen Klassen erforderlich, die folgende Frage beantworten soll:
2. Welche **Klassen der Fachphraseologismen** sind in Gesetzestexten am häufigsten repräsentiert?
   Mit der Festlegung der in Gesetzestexten am häufigsten auftretenden Klassen von Fachphraseologismen lassen sich auch die Struktur und das Funktionieren der Fachphraseologismen in juristischen Fachtextsorten allgemein bestimmen und somit kann die dritte Frage beantwortet werden:
3. Wie sind die **Struktur** und der **Fachlichkeitsgrad** der in Gesetzestexten auftretenden phraseologischen Syntagmen?

Mit der Analyse der Struktur der einzelnen Syntagmen wird versucht, die möglichen Strukturmuster festzulegen, nach denen Fachphraseologismen gebildet werden. Die Analyse der Fachlichkeit der Syntagmen soll zum einen zeigen, woraus diese resultiert, und zum anderen, welchem Fachbereich die einzelnen Syntagmen zugehören und wie hoch ihr Fachlichkeitsgrad ist.

Die methodologische Vorgehensweise umfasst die strukturelle, funktionale und semantische Analyse der exzerpierten Syntagmen. Der Analyse der aus den EU-Verträgen exzerpierten Fachphraseologismen geht im zweiten Kapitel eine mehrdimensionale Textsortenanalyse nach den von Heinemann und Viehweger (1991) sowie Heinemann und Heinemann (2002) bearbeiteten Kriterien voran. Juristische Textsorten sind, wie viele andere Fachtexte, nicht nur in ihrer Ausdrucksweise formelhaft und konventionalisiert, sondern im gleichen Grade auch in ihrer Textstruktur. Aus diesem Grund werden die gewählten Vertragstexte – als Beispiele solcher Textsorten – einer mehrdimensionalen Textanalyse unterzogen.

Als Forschungsgegenstand gelten zwei europäische Verträge, **der Vertrag über die Europäische Union** und **der Vertrag über die Arbeitsweise der Europäischen Union**, die zusammen den Hauptteil des Vertrags von Lissabon bilden und Gründungsverträge der Europäischen Union sind. Die Vertragstexte wurden in allen Sprachen der Mitgliedstaaten als gleichwertige Texte abgefasst und eignen sich daher gut als Korpus zur kontrastiven Analyse. Die kontrastive Analyse nationaler Rechtsakte ist aufgrund der Verschiedenheit der Rechtsysteme in unterschiedlichen Ländern schwierig, weil viele Termini aus der Ausgangssprache keine Äquivalente in der Zielsprache haben. Die europäischen Rechtsakte gelten als **Paralleltexte**, die nach dem offiziellen Standpunkt nicht übersetzt worden, sondern unabhängig von anderen Sprachfassungen entstanden sind. Das erhöht die Wahrscheinlichkeit, dass den deutschen Fachphraseologismen im polnischen Paralleltext sinngemäße Entsprechungen gegenüberstehen, auch wenn nicht immer phraseologische. Die Korrektheit der polnischen Entsprechungen wird aufgrund der Parallelität der beiden Texte nicht diskutiert.

Die Arbeit ist in fünf Kapitel gegliedert.

Im ersten Kapitel wird in Anlehnung an die einschlägige Literatur zur Fachsprachenforschung der Begriff *Fachsprache(n)* erörtert. Insbesondere wird in diesem Kapitel angestrebt, den bisherigen Forschungsstand zu präsentieren, die lexikalischen, morphologischen und syntaktischen Merkmale der **Fachsprachen** zu beschreiben sowie horizontale und vertikale Klassifikation der Fachsprachen vorzunehmen. Demzufolge wird die **Rechtssprache** als Fachsprache ausgesondert und beschrieben. Dabei wird vor allem auf die Berührungspunkte zwischen Fachsprache und Allgemeinsprache hingewiesen, weil der enge Zusammenhang zwischen Rechts- und Allgemeinsprache für die weitere Untersuchung von Bedeutung ist.

Den Gegenstand des zweiten Kapitels bilden **Aspekte der Fachtexte**. Nach einer allgemeinen Erklärung der Hauptbegriffe aus dem Bereich der Fachtextlinguistik wird die Aufmerksamkeit auf die Konventionalität der Fachtextsorten, unter besonderer Berücksichtigung der juristischen Fachtextsorten, gelenkt. Den Hauptteil des Kapitels bildet die mehrdimensionale Analyse (vgl. Heinemann / Viehweger 1991; Heineman / Heinemann 2002) der Gründungsverträge der EU. Die Verträge werden als Textsorte in Hinsicht auf ihre Funktionalität, Situationalität, Thematizität, Strukturiertheit sowie Formulierungsadäquatheit mit besonderer Hervorhebung der Formelhaftigkeit und Konventionalität untersucht. Die Formulierungsadäquatheit als die fünfte Ebene wird hier ausgenommen und im vierten Kapitel anhand des gesammelten Materials ganzheitlich erörtert. Die Schlussfolgerungen aus der Textsortenanalyse beeinflussen die Vorgehensweise bei der Erhebung der Fachphraseologismen und die Interpretation der Ergebnisse der weiteren Analyse.

Im dritten Kapitel werden in Anlehnung an die Ansätze der Fachsprachenforschung, Fachterminologie und der allgemeinsprachlichen Phraseologie die definitorischen Rahmen der Fachphraseologismen festgelegt. Anschließend wird eine Klassifikation der Fachphraseologismen in Hinsicht auf ihre Struktur und Funktionen im Text dargestellt. Berücksichtigt werden alle Klassen von Fachphraseologismen, die in unterschiedlichen juristischen Fachtextsorten Anwendung finden, d. h. **phraseologische Termini, Fachphraseme, Fachkollokationen, Funktionsverbgefüge, lateinische Phrasen und pragmatische Phraseologismen.**

Den eigentlichen analytischen Teil der Arbeit bildet das vierte Kapitel. Aufbauend auf die theoretischen Ausführungen zur Fachphraseologie werden hier die exzerpierten nach einzelnen Klassen gegliederten Fachphraseologismen in Hinsicht auf ihre Struktur und Funktionen sowie ihren Fachlichkeitsgrad untersucht. Das exzerpierte Material umfasst polylexikale, feste und wiederholt in Verträgen auftretende Strukturen oft mit einem Fachterminus als Komponente und konventionelle Strukturen, die für die analysierte Textsorte typisch sind. Vereinzelt enthält das Material auch allgemeinsprachliche nicht textsortenbedingte feste Syntagmen ohne Fachkomponenten. Sie werden in der Arbeit dennoch berücksichtigt, weil ihre Bedeutung durch den Fachkontext beschränkt und spezialisiert wurde.

Die vorgenommene Analyse der exzerpierten Strukturen soll zeigen, dass Fachphraseologismen einen wesentlichen Bestandteil der analysierten Verträge ausmachen und ihre Untersuchung auf andere Rechtsakte erweitert werden könnte.

Die theoretischen Ausführungen zu Fachtextsorten und Fachphraseologismen sind mit zahlreichen textuellen und lexikalischen Belegen illustriert. Die textuellen Belege sind im jeweiligen Punkt mit einer fortlaufenden in runden Klammern stehenden Nummer versehen. Angegeben werden immer, wo es möglich ist, ein deutscher und ein polnischer Beleg. Die lexikalischen Belege werden in der Arbeit grundsätzlich nicht nummeriert, es sei denn die Nummerierung vereinfacht den Bezug auf konkrete Stellen im Text.

In der Arbeit werden folgende Abkürzungen und Sonderzeichen gebraucht:

Liste der gebrauchten Abkürzungen und Sonderzeichen

[ ]	in eckigen Klammern stehen Kommentare und Erklärungen zu Belegen
{}	in geschweiften Klammern stehen Angaben des Kontextes
< >	in spitzen Klammern stehen im theoretischen Teil nichtphraseologische Belege, und in der Analyse strukturell andere Formen der polnischen Entsprechung
Adj	Adjektiv
AEU-Vertrag	der Vertrag über die Arbeitsweise der Europäischen Union
Anm.	Anmerkung
Art.	Artikel
BGB	das Bürgerliche Gesetzbuch
BW	das Bestimmungswort
$_d$ im Kleindruck	steht für einen deutschen Beleg
EGV	der Vertrag zur Gründung der Europäischen Gemeinschaft
EU	die Europäische Union
EU-Vertrag	der Vertrag über die Europäische Union
EU-Verträge	EU-Vertrag und AEU-Vertrag zusammen
FVG	Funktionsverbgefüge
Koll	Kollokation
KC	Kodeks Cywilny [das Polnische Zivilgesetzbuch]
N	Nomen / Nomen im Nominativ
N_{Akk}	Nomen im Akkusativ
N_{Dat}	Nomen im Dativ
N_{Gen}	Nomen im Genitiv
N_{Instr}	Nomen im Instrumental
$N_{Präp}$	Nomen im Präpositionalkasus
$_p$ im Kleindruck	steht für einen polnischen Beleg
Part. I	Partizip I
Part. II	Partizip II
Pkt.	Punkt
pragm. Phras.	pragmatische Phraseologismen
TUE	Traktat o Unii Europejskiej [DE: der Vertrag über die Europäische Union]
TWE	Traktat Ustanawiający Wspólnotę Europejską [DE: der Vertrag zur Gründung der Europäischen Gemeinschaft]
V	Verb

1. Das Wesen der Fachsprachen

In diesem Kapitel wird das Wesen der Fachsprachen erörtert. Nach einer kurzen allgemeinen Begriffserklärung wird ein Überblick über den Forschungsstand und über die im Laufe der Zeit variierende Definition des Terminus *Fachsprache* gegeben. Im Anschluss daran werden die Merkmale der Fachsprachen auf der lexikalischen und der morphosyntaktischen Ebene sowie die Klassifikation der Fachsprachen kurz dargestellt. Eine besondere Beachtung wird im weiteren Teil der in dieser Arbeit im Mittelpunkt stehenden juristischen Fachsprache geschenkt.

1.1 Allgemeine Begriffserklärungen

Die Bezeichnung *Fachsprache* wurde in der deutschsprachigen Fachliteratur schon im 19. Jh. geprägt (mehr dazu: vgl. u. a. S. Grucza 2004: 16). Daneben erscheinen auch solche Bezeichnungen wie *Fachjargon, Spezialsprache, Gruppensprache, Berufssprache, Sachsprache, Zwecksprache, Arbeitssprache, Expertensprache, fachlicher Soziolekt, Subsprache, Register, Sprachvariante, Varietät, Teilsprache, Sondersprache, Sekundärsprache* (vgl. Fluck 1976: 11; S. Grucza 2004: 16). Auch in der polnischen Fachsprachenforschung sind viele Bezeichnungen für *Fachsprache* zu finden: *język specjalistyczny, język fachowy, technolekt* oder *idiolekt specjalistyczny* (vgl. u. a. F. Grucza 2008; S. Grucza 2004; Lukszyn 2002; Pieńkos 1999). Die früher bevorzugte Bezeichnung *Fachsprache* wird in der neueren Literatur in ihrer Pluralform *Fachsprachen* verwendet, was aus der Veränderung des Verständnisses der Relation zwischen der Fach- und Allgemeinsprache resultiert (Hoffmann ²1984: 49). Die Pluralform soll signalisieren, dass der Allgemeinsprache „eine größere, bislang nicht fixierbare Zahl von primär sachgebundenen Sprachen als Subsysteme angehören" (Fluck 1976: 11). Auf die Begründetheit der Pluralform *Fachsprachen* weisen auch Arntz und Picht hin und betonen, dass „Fachsprache sich auf die Kommunikation in jeweils einem bestimmten Fachgebiet bezieht und es somit nicht die Fachsprache, sondern eine größere Zahl unterschiedlicher Fachsprachen gibt" (Arntz / Picht / Mayer ⁴2002: 10). In Anlehnung daran wird im Folgenden die Pluralform *Fachsprachen* in Bezug auf die Charakterisierung des Wesens aller Fachsprachen verwendet. Die Singularform *Fachsprache* wird hingegen in Bezug auf die Darlegung bestimmter Einzelfachsprachen wie z. B. der juristischen Fachsprache verwendet. Darüber hinaus wird im weiteren Teil dieses Kapitels das Verhältnis zwischen Fach- und Allgemeinsprache (in der Literatur auch *Gemeinsprache, Standardsprache, Gesamtsprache, Muttersprache* oder *Nationalsprache*) ausführlicher erörtert.

1.2 Forschungsstand und Definitionen

Ursprünglich wurden Fachsprachen fast ausschließlich mit Fachwortschatz und Fachterminologie gleichgesetzt (mehr dazu: u. a. vgl. Hoffmann 1998a: 157; S. Grucza 2004:

15). Das Wesen der Fachsprachen wird in ihrem Benennungsbestand, insbesondere in ihren Terminologien, gesucht und Termini wie *Fachsprache* und *Fachwortschatz* werden als Synonyme verstanden (vgl. Hoffmann ²1984: 21), was die Definition der Fachsprachen vom Beginn des 20. Jahrhunderts illustriert:

> „Fachsprachen nenne ich die Terminologien für die verschiedenen Gebiete der geistigen, sittlichen und künstlerischen Betätigung des Menschen, also etwa Recht und Politik, Kunst und Wissenschaft und anderes mehr, soweit dabei eine von der Gemeinsprache abweichende Ausdrucksweise in Frage kommt" (Schirmer 1913, zit. nach S. Grucza 2008: 27).

Erst später entsteht aus verschiedenen Teildisziplinen, u. a. aus Terminologie, Fachlexikographie, Funktionalstilistik, Wirtschaftslinguistik, Übersetzungswissenschaft und Fremdsprachendidaktik die heutige Fachsprachenlinguistik (vgl. Hoffmann 1998c: 249).

In den 50er bis 70er Jahren des vergangenen Jahrhunderts, als sich die strukturalistischen Ansätze auch in der Fachsprachenforschung etablierten, wird darauf gezielt, Fachsprachen zu definieren und ihre distinktiven Merkmale auszusondern (vgl. S. Grucza 2004: 15). Als Vertreter dieser Richtung gilt u. a. Lothar Hoffmann. Er versteht Fachsprachen als

> „[...] Gesamtheit aller sprachlichen Mittel, die in einem fachlich begrenzbaren Kommunikationsbereich verwendet werden, um die Verständigung zwischen den in diesem Bereich tätigen Menschen (und die Popularisierung der fachlichen Inhalte sowie den Kontakt zu bestimmten Nicht-Fachleuten) zu gewährleisten" (Hoffmann ²1984: 53).

Zu dieser Zeit werden Fachsprachen als Varietäten / Varianten der Allgemeinsprache angesehen, wobei als eine Varietät „ein sprachliches System verstanden [wird], das einer bestimmten Einzelsprache untergeordnet und durch eine Zuordnung bestimmter innersprachlicher Merkmale einerseits und bestimmter außersprachlicher Merkmale andererseits gegenüber weiteren Varietäten abgegrenzt wird" (Roelcke 1999: 18ff.). Ähnlich betrachten die Fachsprachen Möhn und Pelka und charakterisieren sie als

> „Variante der Gesamtsprache, die der Erkenntnis und begrifflichen Bestimmung fachspezifischer Gegenstände sowie der Verständigung über sie dient und damit den spezifischen kommunikativen Bedürfnissen im Fach allgemein Rechnung trägt" (Möhn / Pelka 1984: 26).

Der Zeitraum des strukturellen Ansatzes in der Fachsprachenforschung lässt sich zusätzlich in zwei Etappen gliedern. Während in der ersten Etappe, d. h. in den 50er Jahren, die Lexik im Vordergrund der Untersuchungen steht, zielen die sprachwissenschaftlichen Arbeiten der zweiten Etappe – in den 60er Jahren – darauf ab, charakteristische Merkmale der Fachsprache auf der syntaktischen Ebene zu untersuchen (vgl. S. Grucza 2004: 19).

In den 70er und 80er Jahren ist eine verstärkte Hinwendung zu pragmalinguistischen und textwissenschaftlichen Ansätzen zu beobachten (vgl. Roelcke 1999: 21). Pragmalinguistische Forschungen wenden sich in Bezug auf Fachsprachen nicht nur der Terminologie und den morphosyntaktischen Merkmalen, sondern auch Fachtexten und ihrem Kontext zu (vgl. S. Grucza 2004: 19). Fachsprachen werden als „Äußerung von Texten im Rahmen der fachlichen Kommunikation betrachtet" (Roelcke 1999: 21). Mit der Zeit wird Fachsprachenlinguistik zur Fachtextlinguistik und die Bezeichnung *Fachsprache* wird immer häufiger durch die Bezeichnung *Fachtext* ersetzt (S. Grucza 2004: 19) (mehr zur Fachtextlinguistik vgl. Kapitel 2). In dem pragmatischen Ansatz lassen sich auch zwei Etappen unterscheiden. In der ersten Etappe steht die Fachtextanalyse im Mittelpunkt der Untersuchungen, in der zweiten Etappe wird das Untersuchungsgebiet auf Probleme der Fachkommunikation und Fachdidaktik erweitert (vgl. S. Grucza 2004: 20). In Erwägung werden zudem soziologische Gesichtspunkte gezogen wie das Alter und das Geschlecht der Kommunikationspartner, ihr sozialer und fachlicher Status, der Grad an Vertrautheit zwischen den Kommunikationsteilnehmern, der Grad der Öffentlichkeit der Fachkommunikation sowie die kulturelle Einbettung der Kommunikationspartner (vgl. Roelcke 1999: 21). Die Veränderung der Auffassung der Fachsprachen spiegelt sich in ihrer Definition wider:

> „Im engeren Sinne bleibt Fachsprache nach wie vor ein Verständigungsmittel unter Fachleuten bestimmter Kommunikationsbereiche und ist primär an den Fachmann gebunden. Denn vom Nichtfachmann gebraucht, gehen die Bindungen an das fachliche Denken, Handeln und die Beziehung zur fachlichen Systematik der einzelnen Fächer verloren, was heißt, Begriffe und Aussagen verlieren an Genauigkeit und Bedeutungstiefe" (Fluck 1997: 16).

Die Rahmen der Fachsprachenforschung legt auch Lothar Hoffmann erneut fest:

> „Objekt der Fachsprachenforschung sind also Subsprachen, die der fachlichen Verständigung in unterschiedlich geschichteten Kommunikationsbereichen von Wissenschaft, Technik, Ökonomie, materieller Produktion, Kultur usw. dienen. Gegenstand der Fachsprachenforschung sind Texte, die bei der Kommunikation in diesen Bereichen entstehen, mit ihrem ganzen Bestand an Lauten bzw. Buchstaben, morphologischen Mitteln, Formativen, Wortformen, Wortverbindungen, Sätzen und Textkonstituenten höherer Ordnung" (Hoffmann 1988: 24).

Die Einflüsse des pragmatischen Ansatzes sind auch in der polnischen Fachsprachenforschung sichtbar. Sambor Grucza weist darauf hin, dass Fachsprachen von Fachleuten für die Zwecke der Fachkommunikation innerhalb einer Gemeinschaft von Fachleuten produziert werden:

> „Języki specjalistyczne to specyficzne języki ludzkie tworzone przez specjalistów na potrzeby komunikacji profesjonalnej w obrębie odpowiednich wspólnot specjalistów" (S. Grucza 2004: 38).

In den 90er Jahren schlagen sich in der Fachsprachenforschung die Theorien der kognitiven Linguistik nieder (vgl. S. Grucza 2004: 20). Die kognitiven Anlagen des Menschen werden zum Ausgangspunkt linguistischer Betrachtung, und die Form und Funktion sprachlicher Äußerungen werden von den intellektuellen

Anforderungen des Menschen abgeleitet (vgl. Roelcke 1999: 26). Als distinktive Merkmale der Fachsprachen gelten im Kognitivismus Deutlichkeit, Verständlichkeit, Sprachökonomie und Anonymität. Die Identifikation einer Fachsprache erfolgt durch die Identifikation einer Berufsgruppe, die diese Fachsprache benutzt (vgl. S. Grucza 2004: 21). Die Konzepte der kognitiven Linguistik haben auch einen direkten Einfluss auf die Betrachtung und die Definitionen von Fachsprachen. Stärkere Aufmerksamkeit wird auf die Fachkommunikation gelenkt. Zu Beginn der 90er Jahre bestimmt Lothar Hoffmann Fachkommunikation als

> „die von außen oder von innen motivierte bzw. stimulierte, auf fachliche Ereignisse oder Ereignisabfolgen gerichtete Exteriorisierung und Interiorisierung von Kenntnissystemen und kognitiven Prozessen, die zur Veränderung der Kenntnissysteme beim einzelnen Fachmann und in ganzen Gemeinschaften von Fachleuten führen" (Lothar Hoffmann 1993: 614, zit. nach Roelcke 1999: 27).

Die Konzepte der kognitiven Linguistik lassen sich auch in der polnischen Fachsprachenforschung finden. Jerzy Lukszyn fasst Fachsprachen als einen semiotischen Code zweiten Ranges und sekundäres System konventioneller Zeichen auf, das erstens als Thesaurus des in Fachtexten verfestigten Wissens, zweitens als Sender von Informationen im Gefüge der Fachkommunikation und drittens als Generator neuen von vorherigen Zuständen abgeleiteten Wissens gilt:

> „[...] język fachowy, t.j. kod semiotyczny drugiego rzędu, wtórny względem języka naturalnego system konwencjonalnych znaków, występuje, po pierwsze, jako tezaurus wiedzy, utrwalonej w odpowiednim korpusie tekstów, po drugie, jako nadajnik informacji w układzie komunikacji zawodowej, po trzecie, jako generator nowej wiedzy derywowanej z jej poprzednich stanów" (Lukszyn 2007: 51).

Die Bestimmung des Wesens der Fachsprachen bedarf zudem einer Feststellung der Relation zwischen Fachsprachen und der Allgemeinsprache. Der Status der Fachsprachen gegenüber der Allgemeinsprache ist ein wichtiger, in vielen wissenschaftlichen Aufarbeitungen der Fachsprachen beachteter Aspekt. In Bezug darauf lassen sich zwei Hauptansätze unterscheiden. Fachsprachen, eigentlich Fachsprache, werden / wird zum einen in Opposition zu der Allgemeinsprache als eine gleichrangige von dieser unabhängige Sprache, zum anderen als Subsprache der Allgemeinsprache betrachtet (vgl. S. Grucza 2004: 29). Unbestritten ist die Tatsache, dass sich Fachsprachen und die Allgemeinsprache voneinander auf unterschiedlichen Ebenen abgrenzen lassen. Die Befürworter des ersten Ansatzes, nach dem die Fachsprache in Opposition zur Allgemeinsprache bestimmt wird, weisen u. a. auf die Unterschiede zwischen den beiden im Bereich ihres Wortschatzes hin. W. Schmidt (1969: 17, nach Fluck 1997: 15) stellt fest, dass eine Fachsprache durch einen spezifischen Fachwortschatz und spezielle Normen für die Auswahl, Verwendung und Frequenz **gemeinsprachlicher** lexikalischer und grammatischer Mittel gekennzeichnet ist. Drozd und Seibicke betonen die besonderen Sprachmittel sowie den besonderen Stil der Fachsprache und weisen auf die Gegenstände eines fachlichen Bereichs hin, die nur durch die Fachsprache bestimmt werden können:

„Als Fachsprache bezeichnet man Gesamtheit von Sprachmitteln, die in einem bestimmten Bereich der menschlichen Tätigkeit zweckgebunden und die für eine spezifische Stilsphäre kennzeichnend sind und sich von anderen Stilschichten und –typen abheben. Die FS [Fachsprache – Anm. J.W.] entsteht in einem solchen Bereich, dessen Gegenstände und diesen Gegenständen entsprechende Beziehungen mit den Mitteln der GS [Gemeinsprache – Anm. J.W.] nicht mehr bezeichnet und ausgedrückt werden können" (Drozd / Seibicke 1973: 81).

Ammon verweist auf verschiedene Anwendungsbereiche der zwei Sprachvarietäten:

„Als Gemeinsprache werden diejenigen Teile des Gesamtsprachrepertoires der Gesellschaft bezeichnet, die in den für alle Gesellschaftsmitglieder einigermaßen ähnlichen Lebensbereichen gebräuchlich sind und sich auf allgemein bekannte Gegenstände, Sachverhalte und Vorstellungen beziehen" (Ammon 1973: 75).

Aus den dargestellten Stellungnahmen resultiert, dass Fachsprache als eine Einzelerscheinung zu betrachten ist und dass sie neben der Allgemeinsprache als eine unabhängige, gleichrangige Sprachvarietät existiert.

Dieser Theorie widersprechen die neueren Denkansätze in Bezug auf den Status der Fachsprachen. Sie weisen auf die engen Verbindungen zwischen Fachsprachen und der Allgemeinsprache hin. Arntz, Picht und Mayer (⁴2002: 21) verweisen auf die Abhängigkeit der Fachsprachen und die Unabhängigkeit der Allgemeinsprache. Während Fachsprachen ohne Allgemeinsprache nicht existieren können, „kann die Gemeinsprache durchaus für sich allein existieren" (Arntz / Picht / Mayer ⁴2002: 21). Nichtsdestotrotz darf es nicht außer Acht gelassen werden, dass sich Fachsprachen und die Allgemeinsprache gegenseitig beeinflussen. Fachliche Elemente, u. a. der Fachwortschatz wie auch Elemente fachlichen Stils, wie etwa die Anwendung typischer Funktionsverbgefüge, werden oft u. a. durch Massenmedien und infolge des wissenschaftlich-technischen Fortschrittes in die Allgemeinsprache übernommen (vgl. Fluck 1976: 162ff.). Dem Prozess der Terminologisierung unterliegen hingegen viele gemeinsprachliche Wortformen (vgl. Arntz / Picht / Mayer ⁴2002: 21). Fachsprachen weisen aber keine eigenständige fachliche Grammatik, Phonemik oder Phonetik auf, sondern sie benutzen die Grammatik, Phonemik und Phonetik der Allgemeinsprache, was Franciszek Grucza besonders hervorhebt:

„Języki specjalistyczne nie implikują ani żadnej specjalistycznej gramatyki, ani fonemiki, ani fonetyki. Zarówno fonemiki jak i fonetyki języków specjalistycznych pokrywają się z odpowiednimi komponentami języków ogólnych, natomiast ich gramatyki zawierają się w gramatykach odpowiednich języków podstawowych. [...]. Języki specjalistyczne nie są w lingwistycznym znaczeniu wyrazu 'język' pełnymi językami – żaden z nich nie jest ani językiem kompletnym, ani samodzielnym; każdy jest ściśle związany z jakimś językiem ogólnym czy podstawowym. Po większej części języki specjalistyczne są tworami względem tych ostatnich komplementarnymi – uzupełniającymi je" (F. Grucza 2002: 14f.).

In Anlehnung daran betont auch Sambor Grucza (2004: 38), dass Fachsprachen keine Sprachvarietäten der Allgemeinsprache sind, denn beide finden in unterschiedlichen Bereichen der Wirklichkeit ihre Anwendung. Daher lässt sich ein Fachtext laut Sambor Grucza in die Allgemeinsprache nicht übersetzen:

> „Języki specjalistyczne nie są żadnymi wariantami (odmianami) języków ogólnych, albowiem nie można posługiwać się bądź językiem specjalistycznym, bądź językiem ogólnym w odniesieniu do tego samego zakresu rzeczywistości. Tekstu sformułowanego w języku specjalistycznym nie można przetłumaczyć na tekst w języku ogólnym z zachowaniem tej samej wartości (ścisłości) informacyjnej" (S. Grucza 2004: 38).

Das Problem der Abgrenzung der Fachsprachen von der Allgemeinsprache ist viel umfangreicher, komplizierter und vielschichtiger als es hier dargestellt worden ist. Da das aber nicht zum Hauptpunkt dieser Arbeit gehört, müssen die weiteren Erwägungen an dieser Stelle abgeschlossen werden (mehr dazu vgl. u. a. Hoffmann 1998a; Dickel 2007).

Unter Fachsprachen werden somit im Folgenden sämtliche fachbezogenen Subsprachen der Allgemeinsprache verstanden, die sich durch spezifische Eigenschaften im Bereich des Wortschatzes und der Stilistik charakterisieren lassen. Insbesondere zeichnen sie sich durch Anwendung fachlicher Termini und Syntagmen sowie durch den nominalen Stil auf der Satzebene aus. Zudem gelten sie als Verständigungsmittel unter Fachleuten oder zwischen Fachleuten und Laien in einer fachorientierten Kommunikationssituation.

Das Wesen der Fachsprachen äußert sich in einzelnen Merkmalen, vor allem auf der lexikalischen, grammatischen und morphosyntaktischen Ebene. Daher werden im Folgenden die wichtigsten formalen Merkmale der Fachsprachen kurz besprochen.

1.3 Merkmale der Fachsprachen

In diesem Unterkapitel werden in Anlehnung an die führende Literatur im Bereich der Fachsprachenforschung die wichtigsten Charakteristika von Fachsprachen dargestellt. Zu Beginn werden die lexikalischen Merkmale erörtert. Im Weiteren wird die Aufmerksamkeit auf die morphologischen und syntaktischen Merkmale der Fachsprachen gelenkt.

1.3.1 Merkmale der Fachsprachen auf der lexikalischen Ebene

Durch den Wortschatz heben sich die Fachsprachen von anderen sprachlichen Erscheinungsformen am deutlichsten ab (vgl. Möhn / Pelka 1984: 14). Durchschnittlich stellen Termini ca. 20–30% der angewandten Wörter in einem Fachtext dar (vgl. Gajda 2001: 185). Bis in die 70er Jahre hinein werden lexikalische Merkmale als konstitutiv für die Fachsprachen betrachtet, dazu werden die Fachsprachen und der Fachwortschatz kurzerhand in manchen Fällen gleichgesetzt (vgl. Roelcke 1999: 50), was damit begründet wird, dass „die Spezifik von Fachsprachen [...] sich am deutlichsten in den

Fachwortschätzen und *Terminologien* [äußert], fachliche Inhalte [...] über die Lexik transportiert [werden]" (Fraas 1998: 428).

Die Definition des Fachwortschatzes ist jedoch nicht einheitlich. In der Fachliteratur werden sowohl Fachwortschatz als auch Termini definiert, aber es wird nicht immer auf die Unterschiede zwischen den beiden hingewiesen.

Der polnische Sprachwissenschaftler Stanisław Gajda (2001: 185) definiert einen Terminus als eine lexikalische Einheit, die als Zeichen für einen fachlichen, wissenschaftlichen und technischen Begriff fungiert:

> „Za najbardziej charakterystyczne wykładniki stylu naukowego uchodzą terminy, czyli jednostki leksykalne (wtórnie też oznaczenia niejęzykowe) spełniające funkcję znaku pojęcia fachowego, naukowego i technicznego" (Gajda 2001: 185).

Unter Fachwort versteht Roelcke (1999: 50) „die kleinste bedeutungstragende und zugleich verwendbare sprachliche Einheit eines fachlichen Sprachsystems, die innerhalb der Kommunikation eines bestimmten menschlichen Tätigkeitsbereichs im Rahmen geäußerter Texte gebraucht wird." Der Fachwortschatz gilt nach Roelcke (1999: 50) als eine Menge von Fachwörtern. Er verweist auch auf die Notwendigkeit der Abhebung der Fachwörter von den allgemeinsprachlichen Wörtern und sagt:

> „Fachwörter [...] unterscheiden sich nun nach allgemeiner Ansicht von solchen Wörtern, die nicht fachlich sind, selbst wenn diese durchaus in Fachtexten erscheinen können. Zu diesen Fachwortbesonderheiten gehören unter semantischen Gesichtspunkten zum einen die Festlegung von fachspezifischen Bedeutungen im Rahmen von Definitionen und anderen Festlegungsverfahren und zum anderen einige weitere Eigenschaften wie Exaktheit oder Eindeutigkeit, die auf der Grundlage verschiedener sprachtheoretischer Ansätze jeweils eine recht unterschiedliche Konzeption erfahren" (Roelcke 1999: 53).

Auch Fluck (1997: 35) verweist auf die besondere Rolle von Fachwörtern für die Fachsprachen und hebt hervor, dass sie die Hauptinformationen der fachlichen Kommunikation tragen. Zudem stellt er die fachlichen Wörter den gemeinsprachlichen gegenüber und weist auf den fachbezogenen Inhalt und die weitgehende Kontextautonomie vom Fachwortschatz hin.

Fraas (1998: 428) betont hingegen, dass der Fachwortschatz zwar als Subsystem des Gemeinwortschatzes angesehen wird, aber zwischen beiden kommt es zum ständigen Austausch, und somit lässt sich zwischen ihnen keine scharfe Grenze ziehen.

Eine umfassende Definition des Fachwortschatzes legt Lothar Hoffmann vor:

> „Zum Fachwortschatz im weiteren Sinne gehören alle lexikalischen Einheiten in Fachtexten, da sie direkt oder indirekt zur fachbezogenen Kommunikation beitragen. Der Fachwortschatz im engeren Sinne bildet ein Subsystem des lexikalischen Gesamtsystems bzw. eine Teilmenge des Gesamtwortschatzes einer Sprache. Er wird gewöhnlich dem allgemeinen Wortschatz gegenübergestellt oder in bezug auf seine Austauschbeziehungen mit ihm untersucht. [...]" (Hoffmann 1988: 118).

Im Weiteren weist Hoffmann auf die Relation zwischen Fachwörtern und Termini hin und unterscheidet dadurch diese beiden voneinander:

> „Bei einer sehr engen Grenzziehung fallen Fachwortschatz und Terminologie zusammen. Es gibt aber auch Versuche, innerhalb des Fachwortschatzes zwischen (a) Fachterminologie und (b) nichtterminologischem fachlichem Wortschatz oder zwischen (a) Termini, (b) Halbtermini und (c) Fachjargonismen zu unterscheiden. Dabei werden als Termini nur die Wörter anerkannt, deren Inhalt durch eine Festsetzungsdefinition bestimmt ist. Daneben stehen nicht definierte Halbtermini, die aber das Denotat ausreichend genau bezeichnen, und Fachjargonismen, die keinen Anspruch auf Genauigkeit erheben. Von den im Fachtext enthaltenen lexikalischen Einheiten geht die Dreiteilung in (a) allgemeinen, (b) allgemeinwissenschaftlichen und (c) speziellen Fachwortschatz aus; zum speziellen Fachwortschatz gehört dann auch die Terminologie" (Hoffmann 1988: 118).

Im Folgenden wird die Bezeichnung *Terminus / Termini* für den speziellen Wortschatz in einer Fachsprache verwendet, der dem Prozess der Terminologisierung unterzogen worden ist, sowie die Bezeichnung *Fachwortschatz* für alle lexikalischen Mittel in einer Fachsprache, die dieser Sprache auf der lexikalischen Ebene einen fachlichen Charakter verleihen.

Termini weisen traditionell folgende Merkmale auf: Fachbezogenheit, Begrifflichkeit, Exaktheit, Eindeutigkeit, Explizitheit, Kontextunabhängigkeit und Systematizität (vgl. u. a. Roelcke 1999: 52; Fraas 1998: 429).

Fachtermini gehören immer zu einer Fachsprache und ihrem terminologischen System, und dadurch erfüllen sie eine kommunikative Funktion innerhalb eines Fachgebietes (vgl. Hoffmann 2001: 537. Daraus resultiert ihre **Fachbezogenheit**.

Mit **Begrifflichkeit** ist gemeint, dass ein Terminus als sprachliches Zeichen für einen Begriff gilt (vgl. Hoffmann ²1984: 163).

„Unter **Exaktheit** ist im Allgemeinen ein möglichst adäquater Bezug fachsprachlicher Ausdrücke zu den Gegenständen, Sachverhalten und Vorgängen des betreffenden menschlichen Tätigkeitsbereiches zu verstehen" (Roelcke 1999: 61). Die eines Terminus realisiert sich durch seine Definition, dank der der Terminus von anderen Termini abgegrenzt wird (vgl. Hoffmann ²1984: 163).

Eindeutigkeit eines Terminus bezieht sich auf das Verhältnis von fachlichen Ausdrücken und Bedeutungen (vgl. Roelcke 1999: 63). Demgemäß ist ein Terminus monosem, d. h. er bezeichnet jeweils nur eine Erscheinung und weist genau eine Bedeutung auf, und eine konkrete Erscheinung hat nur einen konkreten Terminus als Benennung (vgl. Hoffmann ²1984: 163; Roelcke 1999: 63), z. B.:

> *das Testament – letztwillige schriftliche Erklärung, in der jmd. die Verteilung seines Vermögens nach seinem Tode festlegt* (Duden 2000),

> *testament – akt prawny, w którym spadkodawca rozporządza majątkiem na wypadek swej śmierci* (PWN 2009).

Unter **Explizitheitsgebot** versteht von Hahn (1998b: 384) die Benutzung korrekter Terminologie mit ihren Abstufungen und die Berücksichtigung von Normen der technischen oder sprachlichen Gestaltung sowie die eindeutige Zuordnung der Terminologie zu einem bestimmten Fachgebiet. Somit werden z. B. Ausdrücke, die zum sog. Fachjargon einer Berufsgruppe zählen, in offiziellen Schreiben vermieden. Mit **Kontextunabhängigkeit**, anders **Selbstdeutigkeit**, eines Terminus ist gemeint, dass dieser ohne Kontext verstanden wird und seine Bedeutung direkt aus seinem Platz im System und seiner Relation zu anderen Termini derselben Fachsprache resultiert (vgl. Hoffmann 2001: 537).

Die **Systematizität**, auch **Systemhaftigkeit**, der Termini äußert sich in ihrer hierarchischen Ordnung. „Fachwörter werden traditionell nicht isoliert untersucht, sondern als Teil eines Systems gesehen, in dem sie einen festen Platz einnehmen" (Fraas 1998: 431). Jeder Terminus steht in einer Relation der **Hyperonymie** oder **Hyponymie** zu einem anderen, was die folgenden Definitionen illustrieren:

Rechtsanwalt[Hyponym] – *Jurist*[Hyperonym] *mit der Berechtigung, die Rechtsangelegenheiten anderer vor Gericht zu vertreten* (Wahrig 2003),

Adwokat[Hyponym]   – *prawnik*[Hyperonym] *zajmujący się udzielaniem porad prawnych i obroną oskarżonego* (PWN 2009).

Die neuesten Untersuchungen haben allerdings die bisherigen Eigenschaften der Termini relativiert. Sowohl die Exaktheit als auch die Eindeutigkeit werden von der Pragmalinguistik und der jüngeren Fachsprachenlinguistik nicht mehr als eine absolute Eigenschaft der Termini betrachtet (vgl. Roelcke 1999: 61ff.). Die früher in der Fachsprachenforschung abgelehnte und als verständigungsstörend betrachtete Vagheit, Synonymie (Mehrnamigkeit), Polysemie (Mehrdeutigkeit) und Homonymie der Termini zählen heutzutage zu den Haupteigenschaften der Fachsprachen (vgl. Fraas 1998: 432; Roelcke 1999: 64ff.) und werden als Fortschritt des wissenschaftlichen Denkens angesehen (vgl. Hoffmann 2001: 537).

Vagheit ist die Unbestimmtheit eines Ausdrucks. Der vage Ausdruck kann als wahr oder falsch nur unter bestimmten Bedingungen gelten (von Hahn 1998a: 378). Vagheit kann in einer Fachdiskussion sehr nützlich sein. Zur Herstellung eines einheitlichen Kenntnisstandes lohnt es sich, zunächst sehr unbestimmt zu bleiben und dann im weiteren Verlauf der Diskussion zu immer präziseren Formulierungen überzugehen (vgl. von Hahn 1998a: 379).

Synonymie liegt vor, „[w]enn formal verschiedene Benennungen zur Bezeichnung des gleichen Objekts oder Sachverhaltes parallel verwendet werden können" (Fraas 1998: 431), z. B. (1) eine entlehnte und eine muttersprachliche, (2) eine lateinische und eine muttersprachliche oder (3) eine gemeinsprachliche und eine fachsprachliche Benennung:

(1) das Delikt – die Straftat / delikt – czyn niedozwolony,
(2) ultima ratio – letztes geeignetes Mittel, letztmöglicher Weg,
  ultima ratio – ostateczny, decydujący argument,
(3) der Klient (eines Rechtsanwalts) – der Mandant / klient (kancelarii) – mandant.

Unter **Polysemie** werden verschiedene Bedeutungsvarianten formal gleicher Wörter (vgl. Fraas 1998: 432) verstanden. Unter den Bedeutungsvarianten lassen sich aber gemeinsame Merkmale aussondern:

> *die Verhandlung* (1) *das Verhandeln, eine eingehende Erörterung, Besprechung einer bestimmten Angelegenheit; (2) Behandlung [u. Entscheidung] eines Rechtsfalles vor Gericht* (Duden 2000),
> *rozprawa* (1) *pisemna praca naukowa; (2) posiedzenie sądu rozpatrujące jakąś sprawę; (3) debata, dyskusja* (PWN 2009).

Als **Homonyme** gelten formal gleiche Lexeme, die synchron betrachtet völlig unterschiedliche Gegenstände und Sachverhalte bezeichnen und verschiedene Inhalte (vgl. Fraas 1998: 432) sowie einen unterschiedlichen etymologischen Hintergrund haben:

> I. *das Gericht* *eine öffentliche Institution, die vom Staat mit der Rechtsprechung betraut ist, Verstöße gegen Gesetze bestraft und Streitigkeiten schlichtet* (Duden 2000),
> II. *das Gericht* *als Mahlzeit zubereitete Speise* (Duden 2000),
> I. *sąd* (1) *państwowy organ wymiaru sprawiedliwości; (2) gmach będący siedzibą organu wymiaru sprawiedliwości* (PWN 2009),
> II. *sąd* *zdanie, opinia o czymś, ocena czegoś; pogląd, przekonanie* (PWN 2009).

Der Fachwortschatz lässt sich auch hinsichtlich seiner Zugehörigkeit zu einer bestimmten Fachsprache teilen. Roelcke (1999: 52) gliedert den Fachwortschatz in vier Gruppen.

Die erste Gruppe – der intrafachliche Fachsprachwortschatz – besteht aus Fachsprachwörtern, die ausschließlich der betreffenden Fachsprache angehören, z. B. der juristischen Fachsprache:

> *der Gerichtsvollzieher / komornik*
> *die Anklage / oskarżenie*
> *die Vollmacht / pełnomocnictwo.*

Die zweite Gruppe umfasst den interfachlichen Fachwortschatz, der sowohl in der betreffenden Fachsprache, als auch in anderen fachlichen Subsprachen vorkommt, z. B. in der Rechtssprache und in der Wirtschaftssprache:

> *die Dividende / dywidenda*
> *die Hypothek / hipoteka*
> *der Gesellschafter / wspólnik.*

Die dritte Gruppe bildet der extrafachliche Fachsprachwortschatz. Der Wortschatz „[gehört zu] anderen fachsprachlichen Systemen [..., wird] aber dennoch in Fachtexten des betreffenden Faches geäußert" (Roelcke 1999: 52), z. B. in dem polnischen und dem deutschen Umweltschutzgesetz:

die Emission / emisja
der Lärm / hałas
das Strahlen / promieniowanie.

Schließlich bildet die vierte Gruppe der nichtfachliche Fachwortschatz. Fluck (1997: 40) stellt fest, dass in einem beliebigen Fachtext unterschiedliche Wortbereiche zu finden sind. Kein Text besteht ausschließlich aus Fachtermini. Einen Fachtext konstituieren neben Fachwörtern unterschiedlichen Spezialisierungsgrades auch Wörter der Gemeinsprache (vgl. Fluck 1997: 40):

das Ziel / cel
die Information / informacja
der Bestandteil / składnik.

Allgemeingebräuchliche Termini oder in verschiedenen Fachsprachen vorkommende Termini ändern in der Regel ihre Bedeutung je nach der Subsprache, in der sie verwendet werden. Häufig werden sie metaphorisch verstanden oder ihre Definition wird eingeschränkt und somit präzisiert und verbindlicher gemacht (vgl. Möhn / Pelka 1984: 15f.).

TERMINUS	ALLGEMEINSPRACHLICHE BEDEUTUNG	FACHSPRACHLICHE BEDEUTUNG
der Beschluss	(1) Entscheidung, Ergebnis einer Beratung; (2) Ende, Abschluss; (3) Verschluss	ein Rechtsakt der EU, eine Quelle des sekundären Rechts der EU, die in allen seinen Teilen verbindlich ist. Er ist an bestimmte Adressaten gerichtet, und ist nur für diese verbindlich (Art 288 AEU-Vertrag).
Dyrektywa	(1) wskazówka dotycząca postępowania; (2) wytyczna; (3) zalecenie; (4) zarządzenie (vgl. PWN online unter dem Stichwort „dyrektywa")	akt prawa wtórnego Unii Europejskiej wiążący każde Państwo Członkowskie, do którego jest kierowana, w odniesieniu do rezultatu, który ma być osiągnięty, pozostawia jednak organom krajowym swobodę wyboru formy i środków (Art. 288 TFUE).

Die Spezifik der Fachsprachen äußert sich nicht ausschließlich in Einzelwörtern. An der Grenze zwischen der lexikalischen und der morphosyntaktischen Ebene der Fachsprachenbeschreibung befinden sich Syntagmen.

> „Ein Syntagma ist [...] jede relativ selbständige Verbindung von Wörtern in der Rede, die kleiner ist als der Satz und bei der zwischen diesen Wörtern bestimmte Abhängigkeitsbeziehungen bestehen" (Hoffmann ²1984: 184).

Syntagmen nehmen keine Rücksicht auf die Funktion der Verbindung im Satz, sondern sie beachten nur die Relation innerhalb der Verbindung (vgl. Hoffmann ²1984: 184). Unter den häufig in Fachtexten vorkommenden Syntagmen sind Mehrworttermini, phraseologische Termini, Kollokationen, Funktionsverbgefüge, Fachphraseme sowie lateinische und andere feste Phrasen zu nennen. Syntagmen werden ausführlicher im Kapitel 3 dieser Arbeit behandelt, hier nur einige Beispiele zur Illustration:

> *ordentliches Gesetzgebungsverfahren / zwykła procedura ustawodawcza* [phraseologischer Terminus]
> *in Kraft treten / wchodzić w życie* [Kollokation]
> *eine Initiative ergreifen / podjąć inicjatywę* [FVG]
> *totes Recht / martwa litera prawa* [Fachphrasem]
> *In dubio pro reo*[1] [lateinische Phrase].

Der Fachwortschatz stellt ein wichtiges Element der Fachsprachen dar, das diese zum wesentlichen Grad von der Allgemeinsprache abhebt. Der Fachwortschatz benennt die fachlichen für einen Bereich konstitutiven Gegenstände, Sachverhalte und Prozesse. Das Wesen der Fachsprachen manifestiert sich jedoch nicht nur auf der lexikalischen Ebene, sondern auch auf der Ebene der Morphologie und Syntax. Im Nachfolgenden werden die morphosyntaktischen Merkmale von Fachsprachen näher beleuchtet.

1.3.2 Merkmale der Fachsprachen auf der morphologischen Ebene

Die Grammatik der Fachsprachen basiert auf der allgemeinsprachlichen Grammatik. Sie weist aber ihr gegenüber bestimmte quantitative Unterschiede in der Vorkommenshäufigkeit einiger grammatischer Muster und Konstruktionen auf (vgl. Roelcke 1999: 71).

Hinsichtlich der Wortart dominieren in den Fachsprachen sowohl im Polnischen als auch im Deutschen Nomina als Benennungen für Gegenstände und Prozesse (vgl. Hoffmann 2001: 539; Gajda 2001: 187; Roelcke 1999: 75f.). Die hohe Frequenz von Substantiven in Fachtexten „ermöglicht eine Informationsraffung in grammatisch einfachen Sätzen" (Stolze 2009: 164), was die Informativität des Textes erhöht. Werden die Substantive in den Fachsprachen behandeln, dann lässt sich feststellen, dass viele von ihnen Internationalismen griechischer und lateinischer Herkunft sind (vgl. Roelcke 1999: 76):

> *die Union / unia* → lat. *Unio (-Onis)*,
> *die Hypothek / hipoteka* → gr. *hypóthesis*,

---

1 Im Zweifel für den Angeklagten / w razie wątpliwości na korzyść oskarżonego.

sowie dass die Internationalisierung des neuen Wortschatzes durch Entlehnung und Wortbildung mithilfe der griechischen und lateinischen Morpheme erfolgt (Gajda 2001: 187f.):

> *die Hippotherapie / hipoterapia,*
> *die Mineralogie / mineralogia.*

Im Hinblick auf die Wortbildung zeichnen sich Fachsprachen im Deutschen durch große Vorkommenshäufigkeit von Zusammensetzungen (Komposition) aus (vgl. Roelcke 1999: 73). Darunter erwähnt Roelcke (1999: 73) Zusammensetzungen zweier und mehr Substantive (*Verteidigungspolitik*), zweier Verben (*trennschleifen*), Zusammensetzungen aus Verbstamm und Substantiv (*Sehachse*), Zusammensetzungen aus Substantiven oder Adjektiven und einem Infinitiv oder einer Partizipialkonstruktion (*naturgegeben*), Zusammensetzungen aus Substantiv und Adjektiv oder Adverb (*verfassungsrechtlich*) sowie Zusammensetzungen mit Abkürzungen und Zahlen (*ZGB-Vorschriften = Vorschriften des Zivilgesetzbuches*).

Die Neigung zur Komposition in den Fachsprachen im Deutschen ergibt sich zum einen aus der Spezifik der deutschen Sprache selbst, da die Komposition im Deutschen das wichtigste und produktivste Verfahren für die Bildung neuer Nomina ist (vgl. Engel et al. 2000: 745) und Nomina einen wesentlichen Teil der Fachtexte bilden. Zum anderen werden mithilfe von Komposita Deutlichkeit (vgl. Roelcke 1999: 74) und Knappheit der Sprache angestrebt.

Neben Komposition spielt auch Derivation (Ableitung) in der Wortbildung der Fachsprachen im Deutschen eine bedeutende Rolle. Möhn und Pelka (1984: 16) nennen u.a. Ableitungen mit dem Suffix *–er*, die vor allem zur Bildung von Personenbezeichnungen (*Nomina agentis*) und Gegenstandsbezeichnungen (*Nomina instrumenti*) gebraucht werden, als besonders häufig vorkommende Wortbildungsmuster im Deutschen:

> *der Richter, der Steuerberater, der Gesetzgeber, der Hammer, der Wecker, der Bagger.*

Andere Wortbildungsmuster, die in den deutschen Fachsprachen besonders produktiv sind, sind u.a. Konversion (*das Verhandeln, das Vorgehen*), Ableitungen mithilfe des Präfixoides *nicht-* (*Nicht-Zurückweisung*) und adjektivische Ableitungen mithilfe des Suffixes *–bar* (*verfügbar*) und der Suffixoide *–los, -reich, -arm, -frei, -fest, -sicher* (*straflos, vitaminreich, fettarm, zollfrei, strapazierfest, atomsicher*) (vgl. u.a. Möhn und Pelka 1984: 16; Roelcke 1999: 74ff.).

Die Fachsprachen im Polnischen zeichnen sich nach Gajda (2001: 187) durch die Anwendung von fremden Termini und Phrasen (*conditio sine qua non, petitum*), von graphischen Mitteln (z.B. mathematischen und logischen Symbolen <, >,∀), von Mehrworttermini (*większość kwalifikowana*) und Kürzungen (*kpc = kodeks postępowania cywilnego*), so wie auch durch die Motiviertheit der Termini. Die Bildung neuer Fachwortschatzeinheiten beruht im Polnischen, wie im Deutschen, auf der Allgemeintheorie der Wortbildung und nutzt das Potenzial der in der Allgemeinsprache geltenden Regeln der Wortbildung aus (vgl. Gajda 2001: 187). Laut Hałas (1995: 46ff.), die die juristischen Termini des Polnischen nach ihrer Wortbildungsstruktur analysiert, gehören die Ableitungen mit den Suffixen *-anie, -enie, -acja, -stwo, -ek, -izna* (*roszczenie, odwołanie, nowelizacja, przestępstwo, występek, darowizna*) zu den häufigsten Handlungen und ihre Ergebnisse benennenden Substantiven. Personenbezeichnungen werden hingegen mithilfe von den Suffixen *-yciel, -ca, -(own)ik* (*wierzyciel, przestępca, użytkownik*), den Präfixen *wpół-, wice-, pod-* (*współsprawca, wiceprzewodniczący, podprokurator*) sowie durch Substantivierung von Partizipien (*przewodniczący*) gebildet (vgl. Hałas 1995: 48ff.). Die abstrakte Eigenschaften benennenden Substantive werden im Polnischen vor allem mithilfe des Suffixes *-ość* (*poczytalność*) und seltener mit den Suffixen *-ctwo, -stwo* (*pełnomocnictwo, pośrednictwo, poradnictwo*) gebildet (vgl. Hałas 1995: 51f.).

Für die deutschen und die polnischen Fachsprachen ist ihr Nominalstil charakteristisch. Daher spielen Nomina, insbesondere Fachtermini, in ihrer morphologischen Struktur eine wesentliche Rolle. Erzielt wird der Nominalstil auf der Wortbildungsebene in den beiden Sprachen durch den Prozess der Nominalisierung, durch Derivation und Komposition.

1.3.3 Merkmale der Fachsprachen auf der syntaktischen Ebene

Auf der syntaktischen Ebene lassen sich Fachsprachen von der Allgemeinsprache u. a. durch die Länge und Komplexität der Sätze abheben. Die durchgeführten Untersuchungen zeigen, dass Sätze in den Fachtexten statistisch gesehen länger und komplexer sind als die der Allgemeinsprache (vgl. Hoffmann 1998e: 417f.; Gajda 2001: 189). In den Fachtexten dominieren Nebensätze. In der polnischen Wissenschaftssprache machen sie nach Gajda (2001: 189) ca. 60% aller Sätze aus. Der Komplexitätsgrad der Fachsprachen äußert sich in einfachen Sätzen in der Anzahl und Art der sog. erweiterten Satzglieder, in Satzgefügen in der Anzahl der Nebensätze (vgl. Hoffmann 1998e: 417).

> „Zu der sprachlichen Kondensation dienen [...] in den Wissenschaftssprachen [...] Sätze mit einem vervielfältigten Satzglied, elliptische, weiterführende Relativsätze und kontrastbezeichnende Nebensätze mit *während;* außerdem Infinitivkonstruktionen, Partizipialfügungen anstelle von Nebensätzen, Appositionen, die Attribuierung und die Bevorzugung von Präpositionalgruppen" (Fluck 1976: 56).

Im nominalen Bereich spielen Attribute in einfachen Sätzen und Attributsätze in Satzgefügen eine wesentliche Rolle, im verbalen Bereich wird hingegen die Komplexität durch adverbiale Bestimmungen und Adverbialsätze erreicht (vgl. Hoffmann 1998e: 418). Dadurch werden Gegenstände, Begriffe, Handlungen und Vorgänge determiniert und präzisiert (vgl. Hoffmann 1998e: 418). Auch Roelcke (1999: 80f.) betont, dass Fachsprachen eine besondere Neigung zu ausgebauten **Attributreihungen** (in Beispielen fett markiert) und mehrfach zusammengesetzten Sätzen aufweisen, unter denen *Konditionalsätze* (in Beispielen kursiv markiert), Finalsätze (im Polnischen oft nominale Phrasen, eingeleitet mit *w celu* / *zmierzający do*) (in Beispielen einmal unterstrichen) und kontrastbenennende Nebensätze (Adverbialsätze) (in Beispielen zweimal unterstrichen) sowie Relativsätze (in Beispielen mit einer Wellenlinie unterstrichen) dominieren, z. B.

1_d *Wenn innerhalb der in Absatz 6 genannten Frist von 14 Tagen [...] eines dieser Organe den gemeinsamen Entwurf billigt,* während das andere Organ keinen Beschluss fasst, *so gilt der Haushaltsplan als [...].*

1_p *Jeżeli w terminie czternastu dni, o którym mowa w ustępie 6 [...] jedna z tych instytucji zatwierdzi wspólny projekt,* podczas gdy druga nie podejmie decyzji, *budżet uznaje się [...].*

2_d Damit die Union und ihre Mitgliedstaaten auf effiziente Weise tätig werden können, nimmt der Europäische Rat regelmäßig eine Einschätzung der Bedrohungen vor, denen die Union ausgesetzt ist.

2_p W celu umożliwienia podjęcia skutecznych działań przez Unię i jej Państwa Członkowskie, Rada Europejska systematycznie ocenia zagrożenia dla Unii.

3_d [...] jede **der aufeinander folgenden Kommissionen** [ist] so zusammengesetzt, dass **das demografische und geografische Spektrum der Gesamtheit der Mitgliedstaaten auf zufrieden stellende Weise** zum Ausdruck kommt.

3_p [...] **skład każdej kolejnej Komisji** odzwierciedla w zadowalający sposób **różnorodność demograficzną i geograficzną wszystkich Państw Członkowskich.**

Das Verb spielt in Fachsprachen eine geringere Rolle und „insgesamt läßt sich ein Zurücktreten des Verbs hinter nominalen Fügungen beobachten" (Fluck 1976: 56). Der fachsprachliche Satzbau charakterisiert sich u. a. durch eine Bevorzugung von Funktionsverbgefügen

Vereinbarung treffen / zawierać porozumienie,
zum Verkauf bringen / doprowadzić do sprzedaży.

Fluck (2001: 558) beweist am Beispiel der naturwissenschaftlich-technischen Fachsprachen, dass Funktionsverben in den deutschen Fachsprachen spezifische Leistungen aufweisen, indem sie zur Entpersönlichung und Ausdifferenzierung der Aktionsarten dienen

kaufen (iterativ oder egressiv) ↔ *zum Kaufen bringen* (egressiv)

Im Polnischen werden oft Aktionsarten mithilfe des Verbalaspekts realisiert:

doprowadzać / prowadzić do sprzedaży (iterativ) ↔ *doprowadzić do sprzedaży* (egressiv)

In Hinsicht auf die Satzarten ist der Anteil der Aussagesätze in Fachsprachen gegenüber Frage-, Aufforderungs- und Ausrufesätzen höher als in der Allgemeinsprache. Dies resultiert vor allem aus der Informations- und Darstellungsfunktion der Fachsprachen (vgl. Roelcke 1999: 80; Hoffmann 1998e: 418).

Darüber hinaus gilt für die Fachsprachen eine Tendenz zur Anonymisierung und Unpersönlichkeit der Aussage, was auf der syntaktischen Ebene mithilfe verschiedener Sprachmittel realisiert wird. Im Deutschen werden die Pronomen *wir* und *man*, Passivkonstruktionen, in geringerem Maße das Reflexiv, unpersönliche oder allgemeinpersönliche Verben, Verbalsubstantive sowie Partizipial-, Gerundial- und Infinitivkonstruktionen gebraucht (vgl. Fluck 1976: 55f.; Hoffmann 1998e: 422). Im Polnischen wird die 3. Person Sg. in ihrer unpersönlichen Bedeutung und wie im Deutschen werden Passivkonstruktionen, das Reflexiv, Verbalsubstantive und Partizipial-, Gerundial- und Infinitivkonstruktionen gebraucht. „Die Verwendung und der Ausbau dieser syntaktischen Mittel [...] sind funktional bedingt: sie entsprechen der geforderten Ausdrucksökonomie und dem Bestreben nach klarer und eindeutiger Fixierung von Sachverhalten und Denkbeziehungen" (Fluck 1976: 56):

*Soweit in den Verträgen nichts anderes **bestimmt ist**, gilt für die **Verwirklichung** der Ziele des Artikels 26 die nachstehende Regelung.*

*Z zastrzeżeniem, że Traktaty nie stanowią inaczej, do **urzeczywistnienia** celów określonych w artykule 26 **stosuje się** następujące postanowienia.*

*Es **wird** eine Unionsbürgerschaft **eingeführt**. [...].Die Unionsbürgerschaft tritt zur nationalen Staatsbürgerschaft hinzu, ersetzt sie aber nicht.*

***Ustanawia się** obywatelstwo Unii. [...]. Obywatelstwo Unii ma charakter dodatkowy w stosunku do obywatelstwa krajowego, **nie zastępując** go jednak.*

Die Besonderheit fachsprachlicher Mittel liegt in der spezifischen Wahl geeigneter Ausdrucksmittel, die den Fachsprachen ihren fachlichen Charakter verleihen. Die Wahl dieser Mittel betrifft sowohl die lexikalische als auch die morphologische und syntaktische Ebene. Fachsprachen zeichnen sich durch die Anwendung von Termini und fachsprachlichen Syntagmen aus sowie durch die Präferenz nominaler Phrasen, die Neigung zur Nominalisierung und auch durch die Komplexität der Sätze mithilfe von mehrfach zusammengesetzten Sätzen und die Tendenz zur Anonymisierung der Aussage infolge der Bevorzugung unpersönlicher Konstruktionen.

Die gewählten Mittel können je nach Fachsprache in verschiedener Dichte zur Anwendung kommen. Da die einzelnen Fachsprachen voneinander abweichen, werden sie in der Sprachwissenschaft unterschiedlichen Gliederungen und Schichtungen unterzogen.

1.4 Klassifizierung der Fachsprachen

Fachsprachen lassen sich hinsichtlich des Bereiches, in dem sie gebraucht werden, gliedern und hinsichtlich des Abstraktions- und Formalitätsgrades der Sprachform schichten. Im Folgenden wird ein Überblick über die in der deutschen Literatur geprägten Ansätze der horizontalen Gliederung und vertikalen Schichtung der Fachsprachen dargestellt.

1.4.1 Horizontale Gliederung der Fachsprachen

„Die horizontale Gliederung von Fachsprachen folgt Fächergliederungen und Fachbereichseinteilungen" (Roelcke 1999: 34). Wie im Punkt 1.0 bereits angedeutet wurde, existieren nebeneinander viele Fachsprachen, die verschiedene Fachbereiche repräsentieren. Die Assoziierung einer Fachsprache mit einem Fachbereich und dann die Nebeneinanderstellung dieser Fachsprachen ergeben die horizontale Gliederung. Nach Fluck (1976: 16) gibt es etwa ebenso viele Fachsprachen wie Fachbereiche. Die genaue Anzahl der Fachsprachen und der damit verbundenen Fachbereiche lässt sich schwierig feststellen (vgl. Fluck 1976: 16), weil „die produktive Tätigkeit des Menschen immer neue Gebiete erschließt" (Hoffmann [2]1984: 58). Unter Berücksichtigung der Nähe und Ferne der einzelnen Fachsprachen zueinander werden seit Ende der 60er Jahren des 20. Jahrhunderts Versuche unternommen, die einzelnen fachlichen Subsprachen sinnvoll einzureihen (vgl. Beneš 1969; W. Schmidt 1969; Hoffmann 1976, [2]1984). Auf der Grundlage der bisher durchgeführten Untersuchungen werden u. a. die Sprache der künstlerischen Prosa, der Literaturwissenschaft, der Pädagogik ausgesondert und weitere, die die Abbildung von Lothar Hoffmann ([2]1984: 58) darstellt:

Abb. 1: Horizontale Gliederung der Fachsprachen nach Lth. Hoffmann ([2]1984: 58).

Künstl. Prosa	Literaturwissensch.	Pädagogik	Philosophie	•••	Ökonomie der Land- u. Nahrungsgüterwirtschaft
Landwirtschaftswissenschaft	Tierproduktion u. Veterinärmedizin	•••	Bauwesen	•••	Maschinenbau
Elektrotechnik	•••	Medizin	•••	Chemie	Physik	Mathematik

Die Lücken in der von Hoffmann dargestellten Einreihung signalisieren, „daß zwischen die untersuchten Fachsprachen andere, noch nicht untersuchte treten können, so daß sich der Überblick allmählich vervollständigt" (Hoffmann [2]1984: 59). Die Nebeneinanderreihung von Fachsprachen resultiert aus dem Vergleich sprachlicher Mittel der einzelnen Fachsprachen. Werden die einzelnen Fachsprachen als mathematische Mengen von Elementen betrachtet, dann kann festgestellt werden, dass alle Fachsprachen einen Teil gemeinsamer Elemente besitzen. Der prozentuale Anteil der gemeinsamen Elemente determiniert ihren Platz in der Einreihung (vgl. Hoffmann [2]1984: 59f.). Als vergleichbare sprachliche Elemente können vor allem die Lexik, aber auch Morpheme, Syntagmen, Phrasen oder Sätze gelten (vgl. Hoffmann [2]1984: 61).

In neueren Untersuchungen werden im Rahmen der horizontalen Gliederung Gruppen von Fachsprachen ausgesondert. Roelcke (1999: 34) unterscheidet die

Sprache der Wissenschaft, der Technik und **der Institutionen** als drei Hauptfachsprachengruppen. Die Wissenschaftssprache spielt bei der Bildung von Theorien sowie deren sprachlicher Erfassung eine Rolle, daher gilt sie als Theoriesprache (vgl. Roelcke 1999: 35). Unter der Sprache der Technik wird die Sprache verstanden, mit der über die von Menschen geschaffenen Gerätschaften und ihren Einsatz in der Produktion kommuniziert wird (vgl. Roelcke 1999: 35). Die Sprache der Institutionen findet ihre Anwendung in verschiedenen öffentlichen und nichtöffentlichen Organisationen mit festgelegter Struktur, die einen bestimmten Zweck verfolgen (vgl. Roelcke 1999: 35). Diese drei Hauptfachsprachengruppen unterliegen weiteren Untergliederungen in u. a. die Sprache der Naturwissenschaft, der Geisteswissenschaft, der Produktion, der Fertigung, des Dienstleistungssektors usw. (vgl. Roelcke 1999: 35).

1.4.2 Vertikale Schichtung der Fachsprachen

Die vertikale Schichtung einer Fachsprache ist nach Lothar Hoffmann ([2]1984: 64) eine soziale Stratifikation der Sprachträger und die Wertung der einzelnen Schichten. „Die vertikale Gliederung von Fachsprachen folgt [...] den Abstraktionsebenen innerhalb eines einzelnen Faches" (Roelcke 1999: 38). Die einzelnen Fächer zeichnen sich durch verschiedene Kommunikationsbereiche aus,

> „die sich im Hinblick auf das Allgemeine und das Besondere der Gegenstände und Sachverhalte des betreffenden Fachbereichs unterscheiden: Steht eher das Allgemeine im Vordergrund der Fachkommunikation, handelt es sich um eine höhere fachliche und sprachliche Abstraktionsebene; gilt das Interesse dagegen eher dem Besonderen, dann liegt eine vergleichsweise niedrigere Abstraktionsebene vor" (Roelcke 1999: 38).

Die vertikale Schichtung der Fachsprache „zeigt sich an der sprachlichen Auswahl (Stilistik) sowie an den pragmatischen Einsatz-Umständen fachsprachlicher Kommunikation" (Kalverkämper 1998b: 50).

Die Anhänger der Prager Schule haben ein zweischichtiges Modell für den Fachstil der Fachprosa entworfen und gliederten ihn in den praktischen Sachstil und den theoretisch wissenschaftlichen Fachstil (vgl. Fluck 1976: 17). In den 60er Jahren des 20. Jahrhunderts unterscheidet Ischreyt drei Schichten der Fachsprachen: **Wissenschaftssprache, fachliche Umgangssprache und Werkstattsprache** (vgl. Ischreyt 1965, nach Roelcke [2]2005: 38f.). Die obere Abstraktionsebene repräsentiert die Wissenschaftssprache, da sie in der Forschung oder unter Fachleuten zumeist in Schriftform verwendet wird (vgl. Roelcke [2]2005: 39). Die mittlere Abstraktionsebene stellt die fachliche Umgangssprache dar, die in der unmittelbaren und zumeist mündlichen Kommunikation unter Fachleuten und zum gewissen Grad in der Kommunikation mit Teilnehmern gebraucht wird (vgl. Roelcke [2]2005: 39). Zu der untersten Abstraktionsebene gehört die Werkstattsprache, die in der Produktion, Verwaltung oder Dienstleistung Verwendung findet (vgl. Roelcke [2]2005: 39).

Drei gleiche Schichten, aber mit anderen Benennungen, unterscheidet Walther von Hahn und gliedert die Fachsprache in streng abstrakte, vor allem schriftliche

Theoriesprache, mündlicher Kommunikation unter Fachleuten bei ihrer Arbeit dienende fachliche **Umgangssprache** und technisch-industrielle **Verteilersprache** (vgl. von Hahn ²1980, nach Fluck ⁵1996: 21).

Noch detaillierter gliedert die Fachsprachen in Abstraktionsschichten Lothar Hoffmann (²1984: 70) indem er unterscheidet:

A. **Sprache der theoretischen Grundlagenwissenschaften** – sie zeichnet sich durch die höchste Abstraktionsstufe, Anwendung von künstlichen Symbolen für Elemente und Relationen aus, findet ihre Anwendung in den experimentellen Wissenschaften und wird in der Kommunikation zwischen Fachleuten (Wissenschaftlern) gebraucht;

B. **Sprache der experimentellen Wissenschaft** – sie zeichnet sich durch eine sehr hohe Abstraktionsstufe, Anwendung künstlicher Symbole für Elemente und natürlicher Sprache für Relationen aus, findet ihre Anwendung in den experimentellen Wissenschaften und wird in der Kommunikation unter Fachleuten (Wissenschaftlern) und zwischen Wissenschaftlern und den wissenschaftlich-technischen Hilfskräften gebraucht;

C. **Sprache der angewandten Wissenschaft und der Technik** – sie zeichnet sich durch eine hohe Abstraktionsstufe, Anwendung natürlicher Sprache mit einem hohen Anteil an Fachterminologie aus, findet ihre Anwendung in den angewandten Wissenschaften und in der Technik, wird in der Kommunikation zwischen einem Fachmann (Wissenschaftler) und den wissenschaftlichen und technischen Leitern der materiellen Produktion gebraucht;

D. **Sprache der materiellen Produktion** – sie zeichnet sich durch eine niedrige Abstraktionsstufe, Anwendung natürlicher Sprache mit einem hohen Anteil an Fachterminologie aus, findet ihre Anwendung in der materiellen Produktion und wird in der Kommunikation zwischen dem Meister und den Facharbeitern gebraucht;

E. **Sprache der Konsumption** – sie zeichnet sich durch eine sehr niedrige Abstraktionsstufe, Anwendung natürlicher Sprache mit Fachtermini aus, findet ihre Anwendung in der Konsumption und wird in der Kommunikation zwischen Vertretern materieller Produktion, Vertretern des Handels und den Konsumenten gebraucht (vgl. Hoffmann ²1984: 66).

Die durch Hoffmann vorgeschlagene Schichtung der Fachsprachen lässt sich auch graphisch darstellen:

Abb. 2: Vertikale Schichtung der Fachsprache nach Lth. Hoffmann (1987: 186f.)

Kriterium / Schicht	1. Grad der Abstraktheit	2. Sprachliche Realisierung	3. Milieu des Gebrauchs	4. Benutzer
A	höchste Abstraktionsstufe	Künstliche Symbole für Elemente und Relationen	theoretische Grundlagenwissenschaften	Wissenschaftler ↔ Wissenschaftler
B	sehr hohe Abstraktionsstufe	künstliche Symbole für Elemente natürliche Sprache für Relationen	Experimentelle Wissenschaften	Wissenschaftler (Techniker) ↔ Wissenschaftler (Techniker) ↔ wissenschaftlich-technische Hilfskräfte
C	hohe Abstraktionsstufe	natürliche Sprache mit einem sehr hohen Anteil an Fachterminologie und einer streng determinierten Syntax	Angewandte Wissenschaften und Technik	Wissenschaftler (Techniker) ↔ wissenschaftliche und technische Leiter der materiellen Produktion
D	niedrige Abstraktionsstufe	natürliche Sprache mit einem hohen Anteil an Fachterminologie und einer relativ ungebundenen Syntax	Materielle Produktion	wissenschaftliche und technische Leiter der materiellen Produktion ↔ Meister ↔ Facharbeiter (Angestellte)
E	sehr niedrige Abstraktionsstufe	natürliche Sprache mit einigen Fachtermini und ungebundener Syntax	Konsumption	Vertreter der materiellen Produktion ↔ Vertreter des Handels ↔ Konsumenten ↔ Konsumenten

Diese Einteilung ist laut Hoffmann ([2]1984: 70) zwar einheitlich und deutlich, aber keine der Schichten tritt in reiner Form auf. Zwischen den Schichten kommt es zu Interferenzen, die ihre Abgrenzung erschweren.

Die von Hoffmann vorgeschlagene vertikale Schichtung der Fachsprachen wird durch viele seiner Nachfolger in späteren Publikationen über Fachsprachen übernommen. Eine kritische Stellung gegenüber der Gliederung der Fachsprachen nach Abstraktionsebenen hat aber Sambor Grucza (2008: 34f.) genommen. Nach seiner Auffassung lassen sich innerhalb eines Fachbereiches keine Abstraktionsebenen aussondern, weil Abstraktion eine mentale Konstruktion ist, die in Köpfen einzelner Menschen existiert. Darüber hinaus weist er zu Recht darauf hin, dass Abstrahierung ein graduierbares Konstrukt ist, daher lassen sich viel mehr Abstraktionsebenen als nur fünf festlegen (vgl. S. Grucza 2008 34f.).

Aus dem Überblick über die horizontale Gliederung und vertikale Schichtung der Fachsprachen lässt sich schlussfolgern, dass Fachsprachen keine einheitliche sprachliche Erscheinung sind. Fachsprachen unterscheiden sich voneinander je nach dem Fachbereich, in dem sie verwendet werden, sowie je nach der Abstraktionsstufe des behandelten Inhalts, der Sprachform, dem Milieu, in dem sie gebraucht werden, sowie je nach den kommunizierenden Partnern.

Im Folgenden wird das Wesen der juristischen Fachsprache als eine Fachsprachenvarietät erörtert unter besonderer Berücksichtigung der Sprache der Rechtsakte und der die Rechtsakte kommentierenden Juristensprache.

1.5 Juristische Sprache als Fachsprache

Mit dem folgenden Unterkapitel wird das Ziel verfolgt, das Wesen der juristischen Sprache darzustellen. Insbesondere wird auf die Unterschiede in den Bezeichnungen der juristischen Sprache und ihrer Subsprachen im Deutschen und im Polnischen hingewiesen. Darüber hinaus wird das Problem des engen Verhältnisses zwischen der juristischen Sprache und der Allgemeinsprache nähergebracht. Abschließend wird ein Versuch unternommen, die juristische Sprache horizontal und vertikal zu gliedern.

1.5.1 Allgemeine Begriffserklärung

Das Wesen der Fachsprache der Jurisprudenz wird sowohl in der rechtlichen als auch in der sprachwissenschaftlichen Literatur des Deutschen und des Polnischen breit diskutiert. Für ihre Beschreibung werden unterschiedliche Bezeichnungen verwendet, so im Deutschen *Rechtssprache* (Kjaer 1991), *juristische (Fach)Sprache* (Eriksen 2002), *Juristensprache, Gesetzessprache* (Seifert 2004; Busse 1998), *Verwaltungssprache* (Otto 1982; Knoop 1998; Gogolok 2005), *Institutionensprache* (Steger 1988; Busse 1998), im Polnischen *język prawa* (Dolata-Zaród 2005), *język prawny, język prawniczy* (Wróblewski 1948; Pieńkos 1999). Nicht immer werden diese Bezeichnungen ausreichend bestimmt und voneinander abgegrenzt.

In der polnischen Rechtswissenschaft ist zwischen der *Sprache der Rechtsakte*, anders auch *Rechtssprache sensus stricto* oder *Gesetzessprache* genannt (poln. *język prawny*), und der *Juristensprache* (poln. *język prawniczy*) zu unterscheiden. Die Gliederung ist dem polnischen Rechtswissenschaftler Bronisław Wróblewski (1948: 23) zu verdanken und sie gilt bis heute. Unter der Sprache der Rechtsakte wird die Sprache, in der das Recht formuliert wird, verstanden (vgl. Wronkowska 2003: 62). Dazu wird u. a. die Sprache der Gesetze, der internationalen Abkommen, der Verordnungen gezählt. Als Juristensprache gilt hingegen die Sprache der Rechtslehre, in der Äußerungen über das Recht formuliert werden (vgl. Wronkowska 2003: 62), z. B. die Urteilssprache, die Sprache der Kommentare usw. Die Sprache der Rechtsakte wird weiter in Sprache der Rechtsvorschriften (konkret ausgedrückt in einem Rechtsakt) und Sprache der Rechtsnormen, also Vorgehensweisen, die meistens aus einer Rechtsvorschrift abgeleitet sind, untergegliedert (vgl. Pieńkos 1999: 15). Die Juristensprache gilt als Instrument, dank dem die Juristen untereinander und mit Nichtjuristen über das Rechtswesen kommunizieren. Die beiden Subsprachen interferieren miteinander und überschneiden sich. Die Sprache der Rechtsakte braucht die Juristensprache zur Verdeutlichung ihrer Termini, die Juristensprache verwendet in ihren theoretischen Feststellungen über die in Rechtsakten abgefassten Rechtsnormen die Terminologie aus diesen Rechtsakten (vgl. Pieńkos 1999: 32f.).

In der deutschen Rechtstheorie werden die Bezeichnungen wie z. B.: *juristische (Fach)Sprache, Rechtssprache* oder *Gesetzessprache* nicht immer konsequent in Bezug auf gleiche Sachverhalte benutzt. Sie gelten nur bedingt als Entsprechungen der polnischen Termini. *Die juristische Fachsprache* und *die Rechtssprache* gelten in der Regel als Oberbegriffe für *die Sprache der Rechtsakte* und *die Juristensprache*. Die *Gesetzessprache* entspricht zum Teil der polnischen Bezeichnung *język prawny* (Wiesiołek 2005) und gilt als Bezeichnung für die Sprache, in der Gesetze formuliert werden. In Bezug auf die polnische Bezeichnung *język prawny* ist allerdings *Gesetzessprache* ein Hyponym, da sie *per definitionem* Sprachen anderer normativer Rechtsakte, wie etwa Verordnungen, Abkommen u. a. nicht berücksichtigt.

In den folgenden Überlegungen werden die Termini *juristische Sprache* und *Rechtssprache* als Oberbegriffe für sämtliche Subsprachen der Juristik u. a. die Sprache der Rechtsakte, die Sprache der Rechtsauslegung und der Rechtskommentare sowie die Juristensprache und die Amtssprache (auch Verwaltungssprache genannt) gebraucht.

1.5.2 Juristische Sprache und Allgemeinsprache

Die juristische Sprache zählt zu den frühesten Fachsprachen (vgl. Jeand'Heur 1998: 1286). Auf der nicht linguistischen Ebene realisiert sich ihre Spezifik in der Institutionalität ihrer Entstehung und Verwendung. Auf der lexikalischen und grammatischen Ebene weist sie gleiche Charakteristika wie Fachsprachen im Allgemeinen auf:

> „Es sind vor allem: der vorherrschende ‚Nominalstil‘, d. h. die extensive Ausnutzung der Möglichkeiten zur Zusammensetzung und Ableitung komplexer Substantive und die bevorzugte Verwendung von Nominalphrasen, die durch Partizipien, nominale und präpositionale Attribute und Relativsätze erweitert sind; der häufige Gebrauch von impersonalen Passivsätzen und anderen agenslosen Konstruktionen; Bevorzugung von Funktionsverbgefügen; die Tendenz zu Satzperioden; der Gebrauch von formelhaften Wendungen und Abkürzungen; die differenzierte und terminologisierte Lexik" (Stickel 1984: 40, zit. nach Szubert 1998: 142).

Die Neigung zur Nominalisierung wurde mit der Rezeption des Römischen Rechts geerbt. Sie zielt auf die Knappheit und Tatbestandgenauigkeit der Sprache ab (vgl. Jeand'Heur 1998: 1288).

Grundlegend für die juristische Fachsprache ist vor allem der Fachwortschatz. Die moderne Rechtssprache, insbesondere die Gesetzessprache, zeichnet sich durch den schmucklosen Gebrauch verallgemeinernder und typisierender Termini aus (vgl. Jeand'Heur 1998: 1288). Daher lässt sich der Fachwortschatz hauptsächlich in zwei Gruppen gliedern: in Ausdrücke, die ausschließlich zur juristischen Sprache gehören und durch eine Legaldefinition in einem Rechtsakt präzise definiert sind, und in Ausdrücke, die sowohl der Allgemeinsprache als auch der juristischen Sprache zugehörig sind und deren Bedeutung je nach dem Verwendungskontext variieren kann (vgl. Jeand'Heur 1998: 1290; vgl. auch Pkt. 1.2.1).

Neben Terminologie *sensu stricto* spielt auf der lexikalischen Ebene der Rechtssprache der sog. paraspezialistische Wortschatz (vgl. Pieńkos 1999: 43) eine Rolle.

Dazu gehören vor allem **Kollokatoren** fachlicher Kollokationen *<die Zuständigkeit ausüben / wykonywać kompetencje>* oder **Funktionsverben** fachlicher Funktionsverbgefüge *<geeignete Vorkehrungen treffen / podjąć niezbędne środki>* (mehr dazu vgl. Kapitel 3):

Der Wortschatz der Rechtssprache unterliegt einer weitgehenden Normierung, und daher wird er in Rechtsakten präziser festgelegt, wodurch die institutionsstabilisierende Funktion der Rechtssprache erfüllt wird (vgl. Busse 1998: 1383). Jede Änderung des Verständnisses eines schon institutionell normierten Terminus im Recht bedarf seiner neuen Festlegung in einem Rechtsakt und leitet ein besonderes Verfahren ein.

Die Rechtssprache „wird meist [...] als Prototyp einer Fachsprache im üblichen linguistischen und alltagsweltlichen Sinn aufgefaßt und behandelt" (Busse 1998: 1382). Wie alle anderen Fachsprachen basiert sie auf dem lexikalischen und grammatischen Subsystem der Allgemeinsprache. Der enge Bezug der Rechtssprache zur Allgemeinsprache hat verursacht, dass die Qualifizierung der Rechtssprache als Fachsprache von einigen angezweifelt wird:

„Gelegentlich wird die Qualifizierung der Rechtssprache als Fachsprache in Zweifel gezogen, weil sie in einem engen Bezug zur Umgangssprache stehe, weil zentrale Gesetzesausdrücke zugleich Wörter der Gemeinsprache seien, allgemein: weil sie sich in ihrer sozial-regulativen Funktion an jedermann wende" (Kirchhof 1987: 754, zit. nach Jeand'Heur 1998: 1287).

Auch Arntz, Picht und Mayer (^{2}2002: 22) weisen darauf hin, dass die Rechtssprache

„einerseits als Fachsprache für die Kommunikation unter den Fachwissenschaftlern [z. B. zwischen Juristen – Anmerkung JW] dienen soll, [...] andererseits aber auch den Bezug zur Gemeinsprache beibehalten soll, damit auch der betroffene Bürger sie versteht" (Arntz / Picht / Mayer ^{2}2002: 22).

Somit unterscheidet sich die Rechtssprache deutlich von anderen Fachsprachen, deren Bezug zur Allgemeinsprache nicht so eng ist. Darüber hinaus werden der Rechtssprache neben besonderer fachbezogener Terminologie, Präzision, Systematik, Zweckmäßigkeit, Effizienz, Bestimmtheit, Deutlichkeit, Klarheit und Kürze, auch die Allgemeinverständlichkeit oder mindestens die Forderung nach Allgemeinverständlichkeit und Rücksichtnahme auf den üblichen Sprachgebrauch zugeschrieben. Der unpersönliche Stil, die Bevorzugung von Passivformen, der Gebrauch formelhafter Wendungen sowie die Verwendung des Gerundivs, der Partizipialkonstruktionen und der Präpositionalgefüge erschweren aber die Allgemeinverständlichkeit (vgl. Jeand'Heur 1998: 1289).

„Alles in allem fördert dies [die oben genannten Merkmale der juristischen Fachsprache – Anm. J.W.] nicht unbedingt die Verständlichkeit legislativer Fachtexte, die stattdessen an inhaltlicher Überfrachtung und am hohen Verdichtungsgrad weitgehend abstrakter Informationen im Satzinnern der Normtexte leiden" (Jeand'Heur 1998: 1289).

Da juristische Texte auch von Nichtfachleuten verstanden werden müssen, wird von der juristischen Fachsprache die Allgemeinverständlichkeit verlangt, was im Kontrast zu den allgemein angenommenen Merkmalen der Fachsprachen sowie zu der institutionellen Realität des Gesetzesgebrauchs steht (vgl. Busse 1998: 1383). Diese Widersprüche resultieren aus dem Nebeneinandervorkommen von fachlichen und allgemeinsprachlichen Elementen in einer Fachsprache (vgl. Busse 1998: 1383). Die Rechtssprache „vereinigt somit zur Verwirklichung ihrer Grundvorhaben und Maximen eigenständige normierte fachliche Semantiken und Wortschätze für das zentrale Begriffssystem mit nichtnormiertem Wortschatz und stilistischer Varianz der standardsprachlichen Grammatik" (Steger 1988: 126, zit. nach Busse 1998: 1383).

Von der Allgemeinsprache hebt sich allerdings die Rechtssprache durch weitgehende Verbindlichkeit und Deutlichkeit der Aussagen sowie strenge Normierung der Aussagenformulierung ab (vgl. Jeand'Heur 1998: 1287). Sie zeichnet sich auch durch Präzision ihrer Äußerungen, Transparenz und Sparsamkeit / Kürze aus (vgl. Jeand'Heur 1998: 1292). Mit der Präzision sollte die Klarheit, Eindeutigkeit und Vollständigkeit der Sprache abgezielt werden; durch Transparenz wird angestrebt, dass auch Nichtfachleute die Rechts- und Verwaltungsangelegenheiten verstehen, und unter Kürze der Rechtssprache wird ein wirksamer, arbeitsgerechter und effizienter Einsatz der Sprache verstanden (Jeand'Heur 1998: 1292). Darüber hinaus

> „[stellt] das Rechtswesen einen Bereich des Sprachgebrauchs [dar], der von fachwissenschaftlichen Inhalten und institutionell geprägten diskursiven Strukturen geprägt ist, und deshalb mit der ‚Gemeinsprache' im Sinne der öffentlichen Verständigungssprache nicht gleichgesetzt werden darf" (Busse 1991: 160).

Überdies hebt sich die Rechtssprache von der Allgemeinsprache durch ihre strikten Interpretationsprinzipien ab.

> „Im Gegensatz zur grundsätzlich nicht normierbaren Auslegungsbeliebigkeit der Alltagssprache oder zur Offenheit literaturwissenschaftlicher Interpretationen ist die Sprache des Rechts auf weitestgehende Verbindlichkeit, Deutlichkeit und Disziplin (zumindest) angelegt" (Kirchhof 1987: 747, zit. nach Jeand'Heur 1998: 1287).

Auch die scheinbare Zugehörigkeit der juristischen Terminologie zu der Allgemeinsprache stellt keinen entscheidenden Beweis dafür dar, dass der Rechtssprache ihre Fachlichkeit abgesprochen werden darf, da „die Zugehörigkeit einer Wortform sowohl zur Gemeinsprache als auch zur Fachsprache des Rechts (etwa als Gesetzesterminus) noch kein Indiz dafür ist, daß es sich beidemale um „dasselbe" Wort, semantisch genauer: um das Wort in derselben Bedeutung handelt" (Busse 1991: 161).

1.5.3 Gliederung und Schichtung der juristischen Sprache

Die juristische Sprache ist keine einheitliche sprachliche Erscheinung. In Anlehnung an die Theorie der horizontalen Gliederung der Fachsprachen lässt sich die juristische Fachsprache in Sprachen einzelner Teildisziplinen des Rechts weiter gliedern. Damit können u. a. Verfassungsrechtssprache, Verwaltungsrechtssprache,

Strafrechtssprache, Zivilrechtssprache, Arbeitsrechtssprache und Europarechtssprache ausgesondert werden.

Auch die Konzepte der vertikalen Schichtung können in Bezug auf die juristische Sprache Anwendung finden. In Anlehnung an die im Punkt 1.3 genannten Theorien von von Hahn (1980) oder Ischreyt (1965) können die einzelnen juristischen Subsprachen als Theoriesprache (Wissenschaftssprache), fachsprachliche Umgangssprache oder Verteilersprache eingeordnet werden.

Demnach werden in der Theoriesprache Rechtsakte, darunter u. a. Gesetze, Verordnungen, internationale Abkommen, Anordnungen sowie Kommentare und juristische Fachbücher abgefasst (vgl. Jeand'Heur 1998: 1293).

Als fachliche Umgangssprache gilt dann die Sprache der vorwiegend internen nicht formalisierten Kommunikation zwischen Juristen, bzw. zwischen Juristen und ihren Mandanten. Sie wird auch als der sog. juristische Fachjargon bezeichnet.

In der Verteilersprache werden u. a. Urteile und Verwaltungsentscheidungen formuliert, die sich auf konkrete Adressaten, vor allem Laien, beziehen (vgl. Jeand'Heur 1998: 1293) und in einem populär-wissenschaftlichen Stil abgefasst sind.

Eine andere vertikale Schichtung der Rechtssprache, je nach der fachlichen Intensität, nimmt Otto (1981: 51) vor. Er unterscheidet sechs Fachlichkeitsebenen, auf denen sich die Rechtssprache realisieren kann. Nach Otto (1981: 51) gehören die Gesetzes-, Urteils- und Bescheidsprache zu den zwei am stärksten fachorientierten Sprachen. Ihnen folgt die Wissenschafts- und Gutachtensprache, Behörden- und Verwaltungssprache. Darunter steht alles andere.

Abb. 3: Vertikale Gliederung der Fachsprache nach Otto (1981: 51)

- **Gesetzessprache**
- **Urteils-/Bescheidsprache**
- **Wissenschafts-/Gutachtensprache**
- **Behördensprache**
- **Verwaltungsjargon**
- **Sonstige**

Die einzelnen vertikal ausgesonderten Subsprachen der Rechtssprache weisen bestimmte Unterschiede sowohl auf der lexikalischen Ebene – in Hinsicht auf den Grad der Fachlichkeit der Termini – als auch auf der grammatischen Ebene – in Hinsicht auf die restringierte Syntax (vgl. Stickel 1984: 40, nach Szubert 1998: 142) auf.

Zusammenfassend lässt sich feststellen, dass die juristische Fachsprache sowohl horizontal im Hinblick auf einzelne Teildisziplinen des Rechtswesens als auch vertikal im Hinblick auf den Fachlichkeitsgrad der Sprache differenziert werden kann. Das hat bestimmte Folgen für die Erfassung der Fachsprachen, weil in sprachwissenschaftlichen Analysen je nach horizontal oder vertikal ausgesonderter Subsprache der Rechtssprache andere sprachliche Aspekte in den Vordergrund gestellt werden.

1.6 Resümee

Als Resümee lässt sich festhalten, dass Fachsprachen eine Gesamtheit von sprachlichen und stilistischen Mitteln sind, die für das Kommunizieren im bestimmten fachbezogenen Kommunikationsbereich verwendet werden. Fachsprachen basieren auf dem Wortschatz und den grammatischen Regeln der Gesamtsprache. Sie unterscheiden sich in der Anwendung der Fachterminologie und durch den bevorzugten Gebrauch bestimmter grammatischer und stilistischer Konstruktionen. Für den Wortschatz der Fachsprachen ist die Fachbezogenheit, Begrifflichkeit, Exaktheit, Eindeutigkeit, Explizitheit, Selbstdeutigkeit und Systematizität charakteristisch. Der Stil der Fachsprachen ist kurz und prägnant. Eine besondere Art einer Fachsprache bildet die juristische Fachsprache, die aufgrund fachspezifischer Terminologie und besonderen Stils die Anforderungen der Fachsprachen erfüllt. Die Besonderheit der juristischen Fachsprache liegt aber in ihrer nahen Verbindung mit dem alltäglichen Leben und daher wird ihr im Unterschied zu anderen Fachsprachen die Forderung nach Allgemeinverständlichkeit gestellt.

Das die Fachsprachen thematisierende Kapitel stellt eine Basis für die weiteren Überlegungen über Fachlichkeit in Texten dar. Die Fortsetzung des Themas stellt das nächste Kapitel dar, das sich mit den Aspekten der Fachtexte und der Fachtextlinguistik auseinandersetzt.

2. Aspekte der Fachtexte

Die Sprache realisiert sich in Texten. Daher besteht eine enge Verbindung zwischen den traditionellen Untersuchungsbereichen der Sprachwissenschaft und der Textlinguistik (vgl. Adamzik 2004: 151). Die Fachkommunikation manifestiert sich in Fachtexten (vgl. Gläser 1990: 6) und deswegen wird das zweite Kapitel dieser Arbeit Aspekten von Fachtexten gewidmet. Am Anfang des Kapitels wird auf die Grundbegriffe der Textlinguistik wie *Text, Fachtext, Textmuster* und *Textsorte* allgemein eingegangen. Danach wird der Textsortenanalyse und insbesondere dem Mehrebenenmodell der Textsortenanalyse von Heinemann und Viehweger (1991) Beachtung geschenkt. Da sich juristische Texte besonders durch ihre Formelhaftigkeit auszeichnen, widmet sich das dritte Unterkapitel den theoretischen Ansätzen zur Formelhaftigkeit von Texten. In dem das Kapitel abschließenden Punkt wird der Vertrag von Lissabon in Anlehnung an die vorher angeführten Kriterien der Textsortenanalyse beschrieben. Insbesondere werden seine Funktion, Situationalität, Thematizität und formelhafte Struktur untersucht, während seine Formelhaftigkeit auf lexikalisch-syntaktischer Ebene, d. h. die Formelhaftigkeit bestimmter Ausdrücke als Hauptproblem der Arbeit in den nachfolgenden Kapiteln thematisiert wird.

2.1 Text – Fachtext – Textmuster –Textsorte

Der Terminus *Text* wird in der Geschichte der Linguistik unterschiedlich verstanden. Die Definitionen variieren je nach der sprachwissenschaftlichen Periode und dem theoretischen Ansatz der Untersuchungen. In diesem Unterkapitel wird auf eine komplexe Darstellung der Textdefinitionen und ihre historische Entwicklung verzichtet, da eine solche in zahlreichen anderen Bearbeitungen zu finden ist (vgl. u. a. Heinemann / Viehweger 1991; Heinemann / Heinemann 2002; Adamzik 2004; sowie der 2000 von Brinker / Antos / Heinemann / Sager 2000 herausgegebene Sammelband HSK). Im Folgenden werden nur einige Textdefinitionen angegeben, die für die weiteren Überlegungen von Relevanz sind.

Klaus Zimmermann (1978: 45) versteht Text als eine komplexe Ganzheit verbaler und nicht-verbaler Faktoren. Er definiert Text

> „nicht nur als sprachliches Gebilde, sondern […] als Einheit eines kommunikativ bestimmten komplexen sozialen Vorganges […], in dem Sprache als eines, und zwar wichtiges Realisierungsmittel dient, aber keinesfalls das alleinige Realisierungsmittel ist" (K. Zimmermann 1978: 45).

An diese Definition knüpfen bis heute viele Linguisten an, die Texte als multimediale Gebilde und „strukturierte Kombination verschiedener Zeichenmodalitäten" betrachten (Stöckl 2004: 16).

„Man kommt [...] ohne eine Betrachtung der Zeichen- und Gestaltungsressource Typographie in der Textlinguistik heute nicht mehr aus. Der rein sprachlich verfasste Text bildet die Ausnahme und der multimodale Text gerät zur Norm" (Stöckl 2004: 7).

In den 80er Jahren des 20. Jahrhunderts wird *Text* u. a. von Klaus Brinker (1985, zit. nach Brinker [7]2010: 17) definiert als „eine begrenzte Folge von sprachlichen Zeichen, die in sich kohärent ist und die als Ganzes eine erkennbare kommunikative Funktion signalisiert". Diese Definition knüpft an das Konzept des sprachlichen Zeichens von de Saussure (1931) an, der zwischen dem sprachlichen Zeichen als Signifikat – dem Bezeichneten, der Bedeutung – und dem sprachlichen Zeichen als Signifikant – dem Bezeichnenden, der äußeren Zeichenform, dem Ausdruck – unterscheidet (vgl. de Saussure 1931; Brinker [7]2010: 17). Brinker ([7]2010: 17) nennt in seiner Textauffassung Sätze als die wichtigsten Struktureinheiten von Texten und erwähnt kleinere sprachliche Gebilde, wie Ein-Wort-Äußerungen, nur am Rande seiner Überlegungen, denn laut Brinker behandelt die Textlinguistik in erster Linie Texte, die grammatisch und thematisch einen höheren Komplexitätsgrad aufweisen. Die Zeichenfolge muss in einem Text auf der grammatischen und auf der thematischen Ebene kohärent sein (vgl. Brinker [7]2010: 17). Das Kriterium der Textualität wird aber erst dann erfüllt, wenn diese kohärente Zeichenfolge innerhalb einer Kommunikationssituation wirksam Anwendung findet, d. h. wenn sie eine kommunikative Funktion erfüllt (vgl. Brinker [7]2010: 18).

Heinemann und Viehweger (1991: 125) fassen den Textbegriff zum einen weit als sprachliches Zeichensystem, zum anderen eng als Produkt sprachlicher Zeichen und paralingualer Mittel wie Gestik und Mimik auf. Unter Texten verstehen sie

„Ergebnisse sprachlicher Tätigkeiten sozial handelnder Menschen [...], durch die in Abhängigkeit von der kognitiven Bewertung der Handlungsbeteiligten wie auch des Handlungskontextes vom Textproduzenten Wissen unterschiedlicher Art aktualisiert wurde, das sich in Texten in spezifischer Weise manifestiert und deren mehrdimensionale Struktur konstituiert" (Heinemann / Viehweger 1991: 126).

Mit der Berücksichtigung der außersprachlichen Elemente knüpfen Heinemann und Viehweger in ihrer Textauffassung an die bereits zitierte Definition Zimmermanns an.

Eine spezifische Art von Texten sind Fachtexte. Nach Hoffmann (1988: 119) stellt *Fachtext* eine konkrete Realisierung der Fachsprache dar und ist

„[...] Instrument bzw. Resultat der im Zusammenhang mit einer spezialisierten gesellschaftlich-produktiven Tätigkeit ausgeübten sprachlich-kommunikativen Tätigkeit. Er bildet eine strukturell-funktionale Einheit (Ganzheit) und besteht aus einer endlichen geordneten Menge pragmatisch, semantisch und syntaktisch kohärenter Sätze (Texteme) oder satzwertiger Einheiten, die als komplexe sprachliche Zeichen komplexen Aussagen im Bewusstsein des Menschen und komplexen Sachverhalten in der objektiven Realität entsprechen" (Hoffmann 1988: 119).

Ein anderer deutscher Linguist, Klaus-Dieter Baumann (1992: 9), der sich u. a. mit Fachtexten befasst, betrachtet sie in Hinsicht auf ihre Funktion als

„komplexe Einheiten [...], die sich einerseits aus sozialen, situativen und thematischen Faktoren und andererseits aus den dadurch bedingten textstrukturellen, stilistischen und formalen Merkmalen zusammensetzen" (Baumann 1992: 9).

Eine solche Betrachtungsweise der Fachtexte ist ein Resultat eines Zusammenspiels von Textinterna und Textexterna. Baumann charakterisiert weiter Fachtexte in Hinsicht auf ihre organisierte sprachliche Struktur (Textinterna) sowie auf „die sie beeinflussenden Interaktionsbeziehungen zwischen Textproduzent(en) und Textrezipient(en), den Kommunikationsgegenstand und den Fachlichkeitsgrad der Kommunikation (Textexterna)" (Baumann 1992: 10).

Andere Eigenschaften von Fachtexten betont in ihren Untersuchungen Rosemarie Gläser (1990: 18). Sie weist in der Definition des Fachtextes auf die Musterhaftigkeit der Textbildung hin, die aus gesellschaftlich akzeptierten, historisch entstandenen und durch Sprachplanung festgelegten Schemata für die situativ adäquate Abfassung eines Fachtextes resultiert (vgl. Gläser 1990: 18). Sie fasst *Fachtext* als „das Ergebnis der geistig-sprachlichen Verarbeitung eines tätigkeitsspezifischen Sachverhalts nach einem konventionellen Bildungsmuster" auf. Darüber hinaus versteht Gläser unter *Fachtext* (1990: 18)

„eine zusammenhängende, sachlogisch gegliederte und abgeschlossene komplexe sprachliche Äußerung, die einen tätigkeitsspezifischen Sachverhalt widerspiegelt, situativ adäquate sprachliche Mittel verwendet und durch visuelle Mittel, wie Symbole, Formeln, Gleichungen, Graphika und Abbildungen ergänzt sein kann" (Gläser 1990: 18).

Eine andere Auffassung von Fachtexten präsentiert der polnische Linguist Sambor Grucza (2008: 171), der in seiner Definition des Fachtextes auf die Rolle des Fachtextproduzenten hinweist. S. Grucza versteht unter Fachtexten sämtliche konkreten schriftlichen und mündlichen Sprachausdrücke, die von einem Fachmann in einem konkreten Akt der Fachkommunikation produziert werden:

„[...] teksty specjalistyczne to [...] wszelkie konkretne, mowne i pisemne wyrażenia językowe, które zostały wytworzone przez jakiegokolwiek specjalistę w jakimkolwiek konkretnym akcie komunikacji specjalistycznej" (S. Grucza 2008: 171).

Als den unterscheidenden Faktor zwischen Texten im Allgemeinen und Fachtexten nennt S. Grucza (2004: 121) die Fachsprachlichkeit und Fachlichkeit der Fachtexte, die in Anlehnung an Baumann (1992) analog als Fachinterna und Fachexterna bezeichnet werden können.

Die primären Kriterien für die Gliederung in Fach- und Nicht-Fachtexte sind laut S. Grucza auf der textexternen (fachlichen) Ebene zu suchen (vgl. S. Grucza 2004: 127). Die Bedeutung der Fachlichkeit / Sachlichkeit des Textinhalts für Fachtexte wurde bereits u. a. von W. Schmidt (1981) und Kalverkämper (1990; 1998a) betont. Nach Kalverkämper (1990: 18) ist Fachtext ein Ort von Fachwissen-Repräsentation, über den die Kenntnissysteme aktualisiert werden und über den signalisiert wird, wie das Informationsverhältnis zwischen dem Autor – Fachmann – und dem angezielten Adressaten gestaltet ist. Fachtexte lassen sich daher nach dem Kriterium des Fachlichkeitsgrades ordnen (vgl. Kalverkämper 1998a: 12). „Der jeweilige Fachlichkeitsgrad von Texten hängt eng mit dem konkreten Zusammenwirken der verschiedenen Konstituenten sprachlich-kommunikativer Handlungen zusammen" (W. Schmidt 1981, zit. nach Baumann 1994: 55).

Die sekundären Kriterien für die Unterscheidung zwischen Fach- und Nicht-Fachtexten ergeben sich aus der textinternen (fachsprachlichen) Ebene. Im Hinblick auf diese Ebene des Fachtextes sind einige Faktoren zu nennen, die Fachtexte konstituieren.

Baumann erwähnt unter den den Grad der Fachlichkeit von Texten determinierenden Faktoren u. a. die folgenden:

„1. die Wiederholungsrate thematisch gebundener Schlüsselwörter,

2. der Anteil der verschiedenen Wortarten,

3. die Anzahl der Wörter je Satz,

4. die ‚Satztiefe', d. h. den Grad der Abhängigkeit der Attribute vom jeweiligen Substantiv,

5. der Anteil von einfachen, zusammengesetzten bzw. kürzeren, längeren Sätzen und die zwischen diesen Satzarten bestehenden Zusammenhänge und Wechselbeziehungen,

6. der Einsatz von (außer-)sprachlichen Textgliederungs- und Verflechtungsmitteln,

7. der Einbau von Redundanzerscheinungen und

8. die Berücksichtigung von Elementen des visuellen Kodes im Text" (Baumann 1994: 56).

Andere den Charakter von Fachtexten prägende Eigenschaften sind die von Lukszyn (2002: 45) genannten Universalien wie **Kohärenz, Teilbarkeit** und **Ganzheit.** Die semantische Kohärenz eines Fachtextes ergibt sich aus der thematischen Progression, der Synsemantik einzelner Sätze, mehrfacher Wiederholungen derselben Termini, der Katapher und Anapher (vgl. Lukszyn 2002: 45). Die thematische Progression ist eine Transposition einer Komponente der Äußerung in eine weitere syntaktische Reihe in gleicher oder modifizierter Form. Die Folge der Adaption des Inhalts aus dem vorstehenden Satz ist die Synsemantik des Folgesatzes, dessen Bedeutung von dem Kontext, d. h. von dem vorstehenden Satz abhängt (vgl. Lukszyn 2002: 45f.):

„Spójność semantyczna tekstu ujawnia się w takich zjawiskach jak: (1) progresja semantyczna, (2) synsemantyczność poszczególnych zdań, (3) wielokrotne powtórzenia tych samych terminów, (4) anafora i katafora. Progresja tematyczna oznacza transpozycję podstawowego komponentu treści wypowiedzi do następnego komponentu ciągu syntaktycznego w tej samej lub zmodyfikowanej postaci. Skutkiem adaptacji treści z poprzedniej wypowiedzi jest synsemantyczność adaptującego zdania, tj. jego zależność od kontekstu" (Lukszyn 2002: 45f.).

Ein Fachtext lässt sich in Anlehnung an Lukszyn (2002: 46) in formaler Hinsicht in einzelne Teiltexte gliedern, die als Bausteine einer bestimmten Textsorte reproduzierbar sind. In konzeptueller Hinsicht stellt ein Fachtext eine Ganzheit von thematisch koordinierten Äußerungen dar, die sich aufgrund direkter Zusammenhänge zu komplexen (zwei- und mehrsätzigen) syntaktischen Strukturen verbinden (vgl. Lukszyn 2002: 46). In lexikalisch-semantischer Hinsicht lassen sich in Fachtexten die den semantischen Raum bildenden Dominanten und das terminologische Paradigma unterscheiden.

„Z formalnego punktu widzenia tekst specjalistyczny rozkłada się na jednostki różnego typu. Jednakże dla teorii tekstu ważne jest wyodrębnienie takich jednostek, które są odtwarzalne jako moduły konstrukcyjne danego rodzaju tekstu. [...]. W aspekcie konceptualnym tekst stanowi jedność tematycznie skoordynowanych wypowiedzi, które łączą się na podstawie bezpośrednich powiązań w jednostki ponadfrazowe, tj. konstrukcje syntaktyczne składające się z dwóch lub więcej zdań. Podejście leksykalno-semantyczne ma za zadanie wyodrębnienie dominant tworzących przestrzeń semantyczną badanego tekstu oraz ustalenie rodzaju odpowiedniego paradygmatu terminologicznego" (Lukszyn 2002: 46f.).

Daraus lässt sich schlussfolgern, dass sich ein ganzheitlicher Text durch seine weitgehende Unteilbarkeit auf der semantischen Ebene und durch die Reproduzierbarkeit seiner Struktur anhand bestimmter formaler und konzeptueller Parameter charakterisieren lässt (vgl. Lukszyn 2002: 46f.):

[...] Cechą zasadniczą tekstu całościowego jest jego niepodzielność na płaszczyźnie semantycznej oraz odtwarzalność jego struktury na podstawie określonego zestawu formalnych i konceptualnych parametrów" (Lukszyn 2002: 46f.).

Obwohl sich alle Texte grundsätzlich in Fachtexte und Nicht-Fachtexte gliedern lassen, ist die Grenze zwischen den beiden allerdings nicht immer scharf (vgl. S. Grucza 2004: 127).

Die Entwicklung der Untersuchungen zu Texten hat zur Herausbildung von *Textmustern* und *Textsorten* geführt. Im Folgenden wird zuerst ein Überblick über diese beiden Formen verschafft und anschließend wird auf die wichtigsten Unterschiede zwischen ihnen hingewiesen.

„Textmuster sind komplexe kognitive Muster für die Lösung spezifischer kommunikativer Aufgaben, einschließlich der Herstellung von Texten. Sie dürfen als Teilmenge des Interaktionswissens der Kommunizierenden verstanden werden. Das Interaktionswissen basiert auf kommunikativen Erfahrungen der Handelnden. [...]. Sie fungieren vor allem als Muster für das Handeln der Individuen unter bestimmten kommunikativen Bedingungen – und damit für die Produktion je spezifischer Texte [...]. Textmuster haben prototypischen Charakter, sie sind nur auf stereotype Charakteristika des Handelns [...] beschränkt" (vgl. W. Heinemann 2000b: 518).

Im Textmuster haben atypische Elemente keinen Platz. Dadurch unterscheidet sich ein Textmuster von einer Textsorte, die an konkrete Textexemplare gebunden ist und atypische Elemente aufweisen kann und somit mit dem Idealmodell nicht identisch ist (vgl. W. Heinemann 2000b: 516). Daher wäre der Terminus *Textmuster* „als kognitive idealtypische Größe von den stets auf konkrete Texte bezogenen Textsorten abzuheben" (W. Heinemann 2000b: 515).

Textsorten sind demnach „eine Klasse von Texten [...], die einem gemeinsamen Textmuster folgen" (Fix 2008: 71). Sie werden auch als „Mengen von Texten mit bestimmten gemeinsamen Eigenschaften" (Hartmann 1964: 23, zit. nach W. Heinemann 2000b: 509) definiert, die sich auf die äußere Textgestalt, charakteristische Struktur- und Formulierungsbesonderheiten, inhaltlich-thematische Aspekte, situative Bedingungen und kommunikative Funktionen beziehen (vgl. W. Heinemann 2000b: 513). Sie lassen sich durch bestimmte relevante, gemeinsame Merkmale beschreiben und von anderen Teilmengen abgrenzen (vgl. Hartmann 1971: 22). Krause (2000: 48) definiert Textsorten als

„[...] sozial-historisch entstandene und tradierte, damit auch kulturspezifisch geprägte, in der Kommunikation real existierende typische Formen sprachlich-kommunikativen Handelns, die kognitiv gespeichert sind und damit über (mehr oder weniger) feste, modellhafte Strukturen verfügen" (Krause 2000: 48).

Textsorten basieren somit einerseits auf Komponenten eines abstrakten Textmusters, andererseits sind sie selbst Basen für einzelne Textexemplare.

„Textsorten werden allgemein als Sammelbegriff verstanden für eine finite Menge von – durch Übereinstimmung bestimmter textkonstitutiver Merkmale gekennzeichneten – virtuellen Textexemplaren. Die Zuordnung eines konkreten Textexemplars zu einer Textsorte erfolgt auf der Basis des Wiedererkennens / Identifizierens von Grundkomponenten eines idealtypischen Textmusters [...]. Textsorten erweisen sich so als Repräsentationsformen eines Textmusters auf niederer Abstraktionsstufe" (vgl. W. Heinemann 2000b: 515).

Für die Abgrenzung einzelner Textsorten voneinander wurden verschiedene Kriterien je nach dem Textsortenverständnis eingesetzt. In der Textlinguistik lassen sich vier Grundkonzepte des Textsortenverständnisses unterscheiden.

Das erste Konzept setzt voraus, dass die Textsorte eine **grammatisch geprägte Einheit** ist. In diesem Konzept werden zuerst für die Textsortenabhebung nur innersprachliche (textinterne) Elemente wie Pronomina, Tempusmorpheme, der Nomen-Verb-Quotient, die formale Textpartitur u. a. berücksichtigt (vgl. W. Heinemann 2000a: 12). Die rein statistisch-formale Merkmalanalyse einzelner Texte erweist sich allerdings für die Ausdifferenzierung der Textsorten als nicht ausreichend, weil solche Merkmale für viele Textsorten gleich sind (vgl. W. Heinemann 2000a: 12). Daher werden im Laufe der Zeit auch textexterne Merkmale herangezogen (vgl. W. Heinemann 2000a: 12).

Nach dem zweiten Konzept wird die Textsorte als eine **semantisch-inhaltlich geprägte Einheit** verstanden. Das Textsortenverständnis setzt voraus, dass Textsorten zunächst strukturell bestimmt werden, „aber nicht mehr nur bezogen auf einzelne Signale und deren Bündelungen, sondern auf der Grundlage komplexer Textstrukturen und der mit ihnen verknüpften Bedeutungskomplexe" (W. Heinemann 2000a: 12).

Im dritten Konzept, das die Textsorte als **situativ determinierte Einheit** versteht, gilt die kommunikative Situation als Grundkriterium für die Ausdifferenzierung von Textsorten (vgl. W. Heinemann 2000a: 13). Daraus ergibt sich, dass „alle Texte, die in einem [...] Situationstyp produziert werden, [...] ungeachtet ihrer individuellen Besonderheiten derselben Textsorte [angehören]" (Diewald 1991: 1).

Das letzte, vierte Konzept setzt voraus, dass Textsorten durch **kommunikative Funktion** und die Intention der Textproduzenten determiniert werden (vgl. W. Heinemann 2000a: 14).

Die Versuche der klaren Abgrenzung aller Textsorten anhand eines Kriteriums haben kein befriedigendes Resultat ergeben, was zu der Annahme führte, dass nur die Berücksichtigung mehrerer Kriterien ein brauchbares Analyseinstrument schaffen kann. Daher wurde das Mehrebenenmodell der Textsortenanalyse von Heinemann / Viehweger (1991) entwickelt und von Heinemann / Heinemann 2002 weiter ausgearbeitet, in dem (1) die Funktion des Textes, (2) die Anwendungssituation, (3) die Thematizität und Textherstellungsverfahren, (4) die Textstruktur und (5) die Formulierungsmuster des analysierten Textes zusammen geprüft und in der Analyse komplex berücksichtigt werden (vgl. Heinemann / Viehweger 1991: 145ff.; Heinemann / Heinemann 2002: 146ff.). Im folgenden Unterkapitel werden die wichtigsten Voraussetzungen des Mehrebenenmodells der Textsortenanalyse kurz dargestellt.

2.2 Aspekte des Mehrebenenmodells der Textsortenanalyse von Heinemann

Repräsentanten bestimmter Textsorten differieren je nach dem speziellen Interaktionszusammenhang, in dem sie gebildet werden. Einige Konstanten sind allerdings ähnlich für alle Repräsentanten einer Textsorte (vgl. Heinemann / Heinemann 2002: 146). Das Mehrebenenmodell der Textsortenanalyse hat zum Ziel, diese übereinstimmenden Konstanten einzelner Textsorten schrittweise aufzudecken. Daher erfolgt die Analyse einzelner Textexemplare im Rahmen des Mehrebenenmodells in Hinsicht auf fünf Ebenen: (1) Funktionalität, (2) Situationalität, (3) Thematizität und Textherstellungsverfahren, (4) Strukturiertheit, (5) Formulierungsadäquatheit (vgl. Heinemann / Viehweger 1991: 145ff.; Heinemann / Heinemann 2002: 146ff.). Im Folgenden werden die ersten vier Ebenen des Modells kurz besprochen. Die fünfte Ebene, die die Adäquatheit einzelner Formulierungen in einer Textsorte voraussetzt, wird in diesem Unterkapitel nur angesprochen, weil sie später in weiteren Kapiteln (vgl. Kapitel 3 und 4) eingehend analysiert wird. Da sich der Schwerpunkt dieses Kapitels auf die Aspekte der Fachtexte bezieht, werden die einzelnen Ebenen des Modells in Bezug auf Fachtexte behandelt und dort, wo es möglich ist, werden Beispiele aus Fachtexten angeführt.

2.2.1 Funktionalität des Textes

Die erste Ebene der Textanalyse – **Funktionalität / Funktion des Textes** – bezieht sich auf die „Rolle von Texten in der Interaktion, ihr[en] Beitrag zur Realisierung gesellschaftlicher Aufgabenstellungen und individueller Ziele sowie zur Konstruierung sozialer Beziehungen" (Heinemann / Viehweger 1991: 148). Auf dieser Ebene geht man von der Frage aus, wie Texte in Interaktionsakten generell wirken können (Heinemann / Viehweger 1991: 149). Die Grundfunktionen von Texten sind laut Heinemann und Viehweger (1991: 149):

A) Sich ausdrücken, B) Kontaktieren, C) Informieren und D) Steuern.

Die einzelnen Textfunktionen stehen in einer Wechselbeziehung zueinander und die Grenze zwischen ihnen ist fließend. Dennoch lassen sich für jede Funktion Hauptmerkmale aussondern.

A) SICH AUSDRÜCKEN ist nach Heinemann und Viehweger (1991: 150) die allgemeinste Grundfunktion der Texte. Sie wird in Anlehnung an Karl Bühler und sein Organon-Modell (vgl. Bühler 1934: 288ff.) auch Kundgabefunktion genannt. In den 40er Jahren des. 20. Jahrhunderts wurde die Kundgabefunktion vornehmlich in Bezug auf die mündliche Kommunikation verstanden. Nikolai Trubetzkoy definiert sie 1939 folgenderweise:

> „Alles, was in der Rede zur Kennzeichnung des Sprechers dient, erfüllt die Kundgabefunktion. Die mit dieser Funktion betrauten Elemente können sehr mannigfaltig sein: die Zugehörigkeit des Sprechers zu einem bestimmten Menschentypus, seine körperliche und geistige Eigenart usw. können an seiner Stimme, an seiner Aussprache, am ganzen Stil seiner Rede einschließlich Wortwahl und Satzbau erkannt werden" (Trubetzkoy 1939, zit. nach ⁶1977: 19).

Die Rolle der Kundgabefunktion einer Textsorte besteht in Affekt-Entladung, Selbstdarstellung und Meinungskundgabe des Sprechers (vgl. Heinemann / Viehweger 1991: 150). Sie trägt zur „Stabilisierung des psychischen Gleichgewichts des Textproduzenten" (Heinemann / Viehweger 1991: 150) bei. Als Textbeispiele mit Kundgabefunktion kann (1) Selbstpräsentation im Bewerbungsschreiben oder im Vorstellungsgespräch bzw. (2) in Meinungsäußerungen genannt werden:

(1$_d$) *Ich heiße Max Müller, bin 30 Jahre alt, Diplom-Betriebswirt und zurzeit als Buchhalter bei der XXX GmbH tätig.*

(1$_p$) *Nazywam się Jan Kowalski, mam 30 lat, jestem dyplomowanym ekonomistą, a obecnie pracuję jako księgowy w firmie XXX.*

(2$_d$) *Ich bin der Meinung; ich denke, mir scheint, ...*

(2$_p$) *Jestem zdania; uważam; wydaje mi się, ...*

B) KONTAKTIEREN ist die nächste Textfunktion. Sie wird als „Bereitschaft zu und Realisierung von kommunikativer Kooperation" (Heinemann / Viehweger 1991: 150f.) angesehen und gilt primär für die Herstellung und Gewährleistung von Interaktion, d. h. für die Aufnahme, Erhaltung oder Ausprägung sozialer Beziehungen (vgl. Heinemann / Viehweger 1991: 151). Texte mit Kontaktfunktion / phatischer

Funktion haben vor allem zum Ziel, das Bekanntsein der Gesprächspartner zu bestätigen oder Kontakte aufzubauen. Daher sind Texte mit Kontaktfunktion in Bezug
auf ihren Inhalt im Grunde eher irrelevant (vgl. Heinemann / Viehweger 1991: 151).
Da Kontakte in der Regel in einer mündlichen Kommunikation aufgenommen und
aufrechterhalten werden, dominieren mündliche Textsorten als Beispiele von Texten
mit Kontaktfunktion u. a. Begrüßung oder der sog. „Small talk" beispielsweise in
Eisenbahnabteilen oder während eines Banketts. In der schriftlichen Kommunikation gilt u. a. eine Grußpostkarte als Beispiel einer Textsorte mit Kontaktfunktion.
Formeln mit Kontaktfunktion sind auch in Informations- oder Steuerungstexten zu
finden, z. B.: Begrüßungen und Anreden im Initialteil zahlreicher Textmuster (*Sehr
geehrter Herr... / Szanowny Panie...*) sowie Kontaktmarkierungen in der Schlussformel eines Textes (*Ich wünsche Ihnen noch weiterhin gute Unterhaltung / Życzę
Państwu udanej zabawy*) (vgl. Heinemann / Viehweger 1991: 151).

C) INFORMIEREN – ist eine Textfunktion, die vor allem dem Informationstrans-
fer dient (vgl. Heinemann / Viehweger 1991: 151). Informations(v)ermittelnde Texte,
weiter auch Informationstexte genannt, lassen sich gliedern in: (a) Texte zur Gewinnung neuer Kenntnisse oder Erkenntnisse, wie Begleittexte bei Experimenten,
Arzt-Patienten-Gespräche, Forschungstexte, und (b) Texte zur Kontrolle von Wissensbeständen des Partners, wie Prüfungsgespräche, schriftliche Leistungskontrol-
len usw. (vgl. Heinemann / Viehweger 1991: 151). Heinemann und Viehweger (1991:
151f.) gliedern die Informationstexte weiterhin in Hinsicht auf die Information, die
sie ihren Rezipienten vermitteln. Sie unterscheiden zwischen Texten, die:

(a) über soziale Konsequenzen informieren: Berufungen, Ernennungen, Begnadi-
    gungen;
(b) über Einstellungen des Textproduzenten zum Adressaten informieren: Gratula-
    tionen, Dankschreiben, Entschuldigungen;
(c) über Sachverhalte der Wirklichkeit informieren, die für den Adressaten von
    Relevanz oder neu sind: Aussagen vor Gericht, Informationen über Zugverspä-
    tungen;
    und eine zusätzliche Sondergruppe von Texten, die:
(d) über Festlegungen informieren, die für alle Angehörigen eines bestimmten
    institutionellen Bereichs verbindlich sind und das interaktionale Verhalten von
    Gesellschaftsgruppen und Einzelpersonen regeln: dazu zählen u. a. Gesetze, Ver-
    ordnungen und Verträge (vgl. Heinemann / Viehweger 1991: 152f.).

Während die vorher genannten Gruppen von Textsorten mit Kundgabe- und Kontaktfunktion vor allem für die allgemeinsprachliche Kommunikation typisch sind
und einen allgemeinsprachlichen Charakter haben, lassen sich unter Informations-
texten viele fachliche Textsorten nennen wie u. a. Veröffentlichungen staatlicher und
lokaler Behörden (*Bekanntmachung des Gemeinderates vom... / Obwieszczenie Rady
Gminy z dnia...*), Qualitätszertifikate und -zeugnisse, Bescheide mit konstitutiver
oder deklarativer Wirkung.

D) STEUERN – die Steuerfunktion von Texten gilt als Auslöser einer gewissen
Handlung beim Rezipienten. Mithilfe von steuernden Texten wird „die unmittelbare

Einflussnahme des Textproduzenten auf das Handeln des Adressaten gewährleistet" (vgl. Heinemann / Viehweger 1991: 152). Dazu gehören u. a. die dem Adressaten obliegenden Anweisungen, Befehle, Forderungen sowie fakultative Unterweisungen, Instruktionen, Ratschläge, Vorschläge, Gesuche usw. (vgl. Heinemann / Viehweger 1991: 152).

Eine Sonderstellung nehmen in der kommunikativen Praxis die normsetzenden Texte wie Gesetze, Verordnungen, Verträge, Abkommen, Vollmachten, Satzungen usw. ein, die sowohl eine informierende als auch eine steuernde Funktion erfüllen (vgl. Heinemann / Viehweger 1991: 152).

Für die Feststellung der Textfunktion müssen auch andere Textebenen und Kommunikationsfaktoren analysiert werden, was bereits von Hoffmann (1988: 113) angesprochen wurde:

> „Zur funktionalen Charakterisierung von Fachtexten und Fachtextsorten eignen sich: soziale Variablen (z. B. Fachkompetenz, Alter), Kommunikationsintentionen (z. B. Informieren, Aktivieren) und Kommunikationsverfahren (z. B. Mitteilen, Feststellen), Kommunikationssituationen (z. B. Forschung, Lehre) und Kommunikationsgegenstände (z. B. Fachgebiet, Objektklasse)" (Hoffmann 1988) 113).

2.2.2 Situationalität des Textes

Die zweite Ebene der Textanalyse bezieht sich auf die **Situationalität des Textes**. Die Berücksichtigung dieser Ebene bei der Textsortenanalyse wird durch die Unterschiede in der Formulierung einzelner Textexemplare u. a. je nach der sozialen Stellung, Anzahl oder gegenseitigen Hierarchie der Gesprächspartner begründet. Die Anpassung eines Textexemplars an die Situation garantiert einen kommunikativen Erfolg. Die Autoren des Mehrebenenmodells betonen, dass die Feststellung der Gesamtheit situativer Faktoren – von Heinemann / Heinemann (2002: 147) auch Situationsklassen genannt – schwierig ist, daher erwähnen sie nur die – ihrer Auffassung nach – relevantesten, d. h.:

- interaktionale Rahmentypen,
- die soziale Organisation der Tätigkeiten,
- Anzahl der Partner,
- soziale Rollen der Interagierenden,
- Grundtypen der Umgebungssituationen (vgl. Heinemann / Viehweger 1991: 155ff.).

Im Folgenden werden nur die für die weiteren Untersuchungen wichtigsten situativen Faktoren wie (a) soziale Organisation der Tätigkeiten, (b) Anzahl der Partner, (c) soziale Rollen der Interagierenden in Erwägung gezogen.

Viele Interaktionsereignisse sind institutionell geprägt und werden im Rahmen bestimmter Kommunikationsbereiche wie Produktion, Handel und Dienstleistung, Verwaltung usw. vollzogen. Daher verlaufen sie in der Regel nach mehr oder weniger fest interiorisierten Handlungsmustern (vgl. Heinemann / Viehweger 1991: 155). Die institutionelle Kommunikation und die dabei entstehenden Textexemplare sind grundlegend gesamtgesellschaftlich determiniert (vgl. Heinemann / Viehweger 1991: 155f.).

Ein anderer Faktor, der auf die Kommunikation einen Einfluss ausübt, ist die Anzahl der Kommunikationspartner. Je nach der Anzahl der Kommunikationspartner entsteht ein an dyadische Gruppen- oder Massenkommunikation angepasster Text. Einen entscheidenden und den Text beeinflussenden Faktor stellt darüber hinaus das soziale Verhältnis der Interagierenden während des Kommunikationsaktes dar (vgl. Heinemann / Viehweger 1991: 155). Die Kommunikation zwischen Kommunikationspartnern kann symmetrisch oder asymmetrisch verlaufen. Die symmetrische Kommunikation setzt eine soziale Gleichberechtigung der Kommunizierenden und die asymmetrische Kommunikation die Dominanz oder Überordnung einer der Kommunikationspartner voraus (vgl. Heinemann / Viehweger 1991: 156).

2.2.3 Thematizität des Textes und Textherstellungsverfahren

Auf der dritten Ebene der Textsortenanalyse wird in dem Mehrebenenmodell auf die **Thematizität** und **Textherstellungsverfahren** hingewiesen und die Frage beantwortet, „welche Verfahren in Verbindung mit bestimmten globalen Mustern sich in bestimmten Situationen als erfolgreich erwiesen haben" (Heinemann / Viehweger 1991: 156). Heinemann und Viehweger heben auf dieser Ebene drei Verfahrensschritte hervor: (A) Textentfaltungsprozesse, (B) strategische Verfahrensschritte und (C) taktisch-spezifizierende Einzelverfahren.

(A) Textentfaltungsprozesse beziehen sich auf die Informationsmenge,

> „ob ein Text-Thema entfaltet werden soll oder nicht, und wenn ja, durch welche Stützungskomponenten eine solche Ausweitung des Text-Themas am zweckmäßigsten realisiert werden kann (durch eine Spezifizierung des Text-Themas, eine Begründung für den im Text-Thema ausgedrückten Sachverhalt, eine Erklärung des Sachverhalts mit Hilfe von Beispielen, Schemata ...)" (Heinemann / Viehweger 1991: 159).

(B) In den strategischen Verfahrensschritten wird entschieden, wie die Informationsvermittlung oder Steuerung vollzogen wird, darunter wird u. a. entschieden, ob narrative, deskriptive, argumentative oder andere Verfahren eingesetzt werden (vgl. Heinemann / Viehweger 1991: 159).

(C) Taktisch-spezifizierende Einzelverfahren „dienen insbesondere der zusätzlichen Spezifikation oder Verstärkung der grundlegenden Verfahrensentscheidungen" (Heinemann / Viehweger 1991: 159). Dazu gehören das Aufwerten bzw. Vereinnahmen des Partners oder die Vereinfachung bzw. die bewusste Verkomplizierung von Sachverhalten.

Diese Ebene bildet die Grundlage für die nächste Ebene der Textsortenanalyse, nämlich für die Textstrukturierung.

2.2.4 Textstrukturierung

Textstrukturierung ist die vierte Ebene des Mehrebenenmodells. „Wegen der Vielzahl möglicher funktionaler, situativer und verfahrensspezifischer Entscheidungen ist es grundsätzlich nicht möglich, feste Strukturierungsmuster für jede einzelne Textklasse aufzustellen" (Heinemann / Viehweger 1991: 161). Nichtsdestotrotz lassen sich Strukturierungstypen aufstellen, „denen dann die Textstrukturen konkreter Texte zugeordnet werden können" (Heinemann / Viehweger 1991: 161). Textstrukturierung setzt eine bewusste kompositorisch-architektonische Planung und Verteilung von Teiltexten im Text sowie eine interne Ordnung einzelner Teiltexte mithilfe von Sequenzierungs- und Konnexionsprozessen voraus (vgl. Heinemann / Viehweger 1991: 162ff.).

2.2.5 Formulierungsadäquatheit

Die fünfte und zugleich die letzte Ebene des Mehrebenenmodells der Textsortenanalyse konzentriert sich auf **Formulierungsmuster / Formulierungsadäquatheit** (vgl. Heinemann / Heinemann 2002: 147) einer Textsorte. Texte werden im Grunde als unikale Äußerungen betrachtet, die äußerst selten einander gleichen. „Selbst bei mehrmaliger Gestaltung derselben kommunikativen Aufgaben durch denselben Textproduzenten [...] entsteht in extremen Ausnahmefällen dieselbe einzelsprachliche Textformulierung (Heinemann / Viehweger 1991: 164). Daher wird die Textformulierung üblicherweise als eine schöpferische Leistung betrachtet:

> „Ein Sprecher, der einen Text produziert, reproduziert dabei nicht einfach einen im Gedächtnis gespeicherten mehr oder ‚minder' fertigen Text, er vollzieht vielmehr eine konstruktive schöpferische Tätigkeit, für deren Realisierung und Kontrolle gesellschaftlich erworbenes Wissen sowie gesellschaftliche Erfahrung eingesetzt werden" (Heinemann / Viehweger 1991: 90).

Diese Auffassung schließt allerdings nicht aus, dass Texte Verallgemeinerungen bzw. einer Typen- oder Musterbildung unterliegen, denn jeder Textproduzent ist bei Textformulierungen keineswegs absolut frei (vgl. Heinemann / Viehweger 1991: 164). Er muss nicht nur die semantisch-grammatischen Restriktionen, sondern auch oft Muster der Textformulierungen (bei Identität des Strukturierungsrahmens) beachten (vgl. Heinemann / Viehweger 1991: 164). Die Formulierungsadäquatheit gliedern Heinemann und Heinemann (2002: 147) in Anlehnung an Heinemann und Viehweger (1991: 165) in drei Unterkategorien: (A) die sog. Kommunikationsmaximen, (B) textsortenspezifische Formulierungsmuster und (C) stilistische Besonderheiten.

(A) Unter Kommunikationsmaximen werden generelle Ordnungs- und Formulierungsprinzipien verstanden (vgl. Heinemann / Viehweger 1991: 165) wie Kürze, Präzision, Eindeutigkeit und Klarheit.

(B) Textsortenspezifische Formulierungsmuster umfassen die bei standarisierten Kommunikationsaufgaben bewährten Wörter, darunter die textklassenspezifischen Einzellexeme sowie Konstruktionen, die als vorgegeben, vorformuliert bzw. beispielhaft gelten (vgl. Heinemann / Viehweger 1991: 166). „Die Aktivierung solcher Muster hilft dem Textproduzenten bei der schnellen und doch adäquaten ‚Ausfüllung' der Textstrukturierungen" (Heinemann / Viehweger 1991: 166). Zu typischen Formulierungsmustern gehören neben syntaktischen Spezifika wie Satztyp, Komplexitätsgrad, Ellipse usw. (vgl. Heinemann / Heinemann 2002: 148ff.) auch

u. a. Kollokationen, stereotype Textkonstitutiven und Formulierungsroutinen sowie verschiedene Gliederungssignale und andere übliche Verknüpfungen lexikalischer Einheiten. Auf die Beschreibung der syntagmatischen Verknüpfungen wird, wie bereits am Anfang dieses Unterkapitels erwähnt, an dieser Stelle verzichtet, weil sie der Gegenstand der weiteren Kapitel (vgl. Kapitel 3 und 4) sind.

(C) Stilistische Besonderheiten determinieren in einem Text die Zugehörigkeit der Sprache zu einer Sprachvarietät der Allgemeinsprache (vgl. Punkt 1.1.), z. B. einer medizinischen oder einer juristischen Fachsprache.

Das Mehrebenenmodell stellt demnach eine Grundlage für eine umfassende Textanalyse dar und hilft bei der Zuordnung eines bestimmten Textexemplars zu einer Textsorte. Die Zugehörigkeit eines Textes zu einer Textsorte wird durch zahlreiche konventionalisierte und formelhafte Elemente determiniert, die im anschließenden Punkt ausführlicher dargestellt werden.

2.3 Formelhaftigkeit von Texten und Textsorten

Aus dem Konzept des Mehrebenenmodells von Heinemann / Viehweger (1991) ergibt sich, dass bestimmte Textsorten und somit auch einzelne Textexemplare in verschiedenem Grade formelhafte und konventionelle Elemente nutzen. Beim Formulieren von Texten bestimmter Textsorten sind entsprechende Formulierungskonventionen vom Textproduzenten zu beachten, die auch vom Textrezipienten erwartet werden. Diese Formulierungskonventionen unterscheiden einzelne Textsorten voneinander. Darauf weisen auch Heinemann und Viehweger (1991: 165) hin und betonen, dass „sich in Textformulierungen – bei aller Individualität der Textgestaltung im einzelnen – doch auch Typisches und Universelles widerspiegeln muß". Bei der Erzeugung von Texten wird durch Textproduzenten prototypisches Wissen über Formulierungsmerkmale bestimmter Textklassen aktiviert und diese Wissenselemente werden auch beim Textverstehen vom Textrezipienten genutzt (vgl. Heinemann / Viehweger 1991: 165).

Die Formelhaftigkeit und Konventionalität von Texten zeigt sich in einem Text auf drei Ebenen: auf der Ebene der Textherstellung, auf der (makro)strukturellen Ebene und auf der syntaktisch-lexikalischen / mikrostrukturellen Ebene. Die Verpflichtung zur Formulierung eines Textes nach bestimmten konventionellen, strukturellen und sprachlichen Regeln charakterisiert zum großen Teil Fachtexte, die in ihrer Struktur und ihrem Ausdruck nicht frei zu verfassen sind. Die Konventionalität von Texten auf der Textherstellungsebene äußert sich in speziellen, oft durch Vorschriften vorbestimmten Verfahren, denen ein Text unterzogen werden muss, um im öffentlichen Raum als Text zu gelten und seine Funktion erfüllen zu können. Als Beispiele fungieren vor allem Rechtstexte verschiedener Art: Gesetze, Verordnungen, Abkommen, Verträge usw. Alle in Polen und in Deutschland erlassenen Gesetze werden einem Gesetzgebungsverfahren unterzogen. Das Gesetzgebungsverfahren umfasst u. a. drei öffentliche Lesungen vor zuständigen Organen, Einführung von eventuellen Änderungen und dann Erlass des Gesetzes durch zuständige Organe, d. h. Abgabe einer entsprechenden Anzahl von Stimmen der Abgeordneten (in der Regel die Mehrheit)[2]. Werden die Grundsätze des Gesetzgebungsverfahrens nicht geachtet oder verletzt, dann darf der beschlossene Text nicht als Gesetz gelten. Die Konventionalität von Texten auf der Textherstellungsebene bereitet grundsätzlich keine sprachlichen Probleme und gilt primär als Untersuchungsgegenstand von Juristen und nicht von Linguisten, daher wird sie in diesem Punkt nicht weiter behandelt.

Die Konventionalität von Texten auf der strukturellen Ebene bezieht sich auf den vorgeformten Textaufbau, die Gliederung des Textes, die thematische Progression und die Kohärenz. Formelhafte Texte unterliegen einem festen Schema. Der Anfang, die Entfaltung und das Ende eines Textes sind einem für eine Textsorte charakteristischen konventionellen Muster untergeordnet wie im Falle eines Vertrags, eines gerichtlichen Urteils, eines Beschlusses oder eines Bescheides. Das Muster kann den ganzen Text oder seine einzelnen Elemente / Teiltexte umfassen, was im weiteren Teil dieses Punktes noch zu besprechen ist. Die Ebene der Textstruktur wird in der Literatur auch die Makrostruktur (vgl. u. a. Gülich / Raible 1977: 250f.; van Dijk 1980; Hoffmann 1988) genannt. Unter Makrostruktur wird im weiteren Teil der Arbeit die Textoberfläche (vgl. Gülich / Raible 1977), d. h. die Komposition und die äußere Gestaltung, die sog. Architektonik des Textes (Überschriften, Teilüberschriften, Absätze und ihre Nummerierung, graphische Grenzsignale) verstanden (vgl. Krause 2000: 51). Diese formale Anordnung des Textes hat zwar gegenüber der inhaltlichen Seite eine sekundäre Bedeutung, spielt aber eine wesentliche Rolle bei der Abgrenzung einzelner Textsorten voneinander. Auch im Alltag droht ein nicht normgestalteter Text seine beabsichtigte Funktion nicht zu erfüllen (z. B. Bewerbungsschreiben, Gesetz). Das Wesen eines Gesetzes würde schon ohne den Titel dieses Gesetzes und ohne seine Gliederung in einzelne Artikel oder Paragraphen in Zweifel gezogen.

Neben der Makroebene betrifft die Konventionalität von Texten auch die Mikroebene, d. h. die Ebene der Formulierungen, die auch syntaktisch-lexikalische Ebene genannt wird. Die Konventionalität auf der Mikroebene äußert sich u. a. im Vorziehen besonderer syntaktischer Formen oder lexikalischer Elemente (Terminologie oder Syntagmen) durch eine Textsorte, insbesondere durch eine fachliche und fachsprachliche Textsorte. Als Beispiel eignen sich gut sämtliche juristischen Texte, die in einem unpersönlichen Stil, mit vielen Passiv- bzw. Reflexivsätzen oder Infinitivkonstruktionen verfasst sind und ein für sich charakteristisches lexikalisches Inventar erarbeitet haben (vgl. Punkt 1.4.2.). Dies veranschaulichen folgende Textauszüge aus dem deutschen Bürgerlichen Gesetzbuch und aus dem polnischen Insolvenz- und Sanierungsrecht, die Probleme aus dem Bereich der Insolvenz betreffen:

(1$_d$) *Der Verein wird durch die Eröffnung des Insolvenzverfahrens und mit Rechtskraft des Beschlusses, durch den die Eröffnung des Insolvenzverfahrens mangels Masse abgewiesen worden ist, aufgelöst. Wird das Verfahren auf Antrag des Schuldners*

---

2   Mehr zum Gesetzgebungsverfahren in Polen und in Deutschland vgl. u. a. die polnische Verfassung aus dem Jahr 1997, Art. 119ff. und das deutsche Grundgesetz aus dem Jahr 1945, Art. 70ff.).

eingestellt oder nach der Bestätigung eines Insolvenzplans, der den Fortbestand des Vereins vorsieht, aufgehoben, so kann die Mitgliederversammlung die Fortsetzung des Vereins beschließen. [...] (§ 42 Pkt. 1 BGB).

(2$_p$) *Syndyk, nadzorca sądowy albo zarządca może wejść na miejsce powoda w sprawie wszczętej przez wierzyciela, który zaskarżył czynności upadłego. W tym przypadku, jeżeli pozwanym był także upadły, postępowanie w stosunku do niego umarza się po uprawomocnieniu się postanowienia o ogłoszeniu upadłości* (Art. 133 Pkt. 1 des poln. Insolvenz- und Sanierungsrechts).

Die angegebenen Textbeispiele illustrieren die syntaktischen und lexikalischen Eigenschaften von Fachtexten aus dem Bereich des Insolvenzrechts in den beiden Sprachen. Für das deutsche Textbeispiel sind folgende sprachliche Merkmale charakteristisch:

(a) Passivkonstruktionen (fett markiert)

*Der Verein **wird** durch die Eröffnung des Insolvenzverfahrens und mit Rechtskraft des Beschlusses, durch den die Eröffnung des Insolvenzverfahrens mangels Masse **abgewiesen worden ist, aufgelöst**.*

***Wird** das Verfahren auf Antrag des Schuldners **eingestellt** oder nach der Bestätigung eines Insolvenzplans, der den Fortbestand des Vereins vorsieht, **aufgehoben**, so [...].*

(b) Nominalisierungen

die Eröffnung, die Bestätigung, die Fortsetzung

(c) Fachterminologie

das Insolvenzverfahren, der Schuldner, der Insolvenzplan

(d) Kollokationen

die Eröffnung des Insolvenzverfahrens, das Verfahren einstellen, das Verfahren aufheben

Für das polnische Beispiel lassen sich folgende sprachliche Eigenschaften aussondern:

(a) unpersönliche Reflexivkonstruktion (fett markiert)

*W tym przypadku, jeżeli pozwanym był także upadły, postępowanie w stosunku do niego **umarza się** po uprawomocnieniu się postanowienia o ogłoszeniu upadłości.*

(b) Nominalisierungen

uprawomocnienie się, ogłoszenie

(c) Fachterminologie

syndyk, nadzorca sądowy, zarządca, wierzyciel, upadły

(d) Kollokationen

wszcząć sprawę, zaskarżyć czynność, umorzyć postępowanie, postanowienie uprawomocnia się

Die für die beiden Sprachen ausgesonderten sprachlichen Merkmale, die aus den Textbeispielen exzerpiert worden sind, bestätigen auch die bereits im Kapitel 1 genannten sprachlichen Eigenschaften der Fachsprache im Deutschen und im Polnischen (vgl. Punkte 1.2.2. und 1.2.3.).

In Anbetracht der angeführten Beispiele und der früheren Feststellungen ist zu betonen, dass sich die Fachlichkeit und die Fachsprachlichkeit der Fachtexte in ihren Merkmalen auf der makro- und mikrostrukturellen Ebene äußern.

> „Die Struktur von Fachtexten und ihre unterschiedliche Ausprägung in einzelnen Fachtextsorten wird neuerdings vor allem an den folgenden Merkmalen ermittelt: Makrostruktur (Gliederung des Textes in Teiltexte); Kohärenz: pragmatische (Sachzusammenhang), semantische (Isotopie), syntaktische (thematische Progression); Syntax: funktionale Satzperspektive, Satztyp, Bestand der Nominal-Verbalgruppen; Lexik: Herkunft, Modelle und Mittel der Terminusbildung; Morphologie: Verb (Modus, Genus, Tempus, Person), Substantiv (Genus, Kasus, Numerus) usw." (Hoffmann 1988: 113).

In Hinsicht auf die strukturelle Formelhaftigkeit der Texte lassen sich nach Stein (1995: 305) drei Gruppen unterscheiden: unikale Texte, musterorientierte / musterbefolgende Texte und reproduzierte Texte.

Die kaum vorgeformten Texte, die als Endprodukt einer schöpferischen Textproduktion gelten, sind sog. **unikale Texte** (vgl. Stein 1995: 305). Sie werden von Stein (1995: 305) als Ergebnisse von Problemlöseprozessen verstanden, die unter singulären Produktionsbedingungen zustande kommen. Sie werden keinem außer dem vorgeschriebenen grammatischen Schema untergeordnet. Zu solchen Texten gehören u. a. private Briefe und Notizen sowie persönliche Kalendereinträge u. ä.

Von unikalen Texten sind **musterorientierte / musterbefolgende Texte** zu unterscheiden, die einem Textmuster folgen. Sie sind einem festen Schema verpflichtet, was die Verwendung obligatorischer Textkomponenten in einer relativ festen Reihenfolge voraussetzt, aber auch einen Freiraum für die individuelle Ausgestaltung zulässt (vgl. Stein 1995: 306). Zu ihrer Realisierung wird ein begrenztes lexikalisches Inventar angewendet (Stein 1995: 306).

> „Die Besonderheit formelhafter Texte gegenüber ‚unikalen' Texten ist insgesamt darin zu sehen, daß nicht nur das Textmuster (der schablonenhafte Textaufbau mit konstanten inhaltlichen Bausteinen) konventionalisiert ist und tradiert wird, sondern daß die konkreten Textexemplare auch eine ausdrucksseitige Gleichförmigkeit erkennen lassen. Die Formelhaftigkeit von Texten resultiert deshalb erst aus Kopräsenz inhaltsseitiger und ausdrucksseitiger Konstanz" (Stein 2001: 27).

Als musterorientierte Texte gelten u. a.: Gesetze, Verträge, notarielle Urkunden, gerichtliche Urteile. Im Folgenden werden als Illustration ein deutscher und ein polnischer Mietvertrag abgebildet.

Abb. 4: Muster eines Mietvertrags im Deutschen (Quelle: private Sammlung)

Untermietvertrag zwischen

Herrn Werner   06110 Haale/Saale, als Vermieter und

Herrn/Frau ....

Hauptwohnsitz.....   ......Telefon:.....   ...als Untervermieter

....

P-Nr........   ..ausgestellt wo?.....   ..wann?.....

1. Mietobjekt Vermietet werden zum vorübergehenden Gebrauch das in der Wohnung links im zweiten Obergeschoss des Grundstückes i   gelegene möblierte Zimmer.

2. Beginn und Dauer Der Mietvertrag beginnt am .... Er läuft auf unbestimmte Dauer mit einer beiderseitigen Kündigungsfrist von 3 Monaten.

3. Mietzins   Die monatliche Miete beträgt.....   . incl. NK.
Die Mietzahlung erfolgt im voraus in bar bis zum **5. Tag** des laufenden Monats.
Der Gesamtpreis gilt unverändert für die Dauer von 12 Monaten. Bei einem Mietrückstand von mehr als **2 Monatsmieten** ist der Vermieter zur fristlosen Kündigung des Untermietvertrags und sofortigen Räumung des Zimmers zwecks Neuvermietung berechtigt.

4. Ausstattung Das Zimmer wird möbliert vermietet. Kochgelegenheiten und Duschmöglichkeiten sind eingeschlossen.

5. Die Reinigung seiner Wohnung wird vom Mieter selbständig und regelmäßig durchgeführt. Die Reinigung des gemeinsamen Sanitär- und Kochraumes erfolgt anteilig in Abstimmung mit den anderen Mietern. Bei Mietende wird der Wohnraum bis 14:00 Uhr besenrein übergeben.

6. Sicherheitsleistung/Haftung
Für Schäden und Verluste an der Mietsache bzw. innerhalb des Hauses haftet der Mieter, wenn diese durch ihn oder seine Besucher/Lieferanten verursacht wurden.
Der Vermieter hat das Recht, bei schwerwiegenden Verfehlungen des Mieters, die das Zusammenleben in Wohnung und Haus unzumutbar stören oder erhebliche Gefährdungen oder Beschädigungen des Inventars betreffen, eine sofortige Kündigung zum Ende des laufenden Monats auszusprechen.

7. Nutzung   Das Zimmer wird ausschließlich zur Nutzung durch eine Einzelperson, den oben genannten Mieter, vermietet. Übernachtungen weiterer Personen sind nur nach Absprache möglich. Die Weitervermietung und die Weitergabe der Haus-/Wohnungsschlüssel an dritte Personen sind nicht gestattet.

8. Sparsamkeit Der Mieter versichert, mit Energie und Wasser sparsam umzugehen und jegliche Schäden umgehend dem Vermieter mitzuteilen.

In den letzten 8 Wochen vor Ablauf des Mietvertrags ist der Zutritt zur Besichtigung durch Nachmieter zu gewährleisten.

Halle/Saale, den....

....

Vermieter   Mieter

Abb. 5: *Muster eines Mietvertrags im Polnischen (Quelle: private Sammlung)*

UMOWA NAJMU LOKALU MIESZKALNEGO

zawarta w Poznaniu, dnia 20 maja 2010 roku, pomiędzy:
Jakubem M   zamieszkałym w Poznaniu ul. H·   , zwanym w dalszej części umowy
Wynajmującym,
a
Panem
Tomaszem   zamieszkałym 13-200 Działdowo   legitymujący się dowodem o numerze
zwanym dalej "Najemcą"

§1
1. Wynajmujący oddaje, a Najemca bierze w najem lokal mieszkalny   na 4 piętrze budynku mieszkalnego położonego w Poznaniu przy
2. Lokal wymieniony w pkt. 1 składa się z kuchni, przedpokoju, łazienki oraz trzech pokoi o łącznej powierzchni ok. 48 m².
3. Wynajmujący oświadcza, iż jest właścicielem powyższego lokalu.

§2
Najemca oświadcza, iż lokal obejrzał osobiście oraz, że nadaje się on do umówionego użytku i nie wymaga dodatkowych nakładów.

§3
Wydanie lokalu Najemcy nastąpi dnia 1 lipca 2010 roku.

§4
1. Strony ustaliły czynsz najmu na kwotę   (słownie złotoch   złotych) miesięcznie.
2. Nie częściej niż raz w roku Wynajmujący może powyższe stawki zwaloryzować o wskaźnik 8%, jednak nie wcześniej niż w styczniu 2011roku.
3. Najemca pokrywa koszty eksploatacji lokalu obejmujące:
- opłaty za energię elektryczną płatne według wskazań liczników,
- opłaty za wodę według wskazań liczników,
- opłaty za gaz według wskazań liczników,
- opłaty za CO według wskazań liczników.
Opłaty za CO i za wodę są zryczałtowane i pokrywane są przez Najemcę w kwocie wynajmu, jednakże jeśli zużycie będzie większe niż przewidziane ryczałtem nastąpi dopłata według rozliczenia, jeśli natomiast nastąpi nadpłata Wynajmujący zwróci różnicę Najemcy).

4. Najemca zobowiązuje się do wnoszenia opłat za energię elektryczną, gaz i wodę począwszy od dnia wejścia umowy w życie. Najemca będzie przekazywał każdego miesiąca Wynajmującemu kopie opłaconych rachunków bieżących.
5. W przypadku zwłoki w płatności czynszu i opłat eksploatacyjnych Najemca jest zobowiązany do zapłaty odsetek za zwłokę w ustawowej wysokości oraz odsetek stosowanych przez dostawców mediów.

§5
Wszelkie należności dla Wynajmującego wynikające z umowy najmu winny być przez Najemcę wpłacane na rachunek Wynajmującego w o numerze 50 1500 1054 1010 5008 6201 0000.

§6
Czynsz płatny będzie z góry do 10-tego każdego miesiąca kalendarzowego na rachunek Wynajmującego. Za dzień płatności uważa się dzień wpłynięcia pieniędzy na konto Wynajmującego.

§7
1. Dla zabezpieczenia płatności czynszu i opłat eksploatacyjnych oraz innych należności wynikających z niniejszej umowy najmu, a także zwrotu kosztów usunięcia ewentualnych zniszczeń lokalu lub wyposażenia, przekraczających normalne zużycie, ustalona została kaucja w wysokości równej jednemu czynszowi najmu czyli 1600zł (słownie złotoch tysiąc sześćset złotych).

[...]

§11
1. Umowa zostaje zawarta na czas nieokreślony od dnia 1 lipca 2010r. z zastrzeżeniem § 12.
2. W czasie trwania umowy każda ze stron może ją wypowiedzieć z zachowaniem dwu – miesięcznego wypowiedzenia.

§12

Die angegebenen Beispiele von Mietverträgen sind musterhafte, für das deutsche wie auch für das polnische Rechtssystem charakteristische Schriftstücke, die rechtlich das Mietverhältnis regeln. Sie weisen eine relativ feste Struktur und Reihenfolge der Abschnitte auf, die die einzelnen Anliegen des Mietverhältnisses festlegen. In den Beispieltexten lassen sich bestimmte Teiltexte / Abschnitte aussondern, die ein getrenntes Rechtsproblem regeln:

A.: in dem deutschen Mietvertrag

a) Vertragsparteien,
b) Vertragsgegenstand,
c) Mietzeit,
d) Kündigungsbedingungen,
e) Mietzins und Zahlungsbedingungen,
f) [...]

B.: in dem polnischen Mietvertrag

a) Vertragsparteien,
b) Vertragsgegenstand,
c) Vertragsbedingungen,
d) Mietzins und Zahlungsbedingungen,
e) andere Bedingungen,
f) Mietzeit.

Der deutsche und der polnische Mietvertrag weisen einige inhaltlich gleiche Textabschnitte auf: *Festlegung der Vertragsparteien, des Vertragsgegenstandes, der Mietzeit oder der Miethöhe bzw. Zahlungsbedingungen.* Diese gelten als obligatorische Elemente jedes Mietvertrags im deutschen wie auch im polnischen rechtlichen Raum. Die obligatorischen Textabschnitte aller Mietverträge sind oft in einer Sprache nicht nur inhaltlich, sondern auch im Hinblick auf die Formulierungsweise gleich, was die Formelhaftigkeit dieser Textsorte bestätigt. Daraus resultiert, dass alle Mietverträge sowohl im Deutschen als auch im Polnischen zum Teil identisch sind. Die obligatorischen Elemente können durch andere Bestimmungen ergänzt werden, was durch den Grundsatz der Gestaltungsfreiheit gewährleistet wird. Das, was die einzelnen (Miet-)Verträge voneinander unterscheidet, sind gerade die fakultativen, zusätzlichen Bestimmungen.

Anhand der angegebenen Textbeispiele lassen sich Formulierungen und Wendungen finden, die auch in vielen anderen Mietverträgen verwendet werden:

Vermietet werden zum vorübergehenden Gebrauch.
Der Mieter ist berechtigt, ...
Die Mietzahlung erfolgt im voraus in bar bis zum 5. Tag des laufenden Monats.
Wynajmujący oddaje a Najemca bierze w najem ...
Najemca oświadcza, że ...
Umowa zostaje zawarta na czas nieokreślony od dnia 1 lipca 2010 r. ...

Daraus lässt sich schlussfolgern, dass als Folge der Musterhaftigkeit einzelne Textexemplare in ihrem Inhalt und in ihrer Form zum gewissen Grade vorhersehbar und erwartbar sind (vgl. Stein 2001: 28), aber nicht identisch sind, was sie von der dritten Gruppe der reproduzierten Texte unterscheidet.

Die dritte Gruppe bilden **reproduzierte Texte**, die wiederholt verwendet werden und deren Veränderung oder individuelle Ausgestaltung im Grunde genommen ausgeschlossen bzw. stark begrenzt ist (vgl. Stein 1995: 306). Das sind sog. formelhafte Texte *per excellence* (vgl. Stein 1995: 306). In Anlehnung an Lüger (⁴2002, 2007) lässt sich auch feststellen, dass reproduzierte Texte durch Riten und Kommunikationsrituale festgelegt sind. Als Beispiele gelten hier u. a. Einladungen, Verkehrsdurchsagen, Erklärungen in Examensarbeiten, aber auch der Vermählungsspruch in der katholischen Kirche.

(1$_d$) *Bräutigam: [Anne], vor Gottes Angesicht nehme ich dich an als meine Frau. Ich verspreche dir die Treue in guten und bösen Tagen, in Gesundheit und Krankheit bis der Tod uns scheidet. Ich will dich lieben, achten und ehren alle Tage meines Lebens.*

(2$_d$) *Braut: [Jörg], vor Gottes Angesicht nehme ich dich an als meinen Mann. Ich verspreche dir die Treue in guten und bösen Tagen, in Gesundheit und Krankheit bis der Tod uns scheidet. Ich will dich lieben, achten und ehren alle Tage meines Lebens.*[3]

(1$_p$) *Bräutigam: Ja, [Karol], biorę ciebie, [Anno], za żonę i ślubuję ci miłość, wierność i uczciwość małżeńską oraz że cię nie opuszczę aż do śmierci. (Tak mi dopomóż, Panie Boże wszechmogący, w Trójcy Jedyny, i wszyscy Święci.)*

(2$_p$) *Braut: Ja, [Anna], biorę ciebie, [Karolu], za męża i ślubuję ci miłość, wierność i uczciwość małżeńską oraz że cię nie opuszczę aż do śmierci. (Tak mi dopomóż, Panie Boże wszechmogący, w Trójcy Jedyny, i wszyscy Święci)*[4].

Im Polnischen ist die abschließende Formel *Tak mi dopomóż, Panie Boże wszechmogący, w Trójcy Jedyny, i wszyscy Święci / so wahr mir Gott helfe* fakultativ, aber in der Praxis wird sie fast bei jedem Vermählungsspruch verwendet. Im Deutschen hingegen ist diese Formel bei der Eheschließung in der katholischen Kirche nicht üblich.

Dieselbe abschließende Formel (im Polnischen in der Variante *Tak mi dopomóż Bóg*) kann darüber hinaus bei der Vereidigung durch Abgeordnete in Deutschland und in Polen ausgesprochen werden. Sie ist aber immer fakultativ und wird der Entscheidung der Abgeordneten überlassen, ob sie sich zu ihrer Konfession öffentlich bekennen wollen oder nicht.

Die reproduzierten Texte sind wie die musterbefolgenden formelhaft in Hinsicht auf das Textmuster sowie auf den Inhalt und die Ausdrucksweise (vgl. Stein 2001: 27).

Formelhafte Texte sind polylexikale, feste und zum gewissen Teil reproduzierbare sprachliche Erscheinungen und daher werden sie von einigen Sprachwissenschaftlern zu besonderen Phraseologismen gezählt. Allerdings werden sie aufgrund ihrer weniger stark ausgeprägten strukturellen Festigkeit eher der Peripherie des phraseologischen Bestandes zugeordnet (vgl. Stein 2004: 264).

---

3 http://www.erzbistum-muenchen.de / Page000323.aspx.

4 http:// //www.krzeszowice.diecezja.krakow.pl/index.php?option=com_content&task=view&id=246&Itemid=105.

„Ihre Festigkeit resultiert daraus, dass sie in bestimmten Kommunikationssituationen an bestimmten Stellen von Sprachteilhabern reproduziert werden, um auf routinierte Art und Weise bestimmte kommunikative Aufgaben zu bewältigen. Wortverbindungen dieser Art sind also in erster Linie bestimmt durch ihre spezifische Funktion in der Kommunikation, kurz: durch ihre pragmatische Festigkeit" (Stein 2004: 264).

Dies bestätigt die Beobachtungen von Antos (1986: 282f.), der bereits 1986 in seiner Analyse der Grußworte – die eine Art formelhafte Texte darstellen – feststellte, dass sie mit ihrer ganzheitlichen Struktur erwartbar und vorhersehbar sind und daher zum gewissen Grade Phraseologismen ähneln:

„GW [Grußworte] gehören zu den ‚formelhaften Texten', d. h. sie sind ʻals Ganzes, d. h. in bezug auf Form und Inhalt in hohem Maße erwartbar und vorhersehbar. Formelhafte Texte erfüllen somit bestimmte Kriterien, die für Phraseologismen angegeben werden" (Antos 1986: 282f.).

Von den Phrasemen im engeren Sinne unterscheidet formelhafte Texte ihre wörtliche Bedeutung und pragmatische Motivierung.

„[Formelhafte Texte] bilden eine Klasse formal sehr heterogener, vorwiegend polylexikalischer und psycholinguistisch fester sprachlicher Einheiten, deren Festigkeit im Unterschied zu anderen Typen phraseologischer Wortverbindungen nicht primär aus syntaktischen oder semantischen Eigenschaften resultiert, sondern aus pragmatischen, d. h. aus der Art und Weise, wie und wofür sie in der Kommunikation verwendet werden" (Stein 2004: 264).

Eine umfassende Charakteristik der formelhaften Texte gibt Elisabeth Gülich (1997: 149ff.) an. Sie definiert sie als eine Aneinanderreihung von formelhaften Ausdrücken, die durch „konstante inhaltliche Textkomponenten, relativ feste Reihenfolge, formelhafte Realisierung der Komponenten, Bindung des ganzen Texts an eine bestimmte Situation, aus der sich eine Hauptfunktion ergibt", charakterisiert sind sowie als Ganzes reproduzierbar sein können (vgl. Gülich 1997: 154). Diese Regularitäten auf der funktionalen und sprachlichen Ebene eines Textes können insgesamt mit Feilke (2012: 11) Textroutinen genannt werden. Feilke (2012: 11) definiert Textroutinen als

„textkonstituierende sprachlich konfundierte literale Prozeduren, die jeweils ein textliches Handlungsschema (Gebrauchsschema) und eine saliente Ausdrucksform (Routineausdruck) semiotisch koppeln. Sie können soziale Typen von Sprachhandlungsmotiven indizieren, haben ein genrekonstitutives Potential und sind ausdrucksseitig durch rekurrent kookkurrente Ausdruckskomponenten ausgezeichnet. Sie können lexikalisch als Kollokationen, syntaktisch als grammatische Konstruktionen und textlich als Makroroutinen auftreten und in vielfacher Weise ineinander eingebettet sein" (Feilke 2012: 11).

Textroutinen verbinden somit ein pragmatisch kontextualisiertes Gebrauchsschema mit texttypischen Kollokationen und Konstruktionen (vgl. Feilke 2012: 12).

Nach Lüger ([4]2002: 7) sind Routinen Resultate von Wiederholungen, durch die ein Gewöhnungseffekt entsteht. Einzelne Schritte einer Handlung verlaufen dann automatisch. Eine solche Situation lässt auf eingespielte und bewährte Lösungsmuster zurückgreifen, weshalb die Kommunikation erleichtert wird (vgl. Lüger [4]2002: 7). Lüger definiert Routinen „als verfestigte, wiederholte Prozeduren, die den Handelnden als fertige Problemlösungen zur Verfügung stehen" (Lüger [4]2002: 7). Charakteristisch für sie ist auch der Bezug zu Interaktionssituationen, „in denen es auf die Ausführung bestimmter Handlungen ankommt" (Lüger 2007: 444). Textroutinen werden in der Literatur u. a. auch *Routineformeln* (vgl. Coulmas 1981), *pragmatische Phraseologismen* (Burger et al. 1982: 105; Hyvärinen 2011), *pragmatische Prägungen* (Feilke 1996: 265f.), *pragmatische feste Wortverbindungen, sprachliche Routinen* (Gülich 1997), *kommunikative Formeln* (Fleischer [2]1997: 125ff.), *kommunikative Routinen* (Stein 2004: 268) und *pragmatische Phraseme* (Lüger 2007: 444) genannt. Sie sind „sprachliche Ausdrücke, bei denen Situationen, Erwartungen, Wirkungen auf standardisierte Weise miteinander korreliert sind und die als solche wichtige Mittel der institutionalisierten Steuerung sozialen Verhaltens darstellen" (Coulmas 1981: 16). Das Wesen der Routineformeln liegt in ihrem funktionsbezogenen Gebrauch im Text (vgl. Parianou 1999: 176). Coulmas nennt sie daher „funktionsspezifische Ausdrücke mit wörtlicher Bedeutung zur Realisierung rekurrenter kommunikativer Züge" (Coulmas 1981: 69). Sie werden als Mittel linguistischer Pragmatik beschrieben und erfüllen unter dem pragmatischen Aspekt bestimmte steuernde Funktionen in der Kommunikation (vgl. Burger 1998: 52f.; vgl. auch u. a. Gläser 1986: 129ff.; Lüger 2007: 450).

Routineformeln wurden lange Zeit vor allem im Kontext mündlicher Kommunikation untersucht. Daher werden oft als Standardbeispiel von Routineformeln Alltagsformulierungen angegeben wie *guten Tag / dzień dobry; wie geht's / co słychać; es tut mir leid / przykro mi* usw. Routineformeln sind jedoch auch in schriftlichen Texten, darunter in Fachtexten zu finden. Sie erfüllen dann eine kommunikationssteuernde und textgliedernde Funktion und können einen zum Teil satzwertigen Charakter haben (vgl. Härtinger 2010: 217). In Anlehnung an Burger (1998: 36) lassen sich die Routineformeln in (A) situationsabhängige und (B) situationsunabhängige gliedern.

(A) Situationsabhängige Routineformeln werden in einer bestimmten Kommunikationssituation bzw. in einer bestimmten Textsorte verwendet. Als Beispiele von situationsabhängigen Routineformeln in Fachtexten können folgende Formeln angeführt werden:
(a) Routineformeln in einem gerichtlichen Urteil

Das Gericht hat für Recht erkannt.
Sąd orzeka / Sąd zasądza

(b) Routineformeln in Schlussvorschriften eines Gesetzes

Das Gesetz tritt [am 1. Januar 2014] in Kraft.
Ustawa wchodzi w życie [1 stycznia 2014 r.].

(c) Routineformeln in der Abschlussklausel eines in zwei Sprachen verfassten
Geschäftsvertrags

*Der Vertrag wurde in zwei gleichlautenden Exemplaren angefertigt, je ein Exemplar für
jede Partei.*

*Umowa została sporządzona w dwóch jednobrzmiących egzemplarzach, po jednym dla
każdej ze stron.*

(B) Situationsunabhängige Routineformeln treten in unterschiedlichen Situationen
auf. Als Beispiele von solchen gelten die für Fachtexte typischen Verweisfor-
meln wie

nach Maßgabe des (der) / zgodnie z;
unter Vorbehalt des (der) / z zastrzeżeniem;
mit Ausnahme von / za wyjątkiem; wyłączając.

Die situationsabhängigen Routineformeln lassen sich bestimmten Textsorten zuordnen (vgl. Heinemann / Viehweger 1991: 165), z. B. die Routineformel *[das Gesetz] tritt
am [1. Januar 2014] in Kraft / [ustawa] wchodzi w życie [1 stycznia 2014 r.]* ist eine
typische Formulierung, die in deutschen und polnischen Rechtsakten verschiedener
Art (Gesetze, Verordnungen, internationale Abkommen) auftritt und den Zeitpunkt
nennt, ab dem ein Gesetz gilt. Die Routineformel *Das Gericht [...] hat für Recht
erkannt / Sąd orzeka; Sąd uznaje; Sąd zasądza* kann der Textsorte *Urteil* zugeordnet
werden.

Die angemessene Verwendung von Routineformeln in Texten resultiert aus dem
Wissen des Textproduzenten über textsortentypische Formulierungen und sprachliche Mittel sowie aus seiner Erfahrung mit Textsorten bestimmter Art und korrespondiert mit dem Wissen und mit den Erwartungen des Textrezipienten, was die
Kommunikation zwischen den beiden wesentlich erleichtert.

„Kommunikative Routine beruht [...] auf dem Wissen darüber, welche sprachlichen
Mittel und Strukturen in einer Sprachgemeinschaft üblicherweise für welche Aspekte
mündlicher Kommunikation verwendet werden können (zuweilen aber auch verwendet werden müssen), und sie besteht in der Fähigkeit, diese sprachlichen Mittel und
Strukturen ohne größeren Verbrauch von Planungsressourcen im Zuge der Textherstellung zu reproduzieren" (Stein 2004: 268).

Das Zitat von Stein bezieht sich zwar auf die mündliche Kommunikation, aber es
findet auch Anwendung in Bezug auf die schriftliche Kommunikation, insbesondere
auf die Herstellung besonderer Textsorten.

Somit lässt sich als Resümee feststellen, dass Texte bestimmter Textsorten sowohl auf der textstrukturellen als auch auf der syntaktisch-lexikalischen Ebene aus
gewissen sprachlichen Routinen bestehen, die für die Herstellung dieser Textsorte,
wie auch für ihr Verstehen von Bedeutung sind. Der Produzent eines Textexemplars
und sein Rezipient müssen sich dieser Formelhaftigkeit des Textes bewusst sein, um
den Text angemessen zu konstruieren und zu verstehen. Besonders in juristischen

Fachtexten spielen die Textroutinen eine wesentliche Rolle. Aus diesem Grunde wird im Folgenden der Versuch unternommen, eine exemplarische Textsortenanalyse am Beispiel des Vertrags von Lissabon durchzuführen. In der Analyse wird der Vertrag von Lissabon als fachliche und fachsprachliche Textsorte mehrdimensional charakterisiert, insbesondere im Hinblick auf seine Konventionalität und Formelhaftigkeit auf der Textherstellungsebene, auf der textstrukturellen Ebene und teilweise auf der syntaktisch-lexikalischen Ebene.

2.4 Der Vertrag von Lissabon – eine exemplarische Textsortenanalyse

Die Grundlage für die in dieser Arbeit durchgeführten Untersuchungen stellt der Vertrag von Lissabon (nachstehend auch *der Vertrag* genannt) als Beispiel eines fachlichen juristischen Textes dar. In diesem Unterkapitel wird insbesondere der Text des Vertrags in Anlehnung an die in Punkten 2.2. und 2.3. beschriebenen Kriterien des Mehrebenenmodells von Heinemann und Viehweger (1991) analysiert. Nach einer kurzen Einleitung zur Textsorte *Vertrag* werden allgemeine Informationen zum Vertrag von Lissabon angegeben. Danach wird die Aufmerksamkeit auf die Funktionalität des Vertrags in dem öffentlichen Raum der Europäischen Union gelenkt. Im Anschluss daran werden die Elemente der den Aufbau und die Form des Vertrags beeinflussenden „Situationsklassen" (vgl. Heinemann / Heinemann 2002: 147) zum Gegenstand der Analyse gemacht. Anschließend wird die thematische Geprägtheit und Progression behandelt. Zum Schluss der in diesem Kapitel vorgenommenen Analyse wird auf die formelhafte Textstrukturierung des Vertrags hingewiesen. Aus der folgenden Analyse wird die fünfte Ebene der mehrdimensionalen Textanalyse, d. h. die Formulierungsadäquatheit, ausgeschlossen, weil ihr die nächsten Kapitel dieser Arbeit gewidmet werden.

2.4.1 Vertrag als Textsorte

Im folgenden Punkt wird die allgemeine Charakteristik der Textsorte *Vertrag* angegeben. Insbesondere werden die Rolle der Verträge im öffentlichen Raum, ihre Arten, der typische Aufbau sowie einige Aspekte der lexikalischen und morphosyntaktischen Eigenschaften der Verträge kurz behandelt. Für die Bezeichnung des Vertrags als Textsorte wird im Folgenden die Pluralform *Verträge* gebraucht, weil mit der Singularform *Vertrag* in den nächsten Kapiteln der analysierte Vertrag von Lissabon bezeichnet wird.

Als Textsorte gehören Verträge zum juristischen Bereich, und daher sind sie i. d. R. als eine juristische Textsorte anerkannt. Verträge sind im allgemeinsten Sinn eine „schriftliche rechtsgültige Abmachung zwischen zwei od. mehreren Partnern" (Duden 2006: 1837). Sie kommen nach dem Zivilrecht sowohl in Deutschland als auch in Polen durch mindestens zwei übereinstimmende Willenserklärungen zustande (vgl. Art. BGB 145ff.; Art. 66ff. KC). Im juristischen Kontext ist die Definition der Verträge umfassender und hängt von dem Bereich ab, den sie regeln. Daher sind

u. a. folgende Arten von Verträgen zu unterscheiden: Mietverträge, Kaufverträge, Lieferverträge, Darlehensverträge und zwischenstaatliche / völkerrechtliche Verträge. Sie können unterschiedliche Bereiche des menschlichen Lebens regeln und sind daher nicht nur unter Fachleuten, sondern auch Laien bekannt.

> „Verträge spielen im Bewußtsein der Menschen seit langer Zeit eine wichtige Rolle, weil sie ihr Zusammenleben in größeren Zusammenhängen wie in Teilbereichen regeln. Sie waren und sind als übereinstimmende Willenserklärungen oder vereinbarte gegenseitige Verpflichtungen in mündlicher und später in schriftlicher Form Bestandteil des Völkerrechts, des Zivilrechts, des Arbeitsrechts, des Strafrechts" (Hoffmann 1998d: 535).

Verträge lassen sich von anderen juristischen Textsorten vor allem durch ihre Funktion unterscheiden. Als Textsorte sind sie aber nicht einheitlich, denn sie variieren vor allem auf der sprachlichen Ebene je nach dem zu regelnden Gegenstand und je nach den Parteien, die den Vertrag abzuschließen haben. Daher bezeichnet Lothar Hoffmann die Verträge als *Textsortenfamilie* und weist auf gewisse Übereinstimmungen und Unterschiede zwischen ihnen hin:

> „Verträge bilden eine ‚Textsortenfamilie‘, denn sie weisen zwar von den Funktionen und den Sprachhandlungen her wesentliche Übereinstimmungen auf, variieren aber auf Grund unterschiedlicher Partnerkonstellationen und Vertragsgegenstände. Die Wahl der sprachlichen Mittel ist sowohl durch wechselnde Vertragsgegenstände als auch durch einzelsprachliche Traditionen und Gewohnheiten beeinflußt" (Hoffmann 1998d: 538f.).

Da Verträge im Allgemeinen sowohl durch Fachleute als auch durch Laien abgeschlossen werden dürfen, und da i. d. R. keine gesetzlich vorgeschriebenen Richtlinien hinsichtlich der äußeren sowie der sprachlichen Form der Verträge vorliegen, weisen Verträge deutliche Unterschiede in dem Fachlichkeitsgrad ihrer Formulierungen auf. Somit lässt sich nach Hoffmann (1998d: 535) feststellen, dass die Spezifik der Verträge in einer Mischung vom Alltagswissen und Fachwissen / Rechtswissen besteht, die sich im Inhalt, in der globalen Struktur sowie in den sprachlichen Mitteln jedes Vertrags äußert. Aus diesem Grunde werden Verträge manchmal nicht zu Fachtextsorten, sondern zu den allgemeinen Textsorten gezählt (vgl. Hoffmann 1998d 533), was jedoch allein aufgrund der Anzahl der gerichtlichen Streitigkeiten über die Auslegung der Verträge fraglich ist.

Verträge lassen sich grundsätzlich in zwei Hauptgruppen gliedern: (A) die sog. zivilrechtlichen Verträge und (B) die internationalen Verträge.

(A) Die zivilrechtlichen Verträge binden im Grunde nur die den Vertrag schließenden Parteien. Sie sind in ihrer Form und Struktur generell ungezwungen und durch Rechtvorschriften nicht vorbestimmt, was aus dem zivilrechtlichen Grundsatz der Gestaltungsfreiheit der Verträge resultiert. Dennoch wird ihre Struktur schematisiert, was aus der Tradition und dem angenommenen Usus resultiert. Zivilrechtliche Verträge werden u. a. als „Mittel zur friedlichen Koordinierung unterschiedlicher Interessenlagen" (Methfessel 1997: 144, zit. nach Hoffmann 1998d: 534) aufgefasst. Sie füllen „den gesamten Freiraum, der vom Gesetz nicht oder nur subsidiär reglementiert ist und in dem *die unmittelbare Konfrontation* der einzelnen Personen mit dem Recht stattfindet" (Methfessel 1997: 144f., zit. nach Hoffmann 1998d: 534).

(B) Die internationalen Verträge ziehen hingegen rechtliche Folgen nicht nur für ihre unmittelbaren Unterzeichnerparteien (die Staaten), sondern auch für die an dem Abschluss des internationalen Vertrags nicht beteiligten Personen (die Bürger) nach sich. Sie ähneln in ihrer Funktion und Struktur den Rechtsakten. Ihr Aufbau ist weder gesetzlich noch vertraglich vorbestimmt, aber die langjährige Tradition und die Praxis haben einige Regelmäßigkeiten und Schemata im Aufbau der internationalen Verträge entwickelt.

In der polnischen Terminologie wird unterschieden zwischen der Bezeichnung *umowa*, die für einen zivilrechtlichen Vertrag steht, und der Bezeichnung *traktat* bzw. *umowa międzynarodowa*, die für einen internationalen Vertrag steht.

Im Folgenden wird besonders auf die Charakteristika der zweiten Gruppe der Verträge, d. h. die internationalen Verträge eingegangen, obwohl einige Merkmale in Bezug auf die beiden Gruppen zutreffen. Die internationalen Verträge sind von größerem Interesse für diese Arbeit, weil der im nächsten Punkt analysierte Vertrag von Lissabon ein Beispiel eines internationalen Vertrags ist.

Internationale Verträge werden zwischen mindestens zwei Staaten, einem Staat und einer internationalen Organisation oder durch Vertreter dieser Staaten / Organisationen abgeschlossen. Sie regeln die Verhältnisse zwischen den einen internationalen Vertrag abschließenden Parteien. Die mit einem internationalen Vertrag geregelten Anliegen betreffen zwischenstaatliche oder internationale Bereiche, aber die Folgen dieser Regelungen können eine Wirkung auf einzelne Bürger der den Vertrag unterzeichnenden Staaten ausüben.

In Bezug auf die Funktion der Verträge lässt sich feststellen, dass sie einerseits neue Fakten schaffen oder den bestehenden Sachverhalt ändern (vgl. Lipczuk 2009: 172), sowie der Erklärung bzw. Konstituierung neuer sozialer Tatbestände dienen, die ohne diese Erklärung nicht eintreten können (vgl. Dunin-Dudkowska / Trębska-Kerntopf 2004: 139). Andererseits haben Verträge zum Ziel, die Textrezipienten zur Ausführung oder Nichtausführung einer bestimmten Handlung aufzufordern (Gebote und Verbote) (vgl. Lipczuk 2009: 174). Somit lässt sich feststellen, dass Verträge Sprechakte mit einem zum Teil deklarativen und zum Teil direktiven Charakter sind.

Internationale – insbesondere die im Rahmen der EU abgeschlossenen – Verträge stehen sowohl im deutschen, als auch im polnischen Rechtssystem auf einer hohen Stufe in der Hierarchie der Rechtsakte. Die Vorschriften der nationalen Gesetze und Verordnungen müssen mit den Vorschriften der von den jeweiligen Staaten abgeschlossenen internationalen Verträge übereinstimmen. Im Falle einer Normkollision haben die Bestimmungen der internationalen Verträge Anwendungsvorrang vor dem nationalen Recht (vgl. Eichholz ²2011: 29; Kalisz 2007: 100f.), d. h., dass in einem strittigen Fall die Vorschriften eines internationalen Vertrags statt eines nationalen Gesetzes angewendet werden.

In Hinsicht auf den Aufbau der internationalen Verträge ist auf gewisse Regelmäßigkeiten und ein festes Schema ihrer Struktur hinzuweisen. Sie ähneln nämlich in ihrem Aufbau nationalen Rechtsakten (vgl. Wronkowska 2003: 33ff.). Verträge sind einem Muster untergeordnet und ihre einzelnen Teiltexte sind zum Teil vorgeformt und in allen Verträgen wiederholt. Sie lassen aber auch Textproduzenten einen freien Raum für individuelle Gestaltung des Textes. Somit sind Verträge der Gruppe der musterbefolgenden Texte zuzuordnen (vgl. Pkt. 2.3).

Die Makrostruktur der Verträge ist nach konventionellen Regeln strukturiert. Charakteristisch für Verträge ist ihr fester Textrahmen. Die Gliederung der Verträge erfolgt i. d. R. nach sinntragenden, zusammenhängenden Teiltexten, zu denen folgende selbständige Teile gehören:

- der Titel,
- die Präambel,
- die sog. Artikelfolge – geteilt in kleinere und größere Einheiten,
- die Schlussbestimmungen mit Schlussformeln.

Verträge fangen meist gleich nach dem Titel mit einer Präambel an. Die Präambel ist eine feierliche Erklärung, in der die Gründe des Vertragsabschlusses sowie die Werte bestimmt werden, die man mit dem Vertrag verwirklicht (vgl. Wronkowska 2003: 36).

Auf die Präambel folgt die den eigentlichen Teil des Vertrags bildende Artikel- bzw. Paragraphenfolge, in der die in der Präambel genannten Ziele versprachlicht werden. Die Artikel werden thematisch nach Teiltexten gruppiert und strukturiert. Die unmittelbar nach der Präambel formulierten Vorschriften (in der Literatur *allgemein geltende Vorschriften* genannt, vgl. u. a. Wronkowska 2003: 36) haben einen allgemeinen und definitorischen Charakter und weisen auf die Anliegen hin, welche im weiteren Teil dieses Vertrags geregelt sind, sowie auf Adressaten, welche die aus dem Vertrag resultierenden Normen betreffen. Diese Vorschriften führen darüber hinaus die auch für andere Vorschriften dieses Vertrags geltenden Regelungen ein, insbesondere Erläuterungen von Termini und Abkürzungen (vgl. Wronkowska 2003: 36).

„W przepisach ogólnych wskazuje się, jakie sprawy są regulowane w danym akcie [...], do jakich podmiotów odnoszą się [...] normy w tym akcie zawarte. Zamieszcza się w nich także postanowienia wspólne dla wielu innych przepisów, w szczególności objaśnienia określeń używanych w danym akcie lub objaśnienia występujących w nim skrótów" (Wronkowska 2003: 36).

Auf die Vorschriften mit einem allgemeinen Charakter folgen Vorschriften, die einen deklarativen und direktiven Charakter haben (die sog. *spezifischen Vorschriften*). Sie schaffen rechtliche Rahmen zur Gründung neuer Institutionen, legen bestimmte Verhaltensnormen fest und fordern damit die Adressaten des Vertrags auf, bestimmte Verhaltensweisen einzuhalten, bzw. diese zu unterlassen.

Die Makrostruktur der Verträge beendet eine Schlussformel. Die Schlussformeln umfassen laut Wronkowska (2003: 34) Vorschriften, die andere Vorschriften aufheben, sowie Vorschriften über das Inkrafttreten bzw. Außerkrafttreten eines Rechtsaktes. Sie liefern darüber hinaus Informationen zum Ort der Unterzeichnung des Vertrags und zu Vertragsparteien.

„Die Präambel, die einzelnen Paragraphen und die Schlußformel können als relativ selbständige Teiltexte gelten" (Hoffmann 1998d: 536). Der kleinste Teiltext der Verträge ist i. d. R. ein Artikel oder häufiger ein Paragraph. Mehrere Artikel / Paragraphen bilden Abschnitte, Abschnitte bilden Kapitel, aus Kapiteln bestehen Titel und Titel bilden Teile.

Abb. 6: Aufbau der Teiltexte im EU-Vertrag und AEU-Vertrag

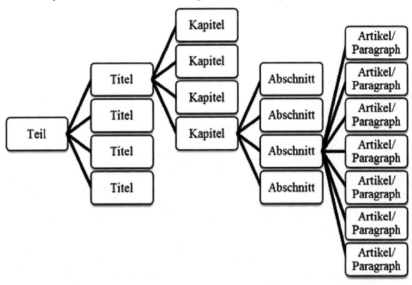

In Hinsicht auf die lexikalischen und morpho-syntaktischen Eigenschaften ähneln Verträge grundsätzlich anderen Rechtsakten. Auf der syntaktischen Ebene weisen sie als Fachtextsorten die für Fachtexte typischen Merkmale auf, wie lange, zusammengesetzte Sätze, Partizipialkonstruktionen, Passivformen und Konkurrenzformen des Passivs vor allem im Deutschen, sowie Reflexivformen im Polnischen (vgl. auch Punkt 1.2.3.). Darüber hinaus sind für die Syntax der Verträge Agenslosigkeit, Aufzählungen und Parallelismen charakteristisch (vgl. Hoffmann 1998d: 538). Die Gebote und Verbote in Verträgen werden i. d. R. in Aussagesätzen formuliert, selten mithilfe von deontischen Sätzen – d. h. Sätzen, die ausdrücklich und wortwörtlich feststellen, dass ein Verhalten *geboten* oder *verboten* ist – oder Modalverben *sollen* und *müssen* enthalten (vgl. Wronkowska / Ziembiński 2001: 36), was der folgende Beleg zeigt.

(1$_d$) *Die Kommission* **legt** *dem Europäischen Parlament und dem Rat jährlich die Rechnung des abgelaufenen Haushaltsjahres für die Rechnungsvorgänge des Haushaltsplans* **vor.** *Sie* **übermittelt** *ihnen ferner eine Übersicht über das Vermögen und die Schulden der Union* (Art. 318 AEU-Vertrag).

(1_p) *Komisja przedkłada corocznie Parlamentowi Europejskiemu i Radzie rozliczenia za poprzedni rok budżetowy odnoszące się do wykonania budżetu. Komisja przekazuje im także bilans finansowy przedstawiający aktywa i pasywa Unii* (Art. 318 AEU-Vertrag).

Nach dem Beleg (1) hat die Europäische Kommission die Pflicht, dem Europäischen Parlament jährlich die Rechnung des abgelaufenen Haushaltsjahres vorzulegen, obwohl die Pflicht nicht ausdrücklich mit einem Modalverb *sollen* bzw. *müssen* oder mithilfe des Verbs *gebieten* oder *verpflichten* zum Ausdruck gebracht wird. Aus der zitierten Vorschrift resultiert nicht nur die Feststellung eines Sachverhalts, sondern auch die konkrete Obligation des Rates.

Da internationale Verträge meist umfassende Dokumente sind, die in mehrere autonome Teiltexte gegliedert sind, müssen die einzelnen Teiltexte miteinander auf kohärente Weise verbunden sein, damit der ganze Text eine kohärente Einheit bildet. Zu diesem Zweck werden in den Verträgen u. a. zahlreiche Wiederholungs- und Verweistechniken angewendet (vgl. Hoffmann 1998d: 537). Die Wiederholungstechniken basieren auf Parallelismen, d. h. auf semantisch-syntaktisch gleichmäßigem Bau von Satzgliedern, Sätzen und Satzfolgen. In den Verträgen werden bei Aufzählungen oft die einzelnen Teiltexte auf gleiche Art und Weise eingeleitet, bzw. die Teiltexte, die gleiche Anliegen regeln, werden mithilfe von ähnlichen syntaktischen Strukturen formuliert.

(2_d) *Als mit dem Binnenmarkt vereinbar können angesehen werden:*

    a) **Beihilfen zur Förderung** *der wirtschaftlichen Entwicklung von Gebieten, in denen [...];*

    b) **Beihilfen zur Förderung** *wichtiger Vorhaben von gemeinsamem europäischem Interesse oder zur Behebung einer beträchtlichen Störung im Wirtschaftsleben eines Mitgliedstaats;*

    c) **Beihilfen zur Förderung** *der Entwicklung gewisser Wirtschaftszweige oder Wirtschaftsgebiete soweit [...];*

    d) **Beihilfen zur Förderung** *der Kultur und der Erhaltung des kulturellen Erbes, soweit [...];* (Art. 107 Pkt. 3 AEU-Vertrag).

(2_p) *Za zgodną z rynkiem wewnętrznym może zostać uznana:*

    a) **pomoc przeznaczona na** *sprzyjanie rozwojowi gospodarczemu regionów, w których [...];*

    b) **pomoc przeznaczona na** *wspieranie realizacji ważnych projektów stanowiących przedmiot wspólnego europejskiego zainteresowania lub mająca na celu zaradzenie poważnym zaburzeniom w gospodarce Państwa Członkowskiego;*

    c) **pomoc przeznaczona na** *ułatwianie rozwoju niektórych działań gospodarczych lub niektórych regionów gospodarczych, o ile [...];*

    d) **pomoc przeznaczona na** *wspieranie kultury i zachowanie dziedzictwa kulturowego, o ile [...];* (Art. 107 Pkt. 3 AEU-Vertrag).

Jede Aufzählung von Beihilfenarten aus dem Beleg (2) beginnt jeweils auf gleiche Art und Weise. Damit gewinnt der Text an inhaltlicher und textueller Kohärenz.

Wiederholt gebraucht werden in dem Vertrag von Lissabon auch einige Textpassagen wie in dem nachstehend aufgeführten Beleg:

(3$_d$) *Sofern keine Einstimmigkeit besteht, kann eine Gruppe von mindestens neun Mitgliedstaaten beantragen, dass der Europäische Rat mit dem Entwurf einer Verordnung befasst wird. In diesem Fall wird das Verfahren im Rat ausgesetzt. Nach einer Aussprache verweist der Europäische Rat im Falle eines Einvernehmens den Entwurf binnen vier Monaten nach Aussetzung des Verfahrens an den Rat zur Annahme zurück* (Art. 86 Pkt. 1 AEU-Vertrag) und (Art. 87 Pkt. 3 AEU-Vertrag).

(3$_p$) *W przypadku braku jednomyślności grupa co najmniej dziewięciu Państw Członkowskich może wystąpić z wnioskiem o przekazanie projektu rozporządzenia Radzie Europejskiej. W takim przypadku procedura w Radzie zostaje zawieszona. Po przeprowadzeniu dyskusji i w przypadku konsensusu Rada Europejska, w terminie czterech miesięcy od takiego zawieszenia, odsyła projekt Radzie do przyjęcia.*

Die Vorschrift aus dem Beleg (3) steht im Vertrag von Lissabon zum einen im Teiltext über die Möglichkeit der Einsetzung der Europäischen Anwaltschaft (Art. 86 Pkt. 1 AEU-Vertrag), zum anderen im Teiltext über die Möglichkeit des Erlasses einer operativen Zusammenarbeit zwischen Behörden (Art. *87 Pkt. 3 AEU-Vertrag*). Die Wiederholung ganzer Textpassagen beim Ausdruck derselben Inhalte wirkt einerseits auf die Kohärenz des Textes, andererseits steigert sie die Textprägnanz.

Das Wesen der Verträge ergänzen auf der syntaktisch-lexikalischen Ebene feste Verweisformulierungen. Sie verweisen auf andere Stellen in demselben Vertrag oder auf Vorschriften anderer Rechtsakte. Somit steigern sie die Textkohärenz sowie die Kohärenz des ganzen Rechtssystems. Zu dieser Gruppen zählen sowohl (4$_d$) und (4$_p$) mit ganzen Sätzen als auch (5) und (6) mit satzgliedwertigen Phrasen:

(4$_d$) *Die Vorschriften lassen die Bestimmungen des Artikels X unberührt.*
(4$_p$) *Zasady pozostają bez uszczerbku dla zasad przewidzianych w artykule X*
(5) *im Sinne des Artikels X / w rozumieniu artykułu X*
(6) *gemäß Artikel X Absatz Y / na podstawie artykułu X ustęp Y*

Auf der lexikalischen Ebene weisen Verträge einen verstärkten Gebrauch von: Verbalabstrakta (*das Funktionieren / funkcjonowanie; Harmonisierung / harmonizacja*), Funktionsverbgefügen (*Initiative ergreifen / podjąć inicjatywę; Entscheidung treffen / podjąć decyzję*), Kollokationen (*Maßnahmen erlassen / uchwalić środki; in Kraft treten / wchodzić w życie*) und komplexen Nominationen (*humanitäre Hilfe / pomoc humanitarna; öffentliches Interesse / interes publiczny*) auf. Je nach dem von den Verträgen zu regelnden Bereich werden entsprechende – oft juristische und ökonomische – Fachtermini (*juristische Person / osoba prawna; die Dividende / dywidenda*) angewendet.

Zusammenfassend lässt sich feststellen, dass Verträge, insbesondere internationale Verträge, eine spezifische Textsorte bilden, die sich durch ihre Funktion, ihren Aufbau und ihre morphosyntaktischen sowie lexikalischen Merkmale von anderen Textsorten abhebt. Angesichts der fortschreitenden Entwicklung der Zusammenarbeit der einzelnen Mitgliedstaaten im Rahmen der EU gewinnen die EU-Verträge an Bedeutung. Gréciano (1998: 239) bezeichnet sie als „multilaterale juristische Texthandlungen, verständlich, eindeutig und verbindlich für jeden Mitgliedstaat der Union". Sie gelten als offizielle Texte, gerichtet an die einzelnen Mitgliedstaaten und ihre Bürger. An der Spitze der Hierarchie der bisher durch EU erlassenen Rechtsakte steht ohne Zweifel der Vertrag von Lissabon und ihm wird der weitere Teil dieses Kapitels gewidmet.

2.4.2 Allgemeines zum Vertrag von Lissabon

Der Vertrag von Lissabon ist eine Kurzbezeichnung für den offiziellen seit dem 1. Dezember 2009 geltenden und alle Mitgliedstaaten der Europäischen Union (EU) bindenden *Vertrag von Lissabon zur Änderung des Vertrags über die Europäische Union und des Vertrags zur Gründung der Europäischen Gemeinschaft* (nachstehend „der Vertrag von Lissabon" oder „der Vertrag"). Der Vertrag nimmt Änderungen in den bisherigen Gründungsverträgen der Europäischen Union vor und schafft somit eine neue Rechtsordnung in der EU (vgl. Sozański 2010b: 15). Er ist als Folge des Scheiterns des Verfassungsvertrags der EU entstanden, d. h. des Vertrags über eine Verfassung für Europa, der in Referenden in Frankreich und Niederlanden 2005 abgelehnt worden ist (vgl. Hellmann 2009: 6). Die im Verfassungsvertrag geplanten Reformen der EU werden teilweise von dem Vertrag von Lissabon übernommen und durch vorgenommene Änderungen in den Gründungsverträgen umgesetzt. Aus diesen Gründen erfüllt der Vertrag von Lissabon inoffiziell die Funktion der Verfassung der Europäischen Union. Seine angemessene Übersetzung in alle Sprachen der EU ist vor einigen Jahren zur Priorität der EU erklärt worden, und darum eignet er sich gut für eine mehrdimensionale sprachliche Untersuchung. Wichtig für die weiteren Untersuchungen der deutschen und der polnischen Fassung des Vertrags von Lissabon und insbesondere für die Analyse des aus dem Vertrag exzerpierten lexikalischen und syntaktischen Materials ist, dass alle seine Sprachfassungen gleichermaßen verbindlich sind. In der EU wird jede von den bisher 24 offiziellen Sprachfassungen dieses Vertrags wie ein Original betrachtet. Somit gelten die in dieser Arbeit der Analyse unterzogenen Verträge in deutscher und in polnischer Sprache als Paralleltexte, d. h.

> „Texte […], die originär in ihrer jeweiligen Sprache – […] von kompetenten Muttersprachlern – erstellt wurden, die also keine Übersetzungen voneinander sind, aber ein möglichst ähnliches Thema behandeln und sich in ihrer kommunikativen Funktion entsprechen, d. h. derselben Textsorte(nvariante) angehören" (Göpferich 1998: 184).

Der Vertrag von Lissabon ist grundsätzlich ein Änderungsvertrag zu Verträgen, die bereits im europäischen Rechtssystem funktionieren. Daher enthält er – so wie im Falle der Änderungsgesetze im nationalen Rechtssystem – im Prinzip nur Änderungen zu den zwei bereits geltenden Gründungsverträgen der EU: zum Vertrag über die Europäische Union (EU-Vertrag) und zum Vertrag über die Arbeitsweise der Europäischen Union (AEU-Vertrag). In dem nicht konsolidierten Vertrag von

Lissabon wird festgestellt, wie sich die einzelnen Abschnitte der alten Fassung ändern, oder was hinzugefügt wird, z. B.:

(7$_d$) *Artikel 1 wird wie folgt geändert:*
   a) Das Ende des Absatzes 1 erhält folgende Fassung:
   „eine EUROPÄISCHE UNION (im Folgenden „Union"), der die Mitgliedstaaten Zuständigkeiten zur Verwirklichung ihrer gemeinsamen Ziele übertragen."

(7$_p$) *W artykule 1 wprowadza się następujące zmiany:*
   a) na końcu akapitu pierwszego dodaje się następujące wyrazy:
   „..., której Państwa Członkowskie przyznają kompetencje do osiągnięcia ich wspólnych celów";

(8$_d$) *Der folgende neue Artikel 9e wird eingefügt:*
   ARTIKEL 9e
   Der Europäische Rat ernennt mit qualifizierter Mehrheit und mit Zustimmung des Präsidenten der Kommission den Hohen Vertreter der Union für Außen- und Sicherheitspolitik. Der Europäische Rat kann die Amtszeit des Hohen Vertreters nach dem gleichen Verfahren beenden.

(8$_p$) *Dodaje się nowy artykuł 9e w brzmieniu:*
   „Artykuł 9e
   Rada Europejska, stanowiąc większością kwalifikowaną, za zgodą przewodniczącego Komisji, mianuje wysokiego przedstawiciela Unii do spraw zagranicznych i polityki bezpieczeństwa. Rada Europejska może zakończyć jego kadencję zgodnie z tą samą procedurą.

Aus diesem Grunde gilt als Gegenstand dieser Untersuchung die konsolidierte Fassung des Vertrags, d. h. die Fassung, die die bereits geltenden Gründungsverträge als Volltexte mit den durch den Vertrag von Lissabon eingeführten Änderungen berücksichtigt.

Nach der Konsolidierung umfasst der Vertrag von Lissabon zwei geänderte Gründungsverträge, d. h. den EU-Vertrag und den AEU-Vertrag, 37 Protokolle, 65 Erklärungen und als Anhang wird dem Vertrag die Charta der Grundrechte beigefügt (vgl. Sozański 2010b: 15).

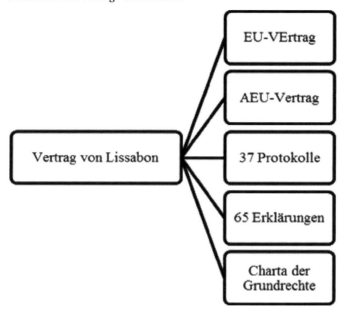

Abb. 7: Bestandteile des Vertrags von Lissabon

Das Wesentlichste für das Funktionieren der EU ist in den zwei Gründungsverträgen vereinbart, die die rechtlichen und die politischen Rahmen der EU bestimmen und als Bausteine des Vertrags von Lissabon gelten (vgl. Sozański 2010b: 15). Daher bilden die zwei Verträge den eigentlichen Gegenstand der folgenden Analyse.

Der Vertrag über die Europäische Union wurde ursprünglich in Maastricht 1992 (Inkrafttreten 1993) verabschiedet und dann durch die Änderungsverträge von Amsterdam (1997), von Nizza (2001) und von Lissabon (2007) geändert (vgl. u. a. Hellmann 2009: 1). Der EU-Vertrag umfasst insgesamt 55 Artikel, die in 6 Titeln gruppiert sind. Die Titel 1–4 sind nicht weiter unterteilt und umfassen einzelne Artikel. Der 5. Titel besteht zusätzlich aus zwei Kapiteln und das 2. Kapitel des 5. Titels aus zwei Abschnitten. Die Inhaltsübersicht der deutschen und der polnischen Fassung des EU-Vertrags wird im Nachfolgenden in Punkten 2.4.2.1 und 2.4.2.2. dargestellt.

Infolge der mit dem Vertrag von Lissabon eingeführten Änderungen im EU-Vertrag und insbesondere infolge der Hinzufügung neuer Vorschriften haben die alten Vorschriften des EU-Vertrags neue Artikelnummern, was in der konsolidierten Fassung des EU-Vertrags verzeichnet ist. Die Information zu der vorherigen Artikelnummer, unter der diese Vorschrift schon in der alten Fassung des EU-Vertrags fungiert hat, steht jeweils unter der Bezeichnung des Artikels, dessen Nummer geändert worden ist, z.B.:

(9$_d$) *Artikel 26* [des EU-Vertrags, Anm. J.W.]
(ex-Artikel 13 EUV)

(9$_p$) *Artykuł 26* [des EU-Vertrags, Anm. J.W.]
(dawny artykuł 13 TUE)

Der Vertrag über die Arbeitsweise der Europäischen Union wurde 1957 in Rom als Vertrag zur Gründung der Europäischen Wirtschaftsgemeinschaft (EWG-Vertrag) verabschiedet. Dann wurde er, wie der EU-Vertrag, mehrmals geändert, u. a. durch den Fusionsvertrag 1965, dann durch die Einheitliche Europäische Akte 1986, durch den Vertrag von Maastricht 1992 (Inkrafttreten 1993) – mit dem er in *Vertrag zur Gründung der Europäischen Gemeinschaft* (EG-Vertrag oder EGV) umbenannt wurde – danach durch den Vertrag von Amsterdam 1997, den Vertrag von Nizza 2001 und schließlich durch den Vertrag von Lissabon 2007, seit dessen Inkrafttreten er unter dem Namen *Der Vertrag über die Arbeitsweise der Europäischen Union* fungiert (vgl. Sozański 2010a: 18ff.).

Der AEU-Vertrag umfasst insgesamt 358 Artikel, die in 7 Teilen gruppiert sind. Teile 1, 3, 5 und 6 bestehen aus Titeln. Einige Titel sind weiter in Kapitel und einige Kapitel in Abschnitte geteilt. Eine detaillierte Analyse der Struktur des AEU-Vertrags wäre aufgrund des Grades seiner Kompliziertheit schwer verständlich und für die weitere Untersuchung von eher geringer Bedeutung, daher wird an dieser Stelle darauf verzichtet. Die Übersicht über den thematischen Aufbau des deutschen und polnischen AEU-Vertrags wird in Punkten 2.4.2.3. und 2.4.2.4. dargestellt.

Da die Makrostruktur des AEU-Vertrags viel umfangreicher als die des EU-Vertrags ist, wird in der Inhaltsübersicht des AEU-Vertrags nur die Gliederung der Makrostruktur in Teile und Titel berücksichtigt.

In dem AEU-Vertrag wird, wie im EU-Vertrag, jeweils unter der Nummer des Artikels, der bereits in der früheren Fassung desselben Vertrags, bzw. in einem anderen in der EU früher geltenden Vertrag fungierte, auch die alte Artikelnummer dieser Vorschrift vermerkt:

(10$_d$) *Artikel 26* *[des EU- Vertrags, Anm. J.W.]*
(ex-Artikel 13 EUV)

(10$_p$) *Artykuł 26* [des EU- Vertrags, Anm. J.W.]
(dawny artykuł 13 TUE)

(11$_d$) *Artikel 14* [des AEU- Vertrags, Anm. J.W.]
(ex-Artikel 16 EGV)

(11$_p$) *Artykuł 14* [des AEU-Vertrags, Anm. J.W.]
(dawny artykuł 16 TWE)

Als Resümee lässt sich feststellen, dass die mit dem Vertrag von Lissabon geänderten, als Gründungsverträge der EU geltenden Verträge ein Ergebnis langjähriger Evolution des Standpunktes der Mitgliedstaaten zum Wesen und zur Arbeitsweise der Europäischen Union sind. Im Folgenden wird zuerst eine Übersicht über den Aufbau der zwei Verträge in der deutschen und in der polnischen Sprache dargestellt. Danach wird eine mehrdimensionale Analyse des Vertrags auf der Ebene der Funktionalität, Situationalität, Thematizität und Strukturiertheit durchgeführt.

2.4.2.1 Die deutsche Fassung des EU-Vertrags

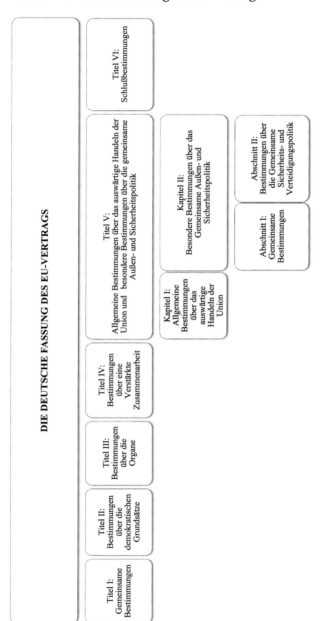

2.4.2.2 Die polnische Fassung des EU-Vertrags

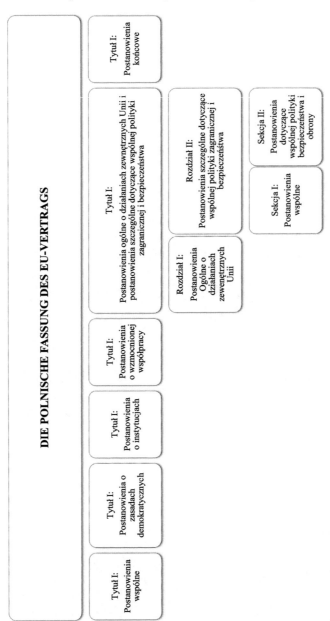

2.4.2.3 Die deutsche Fassung des AEU-Vertrags

DIE DEUTSCHE FASSUNG DES AEU-VERTRAGS

Präambel
Erster Teil: Grundsätze
    Titel I: Arten und Bereiche der Zuständigkeit der Union
    Titel II: Allgemein geltende Bestimmungen
Zweiter Teil: Nichtdiskriminierung und Unionsbürgerschaft
Dritter Teil: Die internen Politiken und Maßnahmen der Union
    Titel I: Der Binnenmarkt
    Titel II: Der freie Warenverkehr
    Titel III: Die Landwirtschaft und die Fischerei
    Titel IV: Die Freizügigkeit, der freie Dienstleistungs- und Kapitalverkehr
    Titel V: Der Raum der Freiheit, der Sicherheit und des Rechts
    Titel VI: Der Verkehr
    Titel VII: Gemeinsame Regeln betreffend Wettbewerb, Steuerfragen und Angleichung der Rechtsvorschriften
    Titel VIII: Die Wirtschafts- und Währungspolitik
    Titel IX: Beschäftigung
    Titel X: Sozialpolitik
    Titel XI: Der Europäische Sozialfonds
    Titel XII: Allgemeine und berufliche Bildung, Jugend und Sport
    Titel XIII: Kultur
    Titel XIV: Gesundheitswesen
    Titel XV: Verbraucherschutz
    Titel XVI: Transeuropäische Netze
    Titel XVII: Industrie
    Titel XVIII: Wirtschaftlicher, sozialer und territorialer Zusammenhalt
    Titel XIX: Forschung, technologische Entwicklung und Raumfahrt
    Titel XX: Umwelt
    Titel XXI: Energie
    Titel XXII: Tourismus
    Titel XXIII: Katastrophenschutz
    Titel XXIV: Verwaltungszusammenarbeit
Vierter Teil: Die Assoziierung der überseeischen Länder und Hoheitsgebiete
Fünfter Teil: Das auswärtige Handeln der Union
    Titel I: Allgemeine Bestimmungen über das auswärtige Handeln der Union
    Titel II: Gemeinsame Handelspolitik
    Titel III: Zusammenarbeit mit Drittländern und humanitäre Hilfe
    Titel IV: Restriktive Maßnahmen
    Titel V: Internationale Übereinkünfte
    Titel VI: Beziehungen der Union zu internationalen Organisationen und Drittländern sowie Delegationen der Union
    Titel VII: Solidaritätsklausel
Sechster Teil: Institutionelle Bestimmungen und Finanzvorschriften
    Titel I: Vorschriften über die Organe
    Titel II: Finanzvorschriften
    Titel III: Verstärkte Zusammenarbeit
Siebter Teil: Allgemeine und Schlussabstimmungen

2.4.2.4 Die polnische Fassung des AEU-Vertrags

DIE POLNISCHE FASSUNG DES AEU-VERTRAGS
- Preambuła
- **Część I Zasady**
  - Tytuł I: Kategorie i Dziedziny Kompetencji Unii
  - Tytuł II: Postanowienia Ogólne
- **Część II** Niedyskryminacja i Obywatelstwo Unii
- **Ceść III** Polityki i Działania Wewnętrzne Unii
  - Tytuł I: Rynek Wewnętrzny
  - Tytuł II: Swobodny Przepływu Towarów
  - Tytuł III: Rolnictwo i Rybołówstwo
  - Tytuł IV: Swobodny Przepływ Osób, Usług, Kapitału
  - Tytuł V: Przestrzeń Wolności Bezpieczeństwa i Sprawiedliwości
  - Tytuł VI: Transport
  - Tytuł VII: Wspólne Reguły w Dziedzinie Konkurencji, Podatków i Zbliżenia Ustawodawstw
  - Tytuł VIII: Polityka Gospodarcza i Pieniężna
  - Tytuł IX: Zatrudnienie
  - Tytuł X: Polityka Społeczna
  - Tytuł XI: Europejski Fundusz Społeczny
  - Tytuł XII: Edukacja, Kształcenie Zawodowe, Młodzież i Sport
  - Tytuł XIII: Kultura
  - Tytuł XIV: Zdrowie Publiczne
  - Tytuł XV: Ochrona Konsumentów
  - Tytuł XVI: Sieci Transeuropejskie
  - Tytuł XVII: Przemysł
  - Tytuł XVIII: Spójność Gospodarcza, Społeczna, Terytorialna
  - Tytuł XIX: Badania, Rozwój Technologiczny, Przestrzeń Kosmiczna
  - Tytuł XX: Środowisko Naturalne
  - Tytuł XXI: Energetyka
  - Tytuł XXII: Turystyka
  - Tytuł XXIII: Ochrona Ludności
  - Tytuł XXIV: Współpraca Administracyjna
- **Część IV** Stowarzyszenie Krajów i Terytoriów Zamorskich
- **Część V** Działania Zewnętrzne Unii
  - Tytuł I: Postanowienia Ogólne
  - Tytuł II: Wspólna Polityka Handlowa
  - Tytuł III: Współpraca z Państwami Trzecimi i Pomoc Humanitarna
  - Tytuł IV: Środki Ograniczające
  - Tytuł V: Umowy Międzynarodowe
  - Tytuł VI: Stosunki Unii z Organizacjami Międzynarodowymi i Państwami trzecimi oraz Delegatury Unii
  - Tytuł VII: Klauzula Solidarności
- **Część VI** Postanowienia Instytucjonalne i Finansowe
  - Tytuł I: Postanowienia Instytucjonalne
  - Tytuł II: Postanowienia Finansowe
  - Tytuł III: Wzmocniona Współpraca
- **Część VII** Postanowienia Ogólne i Końcowe

2.4.3 Funktionen des Vertrags von Lissabon

Der Vertrag von Lissabon ist eine Sammlung von Vorschriften, die neue Sachverhalte regeln, neue Institutionen gründen und deren Zuständigkeitsbereich bestimmen sowie neue Rechte und Pflichten einführen. Nach der Sprechakttheorie von Searle (1974) ist der Vertrag, wie andere Rechtsakte, ein zum Teil deklarativer und zum Teil direktiver Sprechakt.

In Anlehnung an die von Heinemann und Viehweger (1991: 149ff.) eingeführte Textsortengliederung in Hinsicht auf ihre Funktionalität lässt sich der analysierte Vertrag als eine Textsorte mit zum Teil **informierender** und zum Teil **steuernder** Funktion klassifizieren. Der Vertrag von Lissabon liefert nämlich zum einen Informationen über die Tätigkeit der Europäischen Union, ihre Organe und deren Kompetenzen, zum anderen fordert er die Adressaten seiner Normen zu bestimmten Handlungen auf.

Zuerst wird auf **die informierende Funktion** des Vertrags eingegangen. Als informierender Text vermittelt der Vertrag u. a. Informationen über die Aufgaben der EU sowie die im Rahmen der EU funktionierenden Organe, aber auch über andere Angelegenheiten, die in den Zuständigkeitsbereich der Union gehören:

(12$_d$) *Die Union verfügt über einen institutionellen Rahmen, der zum Zweck hat, ihren Werten Geltung zu verschaffen, ihre Ziele zu verfolgen, ihren Interessen, denen ihrer Bürgerinnen und Bürger und denen der Mitgliedstaaten zu dienen sowie die Kohärenz, Effizienz und Kontinuität ihrer Politik und ihrer Maßnahmen sicherzustellen.*
Die Organe der Union sind
–   das Europäische Parlament,
–   der Europäische Rat,
–   der Rat,
–   die Europäische Kommission,
–   der Gerichtshof der Europäischen Union,
–   die Europäische Zentralbank,
–   der Rechnungshof.

(12$_p$) *Unia dysponuje ramami instytucjonalnymi, które mają na celu propagowanie jej wartości, realizację jej celów, służenie jej interesom, interesom jej obywateli oraz interesom Państw Członkowskich, jak również zapewnianie spójności, skuteczności i ciągłości jej polityk oraz działań.*
Instytucjami Unii są:
–   Parlament Europejski,
–   Rada Europejska,
–   Rada,
–   Komisja Europejska,
–   Trybunał Sprawiedliwości Unii Europejskiej,
–   Europejski Bank Centralny,
–   Trybunał Obrachunkowy.

Der angeführte Beleg (12) illustriert die informierende Funktion des Vertrags. Der Rezipient dieses Textes erfährt von den in der EU handelnden Organen (*das*

Europäische Parlament, der Europäische Rat, der Rat der EU, die Europäische Kommission, der Gerichtshof der Europäischen Union, die Europäische Zentralbank, der Rechnungshof) und den Hauptgrund für das Handeln der EU durch ihre Organe (um *ihren Werten Geltung zu verschaffen, ihre Ziele zu verfolgen, ihren Interessen, denen ihrer Bürgerinnen und Bürger und denen der Mitgliedstaaten zu dienen sowie die Kohärenz, Effizienz und Kontinuität ihrer Politik und ihrer Maßnahmen sicherzustellen).*

In Anlehnung an die Untergliederung der Informationstexte von Heinemann / Viehweger (1991: 151f.), die zwischen Texten zur Gewinnung neuer Kenntnisse oder Erkenntnisse und Texten zur Kontrolle von Wissensbeständen des Partners unterschieden haben (vgl. auch Pkt. 2.2.), lässt sich der Vertrag als Text zur Gewinnung neuer Kenntnisse oder Erkenntnisse klassifizieren. Er übermittelt nämlich seinen Rezipienten neue Informationen über die Struktur und Arbeitsweise der EU, was der bereits genannte Beleg illustriert.

Heinemann und Viehweger (1991: 152f.) haben Texte mit informierender Funktion in vier weitere Gruppen gegliedert:

– Texte, die über soziale Konsequenzen informieren;
– Texte, die über Einstellungen des Textproduzenten zum Adressaten informieren;
– Texte, die über Sachverhalte der Wirklichkeit informieren, die für den Adressaten von Relevanz oder neu sind;
– **Texte, die über Festlegungen informieren, die für alle Angehörigen eines bestimmten institutionellen Bereichs verbindlich sind und das interaktionale Verhalten von Gesellschaftsgruppen und Einzelpersonen regeln** (vgl. Pkt. 2.2.).

Der Vertrag von Lissabon vermittelt als Rechtsakt mit übernationalem Geltungsbereich Informationen, die für alle Angehörigen der EU – Bürger und Institutionen – verbindlich sind, oder diese betreffen, wie z. B. die Vorschrift über die freien Bewegungs- und Aufenthaltsmöglichkeiten im Hoheitsgebiet der Mitgliedstaaten der EU:

(13$_d$) *Jeder Unionsbürger hat das Recht, sich im Hoheitsgebiet der Mitgliedstaaten vorbehaltlich der in den Verträgen und in den Durchführungsvorschriften vorgesehenen Beschränkungen und Bedingungen frei zu bewegen und aufzuhalten* (Art. 21 TFUE).

(13$_p$) *Każdy obywatel Unii ma prawo do swobodnego przemieszczania się i przebywania na terytorium Państw Członkowskich, z zastrzeżeniem ograniczeń i warunków ustanowionych w Traktatach i w środkach przyjętych w celu ich wykonania* (Art. 21 TFUE).

Darüber hinaus regelt der Vertrag das interaktionale Verhalten zwischen EU-Institutionen bzw. den EU-Bürgern:

(14$_d$) *Der Rat beschließt auf Vorschlag der Kommission und unter Berücksichtigung der Bemerkungen, die der betreffende Mitgliedstaat gegebenenfalls abzugeben wünscht, nach Prüfung der Gesamtlage, ob ein übermäßiges Defizit besteht* (Art. 126 Pkt. 6).

(14$_p$) *Rada, na wniosek Komisji i rozważywszy ewentualne uwagi danego Państwa Członkowskiego, decyduje, po dokonaniu ogólnej oceny, czy istnieje nadmierny deficyt* (Art. 126 Pkt. 6).

Daraus ist zu schließen, dass der Vertrag der vierten Gruppe der Texte angehört, die über Festlegungen informieren, die für alle Angehörigen eines bestimmten institutionellen Bereichs verbindlich sind und das interaktionale Verhalten von Gesellschaftsgruppen und Einzelpersonen regeln.

Die zweite Funktion des Vertrags – **die steuernde Funktion** – äußert sich vor allem in Vorschriften, die Kompetenzen bestimmter Organe (Beleg 15) und Rechte und Pflichten einzelner EU-Bürger (Beleg 16) regeln. Dies wird mit folgenden Textbelegen veranschaulicht.

(15$_d$) *Der Generalanwalt hat **öffentlich** in völliger Unparteilichkeit und Unabhängigkeit begründete **Schlussanträge zu den Rechtssachen zu stellen**, in denen nach der Satzung des Gerichtshofs der Europäischen Union seine Mitwirkung erforderlich ist.*

(15$_p$) *Zadaniem rzecznika generalnego jest **publiczne przedstawianie**, przy zachowaniu całkowitej bezstronności i niezależności, **uzasadnionych opinii** w sprawach, które zgodnie ze Statutem Trybunału Sprawiedliwości Unii Europejskiej wymagają jego zaangażowania.*

Aus dem Beleg (15) geht hervor, dass der Generalanwalt (der den Gerichtshof der Europäischen Union unterstützt, vgl. Art. 252 AEU-Vertrag) verpflichtet ist, Schlussanträge zu bestimmten Rechtssachen ohne Rücksicht auf Parteizugehörigkeit auszustellen.

Ein weiterer Beleg bezieht sich nicht auf Institutionen, sondern auf einzelne EU-Bürger.

(16$_d$) *Jeder **Unionsbürger** besitzt das **Petitionsrecht** beim Europäischen Parlament nach Artikel 227* (Art. 24 AEU-Vertrag).

(16$_p$) *Każdy **obywatel** Unii ma **prawo petycji** do Parlamentu Europejskiego, zgodnie z postanowieniami artykułu 227* (Art. 24 AEU-Vertrag).

Nach dieser Vorschrift ist jeder Unionsbürger berechtigt, sich mit einer Petition an das Europäische Parlament zu wenden.

Vorschriften mit informierender und steuernder Funktion überlappen sich zum Teil, sodass oft in einer Vorschrift sowohl Elemente der informierenden als auch der steuernden Funktion zu finden sind, wie im folgenden Beleg.

(17$_d$) *Eurojust hat den Auftrag, die Koordinierung und Zusammenarbeit zwischen den nationalen Behörden zu unterstützen und zu verstärken, die für die Ermittlung und Verfolgung von schwerer Kriminalität zuständig sind, wenn zwei oder mehr Mitgliedstaaten betroffen sind oder eine Verfolgung auf gemeinsamer Grundlage erforderlich ist; Eurojust stützt sich dabei auf die von den Behörden der Mitgliedstaaten und von Europol durchgeführten Operationen und gelieferten Informationen.*

(17$_p$) *Zadaniem Eurojust jest wspieranie oraz wzmacnianie koordynacji i współpracy między krajowymi organami śledczymi i organami ścigania w odniesieniu do poważnej przestępczości, która dotyka dwóch lub więcej Państw Członkowskich lub która wymaga wspólnego ścigania, w oparciu o operacje przeprowadzane i informacje dostarczane przez organy Państw Członkowskich i Europol (Art 85 AEU-Vertrag).*

Die Vorschrift (Beleg 17) erfüllt zum einen eine informierende Funktion und übermittelt Informationen über ein im Rahmen der EU handelndes Organ – Eurojust – und seine Aufgaben, zum anderen legt sie konkrete Richtlinien und Gebote hinsichtlich des Handlungsbereiches von Eurojust (d. h. die Unterstützung und die Verstärkung der Koordinierung und Zusammenarbeit zwischen nationalen Behörden) fest.

Der Vertrag von Lissabon erfüllt somit als Textsorte eine informierende und eine steuernde Funktion, was für juristische Texte typisch ist. Die Funktionalität des Vertrags ist weitgehend von der Situation abhängig, in der er Anwendung findet. Anders werden die Bestimmungen des Vertrags von den EU-Beamten und anders von den EU-Bürgern wahrgenommen. Die Elemente der Situationalität des Vertrags werden im nächsten Punkt dargestellt.

2.4.4 Situationalität des Vertrags von Lissabon

Die Elemente der Situationalität des Vertrags stellen soziale und situative Faktoren dar, die auf die Formulierung und die Wahrnehmung des Vertrags Einfluss ausüben. Die Kriterien der Situationalität, die in Bezug auf den analysierten Vertrag Anwendung finden, sind – in Anlehnung an Heinemann / Viehweger (1991: 155ff.) und Heinemann / Heinemann (2002: 147) die folgenden:

(A) die soziale Organisation der Tätigkeiten,
(B) die Anzahl der Partner und
(C) die sozialen Rollen der Interagierenden.

(A) Unter **der sozialen Organisation** der Tätigkeit ist insbesondere der institutionelle Charakter des Vertrags gemeint. Der Vertrag ist ein normativer Text und fungiert in institutionell geprägten Kommunikationssituationen in rechtlich-administrativen Bereichen. Als solcher unterliegt er gewissen Mustern sowohl auf der konventionellen Ebene (der Ebene des Vertragsabschlusses und seines Inkrafttretens) als auch auf der formellen Ebene. Die Konventionalität des Vertrags wird noch weiter im Punkt 2.4.6. behandelt. Die institutionell geprägte Kommunikationssituation bewirkt eine entsprechende Interpretation, d. h. die Interpretation des Vertrags unter Berücksichtigung der im Laufe der Zeit entwickelten Interpretations- / Auslegungsregeln, und unter Berücksichtigung anderer, bereits vorliegender und mit dem Vertrag auf gewisse Weise in einem Rechtsystem verbundener Rechtsakte.

(B) Der zweite Faktor der Situationalität des Vertrags bezieht sich auf **die Anzahl der Kommunikationspartner**. Der Vertrag ist grundsätzlich an eine unbeschränkte Anzahl von Rezipienten gerichtet, d. h. Menschen, die sich mit dem Text des Vertrags auseinandersetzen. Von den Rezipienten sind die Adressaten des Vertrags zu unterscheiden, deren Anzahl schon gewissermaßen beschränkt ist. Die Adressaten des Vertrags sind natürliche Personen (EU-Bürger) und juristische Personen (Organe und Institutionen der EU sowie deren Mitgliedstaaten), für die der Vertrag rechtliche Folgen nach sich zieht. Die Adressaten der mit dem Vertrag eingeführten Normen sind:

(a) die Europäische Union,

(18$_d$) *Die Union kann mit Drittländern Übereinkünfte über eine Rückübernahme von Drittstaatsangehörigen in ihr Ursprungs- oder Herkunftsland schließen [...]* (Art. 79 Pkt. 3 AEU-Vertrag).

(18$_p$) *Unia może zawrzeć z państwami trzecimi umowy o readmisji obywateli państw trzecich [...]* (Art. 79 Pkt. 3 AEU-Vertrag).

(b) die Organe der EU,

(19$_d$) *Die Kommission überwacht die Entwicklung der Haushaltslage und der Höhe des öffentlichen Schuldenstands in den Mitgliedstaaten im Hinblick auf die Feststellung schwerwiegender Fehler (Art. 126 Pkt. 2 AEU-Vertrag).*

(19$_p$) *Komisja nadzoruje rozwój sytuacji budżetowej i wysokość długu publicznego w Państwach Członkowskich w celu wykrycia oczywistych błędów. (Art. 126 Pkt. 2 AEU-Vertrag).*

(c) alle Mitgliedstaaten als Unterzeichnerparteien des Vertrags,

(20d) *Die Mitgliedstaaten vermeiden übermäßige öffentliche Defizite (Art. 126 Pkt. 1 AEU-Vertrag).*

(20p) *Państwa Członkowskie unikają nadmiernego deficytu budżetowego (Art. 126 Pkt. 1 AEU-Vertrag).*

(d) die EU-Bürger (nur teilweise).

(21$_d$) *Jeder Unionsbürger hat das Recht, sich im Hoheitsgebiet der Mitgliedstaaten vorbehaltlich der in den Verträgen und in den Durchführungsvorschriften vorgesehenen Beschränkungen und Bedingungen frei zu bewegen und aufzuhalten (Art. 21 Pkt. 1 AEU-Vertrag).*

(21$_p$) *Każdy obywatel Unii ma prawo do swobodnego przemieszczania się i przebywania na terytorium Państw Członkowskich, z zastrzeżeniem ograniczeń i warunków ustanowionych w Traktatach i w środkach przyjętych w celu ich wykonania (Art. 21 Pkt. 1 AEU-Vertrag).*

Daraus ergibt sich, dass der Vertrag von einer unbeschränkten Anzahl der Rezipienten und von einer beschränkten Anzahl der Adressaten gelesen werden kann. Dadurch lässt sich die auf der Grundlage des Vertrags erfolgte Kommunikation – in Anlehnung an die von Heinemann und Viehweger (1991: 156) festgelegte Klassifizierung der Kommunikation nach der Anzahl der Partner – als Massenkommunikation bezeichnen.

(C) In Hinsicht auf das dritte Kriterium – **die soziale Rolle der Interagierenden**, d. h. der Adressaten des Vertrags – ist auf die möglichen sozialen Unterschiede zwischen den einzelnen Adressaten hinzuweisen.

Die als Adressaten des Vertrags geltenden Organe und Institutionen handeln durch ihre Vertreter:

(a) die Europäische Union handelt durch ihre Organe: das Europäische Parlament, die Europäische Kommission;

(b) die Organe der EU handeln durch die für die Ausübung bestimmter Funktionen ernannten Personen: durch den Präsidenten des Europäischen Parlaments, durch einzelne Kommissare usw.;

(c) die Mitgliedstaaten handeln durch ihre Vertreter: den Präsidenten / den Kanzler / den Ministerpräsidenten / einzelne Minister u. a.

Die Vertreter der EU, ihrer Organe und der Mitgliedstaaten sind grundsätzlich Fachleute in ihrem Fach. Sie kennen sich u. a. in der Politik, dem Rechtswesen, der Ökonomie und dem Steuerwesen gut aus. Sie nehmen oft am Prozess der Rechtsänderung und am Gesetzgebungsverfahren in der EU teil, und daher bereiten ihnen das Verständnis und die Interpretation des Vertrags grundsätzlich keine Probleme.

Die vierte Gruppe der Adressaten des Vertrags – die EU-Bürger – sind im Prinzip als Laien im Bereich des europäischen Rechts zu bezeichnen. Natürlich sind unter den EU-Bürgern auch qualifizierte Juristen und Wirtschaftswissenschaftler, die den Vertragstext ohne Probleme verstehen, aber sie gehören zur Minderheit. Vielen EU-Bürgern würde das Verstehen einiger Fachtermini aus dem Vertrag Probleme bereiten:

(22_d) *Die Union besitzt in jedem Mitgliedstaat die weitestgehende **Rechts- und Geschäftsfähigkeit** [...]* (Hervorhebung – J.W).

(22_p) *W każdym z Państw Członkowskich Unia posiada **zdolność prawną** i **zdolność do czynności prawnych**[...]* (Hervorhebung – J.W).

(23_d) *Jeder Unionsbürger sowie jede **natürliche oder juristische Person** [...]* (Hervorhebung – J.W).

(23_p) *Każdy obywatel Unii i każda **osoba fizyczna lub prawna** [...]* (Hervorhebung – J.W).

Für das richtige Verständnis der Vorschriften (Belege 22 und 23) muss der Rezipient wissen, was in dem europäischen Rechtssystem *die Rechts- und Geschäftsfähigkeit / zdolność prawna i zdolność do czynności prawnych* oder *die natürliche* und *juristische Person / osoba fizyczna i osoba prawna* bedeuten.

Das gegenseitige Verhältnis der einzelnen auf der Grundlage des Vertrags interagierenden Personen lässt sich zum einen als symmetrisch, zum anderen als asymmetrisch (vgl. Heinemann / Viehweger 1991: 156; vgl. auch Pkt. 2.2.) bezeichnen. Werden als Interagierende die Vertreter der Organe der EU oder der Mitgliedstaaten in Betracht gezogen, dann ist das Verhältnis zwischen ihnen als symmetrisch zu bezeichnen. Sie sind nämlich Fachleute, die den Vertrag inhaltlich mitgestaltet haben und ihn auch ändern dürfen.

Werden hingegen als Interagierende die Vertreter der EU-Organe bzw. der Mitgliedstaaten und die EU-Bürger in Erwägung gezogen, dann ist festzustellen, dass das Verhältnis zwischen ihnen asymmetrisch verläuft. Die EU-Bürger haben nämlich kaum Einfluss auf die Form und den Inhalt der im Rahmen der EU erlassenen Rechtsakte, darunter die des Vertrags, und müssen sich den Entscheidungen der EU-Organe und der Mitgliedstaaten unterordnen. Die meisten von ihnen sind darüber hinaus Laien im rechtlichen Bereich und brauchen oft Unterstützung bei der Interpretation der Vertragsvorschriften oder bei der Inanspruchnahme der ihnen gemäß dem Vertrag zustehenden Rechte.

Als Resümee lässt sich feststellen, dass im Hinblick auf die Situationsfaktoren der Vertrag eine institutionelle Textsorte ist, die an mehrere Adressaten gerichtet ist und von einer unbeschränkten Anzahl von Rezipienten gelesen werden kann. Darüber hinaus ist er Gegenstand einer symmetrischen Kommunikation zwischen EU-Organen und Mitgliedstaaten und Gegenstand einer asymmetrischen Kommunikation zwischen EU-Organen bzw. Mitgliedstaaten der EU und den EU-Bürgern.

Im folgenden Punkt wird auf die Thematizität des Vertrags und das Verfahren der Herstellung des Vertragstextes eingegangen.

2.4.5 Thematizität und Textherstellungsverfahren im Vertrag von Lissabon

Mit der Thematizität (A) wird auf die in dem Vertrag geregelten Hauptthemenbereiche eingegangen. Unter Textherstellungsverfahren (B) sind hingegen die strategischen Konzepte des Texterzeugnisses gemeint, darunter werden insbesondere in Anlehnung an Heinemann und Viehweger (1991: 159) die Textentfaltungsprozesse besprochen (vgl. Pkt. 2.2.).

(A) In Bezug auf die Thematizität des Vertrags lässt sich feststellen, dass er im Allgemeinen das Wesen und die Arbeitsweise der Europäischen Union bestimmt: Der EUVertrag regelt das Wesen der EU und der AEU-Vertrag bezieht sich auf die Arbeitsweise der EU.

Darauf, was in den Gründungsverträgen geregelt wird, wird jeweils in ihren ersten Artikeln hingewiesen, was die Belege (24) und (25) illustrieren:

(24$_d$) *Durch diesen Vertrag gründen die HOHEN VERTRAGSPARTEIEN[5] untereinander eine EUROPÄISCHE UNION (im Folgenden „Union"), der die Mitgliedstaaten Zuständigkeiten zur Verwirklichung ihrer gemeinsamen Ziele übertragen. Dieser Vertrag stellt eine neue Stufe bei der Verwirklichung einer immer engeren Union der Völker Europas dar, in der die Entscheidungen möglichst offen und möglichst bürgernah getroffen werden [...]* (Artikel 1 EU-Vertrag).

---

5 In den angegebenen Beispielen wurde die Originalschriftart übernommen. Die Hervorhebungen stammen aus dem Original.

(24$_p$) **Niniejszym Traktatem** WYSOKIE UMAWIAJĄCE SIĘ STRONY **ustanawiają**
między sobą **UNIĘ EUROPEJSKĄ,** *zwaną dalej „Unią", której Państwa Członkowskie przyznają kompetencje do osiągnięcia ich wspólnych celów. Niniejszy Traktat
wyznacza nowy etap w procesie tworzenia coraz ściślejszego związku między na-
rodami Europy, w którym decyzje podejmowane są z możliwie najwyższym posza-
nowaniem zasady otwartości i jak najbliżej obywateli [...]* (Artikel 1 EU-Vertrag).

(25$_d$) **Dieser Vertrag regelt die Arbeitsweise der Union** *und legt die Bereiche, die
Abgrenzung und die Einzelheiten der Ausübung ihrer Zuständigkeiten fest* (Artikel
1 EU-Vertrag).

(25$_p$) **Traktat organizuje funkcjonowanie Unii** *i określa dziedziny, granice i warunki
wykonywania jej kompetencji* (Artikel 1 AEU-Vertrag).

Darüber hinaus umfasst der Vertrag folgende Themenbereiche:

- Der EU-Vertrag legt die Grundsätze fest, die in Bezug auf die EU Anwendung finden. Zudem bestimmt er die Einzelheiten bezüglich der Organe der EU, bezüglich
verstärkter Zusammenarbeit der Mitgliedstaaten im Rahmen der EU, bezüglich
des auswärtigen Handelns und der gemeinsamen Außen- und Sicherheitspolitik.
- Der AEU-Vertrag regelt insbesondere die Bereiche der Zuständigkeit der EU, die
Einzelheiten bezüglich der Unionsbürgschaft, der internen Politik und Maßnahmen der Union, des Binnenmarktes, des freien Warenverkehrs, der Zollunion der
Landwirtschaft und Fischerei usw.

Alle Themenbereiche der beiden Verträge sind den Titeln und Kapiteln im Punkt
2.4.2.1.–2.4.2.4. zu entnehmen.

(B) In Hinsicht auf das Textherstellungsverfahren ist darauf hinzuweisen, dass
der Vertragstext nach einem Muster erzeugt ist, in dem mit allgemeinen Vorschriften
begonnen wird, denen konkrete sachlich-rechtliche Vorschriften folgen, und er wird
wieder mit allgemeinen Vorschriften abgeschlossen.

Eine besondere Rolle für den Entfaltungsprozess des Vertrags erfüllen die Präambel (vgl. Pkt. 2.4.6.) und die die Gründungsverträge einleitenden Vorschriften:
die Gemeinsamen Bestimmungen (vgl. Titel 1 des EU-Vertrags) und *die Grundsätze*
(vgl. Teil 1 des AEU-Vertrags).

Die Präambel und die einleitenden Vorschriften haben einen allgemeinen Charakter und bestimmen u. a. Ziele, die mit diesen Verträgen verfolgt werden. Sie
legen auch fest, nach welchen Prinzipien die in den Verträgen nicht geregelten
Angelegenheiten zu entscheiden sind. Somit beeinflussen sie die Interpretation und
das Verständnis der weiteren Teiltexte der Gründungsverträge. Zur Veranschaulichung werden im Folgenden einige Vorschriften aus den einleitenden Teiltexten der
Gründungsverträge angegeben:

(26$_d$) **Die Werte,** *auf die sich die Union gründet, sind die Achtung der Menschenwürde,
Freiheit, Demokratie, Gleichheit, Rechtsstaatlichkeit und die Wahrung der Men-
schenrechte einschließlich der Rechte der Personen, die Minderheiten angehören.
Diese Werte sind allen Mitgliedstaaten in einer Gesellschaft gemeinsam, die sich*

durch Pluralismus, Nichtdiskriminierung, Toleranz, Gerechtigkeit, Solidarität und die Gleichheit von Frauen und Männern auszeichnet (Art. 2 EU-Vertrag).

(26$_p$) *Unia opiera się na* **wartościach** *poszanowania godności osoby ludzkiej, wolności, demokracji, równości, państwa prawnego, jak również poszanowania praw człowieka, w tym praw osób należących do mniejszości. Wartości te są wspólne Państwom Członkowskim w społeczeństwie opartym na pluralizmie, niedyskryminacji, tolerancji, sprawiedliwości, solidarności oraz na równości kobiet i mężczyzn (Art. 2 EU-Vertrag).*

Die genannten Werte, auf die sich die Union gründet und die sie zu schützen hat – d. h. *Menschenwürde, Freiheit, Demokratie, Gleichheit, Rechtsstaatlichkeit, die Wahrung der Menschenrechte, Pluralismus, Nichtdiskriminierung, Toleranz, Gerechtigkeit, Solidarität* und *die Gleichheit von Frauen und Männern* – gelten als Interpretationsgrundlage für die weiteren Vorschriften. Daraus resultiert, dass die dem Artikel 2 des EU-Vertrags folgenden sachlich-rechtlichen Vorschriften mit diesem Artikel übereinstimmen müssen und den Werten nicht entgegenstehen dürfen.

Einen allgemeinen Charakter haben auch die Schlussbestimmungen, vor allem die Vorschriften über das Inkraft- und Außerkrafttreten. Sie finden ebenfalls auf alle anderen Vorschriften der Verträge Anwendung:

(27$_d$) *Dieser Vertrag tritt am ersten Tag des auf die Hinterlegung der letzten Ratifikationsurkunde folgenden Monats in Kraft (Art. 357 AEU-Vertrag).*

(27$_p$) *Niniejszy Traktat wchodzi w życie pierwszego dnia miesiąca następującego po złożeniu do depozytu dokumentu ratyfikacyjnego przez Państwo-Sygnatariusza, które jako ostatnie spełni tę formalność (Art. 357 AEU-Vertrag).*

Anhand aller angegebenen Belege der den Vertrag einleitenden und ihn abschließenden Vorschriften lässt sich feststellen, dass der Vertrag (d. h. seine beiden Hauptverträge) thematisch nach einem Muster gebildet ist: von dem Allgemeinen über das Konkrete wieder zum Allgemeinen.

Die Ausweitung der einzelnen Themenbereiche wird in Teiltexten umgesetzt. Unter Teiltexten werden im Folgenden ein Artikel oder die in Abschnitten, Kapiteln, Titeln oder Teilen gruppierten Artikelfolgen verstanden, die einen Sachverhalt komplex behandeln. Die einzelnen Teiltexte gelten grundsätzlich als geschlossene, voneinander unabhängige Einheiten.

Der thematische Aufbau einzelner Teiltexte spiegelt den thematischen Aufbau des ganzen Vertrags wider. Die Teiltexte liefern zu Beginn, in dem allgemeinen Teil, allgemeine Informationen zum Gegenstand des Teiltextes, d. h. Informationen zur Zuständigkeit und zu Kompetenzen der Organe der EU sowie zur Übereinstimmung der Bestimmungen mit anderen Vorschriften des Vertrags (vgl. Beleg 28). Danach werden, in dem eigentlichen Teil des Teiltextes, konkrete Regelungen, Rechte und Pflichten bezüglich des Gegenstandes des zitierten Teiltextes eingeführt (vgl. Beleg 29) und zum Schluss, in dem abschließenden Teil, werden prozedurale Pflichten und Befugnisse der Organe im Rahmen des im Teiltext geregelten Gegenstandes bestimmt (vgl. Beleg 30).

ZWEITER TEIL
NICHTDISKRIMINIERUNG UND UNIONSBÜRGERSCHAFT

(28$_d$) ALLGEMEINES

Artikel 18
(ex-Artikel 12 EGV)

Unbeschadet besonderer Bestimmungen der Verträge ist in ihrem Anwendungsbereich jede Diskriminierung aus Gründen der Staatsangehörigkeit verboten. Das Europäische Parlament und der Rat können gemäß dem ordentlichen Gesetzgebungsverfahren Regelungen für das Verbot solcher Diskriminierungen treffen.

Artikel 19
(ex-Artikel 13 EGV)

(1) Unbeschadet der sonstigen Bestimmungen der Verträge kann der Rat [...]

(2) Abweichend von Absatz 1 können das Europäische Parlament [...]

(29$_d$) EIGENTLICHER TEIL

Artikel 20
(ex-Artikel 17 EGV)

(1) Es wird eine Unionsbürgerschaft eingeführt. Unionsbürger ist, wer die Staatsangehörigkeit eines Mitgliedstaats besitzt. Die Unionsbürgerschaft tritt zur nationalen Staatsbürgerschaft hinzu, ersetzt sie aber nicht.

(2) Die Unionsbürgerinnen und Unionsbürger haben die in den Verträgen vorgesehenen Rechte und Pflichten. Sie haben unter anderem

a) das Recht, sich im Hoheitsgebiet der Mitgliedstaaten frei zu bewegen und aufzuhalten;

[...]

(30$_d$) ABSCHLUSS

Artikel 25
(ex-Artikel 22 EGV)

Die Kommission erstattet dem Europäischen Parlament, dem Rat und dem Wirtschafts- und Sozialausschuss alle drei Jahre über die Anwendung dieses Teils Bericht. In dem Bericht wird der Fortentwicklung der Union Rechnung getragen.

Auf dieser Grundlage kann der Rat unbeschadet der anderen Bestimmungen der Verträge zur Ergänzung der in Artikel 20 Absatz 2 aufgeführten Rechte einstimmig gemäß einem besonderen Gesetzgebungsverfahren nach Zustimmung des Europäischen Parlaments Bestimmungen erlassen. Diese Bestimmungen treten nach Zustimmung der Mitgliedstaaten im Einklang mit ihren jeweiligen verfassungsrechtlichen Vorschriften in Kraft.

CZĘŚĆ DRUGA
NIEDYSKRYMINACJA I OBYWATELSTWO UNII

(28ₚ) ALLGEMEINES

Artykuł 18
(dawny artykuł 12 TWE)

W zakresie zastosowania Traktatów i bez uszczerbku dla postanowień szczególnych, które one przewidują, zakazana jest wszelka dyskryminacja ze względu na przynależność państwową. Parlament Europejski i Rada, stanowiąc zgodnie ze zwykłą procedurą ustawodawczą, mogą przyjąć wszelkie przepisy w celu zakazania takiej dyskryminacji.

Artykuł 19
(dawny artykuł 13 TWE)

1. Bez uszczerbku dla innych postanowień Traktatów i w granicach kompetencji, które Traktaty powierzają Unii, Rada [...].
2. Na zasadzie odstępstwa od ustępu 1 [...]

(29ₚ) EIGENTLICHER TEIL

Artykuł 20
(dawny artykuł 17 TWE)

1. Ustanawia się obywatelstwo Unii. Obywatelem Unii jest każda osoba mająca obywatelstwo Państwa Członkowskiego. Obywatelstwo Unii ma charakter dodatkowy w stosunku do obywatelstwa krajowego, nie zastępując go jednak.
2. Obywatele Unii korzystają z praw i podlegają obowiązkom przewidzianym w Traktatach. Mają między innymi prawo do:
a) swobodnego przemieszczania się i przebywania na terytorium Państw Członkowskich;
   [...]

(30ₚ) ABSCHLUSS

Artykuł 25
(dawny artykuł 22 TWE)

Co trzy lata Komisja składa sprawozdanie Parlamentowi Europejskiemu, Radzie oraz Komitetowi Ekonomiczno-Społecznemu w sprawie stosowania postanowień niniejszej części. Sprawozdanie to uwzględnia rozwój Unii.
Na tej podstawie i bez uszczerbku dla innych postanowień Traktatów, Rada, stanowiąc jednomyślnie zgodnie ze specjalną procedurą ustawodawczą i po uzyskaniu zgody Parlamentu Europejskiego, może uchwalać przepisy w celu uzupełnienia praw wymienionych w artykule 20 ustęp 2. Przepisy te wchodzą w życie po ich zatwierdzeniu przez Państwa Członkowskie, zgodnie z ich odpowiednimi wymogami konstytucyjnymi.

Als Zusammenfassung lässt sich feststellen, dass die Themenbereiche des Vertrags in einzelnen Teiltexten geregelt sind. Die Teiltexte sind nach einem Textentfaltungsmuster gebildet. Sie liefern zuerst allgemeine Informationen zum gegebenen Thema, führen danach detaillierte Informationen dazu an und werden zum Schluss wieder mit allgemeinen Informationen zum behandelten Themenbereich abgeschlossen. Die Vorschriften in Teiltexten dürfen den zu Beginn jedes Gründungsvertrags festgestellten Werten nicht entgegenstehen und müssen den festgelegten Zielen Folge leisten.

Die Regularität des Textherstellungsverfahrens und seiner Musterhaftigkeit ist eng mit der Textstruktur verbunden. Im Folgenden wird näher auf einige Aspekte des strukturellen Aufbaus der Verträge eingegangen.

2.4.6 Formelhaftigkeit des Vertrags von Lissabon

Der Vertrag ist ein juristischer Fachtext und als solcher unterliegt er strikten konventionellen Regeln sowie folgt bestimmten Mustern und Schablonen. Seine Formelhaftigkeit wird auf drei Ebenen realisiert: auf der Ebene der konventionellen Textherstellung, der Textstrukturierung und der Formulierungsadäquatheit (vgl. Pkt. 2.3.). Dieses Unterkapitel konzentriert sich insbesondere auf die ersten zwei Ebenen. Die dritte Ebene – d. h. die als Teil der Formulierungsadäquatheit geltenden festen Syntagmen wie Phraseologismen, phraseologische Termini, Kollokationen oder Funktionsverbgefüge – ist Gegenstand der Analyse der nächsten Kapitel. Nichtsdestotrotz wird in diesem Kapitel auf einige syntaktisch-lexikalische Erscheinungen hingewiesen, die entweder im weiteren Teil der Arbeit nicht weiter behandelt werden (wie Parallelismen) oder für die analysierten Teiltexte grundlegend sind (die verweisenden Vorschriften und die abschließenden Klauseln). Zum Gegenstand dieses Unterkapitels gehören insbesondere folgende Aspekte:

(A) die Konventionalität des Zustandekommens des Vertrags,
(B) die formelhafte Textstrukturierung des Vertrags mit Elementen der Formulierungsadäquatheit.

(A) Die erste Ebene des Vertrags, auf der sich der formelhafte Charakter des Vertrags ausprägt, ist die Ebene des konventionellen Zustandekommens des Vertrags. Als zum Teil deklarativer Sprechakt bedarf der Vertrag gewisser Bestätigung bzw. Billigung in der Tradition, geäußert in Form eines sozialen Rituals (Dunin-Dudkowska / Trębska-Kerntopf 2004: 139). Somit hängen das Funktionieren und selbst das Bestehen des Vertrags im öffentlichen Raum von einer Reihe konventioneller Handlungen, den sog. Legislativverfahren ab, die dem Vertrag Rechtskraft verleihen.

Der Vertrag muss zu einer bestimmten Zeit, an einem bestimmten Ort und von bestimmten Personen abgeschlossen werden. Das Vertragsänderungsverfahren, in dessen Rahmen auch der Vertrag von Lissabon beschlossen wurde, erfolgt nach Artikel 48 des Vertrags von Nizza. Der Rat der EU beruft nach Anhörung des Europäischen Parlaments und gegebenenfalls der Kommission die Konferenz von Vertretern der Regierungen der Mitgliedstaaten ein. Während der Konferenz werden die Entwürfe der Änderungen ausgehandelt und vereinbart (vgl. Art. 48 EU-Vertrag von Nizza). Nach der positiven Entscheidung der Vertreter der Mitgliedstaaten bezüglich der vorzunehmenden Änderungen treten diese erst nach ihrer Ratifizierung durch alle Mitgliedstaaten in Kraft (vgl. Art. 48 EU-Vertrag von Nizza). Daraus resultiert, dass der Vertrag erst nach Ablauf bestimmter konventioneller Handlungen in Kraft tritt (d. h. nach Anhörung des Europäischen Parlament bzw. der Europäischen Kommission, nach Berufung einer Konferenz von Vertretern der Regierungen der Mitgliedstaaten und nach Ratifizierung des Entwurfes durch alle Mitgliedstaaten). Darüber hinaus müssen die Entscheidungen bezüglich des Abschlusses des Vertrags am bestimmten Ort – an dem diese Konferenz stattfindet – und von bestimmten Personen – von den offiziell gewählten Vertretern der Regierungen – getroffen werden.

(B) Auf der Ebene der Textstrukturierung äußert sich die Formelhaftigkeit des Vertrags in seiner Makrostruktur, d. h. der Struktur des ganzen Textes und im Aufbau seiner einzelnen Teiltexte. Im Hinblick auf die **Makrostruktur des ganzen Vertrags** lassen sich folgende Makroteile des Vertrags aussondern:

(a) der Titel,
(b) die Präambel,
(c) der eigentliche Teil,
(d) die Schlussbestimmungen.

Im Folgenden werden die vier Makroteile beschrieben, die den Vertrag strukturell konstituieren.

(a) Die Makrostruktur jedes den Vertrag von Lissabon konstituierenden Gründungsvertrags (d. h. des EU-Vertrags und des AEU-Vertrags) beginnt mit einem **Titel**: *Der Vertrag über die Europäische Union* und *Der Vertrag über die Arbeitsweise der Europäischen Union*. Die Titel geben den Rezipienten / Adressaten der Gründungsverträge eine allgemeine Information zum Thema / zu Themen, mit dem / denen sich diese Verträge auseinandersetzen. Den Titeln ist zu entnehmen, dass sich der EU-Vertrag mit den das Wesen der EU bestimmenden Anliegen befasst, und dass der AEU-Vertrag die Einzelheiten über die Arbeitsweise der EU regelt.

(b) Dem Titel folgt in dem EU-Vertrag und in dem AEU-Vertrag die **Präambel**. Sie bestätigt die besondere Bedeutung des Vertrags in der Hierarchie der Rechtsakte. Aus der Tatsache, dass mit einer Präambel solche Rechtsakte, wie das deutsche Grundgesetz und die polnische Verfassung versehen sind, die in den Rechtsystemen der beiden Staaten Rechtsakte ersten Ranges sind, lässt sich die Schlussfolgerung ziehen, dass der Vertrag für die Europäische Union und ihre Mitgliedstaaten auch einen Rechtsakt ersten Ranges darstellt. Diesen Schluss bestätigen auch die juristischen Bearbeitungen zur Rechtsquellenhierarchie, in denen die übergeordnete Stellung des Vertrags von Lissabon gegenüber anderen europäischen Rechtsakten und zum Teil auch nationalen Rechtsakten betont wird (vgl. Eichholz [2]2011; Kalisz 2007). Der EU-Vertrag und der AEU-Vertrag haben zwei verschiedene Präambeln, die allerdings gemeinsame Elemente aufweisen. Die Präambel des EU-Vertrags und die

des AEU-Vertrags beginnen mit der Aufzählung der Vertragsparteien, d. h. der den
Vertrag unterzeichnenden Mitgliedstaaten.

PRÄAMBEL	**PREAMBUŁA**
SEINE MAJESTÄT DER KÖNIG DER BELGIER, DER PRÄSIDENT DER BUNDESREPUBLIK DEUTSCHLAND, DER PRÄSIDENT DER FRANZÖSISCHEN REPUBLIK, DER PRÄSIDENT DER ITALIENISCHEN REPUBLIK, IHRE KÖNIGLICHE HOHEIT DIE GROSSHERZOGIN VON LUXEMBURG, IHRE MAJESTÄT DIE KÖNIGIN DER NIEDERLANDE [...]	JEGO KRÓLEWSKA MOŚĆ KRÓL BELGÓW, PREZYDENT REPUBLIKI FEDERALNEJ NIEMIEC, PREZYDENT REPUBLIKI FRANCUSKIEJ, PREZYDENT REPUBLIKI WŁOSKIEJ, JEJ KRÓLEWSKA WYSOKOŚĆ WIELKA KSIĘŻNA LUKSEMBURGA, JEJ KRÓLEWSKA MOŚĆ KRÓLOWA NIDERLANDÓW [...]

Anschließend werden in den Präambeln die Ziele, Werte, Vorsätze und Wünsche
bestimmt, die mit dem EU-Vertrag und dem AEU-Vertrag zu verwirklichen sind.
In jedem Gründungsvertrag wird in der Präambel aufgrund der Spezifik der Ver-
tragsbestimmungen die Aufmerksamkeit grundsätzlich auf unterschiedliche Ziele,
Werte, Vorsätze und Wünsche gelenkt. Zu betonen ist allerdings, dass sowohl der
EU-Vertrag, als auch der AEU-Vertrag in ihren Präambeln auf die:

- Entwicklung und Stärkung der Volkswirtschaften der Mitgliedstaaten (vgl. Beleg
  33, 35, 36) und
- Vertiefung der Integration und Solidarität zwischen den Ländern Europas (vgl.
  Beleg 31, 32, 34)

als gemeinsame Elemente verweisen.

Vertrag über die Europäische Union	Vertrag über die Arbeitsweise der Europäischen Union
[...]	[...]
(31) ENTSCHLOSSEN, den mit der Gründung der Europäischen Gemeinschaften eingeleiteten Prozess der europäischen Integration auf eine neue Stufe zu heben,	(34) IN DEM FESTEN WILLEN, die Grundlagen für einen immer engeren Zusammenschluss der europäischen Völker zu schaffen,
ZDECYDOWANI przejść do nowego etapu procesu integracji europejskiej, zapoczątkowanego ustanowieniem Wspólnot Europejskich,	ZDECYDOWANI stworzyć podstawy coraz ściślejszego związku między narodami Europy,
[...]	
(32) IN DEM WUNSCH, die Solidarität zwischen ihren Völkern unter Achtung ihrer Geschichte, ihrer Kultur und ihrer Traditionen zu stärken,	(35) ENTSCHLOSSEN, durch gemeinsames Handeln den wirtschaftlichen und sozialen Fortschritt ihrer Staaten zu sichern, indem sie die Europa trennenden Schranken beseitigen,
PRAGNĄC pogłębić solidarność między swymi narodami w poszanowaniu ich historii, kultury i tradycji,	ZDECYDOWANI zapewnić postęp gospodarczy i społeczny swych Państw poprzez wspólne działanie, usuwając bariery dzielące Europę, [...]

[...]	[...]
(33) ENTSCHLOSSEN, die Stärkung und die Konvergenz ihrer Volkswirtschaften herbeizuführen und eine Wirtschafts- und Währungsunion zu errichten, die im Einklang mit diesem Vertrag und dem Vertrag über die Arbeitsweise der Europäischen Union eine einheitliche, stabile Währung einschließt,	(36) IN DEM BESTREBEN, ihre Volkswirtschaften zu einigen und deren harmonische Entwicklung zu fördern, indem sie den Abstand zwischen einzelnen Gebieten und den Rückstand weniger begünstigter Gebiete verringern,
ZDECYDOWANI umocnić swe gospodarki, a także doprowadzić do ich konwergencji oraz do ustanowienia unii gospodarczej i walutowej, w tym – zgodnie z postanowieniami niniejszego Traktatu i Traktatu o funkcjonowaniu Unii Europejskiej – jednej i stabilnej waluty, [...]	W TROSCE o wzmocnienie jedności swych gospodarek i zapewnienie ich harmonijnego rozwoju, poprzez zmniejszenie różnic istniejących między poszczególnymi regionami oraz opóźnienia regionów mniej uprzywilejowanych, [...]

Die Wiederholung der Ziele (Entwicklung und Stärkung der Volkswirtschaften und Vertiefung der Integration und Solidarität) in der Präambel des EU-Vertrags und in der des AEU-Vertrags weist auf ihre große Bedeutung für die EU hin. Daraus resultiert, dass die in der EU erlassenen Rechtsakte, die dem Vertrag von Lissabon untergeordnet sind, diese zwei Ziele zu verfolgen haben.

Die Präambel des EU-Vertrags schließt mit einer kurzen summarischen Feststellung dazu ab, was die Vertragsparteien beschlossen haben (vgl. Beleg 37). Die Präambel des AEU-Vertrags verweist hingegen auf den der Präambel folgenden Inhalt des AEU-Vertrags als Ergebnis des Beschlusses der Vertragsparteien (vgl. Beleg 38). Zu diesem Zweck wird die Formulierung *wie folgt übereinkommen / uzgodnić, co następuje* gebraucht.

Vertrag über die Europäische Union	Vertrag über die Arbeitsweise der Europäischen Union
(37) HABEN BESCHLOSSEN, **eine Europäische Union zu gründen;** sie haben zu diesem Zweck zu ihren Bevollmächtigten ernannt: [Hervorhebung J.W.] **POSTANOWILI ustanowić Unię Europejską** i w tym celu powołali jako swych pełnomocników: [...] [Hervorhebung J.W.]	(38) HABEN zu diesem Zweck zu ihren Bevollmächtigten ERNANNT (Aufzählung der Bevollmächtigten nicht wiedergegeben) DIESE SIND nach Austausch ihrer als gut und gehörig befundenen Vollmachten wie **folgt übereingekommen** [Hervorhebung J.W.]: POWOŁALI jako swych pełnomocników: (lista pełnomocników została pominięta) KTÓRZY, po wymianie swych pełnomocnictw uznanych za należyte i sporządzone we właściwej formie, **uzgodnili, co następuje** [Hervorhebung J.W.]:

(c) Auf die Präambel folgt die **den eigentlichen Teil** bildende Artikelfolge, in der die in der Präambel festgelegten Ziele formuliert sind. Die Artikel sind thematisch in Teiltexten gruppiert. Als Teiltexte gelten Teile, Titel, Kapitel, Abschnitte, und den kleinsten Teiltext bildet ein Artikel. Die genaue Gliederung der beiden Verträge wurde in Punkten 2.4.2.1.–2.4.2.4 dargestellt. Die Teile, Titel, Kapitel und Abschnitte sind mit einer entsprechenden Nummer und einer Bezeichnung versehen, z.B.:

TITEL III
ZUSAMMENARBEIT MIT DRITTLÄNDERN UND HUMANITÄRE HILFE
KAPITEL 1
ENTWICKLUNGSZUSAMMENARBEIT
TYTUŁ III
WSPÓŁPRACA Z PAŃSTWAMI TRZECIMI I POMOC HUMANITARNA
ROZDZIAŁ 1
WSPÓŁPRACA NA RZECZ ROZWOJU

Die Teiltexte sind nach ähnlichen Grundsätzen strukturiert wie die ganze Makrostruktur des Vertrags, d.h. von dem Allgemeinen über das Konkrete wieder zum Allgemeinen (vgl. Punkt 2.4.5.).

In den einzelnen Teiltexten werden bestimmte syntaktische und syntaktisch-lexikalische Mechanismen gebraucht, die die Formelhaftigkeit des Textes beeinflussen, z. B.: Parallelismen und pragmatische Phraseologismen mit Verweisfunktion.

Parallelismen sind wiederholte Phrasen und Schemata in aufeinander folgenden Sätzen (vgl. Bańko 2006: 77). Sie verstärken den formelhaften Charakter des Vertrags und beeinflussen seine Eindeutigkeit und Präzision. Als Illustration werden folgende Textbelege vorgeführt, in denen die gleichen Phrasen jeweils entsprechend hervorgehoben werden: mit Fettdruck wird das **Subjekt** markiert, das Prädikat wird einmal unterstrichen, die Angabe wird zweimal unterstrichen:

(39$_d$) **Jeder Unionsbürger** besitzt *das Petitionsrecht beim Europäischen Parlament [...]*
Jeder Unionsbürger *kann sich an den nach Artikel 228 eingesetzten Bürgerbeauftragten* wenden.
Jeder Unionsbürger *kann sich schriftlich in einer der in Artikel 55 Absatz 1 des Vertrags über die Europäische Union genannten Sprachen an jedes Organ oder an jede Einrichtung* wenden *[...](Art. 24 AEU-Vertrag).*

(39$_p$) **Każdy obywatel Unii** ma prawo *petycji do Parlamentu Europejskiego [...]*
Każdy obywatel Unii może zwracać się *do Rzecznika Praw Obywatelskich [...],*
Każdy obywatel Unii może zwracać się *pisemnie do każdej instytucji lub organu określonego w niniejszym artykule [...](Art. 24 AEU-Vertrag).*
[...]

(40$_d$) Nach dem Grundsatz der begrenzten Einzelermächtigung wird **die Union** *nur innerhalb der Grenzen der Zuständigkeiten* tätig *[...].*
Nach dem Subsidiaritätsprinzip wird **die Union** *in den Bereichen, die nicht in ihre ausschließliche Zuständigkeit fallen, nur* tätig*, sofern [...].*
Nach dem Grundsatz der Verhältnismäßigkeit gehen **die Maßnahmen der Union** *[...]. (Art. 5 EU-Vertrag).*
[...]

(40$_p$) *Zgodnie z zasadą przyznania* **Unia** *działa wyłącznie w granicach kompetencji przyznanych jej przez Państwa Członkowskie w Traktatach [...].*
Zgodnie z zasadą pomocniczości w dziedzinach, które nie należą do jej wyłącznej kompetencji, **Unia** *podejmuje działania tylko wówczas [...].*
Zgodnie z zasadą proporcjonalności **zakres i forma działania Unii** *nie wykraczają poza to[...].*

Die zitierten Passagen der Vorschriften weisen eine gleiche Abfolge ihrer Satzglieder auf, was die Musterhaftigkeit der Verträge unterstreicht.

Andere Elemente des Vertrags, die seine Formelhaftigkeit und seine Kohärenz beeinflussen, sind die im Vertragstext häufig gebrauchten Verweise und Bezugnahmen auf andere Vorschriften in demselben Text oder in anderen Rechtsakten. Somit erfüllen sie eine inter- und intratextuelle Funktion. Die verweisenden Formulierungen haben stets die Form wiederholter Satzschemata, womit sie als halbfertige sprachliche Produkte gelten können. Somit bestätigen sie den konventionellen und formelhaften Charakter der Verträge. Als Illustration werden im Folgenden einige Beispielformulierungen angeführt:

im Sinne des Artikels XYZ / w rozumieniu artykułu XYZ
gemäß Artikel X Absatz Y / na podstawie artykułu X ustęp Y
mit Ausnahme von Absatz X, Artikel Y / z wyjątkiem ustępu X, artykułu Y
aufgrund des Absatzes X angenommenen Richtlinien / wykonanie dyrektyw przyjętych w zastosowaniu ustępu X
nach Maßgabe der Satzung des ESZB / zgodnie z warunkami przewidzianymi w Statucie ESBC

Die verweisenden Formulierungen gehören zu festen Syntagmen, auf die im weiteren Teil der Arbeit noch eingegangen wird.

(d) Den letzten Teiltext der Makrostruktur des Vertrags bilden die **Schlussvorschriften**. Sie sind zwar kein abgesonderter Teil des Vertrags wie der Titel oder die Präambel, aber sie gelten als letzter (sechster) Teil des EU-Vertrags und als letzter (siebter) Teil des AEU-Vertrags und können daher als eine Komponente des eigentlichen Teils des Vertrags (vgl. (c) oben) behandelt werden. Allerdings werden sie aufgrund ihres besonderen Charakters für die Geltung des Vertrags, wie auch aufgrund des Grades der Formelhaftigkeit dieser Vorschriften, in dieser Arbeit separat als ausgesonderter Makroteil behandelt.

Schlussvorschriften liefern Informationen u. a. über Geltungsdauer des Vertrags (vgl. Beleg 44), sein Inkrafttreten (vgl. Beleg 43) und dessen Voraussetzungen (vgl. Beleg 41), über Ort und Datum (vgl. Beleg 42) sowie über verbindliche sprachliche Fassungen des Vertrags (vgl. Beleg 45$_d$ und 45$_p$). Im Folgenden werden die Schlussvorschriften als Beleg angeführt:

(41$_d$) *Dieser Vertrag bedarf der Ratifikation durch die Hohen Vertragsparteien gemäß ihren verfassungsrechtlichen Vorschriften. Die Ratifikationsurkunden werden bei der Regierung der Italienischen Republik hinterlegt (Art. 54 EU-Vertrag und 357 AEU-Vertrag).*

(41$_p$) *Niniejszy Traktat podlega ratyfikacji przez Wysokie Umawiające się Strony, zgodnie z ich odpowiednimi wymogami konstytucyjnymi. Dokumenty ratyfikacyjne zostaną złożone do depozytu Rządowi Republiki Włoskiej* (Art. 54 EU-Vertrag und 357 AEU-Vertrag).

(42$_d$) *Geschehen zu Maastricht am siebten Februar neunzehnhundertzweiundneunzig* (Art. 55 EU-Vertrag).

(42$_p$) *Sporządzono w Maastricht, siódmego lutego roku tysiąc dziewięćset dziewięćdziesiątego drugiego* (Art. 55 EU-Vertrag).

Die Schlussvorschriften sind oft mithilfe von konventionell festgelegten Wendungen formuliert. Sie sind nicht nur typisch für alle Verträge, sondern für viele andere Rechtsakte. In den angeführten Belegen sind die typischen Formeln fettgedruckt:

(43$_d$) *Dieser Vertrag **tritt am** 1. Januar 1993 **in Kraft** [...]* (Art. 54 EU-Vertrag).

(43$_p$) ***Niniejszy Traktat wchodzi w życie** 1 stycznia 1993 roku [...]* (Art. 54 EU-Vertrag).

(44$_d$) ***Dieser Vertrag gilt auf unbegrenzte Zeit*** (Art. 53 EU-Vertrag und 356 AEU-Vertrag).

(44$_p$) ***Niniejszy Traktat zawiera się na czas nieograniczony*** (Art. 53 EU-Vertrag und 356 AEU-Vertrag).

(45$_d$) ***Dieser Vertrag ist in einer Urschrift in** bulgarischer, [...] **Sprache abgefasst, wobei jeder Wortlaut gleichermaßen verbindlich ist** [...]* (Art. 55 Abs. 1 EU-Vertrag).

(45$_p$) ***Niniejszy Traktat został sporządzony w jednym oryginalnym egzemplarzu w językach** angielskim, bułgarskim [...], **przy czym teksty w każdym z tych języków są na równi autentyczne.**[...]* (Art. 55 Abs. 1 EU-Vertrag).

Durch die konventionellen Formulierungen erhalten die Schlussvorschriften den Charakter eines musterbefolgenden Teiltextes, der nur bedingt geändert werden darf.

Die Formelhaftigkeit der analysierten Texte äußert sich darüber hinaus in anderen schablonisierten Phrasen wie z. B. in phraseologischen Termini, Kollokationen oder Funktionsverbgefügen, die als sprachliche Halbfertigprodukte gelten und das Wesen des Vertrags als Fachtext bestimmen. Sie sind sowohl bei der Formulierung als auch bei der Rezeption und dem Verständnis des Textes von Bedeutung. Genauer werden sie im dritten und vierten Kapitel behandelt.

2.5 Resümee

Mit dem zweiten Kapitel wurde angestrebt, zum einen die theoretischen Grundlagen der Fachtextlinguistik und die Grundzüge der Fachtexte darzustellen, zum anderen den Vertrag von Lissabon – als Gegenstand der weiteren Untersuchungen – in Anlehnung an die vorher angegebenen theoretischen Modelle als Fachtext zu identifizieren.

Fachtext wurde hier als eine zusammenhängende, sachlogisch gegliederte komplexe Äußerung verstanden, die einen fachspezifischen Sachverhalt widerspiegelt, klare Makro- und Mikrostruktur aufweist, adäquate Sprachmittel, darunter entsprechende Terminologie und formelhafte Phraseologie, verwendet. Eine vollständige Darstellung eines Fachtextes ermöglicht jeweils eine mehrdimensionale Textanalyse, die unterschiedliche Aspekte des Textes, u. a. seine Funktionalität, Situationalität, Thematizität, Strukturiertheit und Formulierungsadäquatheit berücksichtigt. Die in dem Kapitel durchgeführte Analyse des Vertrags von Lissabon zeigt, dass der Vertrag, wie andere Rechtsakte, eine informative und steuernde Funktion in der Gesellschaft erfüllt. Er gilt als Gegenstand sowohl einer symmetrischen Kommunikation zwischen Fachleuten als auch einer asymmetrischen Kommunikation zwischen Fachleuten und Laien. Seine Makrostruktur und die einzelnen Teiltexte sind nach vorher bestimmten Grundsätzen aufgebaut. Auch in seiner Struktur weist der Vertrag gewisse Regularitäten, die ihm einen besonderen Charakter als Textsorte verleihen. Die Regularitäten kommen in dem Vertrag auch auf der lexikalischen Ebene vor, daher wird im folgenden Kapitel formelhaften lexikalischen Schematismen die Beachtung geschenkt.

Das dritte Kapitel setzt sich zum Ziel, das Wesen der Fachphraseologie zu erörtern und ihre einzelnen Klassen, d. h. phraseologische Termini, Fachphraseme, Fachkollokationen, Funktionsverbgefüge, lateinische Phrasen und pragmatische Phraseologismen zu behandeln.

3. Fachphraseologie in der Rechtssprache

3.0 Allgemeines

Das Wesen der juristischen Fachtexte äußert sich – neben der bereits im zweiten Kapitel angesprochenen Konventionalität ihrer Entstehung und Anwendung sowie der Formelhaftigkeit ihrer Struktur – im bevorzugten Gebrauch spezifischer, insbesondere fachsprachlicher lexikalischer Einheiten, unter denen feste syntagmatische Verbindungen aufgrund ihrer Leistung bei der Prägung des formelhaften Charakters juristischer Texte besonderer Beachtung bedürfen. Diese Verbindungen werden im Folgenden Fachphraseologismen genannt.

In diesem Kapitel wird zunächst auf den Forschungsstand zur Fachphraseologie hingewiesen. Insbesondere werden die bisherigen Auffassungen zur Fachphraseologie und zu ihrem Wesen vorgestellt. Danach werden im zweiten Punkt Fachphraseologismen und ihre Merkmale in Anlehnung an die Ansätze der allgemeinsprachlichen Phraseologie zum Gegenstand gemacht. Im dritten Punkt wird ein Versuch unternommen, die einzelnen Arten / Gruppen der Fachphraseologismen zu beschreiben und voneinander abzuheben. Im Anschluss daran wird im vierten Unterkapitel die Funktion der Fachphraseologismen in der Fachkommunikation und im Fachtext erörtert. Als Illustration dienen deutschen und polnischen Rechtstexten entnommene lexikalische Einheiten und Wortverbindungen.

3.1 Forschungsstand

Die Fachphraseologie hat nach Caro Cedillo (2004: 42) „bisher kein klares, unumstrittenes Konzept ihres Gegenstandes". Nach Gläser (2007: 483) führt die Wechselwirkung zwischen Allgemeinsprache und Fachsprache zur Entwicklung bestimmter Forschungsrichtungen im Bereich der Fachphraseologie:

1) Fachphraseologismen werden nur punktuell in den Darstellungen des phraseologischen Systems berücksichtigt, bzw. sie werden davon ausgeschlossen. Zu Vertretern dieser Richtung gehören u. a. Fleischer (²1997) und Palm (1997);
2) Fachphraseologismen werden unter dem Gesichtspunkt der angewandten Sprachwissenschaft, der Translatologie und Fachsprachenforschung zusammen mit der Terminologie untersucht. Als Vertreter dieser Richtung gelten u. a. Hums (1971, 1978) und Picht (1989).
3) Fachphraseologismen werden sowohl mit Kategorien der allgemeinsprachlichen Phraseologie als auch mit denen der Fachsprachenforschung und Terminologie untersucht. In diesem integrativen Untersuchungsansatz stehen die Fachphraseologie und die Phraseologie der Allgemeinsprache in einem komplementären Verhältnis zueinander (vgl. Gläser 2007: 483). Dieser Untersuchungsansatz ist u. a. in Arbeiten von Gläser (1986, 1989), Duhme (1991) und Caro Cedillo (2004) zu finden.

(1) Die erste Forschungsrichtung wird auch die philologische allgemeinsprachliche Richtung genannt (vgl. Gläser 2007: 483). Bis in die 80er Jahre des 20. Jahrhunderts gab es zwischen Phraseologie und Fachphraseologie kaum Berührungspunkte (vgl. Gläser 2007: 483). Aufgrund der zwei zusätzlichen Merkmale der Fachphraseologismen (der Fachlichkeit und der stilistischen Neutralität) sprechen sich einige Forscher, darunter u. a. Fleischer (1982) gegen die Aufnahme eines wesentlichen Teils der Fachphraseologismen, der sog. phraseologischen Termini, in das phraseologische Inventar aus und begründen ihre Position folgendermaßen:

> „Termini, auch als Wortgruppe, sind in der Regel sprachliche Primärstrukturen. Phraseologismen dagegen sind in der Regel Sekundärstrukturen, entstehen durch Umbildung bereits vorhandener Wortverbindungen. [...]. Der Kernbereich der Phraseologismen wie auch zahlreiche periphere Gruppen sind im Lexikon der Allgemeinsprache gespeichert, während der Kernbestand der Termini im spezifischen wissenschaftlichen Speichersystem erfaßt wird" (Fleischer 1982: 78).

Erst allmählich sind im Rahmen der Phraseologie vereinzelt Arbeiten mit fachsprachlichem Bezug entstanden (vgl. u. a. Kunkel 1985, Duhme 1991, Caro Cedillo 2004). 1991 stellte Kjaer direkt die Frage, ob es begründet und sinnvoll sei, fachsprachliche Wortverbindungen als Teil der allgemeinen Phraseologie zu betrachten und diese „mit den Methoden und Kategorien der Phraseologie zu beschreiben" (Kjaer 1991: 115). Somit eröffnete sie trotz der nicht eindeutig vertretenen Auffassung bezüglich der Zugehörigkeit der Fachphraseologismen zu der allgemeinsprachlichen Phraseologie eine neue Etappe in der Geschichte der Erforschung von Fachphraseologismen, in der diese auch unter dem Gesichtspunkt der in der Phraseologie entwickelten Ansätze behandelt werden können. Die weiteren Untersuchungen haben nachgewiesen, dass sich die Fachphraseologismen als meist nichtidiomatische und der Peripherie der Phraseologie gehörende Wendungen mit den Kriterien der Allgemeinphraseologismen sehr gut beschreiben lassen. Somit wurden auch die Ansätze, die für den Ausschluss von Fachphraseologismen aus der Allgemeinphraseologie plädierten, weitgehend infrage gestellt.

(2) Unabhängig von der philologischen allgemeinsprachlichen Richtung der Untersuchung von Fachphraseologismen entwickelte sich bereits in den 70er Jahren des 20. Jahrhunderts die in diesem Punkt als zweite genannte fachsprachliche, terminologische und translatorische Forschungsrichtung der Untersuchung von Fachphraseologismen. Von vielen Sprachwissenschaftlern wurde (und wird nach wie vor) angenommen, dass das Interesse an Fachphraseologismen als Folge der lexikographischen und terminologischen Ansätze entstanden ist (vgl. Caro Cedillo 2004: 42). Gläser (2007: 483) weist darauf hin, dass

> „[sich] die auf die Fachsprachen bezogene Untersuchung von Phraseologismen [...] nicht im konzeptionellen und methodischen Rahmen der allgemeinsprachlichen Phraseologieforschung [entwickelte] [...], sondern [...] ihre Wurzeln zunächst in Randbezirken der Terminologieforschung, der Translatologie und der Fachsprachenlinguistik [...] [hatte]" (Gläser 2007: 483).

Eine der ersten komplexen Definitionen der Fachphraseologie mit einem terminologischen und fachsprachlichen Charakter ist Picht zu verdanken. Er definiert
Fachphraseologie als:

> „fachsprachliche Disziplin, die einerseits die syntaktischen Bindungen fachsprachlicher
> Ausdrucksmittel, ihre Synonymität und Äquivalenz und andererseits die begrifflichen
> Beziehungen (sowie deren Veränderungen) zwischen fachsprachlichen Elementen un-
> tersucht, die zu einer fachlich gültigen und sprachlich korrekten Aussage zusammen-
> gefügt werden können" (Picht 1988: 193, Picht 1991: 212).

Picht (1989) betrachtet zwar in seinen Untersuchungen Fachphraseologie als eine
Teildisziplin der allgemeinsprachlichen Phraseologie, er weist aber auf die wesentlichen Unterschiede zwischen den beiden hin und betont den starken Zusammenhang
zwischen der Fachphraseologie und der Terminologie sowie die Nutzbarkeit der
terminologischen Methoden (vgl. Budin / Felber 1994) für die Untersuchung der
Fachphraseologismen. Somit haben die von Picht auf diese Art und Weise skizzierten
Rahmenbedingungen der Fachphraseologie einen eindeutig fachsprachlichen und
terminologischen Ansatz.

(3) Der dritte Ansatz in der Fachphraseologieforschung – die sog. integrative Richtung – setzt die Verknüpfung der Konzepte der Allgemeinphraseologie mit Konzepten
der Terminologie, der Translatologie und der Fachsprachenforschung voraus. Einen
Versuch in diese Richtung hat bereits Duhme (1991) unternommen, der die phraseologischen Einheiten der Wirtschaftssprache mit den von Fleischer (1982) ausgearbei-
teten Kriterien beschreibt. Auch Caro Cedillo (2004) verbindet in ihrer integrativen
Auffassung die Theorien der Allgemeinphraseologie mit denen der Translatologie und
der Fachsprachenforschung. In Anlehnung an diesen Ansatz werden auch im Folgenden die aus dem Vertrag von Lissabon exzerpierten Fachphraseologismen untersucht.

Den Gegenstand der Fachphraseologie bilden Fachphraseologismen. Zu einer
der ersten Definitionen des Fachphraseologismus gehört die von Arntz und Picht,
die unter einem Fachphraseologismus eine Fachwendung verstehen.

> „Eine Fachwendung ist das Ergebnis der syntaktischen Verbindung von mindestens
> zwei fachsprachlichen Elementen zu einer Äußerung fachlichen Inhalts, deren inne-
> re Kohärenz auf der begrifflichen Verknüpfbarkeit beruht. [...]. Die Gesamtheit der
> Fachwendungen einer Fachsprache bezeichnet man als ihre Phraseologie" (Arntz /
> Picht [2]1991: 34).

Arntz und Picht schränken die Fachphraseologie ein – was teilweise aus der oben
zitierten Definition resultiert und sich teilweise aus dem von ihnen untersuchten
Material schlussfolgern lässt (vgl. auch Worbs 1998: 2) – auf folgende sprachliche
Erscheinungen:

– Verbalverbindungen, wie z. B.: *eine Strafe verhängen / orzekać karę;*
– Wortgruppen, die aus mindestens zwei fachsprachlichen Elementen bestehen,
  wie z. B.: *die Strafe aussetzen / odroczyć karę*

Die Einschränkung der Fachphraseologie auf Wendungen mit einer Verbalkomponente ist u. a. auch bei Hohnhold (1990) und in Arbeiten des Deutschen Instituts für Normung DIN vom Oktober 1992 zu finden:

> „Eine Fachwendung ist eine ein Verb enthaltende festgefügte Gruppe von Wörtern zur Bezeichnung eines Sachverhalts in der Fachsprache. [...]. Fachphraseologie ist der Gesamtbestand der Fachwendungen in einem Fachgebiet" (DIN 2342, zit. nach Worbs 1998: 3).

Die eng festgelegten Rahmen der Fachphraseologismen erweisen sich bald als unzureichend. Die späteren Untersuchungen der Fachphraseologismen bringen eine Wende in ihrer Betrachtungsweise. Zu Fachphraseologismen werden, wie bei der allgemeinsprachlichen Phraseologie, diverse sprachliche Strukturen, nicht nur die mit einer verbalen Komponente, gezählt. Die bisher bevorzugte Einschränkung der Fachphraseologie nur auf Verbalverbindungen erweist sich als nicht ausreichend, um die Fachphraseologie angemessen zu erfassen und zu untersuchen. Hohnhold (1990: 114) berücksichtigt in seiner Definition der Phraseologie neben verbalen Fachwendungen auch die unterhalb der Satzebene stehenden „sonstigen Fügungen" und „die satzüberschreitenden Standardformulierungen". Höppnerova (1991: 26) betont, dass „[z]u der Phraseologie – dem Bestand phraseologischer Erscheinungen der gegebenen Fachsprachen – [...] sowohl die terminologischen Mehrwortlexeme als auch satzähnlichen fachsprachlichen Konstruktionen und Routineformeln [gehören]" (1991: 26, zit. nach Caro Cedillo 2004: 44). Auch Caro Cedillo (2004: 44) rechnet zur Fachphraseologie neben Fachwendungen mit einer Verbalkomponente Mehrworttermini wie *juristische Person / osoba prawna, höhere Gewalt / siła wyższa*, satzähnliche Konstruktionen wie *netto Kasse bei Erhalt der Ware / płatne gotówką przy odbiorze*, und Routineformeln wie *Als Anlage überreichen wir Ihnen ... / W załączeniu przesyłamy ...*.

Im Laufe der Untersuchungen wird auch die zweite von Picht (1989) genannte kriteriale Eigenschaft der Fachphraseologismen, nämlich der obligatorische fachsprachliche Charakter von mindestens zwei Komponenten eines Fachphraseologismus, teilweise zu Recht beanstandet. Kjaer (1990: 4) spricht nicht mehr von zwei, sondern von einer obligatorischen terminologischen Komponente in einem Fachphraseologismus. Sie weist in ihrer Definition auf die Einbettung des Terminus in einer Fachwendung hin und versteht Fachphraseologismen als „Kombination von Wörtern zu Fachwendungen, deren Nukleus ein Terminus ist" (Kjaer 1990, zit. nach Caro Cedillo 2004: 44):

> *das Testament eröffnen / otworzyć testament*
> *den Konkurs anmelden / ogłosić upadłość*

Eine solche Auffassung der Fachphraseologie engt sie ein und hat zur Folge, dass ein großer Teil von Wortgruppen „im luftleeren Raum" hängt (vgl. Worbs 1998: 3). Daher halten es manche Linguisten für begründet, zu den Fachphraseologismen auch solche Wortverbindungen zu rechnen, die zwar keine fachsprachliche Komponente enthalten, aber für einen Fachtext charakteristisch sind, wie z. B.

etw. einer Analyse unterziehen / poddać coś analizie
nach Maßgabe des Artikels / zgodnie z postanowieniami artykułu
etw. tritt in Kraft / coś wchodzi w życie.

Die Notwendigkeit, Wendungen ohne jegliche fachsprachliche Komponente in der Fachphraseologie zu berücksichtigen, erkennt bereits 1989 Klaus Rossenbeck. Er versteht unter Fachphraseologie „die Gesamtheit der Wortverbindungen, deren Bestandteile sich zu einer charakteristischen Kombination verfestigt haben und die in Texten eines bestimmten Fachgebiets zu beobachten sind" (Rossenbeck 1989: 199).

Auch Worbs (1998: 3) rechnet Wortverbindungen ohne Fachkomponenten zu Fachphraseologismen. Sie gliedert nämlich Fachphraseologismen in drei Untergruppen:

– „Mehrworttermini, vorwiegend nominale Wortgruppen mit Terminuscharakter bzw. auch sog. Halbtermini, die fachspezifisch, jedoch meist nicht streng definitorisch festgelegt sind" (Worbs 1998: 3), z. B.

die gesamtschuldnerische Haftung / zobowiązanie solidarne
Richter am Bezirksgericht / Sędzia Sądu Okręgowego

– Fachwendungen im Sinne von Verbalverbindungen, die oft auch als feste Kollokationen gelten bzw. von diesen abzugrenzen sind, z. B.

das Strafverfahren einleiten / wszcząć postępowanie karne
etw. von der Steuer absetzen / odprowadzić coś od podatku

– sonstige stabile Fügungen / Wendungen, **„die kein Fachwort enthalten müssen, dennoch fest zum Bestandteil von Fachtexten gehören"** (Worbs 1998: 3 – Hervorhebung J.W.), z. B.

die Initiative ergreifen / podjąć inicjatywę
Maßnahmen ergreifen / podjąć, zastosować środki.

Diese kurze Darstellung des Forschungsstandes zur Fachphraseologie lässt einen summierenden Gedanken formulieren, dass Fachphraseologie eine Teildisziplin ist, die an der Grenze zwischen Terminologie und Phraseologie steht und nicht homogen ist. Als ihr Untersuchungsgegenstand gelten feste Wortverbindungen und satzartige Syntagmen, die für eine bestimmte fachsprachliche Textsorte charakteristisch sind und oft terminologische Komponenten enthalten. Zu Fachphraseologismen lassen sich aber auch Wortverbindungen und Routineformeln zuordnen, die zwar keine Fachtermini enthalten, aber den Charakter bestimmter fachsprachlicher Textsorten prägen und für diese unentbehrlich sind.

Im Folgenden werden das Wesen und die Merkmale der Fachphraseologismen unter dem Gesichtspunkt der in der allgemeinen Phraseologie erarbeiteten Methoden kurz erläutert.

3.2 Das Wesen und die Merkmale der Fachphraseologismen

In zahlreichen wissenschaftlichen Arbeiten wird auf die Zusammenhänge zwischen der allgemeinsprachlichen Phraseologie und der Fachphraseologie hingewiesen (vgl. u. a. Duhme 1991; Kjaer 1991; Caro Cedillo 2004; Gläser 2007; Szubert 2010). Fachphraseologismen werden mit Hilfe der für allgemeinsprachliche Phraseologismen entwickelten Kategorien beschrieben. Diese Zusammenhänge äußern sich bereits beim Definieren des Fachphraseologismus, was mit den zwei unten aufgeführten Definitionen veranschaulicht wird.

Kjaer (1991: 115) beschäftigt sich mit festen phraseologischen Wortverbindungen der Rechtssprache. In ihrer Untersuchung erfasst Kjaer sowohl zweigliedrige Nominal- und Verbalverbindungen wie *eine bewegliche Sache, einen Beschluss fassen* als auch Wortverbindungen mit Satzstruktur wie *soweit nicht dieses Gesetz ein anderes bestimmt* (vgl. Kjaer 1991: 116). Unter einem Fachphraseologismus versteht sie:

> „Wortverbindungen, die in juristischen Fachtexten der Gegenwartssprache wiederholt in der gleichen festen Form auftreten und die eine fachsprachlich spezialisierte Bedeutung bzw. eine fachlich bedingte Funktion haben. Es handelt sich m.a.W. um fachspezifische Wortverbindungen, die in einem Wörterbuch mit der Markierung ‚juristisch' / ‚Rechtssprache' zu kennzeichnen wären" (Kjaer 1991: 115).

Der Definition von Kjaer ist zu entnehmen, dass die kriterialen Merkmale der Fachphraseologismen ihr wiederholtes Auftreten in bestimmten Textsorten und ihre feste Form, d. h. ihre Reproduzierbarkeit und Festigkeit, sind. Damit knüpft Kjaer an die Theorien der allgemeinsprachlichen Phraseologie an (vgl. Fleischer 1982, ²1997; Burger 1998).

Der allgemeinphraseologische Hintergrund der Fachphraseologismen kommt bei Rosemarie Gläser (1986) noch deutlicher zum Vorschein. Sie versteht Fachphraseologismen vor allem im Hinblick auf die Ansätze und Theorien der allgemeinsprachlichen Phraseologie. Daher lehnt sich ihre Auffassung des Fachphraseologismus einerseits an die weite Definition des Phraseologismus an:

> „Ein Phraseologismus ist ein stabiles, usuelles Wortgruppenlexem, dessen Formativ sich aus mehreren Konstituenten (Einzelwörtern) zusammensetzt und dessen Semem aus einer spezifischen Auswahl und Kombination von Semem-Komponenten der Konstituenten entsteht, wobei zusätzlich neue Komponenten und im Extremfall solche Komponenten hinzutreten können, die keinerlei Bezug zur denotativ-wörtlichen Bedeutung der Konstituenten mehr haben, was zur Idiomatisierung des Phraseologismus führt" (Gläser 1986: 19);

andererseits an die enge Definition des Phraseologismus, d. h. an die Definition eines Idioms:

„Phraseologismus, der sich durch eine übertragene (metaphorische oder metonymische) Bedeutung auszeichnet und nur in dieser usuell verwendet wird. Die übertragene Bedeutung des Phraseologismus, d. h. seine Idiomatizität, entsteht aus einer spezifischen Auswahl und Kombination von Komponenten aus den Sememen der ihn bildenden Konstituenten, wobei zusätzlich neue Komponenten aufgenommen werden und im Extremfall solche Komponenten hinzutreten können, die keinerlei Bezug zum Objektabbild des Phraseologismus mehr haben" (Gläser 1986: 28).

In Anlehnung an die bereits aufgeführten Definitionen definiert Gläser (2007: 486) ferner einen Fachphraseologismus als

„in einem bestimmten Bereich der Fachkommunikation lexikalisierte, usuell verwendete, verfestigte und reproduzierbare Wortgruppe, die in der Regel nicht idiomatisch ist und keine expressiven oder stilistischen Konnotationen trägt" (Gläser 1989: 51, zit. nach Gläser 2007: 487).

Dieser Definition von Gläser sind folgende Merkmale der Fachphraseologismen zu entnehmen: Polylexikalität (Wortgruppe), Festigkeit, Reproduzierbarkeit, Lexikalisierung, Gebräuchlichkeit und stilistische Neutralität. Die ersten fünf Charakteristika gelten auch für allgemeinsprachliche Phraseologismen, was die Theorien der wichtigsten Phraseologen wie u. a. Wolfgang Fleischer (^{2}1997) und Harald Burger (1998) bestätigen. Das sechste Merkmal – die stilistische Neutralität – ergibt sich aus dem allgemeinen Charakter der Fachkommunikation, in der Fachphraseologismen zu finden sind, und gilt als das Fachphraseologismen von den allgemeinsprachlichen Phraseologismen abhebende Kriterium. Die Fachphraseologismen basieren nämlich auf der allgemeinsprachlichen Phraseologie, so wie die Fachsprache auf der Allgemeinsprache basiert, worauf bereits in Kapitel 1 hingewiesen wurde. Daher weisen Fachphraseologismen gleiche Merkmale wie allgemeinsprachliche Phraseologismen auf. Sie unterscheiden sich aber von ihnen durch die fachliche Komponente, das wiederholte Vorkommen in Fachtextsorten und die fachliche Semantik. Darüber hinaus ist an dieser Stelle noch zu betonen, dass sich unter dem phraseologischen Inventar eines Fachtextes sowohl Fachphraseologismen als auch allgemeinsprachliche Phraseologismen finden lassen, weil die Allgemeinsprache und die allgemeinsprachliche Phraseologie den Ausgangspunkt für jeden Fachtext ausmachen.

Daher werden im Folgenden die Merkmale der Fachphraseologismen zum Teil in Anlehnung an die Theorien der allgemeinsprachlichen Phraseologie erläutert.

Fleischer (^{2}1997) nennt fünf Kriterien für die Bestimmung von Phraseologismen:

(a) Idiomatizität (optional),
(b) Stabilität,
(c) Lexikalisierung,
(d) Reproduzierbarkeit und
(e) usuelle Geltung.

Burger (1998: 11) unterscheidet zwischen Phraseologismen im weiteren und im engeren Sinne. Laut Burger (1998: 11) sind die Polylexikalität und die Festigkeit

Mindestkriterien, die ein Ausdruck erfüllen muss, um zu der Gruppe der Phraseologismen zu gehören. Auf das Konzept von Burger stützt sich auch Szubert (2010: 148) und stellt fest, dass Wortverbindungen, „die die ersten zwei Merkmale erfüllen, [...] den Bereich der Phraseologie im weiteren Sinne dar[stellen]" (Szubert 2010: 148). Phraseologismen im engeren Sinne werden nach Burger (1998: 14) um das Merkmal der Idiomatizität erweitert:

> „Von Phraseologismen im engeren Sinne sprechen wir, wenn zu den beiden ersten Eigenschaften (Polylexikalität und Festigkeit – Anm. J.W.) noch eine dritte hinzukommt: (3) Idiomatizität. Damit ist gemeint, dass die Komponenten eine durch die syntaktischen und semantischen Regularitäten der Verknüpfung nicht voll erklärbare Einheit bilden" (Burger 1998: 14).

Daraus ergibt sich, dass allgemeinsprachliche Phraseologismen nach folgenden Kriterien untersucht und klassifiziert werden: Polylexikalität, Festigkeit, Reproduzierbarkeit, Lexikalisierung und optional nach Idiomatizität. Gleiche Kriterien finden Anwendung in Bezug auf Fachphraseologismen. Die Unterschiede zwischen allgemeinsprachlichen und Fachphraseologismen können in der Gradualität der untersuchten Merkmale liegen. Darüber hinaus zeichnen sich die Fachphraseologismen zusätzlich durch Fach(sprach)lichkeit, stilistische Neutralität und uselle Geltung in Texten.

Fachphraseologismen sind wie allgemeinsprachliche Phraseologismen **polylexikal**, d. h. sie bestehen aus mindestens zwei Komponenten / Wörtern, sollten aber nicht länger als ein Satz sein (vgl. Burger 1998: 15):

eine Straftat begehen / popełnić czyn karalny
die Strafanzeige erstatten / zawiadomić o popełnieniu przestępstwa

Nicht einig sind sich die Forscher darüber, ob die Komponenten der Phraseologismen immer autosemantisch sein müssen, oder ein Phraseologismus auch nur aus synsemantischen Komponenten bestehen darf. Burger rechnet zu Phraseologismen auch Kombinationen, die nur aus Synsemantika bestehen:

> „Da es m. E. keine plausiblen Kriterien für die eine oder die andere Entscheidung gibt, nehme ich keine Präzisierungen vor und rechne jede feste Kombination von zwei Wörtern zur Phraseologie, also auch Ausdrücke wie *an sich, bei weitem, wenn auch, im Nu, so dass*" (Burger 1998: 16).

Fleischer betont hingegen ausdrücklich, dass zu Phraseologismen nur Wortverbindungen mit mindestens einem autosemantischen Wort gehören:

> „Legen wir weiter fest, dass ein Phraseologismus eine Wortverbindung ist, die mindestens ein autosemantisches Wort enthält, also nicht nur aus Dienst- oder Hilfswörtern besteht, dann entfallen Wortverbindungen wie z. B. die korrelativen Konjunktionen *bald – bald, entweder – oder* und Präpositionen wie *von – an*" (Fleischer [2]1997: 29).

In Bezug auf die Fachphraseologismen scheint es begründet zu sein, der Theorie von Fleischer ([2]1997) zu folgen und als Fachphraseologismus eine solche Wortverbindung anzunehmen, die mindestens eine autosemantische Komponente (oft einen Terminus) aufweist. Dies resultiert aus dem engen Zusammenhang zwischen Fachphraseologismen und Termini. Die in Fachtexten auftretenden nur aus Synsemantika bestehenden Ausdrücke, wie sie Bürger (1998) definiert, gehören damit zur allgemeinsprachlichen Phraseologie, die in Fachtextsorten – wie bereits festgestellt – ebenfalls vertreten ist. Fachphraseologismen sind darüber hinaus feste / stabile Ausdrücke. Die **Festigkeit** bzw. **Stabilität** der Fachphraseologismen setzt voraus, dass sie keine spontane, einmalige Zusammenstellung darstellen, sondern eine überindividuelle Kombination von Wörtern sind (vgl. Burger 1998: 11). Zudem weist Fleischer (^{2}1997: 36) darauf hin, „dass dem Austausch der phraseologischen Komponenten in der Regel weit engere Grenzen gesetzt sind als in einer freien syntaktischen Wortverbindung" (Fleischer ^{2}1997: 36). Die Substituierung einzelner Komponenten durch ihre Synonyme ist aber in der Fachsprache im gewissen Grade beschränkt und kann zur Folge haben, dass die an einen Fachphraseologismus gebundene spezialisierte, mit bestimmter Fachsituation verbundene Bedeutung verloren geht, wie in dem von Kjaer (1991: 117) angegebenen Beispiel *Klage ändern* oder in dem von Szubert (1998: 153f.) angeführten Beispiel *bewegliche Sache*. Szubert (1998) – analog und in Anlehnung an das 1991 von Kjaer verwendete Beispiel – weist darauf hin, dass sich in dem Mehrwortterminus *bewegliche Sache / rzecz ruchoma* die beiden Komponenten zwar durch Synonyme austauschen lassen, aber keine der neuen Wortverbindungen, wie *veränderliche Sache, flinke Sache, bewegende Sache* oder auch *bewegliche Angelegenheit, bewegliche Gegenstände* gilt nach dem Austausch der Komponenten durch Synonyme als ein besonderer Fachterminus in der Zivilprozessordnung, und die Gesamtbedeutung jeder dieser neuen Wortverbindungen unterscheidet sich grundsätzlich von der ursprünglichen (vgl. Szubert 1998: 154).

Die Stabilität ist oft mit der Idiomatizität der Wortverbindung verbunden. Je stärker idiomatisch eine Wendung ist, desto höher ist ihre Stabilität. Da unter Fachphraseologismen die idiomatischen Wendungen eher selten vorkommen, ist der Grad der Stabilität unter allgemeinsprachlichen Phraseologismen höher als unter den Fachphraseologismen. Nichtsdestotrotz kann aufgrund der Funktion der Fachphraseologismen und ihrer Rolle in verschiedenen öffentlichen Kommunikationssituationen eine falsche Substituierung einer der Komponenten viel ernsthaftere Konsequenzen nach sich ziehen als im Falle der allgemeinsprachlichen Phraseologismen, z. B. der Mehrwortterminus *die einstweilige Verfügung [zarządzenie tymczasowe]* bedeutet in der Rechtssprache eine in einem abgekürzten Verfahren ergehende vorläufige, allerdings sofort vollstreckbare gerichtliche Anordnung, die der Sicherung eines nicht auf Geld gerichteten Anspruchs bis zur endgültigen gerichtlichen Entscheidung in der Streitsache dient. Die Ersetzung des Adjektivs *einstweilig [tymczasowy]* durch eine synonymische Komponente wie *vorübergehend [przejściowy]* ändert die Bedeutung der Wendung und entzieht ihr ihre Fachbedeutung. *Vorübergehende Verfügung [zarządzenie przejściowe]* würde dann eine vorläufige Disposition über eine Sache ohne weitere rechtliche Konsequenzen bedeuten.

Daraus resultiert, dass die Festigkeit der Phraseologismen nicht nur durch syntaktische und semantische Regeln geprägt ist, sondern auch mit ritualisierten Kommunikationssituationen zusammenhängt.

Mit dem Merkmal der Festigkeit der (Fach-)Phraseologismen hängen die **Reproduzierbarkeit** und die **Lexikalisierung** eng zusammen. Burger stellt fest, dass „[d]er Phraseologismus [...] mental als Einheit ‚gespeichert' [ist] ähnlich wie ein Wort, er kann als ganzer abgerufen und produziert werden" (Burger 1998: 17). Fleischer versteht unter Lexikalisierung einer syntaktischen Konstruktion, „dass sie nicht mehr nach einem syntaktischen Strukturmodell in der Äußerung ‚produziert', sondern dass sie als ‚fertige' lexikalische Einheit ‚reproduziert' wird" (Fleischer ²1997: 63). Kjaer (1991: 116) betrachtet Reproduzierbarkeit als das einzige Merkmal, das allen fachlichen (juristischen) Wortverbindungen gemeinsam ist, und versteht darunter „ihre ständige Wiederholung in juristischen Fachtexten" (Kjaer 1991: 116). Die Reproduzierbarkeit von Fachphraseologismen lässt sich zudem nach Kjaer (1991: 116) nur in ihrem fachlichen und fachsprachlichen Kontext erkennen.

Das letzte Merkmal der Fachphraseologismen stellt die **Idiomatizität** dar. Ein Ausdruck ist idiomatisch, wenn zwischen seiner phraseologischen Bedeutung, d. h. seiner Bedeutung als Ganzheit, und seiner wörtlichen Bedeutung, d. h. der Bedeutung seiner einzelnen Komponenten eine Diskrepanz vorliegt (vgl. Burger 1998: 31):

Geld waschen / prać (brudne) pieniądze
eine Geldstrafe verhängen / nałożyć karę pieniężną.

Die Diskrepanz zwischen den Bedeutungsebenen kann mehr oder weniger stark sein und daher spricht man in der Phraseologie von idiomatischen, teil-idiomatischen und nicht-idiomatischen Phraseologismen (vgl. Burger 1998: 29f.). Für Fachphraseologismen spielt die Idiomatizität eine deutlich geringere Rolle. Idiomatische, insbesondere vollidiomatische Wendungen treten in der Fachphraseologie selten auf, was u. a. Gläser erklärt:

„Während das Idiom im phraseologischen System der Allgemeinsprache der Prototyp des Phraseologismus ist, stellt er unter den fachsprachlichen Wendungen die Ausnahme dar und ist häufig ein Kennzeichen vorwissenschaftlicher Benennungen oder umgangssprachlicher Jargonismen" (Gläser 1989: 51, zit. nach Gläser 2007: 487).

Vollidiomatische Wendungen wie *freies Geleit / list żelazny* sind unter Fachphraseologismen eine Randerscheinung, oft mit historischem Hintergrund. Häufiger kommen teilidiomatische Ausdrücke vor, wie *das Testament eröffnen / otworzyć testament* oder *die juristische Person / osoba prawna*. Die Mehrheit bilden jedoch die nichtidiomatischen Wendungen. Falls man daher die Fachphraseologismen als Gegenstand der Phraseologie klassifizieren würde, würde man sie in der Peripherie des phraseologischen Bestandes platzieren, da ihnen das Merkmal der Idiomatizität zumindest in der Rechtssprache i. d. R. fehlt (vgl. Fleischer ²1997: 63ff.).

Ein weiteres Merkmal der Fachphraseologismen, das über die für die allgemeinsprachlichen Phraseologismen charakteristischen Merkmale hinausgeht, ist die **Fachlichkeit** bzw. **Fachsprachlichkeit**, die zudem als kriteriale Eigenschaft der

Fachphraseologismen gilt, die diese von allgemeinsprachlichen Phraseologismen unterscheidet. Die Fach(sprach)lichkeit der Fachphraseologismen äußert sich zum einen darin, dass mit ihnen fachspezifische Objekte und Sachverhalte benannt werden, zum anderen, dass sie in Fachtexten auftreten, worauf u. a. Duhme (1991) hinweist:

> „Als Abgrenzungskriterium zur Unterscheidung von fachsprachlichen und allgemeinsprachlichen Wendungen gilt der Grundsatz, daß fachsprachliche Phraseologismen eindeutig Sachverhalte oder Objekte benennen, die fachspezifischen Charakter haben und deshalb auch nur innerhalb der Fachsprache als festgefügte Wendungen reproduziert werden" (Duhme 1991: 72).

Als Benennung für fachspezifische Sachverhalte und Objekte haben Fachphraseologismen oft mindestens einen Terminus oder ein Lexem mit einem fachsprachlichen Bezug als eine der Komponenten (vgl. Duhme 1991: 72):

die Widerklage erheben / *złożyć* ***powództwo wzajemne***
das Vorverfahren einstellen / *umorzyć* ***postępowanie przygotowawcze***.

Zu Fachphraseologismen lassen sich allerdings auch Wendungen zählen, deren Komponenten zwar keinen mittelbaren fachsprachlichen Bezug haben, aber in einem bestimmten Kontext ihnen eine fachsprachliche Bedeutung zugeschrieben wird (vgl. Duhme 1991: 72):

Maßnahmen treffen / *ustanowić środki* → (bedeutet im Gesetzestext *einen bestimmten Rechtsakt erlassen*).

Mit dem Merkmal der Fach(sprach)lichkeit hängt **die stilistische Neutralität** zusammen. Der enge Zusammenhang der Fachphraseologismen mit Fachtextsorten und Fachkommunikation setzt voraus, dass Fachphraseologismen der Anforderung an Präzision und Objektivität gerecht werden und deswegen stilistisch neutral sein müssen.

Die letzte Eigenschaft, die Fachphraseologismen zu selbständigen sprachlichen Gebilden macht, ist ihre **usuelle Geltung** in bestimmten Fachtextsorten. Die Fachphraseologismen sind institutionalisiert und unterliegen gewissen situativen Beschränkungen, so dass sie in einigen Kontexten obligatorisch und wiederholt erscheinen und in anderen wegen sprachlichen Usus ausgeschlossen sind.

Zusammenfassend lassen sich Fachphraseologismen als feste syntagmatische Wortverbindungen mit einem nicht- oder teilidiomatischen Charakter definieren, die eine lexikalische Einheit bilden und als Ganzheit aus dem Gedächtnis abgerufen werden. Sie enthalten mindestens einen Terminus bzw. ein Lexem mit einem engen Bezug zu einem fachspezifischen Objekt. Sie sind stilistisch neutral und werden in Fachtexten bestimmter Fachtextsorten wiederholt gebraucht. Der bereits aufgeführten Definition der Fachphraseologismen sind ihre Hauptmerkmale zu entnehmen, wie Polylexikalität, Festigkeit, Nicht- oder Teilidiomatizität, Reproduzierbarkeit und Lexikalisierung, stilistische Neutralität, usuelle Geltung und wiederholter Gebrauch in Fachtextsorten sowie Fachterminus als eine der Komponenten. Diese Merkmale nutzt in ihrer Theorie sowohl die allgemeinsprachliche Forschungsrichtung als auch die fachsprachliche und terminologische Forschungsrichtung der Untersuchung und Beschreibung der Fachphraseologismen. Somit wird in dieser Arbeit die integrative Auffassung der Fachphraseologismen vertreten.

Fachphraseologismen sind keine einheitlichen Gebilde. Sie unterscheiden sich voneinander durch ihre Struktur, die Intensität jedes der oben genannten Merkmale sowie durch ihre Funktion im Fachtext. In vielen Untersuchungen wird auf die Abgrenzung einzelner Gruppen von Fachphraseologismen verzichtet, weil eine solche keine sinnvollen Ergebnisse bringt (vgl. Delplanque-Tchamitchian 1995: 40). Die Festlegung einer präzisen Grenze zwischen diesen Gruppen ist auch schwierig, weil sich ihre Merkmale teilweise überlappen. Nichtsdestotrotz sind diese Gruppen von Wendungen in ihrem Wesen unterschiedlich und als solche bedürfen sie einer getrennten Analyse. Im folgenden Punkt wird der Vorschlag einer solchen Klassifikation von Fachphraseologismen unterbreitet.

3.3 Klassifikation der Fachphraseologismen

In diesem Unterkapitel wird angestrebt, in Anlehnung an die bereits genannten Merkmale der Fachphraseologismen, d. h. Polylexikalität, Festigkeit, Idiomatizität, Reproduzierbarkeit, Lexikalisierung, Fach(sprach)lichkeit, stilistische Neutralität und usuelle Geltung sowie im Hinblick auf die Struktur der einzelnen Gruppen von Fachphraseologismen, ihre Klassifikation durchzuführen. Insbesondere werden phraseologische Termini, Fachphraseme, Kollokationen, Funktionsverbgefüge, lateinische Phrasen und pragmatische Phraseologismen besprochen.

3.3.1 Phraseologische Termini

Als phraseologische Termini – auch *Mehrworttermini* oder in der polnischen sprachwissenschaftlichen Literatur *skupienia terminologiczne* (Starzec 1984; Gajda 1990) genannt – werden polylexikale Wendungen verstanden, die ein fachspezifisches Objekt oder einen fachspezifischen Sachverhalt benennen und oft auch einen Terminus als Komponente enthalten:

spitzer Winkel / kąt ostry
Gewinn-und-Verlust-Rechnung / rachunek zysków i strat

Starzec (1984: 62) situiert phraseologische Termini – als Zwei- oder Mehrwortverbindungen – aufgrund ihrer benennenden Funktion im terminologischen System eines bestimmten Wissensbereichs.

> „Połączenie dwu- lub więcejwyrazowe spełniające rolę jednostki nominacyjnej w ramach określonej dziedziny wiedzy, mające specjalne znaczenie i zajmujące określone miejsce w systemie terminologicznym, które jest uwarunkowane klasyfikacją w sferze pojęciowej" (Starzec 1984: 62).

Auch Burger (1998: 47) sieht das Wesen der phraseologischen Termini darin, dass sie genauso wie jeder „(Wort-)Terminus" funktionieren, d. h. „sie sind in ihrer Bedeutung strikt festgelegt ('normiert'), und diese Festlegung gilt primär nur innerhalb des fachlichen Subsystems der Sprache" (Burger 1998: 47). Nichtsdestotrotz weisen phraseologische Termini auch gewisse Merkmale auf – wie Polylexikalität, Stabilität, zum bestimmten Grad auch Idiomatizität, Reproduzierbarkeit und Lexikalisierung sowie Fach(sprach)lichkeit, stilistische Neutralität und usuelle Geltung – die für die Fachphraseologismen charakteristisch sind. Daher scheint ihre Berücksichtigung in der Phraseologieforschung, und auf jeden Fall in der Fachphraseologieforschung, auch begründet zu sein. Im Folgenden werden die phraseologischen Termini als Gegenstand einerseits der Terminologie, andererseits der Fachphraseologieforschung dargestellt.

Phraseologische Termini sind aufgrund ihrer Gebundenheit an Fachsprache und Fachtexte Gegenstand der Terminologie. Sie sind nach Busse (2002: 411) ursprünglich frei gebildete syntagmatische Wortkombinationen, die zu feststehenden Benennungen wurden, meist mit der Funktion von Eigennamen. Phraseologische Termini werden im weiteren Sinne als Fachausdrücke verstanden, die einem bestimmten Sachgebiet eindeutig zugeordnet werden können (vgl. Fluck [3]1985: 47), im engeren Sinne als Fachausdrücke, die „einen im betreffenden Fach exakt definierten Begriff oder Gegenstand eindeutig und einmalig [...] bezeichnen" (Beneš 1971: 130). Sie lassen sich darüber hinaus, wie Einworttermini, leicht definieren. Einige davon werden sogar in Gesetzestexten explizit definiert.

offene Handelsgesellschaft –	*1) eine Gesellschaft, deren Zweck auf den Betrieb eines Handelsgewerbes unter gemeinschaftlicher Firma gerichtet ist, ist eine offene Handelsgesellschaft, wenn bei keinem der Gesellschafter die Haftung gegenüber den Gesellschaftsgläubigern beschränkt ist [...] (§ 105 Handelsgesetzbuch).*
spółka jednoosobowa –	*spółka kapitałowa, której wszystkie udziały albo akcje należą do jednego wspólnika albo akcjonariusza (Art. 4 des poln. Handelsgesellschaftengesetzbuch).*

Auch Iluk (2012: 98) weist auf die konventionelle Verbindung und gesetzlich vorgeschriebene Bedeutung als ein die phraseologischen Termini charakterisierendes Merkmal hin:

„Ihre Verbindungen basieren auf Konvention, die durch entsprechende Formulierungen in Gesetzestexten bzw. den fachsprachlichen Usus festgelegt worden sind. Ihre Bedeutung wird in den vom Gesetzgeber erlassenen Rechtsnormen bzw. durch Kontextdefinitionen festgelegt" (Iluk 2012: 98).

Darüber hinaus erfüllen die phraseologischen Termini ähnlich wie Einworttermini eine sachverhaltsbildende und -benennende Funktion und stärken die Präzision des jeweiligen Fachtextes (mehr zur Funktion der Fachphraseologismen vgl. Pkt. 3.4). Dies bestätigt auch Busse (2002: 411) und verweist darauf, dass phraseologische Termini satzgliedwertige Phraseologismen mit motivierter, klar definierter und normierter Bedeutung sind, die Einzelindividuen (Institutionen, Ereignisse) bezeichnen. Werden die strukturellen, syntaktischen, semantischen und textuellen Eigenschaften der phraseologischen Termini untersucht, so lässt sich feststellen, dass sie ähnliche Eigenschaften wie Fachphraseologismen aufweisen. Sie sind nämlich polylexikal, stabil, zum gewissen Grad idiomatisch, sie werden in der Anwendung reproduziert, und somit lassen sie sich auch lexikalisieren. In den Fachtexten, insbesondere in den Gesetzestexten, kommen sie als fachliche und stilistisch neutrale Benennungseinheiten vor. Somit können sie einen Untersuchungsgegenstand der Phraseologie- und Fachphraseologieforschung bilden. Nicht alle Phraseologen sind sich jedoch darüber einig, die phraseologischen Termini als Untersuchungsmaterial zu berücksichtigen. In der allgemeinen Phraseologie werden phraseologische Termini entweder dem phraseologischen Bestand zugeordnet (vgl. Burger 1998: 47), oder sie werden aus der Phraseologie explizit ausgeschlossen (vgl. Fleischer 1982; [2]1997). Für die Einbeziehung der phraseologischen Termini in die allgemeinsprachliche Phraseologie spricht nach Burger die Tatsache, „[...] daß zahlreiche fachsprachliche Bereiche für den Alltag unmittelbar relevant sind oder heutzutage zunehmend relevant sind" (Burger 1998: 47). Ferner betont Burger, dass „[man] [m]indestens [...] diejenigen terminologischen Wortverbindungen der Phraseologie zurechnen [muss], die sich auch in alltäglichen Zusammenhängen wiederfinden" (Burger 1998: 48), wie die folgenden Beispiele:

notarielle Urkunde / akt notarialny
personenbezogene Daten / dane osobowe
zeznanie podatkowe / <Steuererklärung>

Fleischer begründet hingegen seine Entscheidung über die Nichtberücksichtigung der phraseologischen Termini im phraseologischen Bestand, indem er auf die unterschiedlichen Relationen zwischen dem Terminus / Phraseologismus und dem zu benennenden Begriff hinweist.

„Der Terminus ist einem Begriff eindeutig zugeordnet, daher kontextunabhängig und fachbezogen. [...] Die phraseologische Wortgruppe aber bezeichnet einen Gegenstand indirekt" (Fleischer [2]1997: 72).

Somit lässt sich nach Delplanque-Tchamitchian (1995: 40) feststellen, dass ein phraseologischer Terminus zugleich ein Terminus und ein Phrasem ist, denn „er läßt sich sowohl mit den Merkmalen des Phrasems als auch mit denen des Terminus kennzeichnen" (Delplanque-Tchamitchian 1995: 40).

Eine besondere Gruppe der phraseologischen Termini bilden die onymischen Wortgruppen. Sie werden zwar nicht von allen Forschern zu Phraseologismen und Fachphraseologismen gezählt (vgl. Fleischer 1982). Nichtsdestotrotz nehmen sie Burger / Buhofer / Sialm (1982: 38) unter die phraseologischen Termini auf, weil diese einen unverzichtbaren Bestandteil des Benennungsinventars einer Fachdisziplin bilden. Onyme spielen insbesondere in juristischen Fachtexten eine wesentliche Rolle, weil sie als Benennungseinheiten für Institutionen, Organe und Mittel des rechtlichen Handelns gelten:

der Präsident des Europäischen Parlaments / Przewodniczący Parlamentu Europejskiego
die Europäische Staatsanwaltschaft / Prokuratura Europejska

Daher werden Onyme auch in dieser Arbeit als Subklasse der phraseologischen Termini betrachtet, weil sie in dem analysierten Vertrag zahlreich repräsentiert sind und durch ihre komplexe Struktur die Mindestkriterien der Fachphraseologismen erfüllen.

Zu den konstitutiven Merkmalen der in Fachtexten vorkommenden phraseologischen Termini lassen sich neben den unanfechtbaren Eigenschaften wie Polylexikalität und Festigkeit nach Gajda (1990: 96) auch folgende zählen:

1. Reproduzierbarkeit – phraseologische Termini werden als lexikalische Einheiten immer aus dem Gedächtnis abgerufen und nicht neu gebildet. Die Möglichkeit ihrer Variierung ist dabei beschränkt (vgl. Delplanque-Tchamitchian 1995: 41);
2. semantische Einheit – phraseologische Termini gelten als Benennung für ein Individuum, eine Person, ein Objekt, ein Ereignis. Die Benennung setzt sich aus allen den phraseologischen Terminus bildenden Komponenten zusammen. Das Fehlen einer der Komponenten ändert die Bedeutung des Terminus. Als Illustration gilt der Mehrwortterminus *juristische Person / osoba prawna*. Unter *juristischer Person / osoba prawna* wird eine Personenvereinigung oder ein Zweckvermögen mit vom Gesetz anerkannter rechtlicher Selbstständigkeit verstanden; sie ist darüber hinaus Träger von Rechten und Pflichten, hat Vermögen, kann als Erbe eingesetzt werden, in eigenem Namen klagen und verklagt werden.[6] Wird jedoch dem Mehrwortterminus seine attributive Komponente entzogen, ist er kein Terminus mehr und hat keine fachsprachliche Konnotation mehr, denn das Einzellexem *Person / osoba* gilt als eine allgemeinsprachliche Bezeichnung für einen Menschen.

Phraseologische Termini als semantische Einheiten können manchmal eine übertragene Bedeutung aufweisen und somit als idiomatisch klassifiziert werden. Auf die Figuriertheit der phraseologischen Termini weist u. a. Delplanque-Tchamitchian (1995: 41) hin:

„[...] die Gesamtbedeutung des PHT [phraseologischen Terminus – Anm. J.W.] [lässt] [sich], genauso wie die des Phrasems, nicht als die Summe der Teilbedeutungen verstehen [...]. Aus der Kombination von Einzellexemen entsteht eine neue demotivierte Gesamtbedeutung, die aus der Bedeutung der Einzellexeme höchstens ansatzweise erschlossen werden kann" (Delplanque-Tchamitchian 1995: 41).

Als Beispiele gelten u. a. folgende Rechtstermini im Deutschen und im Polnischen:

guter Glaube / dobra wiara
bewegliche Sache / rzecz ruchoma
spadek z dobrodziejstwem inwentarza [Erbannahme unter Vorbehalt der Inventarerrichtung]

---

6 http: / / wirtschaftslexikon.gabler.de / Definition / juristische-person.html.

3. Ausdruck eines Fachbegriffs – phraseologische Termini bezeichnen Objekte und Sachverhalte, die einem Fachbereich zugehören. Die Gesamtbedeutung eines phraseologischen Terminus entspricht i. d. R. einem einzigen Begriff oder einer Denkeinheit, der / die eine festgelegte fachspezifische Bedeutung hervorruft (vgl. Delplanque-Tchamitchian 1995: 42):

die letztwillige Verfügung / rozrządzenie ostatniej woli (Erbschaftsrecht)
die vollständigen Kosten / koszty pełne (Finanzwesen).

4. Konventionalität der Anwendung – phraseologische Termini werden in bestimmten i. d. R. durch die Fachkommunikation determinierten Situationen verwendet, was mit dem folgenden Beispiel veranschaulicht wird. In einer öffentlichen Situation vor Straforganen wird man für eine Person, die angeblich eine Straftat begangen hat, die Benennung *der mutmaßliche Täter / domniemany sprawca* statt *der angebliche* oder *der vermutliche* Täter / *przypuszczalny, rzekomy sprawca* gebrauchen. Die Wahl des Attributs ist trotz Synonymität durch die konventionelle Situation determiniert.

5. hohe Frequenz – phraseologische Termini werden wiederholt in Texten bestimmter Textsorten für die Bezeichnung des gleichen Sachverhalts verwendet.

Im Hinblick auf das Kriterium der Stabilität und Idiomatizität sind die phraseologischen Termini in der Literatur in vier Gruppen unterteilt worden (Gajda 1990; Kubacki 2009a: 35):

1. feste idiomatische phraseologische Termini

stimmrechtslose Aktie / akcja niema
die einstweilige Verfügung / zarządzenie tymczasowe
freies Geleit / list żelazny
termin zawity / <Präklusivfrist>
księga wieczysta / <Grundbuch>

2. feste nichtidiomatische phraseologische Termini

das zinslose Darlehen / pożyczka nieoprocentowana
die vinkulierte Aktie / akcja winkulowana

3. nicht feste idiomatische phraseologische Termini

próg podatkowy / <der Steuersatz>
die juristische Person / osoba prawna
die höhere Gewalt / siła wyższa

4. nicht feste nicht idiomatische phraseologische Termini

variable Kosten / koszty zmienne,
das öffentliche Recht / prawo publiczne

Unter Festigkeit wird die Wahrscheinlichkeit verstanden, mit der ein Element eines phraseologischen Terminus das andere vorhersagt, und die Idiomatizität bedeutet hier den Grad der Unteilbarkeit der Bedeutung der Struktur (vgl. Kubacki 2009a: 36). Daraus ergibt sich, dass phraseologische Termini einen unterschiedlichen Grad an Festigkeit aufweisen.

Im Hinblick auf die Struktur der phraseologischen Termini lassen sich unter ihnen folgende Typen aussondern:

* Adj+N

  räuberischer Diebstahl / kradzież rozbójnicza

* N+N

  der Präsident des Europäischen Parlaments / Przewodniczący Parlamentu Europejskiego

* Präpositionalphrasen (seltener)

  Ausrichtungs- oder Garantiefonds für die Landwirtschaft, pakt o nieagresji.

Anhand der bereits angeführten Beispiele lässt sich auch zeigen, dass phraseologische Termini eine Zwei-, Drei-, Vier- und Mehrkomponentenstruktur sein können, was auch Hałas (1995) in Bezug auf die polnischen juristischen Mehrworttermini bestätigt.

Über das Wesen der phraseologischen Termini entscheidet vorwiegend der als Kern der Wendung geltende Terminus, d. h. eine lexikalische Einheit, die für die Benennung eines spezialisierten Begriffs verwendet und mit einem vor allem unter Fachleuten bekannten Fachobjekt identifiziert wird (vgl. Gajda 1976: 25):

> „Termin to jednostka leksykalna użyta w specjalnej funkcji, w funkcji nazywania specjalnego pojęcia lub obiektu określonej dziedziny wiedzy. O ile zwykły wyraz łączy się z obiektem (lub pojęciem) ogólnie znanym, o tyle termin z obiektem fachowym znanym kręgowi specjalistów albo ogólnie znanym, rozpatrywanym ze specjalistycznego punktu widzenia" (Gajda 1976: 25)

Termini können, worauf gerade Gajda (1990: 98) hinweist, einen allgemeinwissenschaftlichen Charakter haben, d. h. sie beziehen sich auf unterschiedliche Bereiche des Wissens und werden in verschiedenen Fachsprachen gebraucht, wie *die Expertise / ekspertyza, das Subjekt / podmiot,* oder sie können einen fachlichen Charakter im engeren Sinne haben, d. h. sie sind Fachtermini eines bestimmten Fachgebiets, wie *der Verzug / zwłoka, Steuerzahler / podatnik.* In der juristischen Sprache wird manchmal eine eindeutige Zuordnung eines Lexems zum allgemeinwissenschaftlichen Terminus, Fachterminus bzw. zu einem Nichtterminus schwierig, weil viele von den juristischen Termini in die Allgemeinsprache übernommen wurden, z. B. *der Diebstahl / kradzież, das Bußgeld / mandat.*

Da phraseologische Termini mehrgliedrig sind, können als ihre Komponenten zum einen allgemeinwissenschaftliche Termini (nachstehend AT genannt), zum anderen Fachtermini (nachstehend FT genannt) gelten. Neben AT und FT kommen in phraseologischen Termini auch Nichttermini (nachstehend NT genannt) als Komponenten vor, d. h. Lexeme, die einen allgemeinsprachlichen Charakter haben, wie *die Überschreitung / przekroczenie, der Schutz / ochrona*. Gajda (1990: 98) unterscheidet drei Typen der phraseologischen Termini hinsichtlich des Fachlichkeitsgrades ihrer Komponenten:

1. FT+FT

   das gewerbliche Eigentum / własność przemysłowa

2. AT+FT / FT+AT

   das gerichtliche Verfahren / procedura sądowa

3. NT+FT / FT+NT

   die juristische Person / osoba prawna

Neben den von Gajda (1990: 98) ausgesonderten Typen der phraseologischen Termini lassen sich noch drei weitere unterscheiden:

4. AT+AT

   der ausgewogene Fortschritt / zrównoważony postęp

5. NT+AT / AT+NT

   das zweistufige Verfahren / procedura dwustopniowa

6. NT+NT

   der offene Dialog / otwarty dialog

Die phraseologischen Termini des Typs 4–6 zeichnen sich im Vergleich zu den phraseologischen Termini des Typs 1–3 durch einen niedrigeren Grad an Fachlichkeit aus. Nichtsdestotrotz kommen sie auch in dem lexikalischen Inventar vieler Fachtexte unterschiedlicher Fachdisziplinen vor.

Als Benennungseinheiten bezeichnen die phraseologischen Termini bestimmte durch ein Gesetz behandelte Objekte oder durch das Gesetz geregelte Sachverhalte, z. B.

• Strukturen zur Benennung einer Institution

   Ausrichtungs- oder Garantiefonds für die Landwirtschaft / fundusz orientacji i gwarancji rolnej

   die Europäische Staatsanwaltschaft / Prokuratura Europejska

• Strukturen zur Benennung einer Partei des rechtlichen Handelns

   der Präsident des Europäischen Parlaments / Przewodniczący Parlamentu Europejskiego
   der Europäische Bürgerbeauftragte / Europejski Rzecznik Praw Obywatelskich

- Strukturen zur Benennung rechtlicher Verfahren

  das besondere Gesetzgebungsverfahren / specjalna procedura ustawodawcza
  das gerichtliche Insolvenzverfahren / postępowanie upadłościowe

- Strukturen zur Benennung von Strafen

  lebenslange Freiheitsstrafe, der Verlust der Wählbarkeit, der Verlust der Amtsfähigkeit
  kara pozbawienia wolności, kara ograniczenia wolności

- Strukturen zur Benennung von Rechtsakten

  multilaterales Abkommen / umowa multilateralna
  pakt o nieagresji / der Nichtangriffspakt
  ustawa zasadnicza / das Grundgesetz

- Strukturen zur Benennung strafbarer Situationen

  Überschreitung der Notwehr / przekroczenie obrony koniecznej
  räuberischer Diebstahl / kradzież rozbójnicza

Ein Teil der phraseologischen Termini lässt sich durch Univerbierung zu einem Kompositum zusammenziehen, was nicht gleichzeitig bedeutet, dass die semantische Relation zwischen dem Bestimmungswort und dem Kern in einer Wortgruppe und in einem Kompositum identisch ist. Nichtsdestotrotz kann die in der Literatur in Bezug auf Komposita erstellte Klassifikation der semantischen Relationen zwischen dem Erst- und Zweitglied auch in Bezug auf Wortgruppen Anwendung finden. Eine genauere Systematisierung der semantischen Beziehungen zwischen Komponenten der Nominalkomposita ist u. a. in Henzen (1957), Morciniec (1964, 2012) und Barz und Fleischer (2007: 98f) zu finden.

Das Bestimmungswort in zusammengesetzten Einworttermini kann nach Henzen (1957) bezeichnen:

„[...] den Stoff [...], den Ort, wo sich das Zweite [Glied – Anm. J.W.] befindet [...], die Richtung [...], die Zeit, in die das Zweite fällt oder für die es bestimmt ist [...], den Gegenstand, für den das Zweite bestimmt ist [...], das, wogegen das Zweite gebraucht wird [...], den Gegenstand, durch den das Zweite ausgeführt wird [...], den Gegenstand, der durch das Zweite erzeugt wird [...], den Stoff, mit dem das Zweite sich beschäftigt [...], die Sache, mit der das Zweite ganz oder in einer seiner Eigenschaften verglichen wird [...]" (Henzen 1957, zit. nach Morciniec 1964: 159, auch 2012: 95).

Fleischer und Barz (2007: 98f.) unterscheiden bei Komposita mit einem substantivischen Erstglied folgende semantischen Relationen:

„1. ‚Lokal'
   a) ‚B befindet sich in A': Bankguthaben
   b) ‚B vollzieht sich in A': Büroarbeit
   c) ‚B stammt von A': Land-, Seewind
   d) ‚B führt zu A': Kellertreppe

2. ,Temporal', ,A nennt Zeitpunkt/ -raum von B': Morgenfrühstück [...]
3. ,Final', ,B ist geeignet / bestimmt für A'
   a) A = Ort: Strandanzug
   b) A= Gegenstand/Material: Fensterglas
   c) A = Lebewesen: Damenkleid
4. ,Kausal', ,A ist Ursache von B': Schmerzensschrei
5. ,Komparativ'
   a) ,A gleicht B": Beifallssturm
   b) ,B gleicht A': Goldorange
6. ,Possessiv', ,A besitzt B;: Gemeindewald
7. ,Ornativ', ,B ist versehen mit A': Deckelvase
8. , Partitiv', ,B ist (obligatorisch) Teil von A': Buchrücken
9. ,Instrumental', ,A ist Mittel für B': Wasserkühlung
10. ,Material', ,B besteht aus A': Lederschuh
11. ,Konstitutional' [...]
    ,B wird von/aus A gebildet': Blumenstrauß
12. ,Adhäsiv', ,B gehört zu A': Vereinsmitglied
13. ,Agens'
    a) ,A erzeugt B': Bienenhonig
    b) ,B erzeugt A': Stückeschreiber
    c) ,B tut etwas mit A': Obstverkäufer
14. ,Patiens', ,mit A wird etwas getan': Kohleabbau
15. ,Prozessual', ,mit A vollzieht sich etwas': Druckabfall
16. ,Thematisch', ,A ist Thema von B': Bedeutungslehre
17. ,Graduativ'
    a) ,A vergrößert bzw. verkleinert B': Riesenskandal, Zwerghuhn
    b) ,A indiziert Nichtvollständigkeit': Teilbetrag [...]."(Fleischer/ Barz 2007: 99)

In Komposita mit adjektivischem Erstglied gehören zu den produktivsten seman-
tischen Modellen: „Determination des Substantivs nach einer herausragenden
Eigenschaft und [...] Verstärkung, Intensivierung bzw. Minderung der Intensität"
(Fleischer/ Barz 2007: 106).

Auch bei phraseologischen Termini lassen sich analoge Bedeutungsverhältnisse
zwischen Komponenten feststellen, u. a. **lokale Bestimmung** *regionale Gebietskörperschaften / władze regionalne*, **temporale Bestimmung** *die langfristigen
Zinssätze / długoterminowe stopy procentowe* oder **instrumentale Bestimmung**
die finanzielle Hilfe / pomoc finansowa (mehr dazu vgl. Punkt 4.1.1.).

Als Resümee lässt sich feststellen, dass phraseologische Termini sich aufgrund
ihrer komplexen Struktur (Polylexikalität), hoher Stabilität und Lexikalisierung sowie hinsichtlich ihrer Reproduzierbarkeit der Gruppe der Fachphraseologismen zuordnen lassen. Sie sind nämlich stabile Mehrwortstrukturen, die lexikalisierbar und
reproduzierbar sind. Sie bestehen mindestens aus einem terminologischen Element
und werden wiederholt in Fachtexten bestimmter Fachtextsorten verwendet. Sie
ähneln oft der Struktur der substantivischen Kollokationen und Fachphraseme, daher

können sie mit ihnen verwechselt werden. Die Grenze zwischen phraseologischen Termini, Fachphrasemen und Kollokationen ist manchmal schwer zu ziehen. Ein Versuch, dies zu machen, wird in den folgenden zwei Punkten unternommen.

3.3.2 Fachphraseme

Phraseme, anders auch Phraseologismen im engeren Sinne genannt, sind feste Wortverbindungen, die polylexikal, stabil und idiomatisch (vgl. Burger 1998: 14f.) sowie reproduzierbar (Fleischer 1982: 69) sind. Gréciano (1997: 45) nennt Phraseme eine Teilmenge der Phraseologismen im weiteren Sinne und weist auf ihre Hauptmerkmale wie Polylexikalität, Festigkeit / Festgeprägtheit und Figuriertheit / Idiomatizität hin. Sie betont gleichzeitig, dass von den genannten Merkmalen die Idiomatizität kriterial ist (vgl. Gréciano 1997: 45). Unter Idiomatizität versteht Burger „daß die Komponenten eine durch die syntaktischen und semantischen Regularitäten der Verknüpfung nicht voll erklärbare Einheit bilden" (Burger 1998: 15). Die Gesamtbedeutung der Phraseme ist somit nicht aus der Summe der Einzelbedeutungen ihrer Konstituenten ableitbar:

einer Sache Rechnung tragen – [etwas berücksichtigen, mit einbeziehen, beachten]

Aktien aufs Parkett bringen / wejść na parkiet – [Aktien an die Börse bringen, anfangen, an der Börse mit den Aktien notiert zu sein]

Die Idiomatizität ist eine graduelle Eigenschaft. „Je stärker die Diskrepanz zwischen [...] Bedeutungsebenen ist, umso stärker idiomatisch ist der Phraseologismus" (Burger 1998: 31).

Mit dem Merkmal der Idiomatizität hängt die Bildhaftigkeit eines Phraseologismus eng zusammen.

„Bildhaft' meint offenbar, daß ein sprachliches Zeichen (oder eine Zeichenverbindung) eine konkrete visuelle Vorstellung hervorruft, die dann das ‚Bild' (im Sinne von ‚Vorstellungsbild') ist" (Burger 1998: 92).

Bildhafte Phraseologismen sind oft zugleich metaphorische Phrasen, weil sie durch bildhafte Lexeme, die für Eigenschaften oder Sachverhalte stehen, bestimmte Situation charakterisieren:

Schwarzgeld waschen / prać brudne pieniądze
in der Majestät des Rechts / w majestacie prawa

Schwarzgeld / brudne pieniądze stehen in dem angeführten Beispiel für das illegal verdiente Geld. Mit *Schwarzgeld waschen / prać brudne pieniądze* werden Handlungen gemeint, die zum Zweck haben, die illegale Herkunft des Geldes zu verschleiern. Dafür wird das Bild der Reinigung / der Wäsche gebraucht. In dem zweiten Beispiel *in der Majestät des Rechts / w majestacie prawa* ist das Lexem die *Majestät / majestat*, das in seiner Grundbedeutung für Titel und Anrede von Kaisern und Königen steht, mit dem Terminus Recht verbunden, um die Würde und Ernsthaftigkeit des Rechts zu betonen.

Bildhafte Phraseme spielen in der Fachsprache der Medizin oder Technik bzw. in dem Business- und Managementjargon eine viel größere Rolle als in der Rechtssprache und insbesondere in der Gesetzessprache, in der die maximale Präzision und Eindeutigkeit sowie stilistische Neutralität angestrebt wird. Die Bildhaftigkeit ist nämlich, worauf u. a. Korhonen (2007: 576) hinweist, eine wesentliche Quelle der Expressivität, die in Gesetzestexten nicht erlaubt ist. Wenn bildhafte Phraseme in der juristischen Fachsprache einmal vorkommen, dann eher in ihrer rudimänteren, verblassten Form. Durch den häufigen Gebrauch wurden sie lexikalisiert und haben ihren metaphorischen Charakter verloren, wie in dem deutschen Beispiel *die Anfechtung einer Willenserklärung*, wo an dem Substantiv nicht mehr das Bild eines Fechters sichtbar ist (vgl. Kleinhietpaß 2004: 7), oder in dem polnischen Beispiel *podważyć oświadczenie woli*, wo dem Verb seine ursprüngliche Bedeutung, *etwas oft mithilfe eines spitzen Gegenstandes abzuheben*, entzogen wird. Nichtsdestotrotz wird im Folgenden die allgemeine Charakteristik der Fachphraseme dargestellt, zum einen um den Überblick über die Fachphraseologismen in Gesetzestexten zu vervollständigen, und zum anderen, um auf gewisse Probleme bei der Abgrenzung der Fachphraseme von phraseologischen Termini einerseits und Fachkollokationen andererseits hinzuweisen.

Die Fachphraseme – also Phraseme in einer Fachsprache – zeichnen sich wie alle Phraseme durch Polylexikalität, Festigkeit, Idiomatizität, Lexikalisierung und Reproduzierbarkeit aus, darüber hinaus aber durch Gebräuchlichkeit in bestimmten Fachtextsorten, hier in Gesetzestexten. Von diesen sechs Eigenschaften gilt die Idiomatizität als das kriteriale Merkmal der Fachphraseme. Da das Merkmal der Teilidiomatizität auch anderen Phraseologismen zukommt, u. a. phraseologischen Termini, Kollokationen und zum Teil Funktionsverbgefügen, sind die klaren Grenzen zwischen Phrasemen und anderen Phraseologismen – in der Allgemeinsprache wie in der Fachsprache – schwierig festzulegen.

Phraseme stehen vor allem in einem engen Zusammenhang mit phraseologischen Termini, was u. a. Delplanque-Tchamitchian (1995) bestätigt (vgl. auch Punkt 3.3.1.). Auf die Unterschiede zwischen „terminologischer Wortgruppe" – d. h. phraseologischen Termini – und „phraseologischer Wortgruppe" – d. h. Phrasemen – weist Fleischer (1982: 77) hin (vgl. auch Punkt 3.3.1.). Im Gegensatz zu phraseologischen Termini, die in Texten eine ausdrücklich benennende Funktion erfüllen und als offizielle, normgemäße Namen für die zu benennenden Gegenstände und Sachverhalte gelten, bilden die Fachphraseologismen keine offiziell geltenden Benennungen für Objekte und Sachverhalte, und wenn sie schon ihre Benennungsfunktion aktivieren, dann eher in einer indirekten, metaphorischen Form. Zwar sind phraseologische Termini manchmal auch idiomatisch und bildhaft – weil der Name entweder von einem in der Geschichte funktionierenden Gegenstand stammt, der zurzeit nicht mehr existiert bzw. nicht mehr verwendet wird, oder aufgrund einer bildhaften Relation / eines bildhaften Ereignis entstanden ist – aber diese phraseologischen Termini wurden gerade durch den häufigen Gebrauch in die Terminologie einer bestimmten Fachsprache als offizielle Benennungseinheiten aufgenommen.

Somit lassen sich Strukturen wie

freies Geleit / list żelazny
die Sicherung des Schuldnervermögens / zabezpieczenie majątku dłużnika
der Verwandte in gerader Linie, in der Seitenlinie / krewny linii prostej, bocznej

eher als phraseologische Termini klassifizieren, weil sie direkt einen fachbezogenen Begriff benennen, während Phrasen wie

nach dem Buchstaben des Gesetzes handeln / robić coś zgodnie z literą prawa →

<Bedeutung: peinlich genau sein in der Befolgung des Gesetzes, genau rechtsgemäß handeln>

totes Recht / martwa litera prawa → <Bedeutung: gesetzlich geregeltes Recht, das nicht angewendet bzw. in Anspruch genommen wird>

eher Fachphrasemen zuzuordnen sind, weil sie kontextabhängig sind und den Sachverhalt indirekt bezeichnen.

Der Ursprung der idiomatischen und bildhaften Strukturen in Gesetzestexten ist oft in alten Rechtstexten – Prototypen der heutigen Gesetze – zu suchen. So stammt die polnische Bezeichnung *krewny po mieczu,* auf Deutsch *Schwertmagen* oder *Verwandter väterlicherseits,* aus dem lateinischen Terminus des römischen Rechts *post gladium (agnati).* Sie bedeutet einen Blutsverwandten aus der männlichen Linie. Das Schwert war damals ein Attribut eines Mannes, der in Kriegen kämpfte und für die Sicherheit seiner Familie sorgte. Daher wurde für die Betonung der Verwandtschaft mit einem männlichen Mitglied der Familie das Bild des Schwertes gebraucht.

In der Rechtssprache lassen sich darüber hinaus Wortverbindungen des Typs Nomen+Verb finden, die eine verblasste Idiomatizität aufweisen, wie

das Miteigentum aufheben / znieść współwłasność
ein Amt bekleiden / piastować urząd

Die Idiomatizität der aufgeführten Wortverbindungen besteht darin, dass die verbalen Komponenten in diesen Verbindungen eine andere als ihre Grundbedeutung aufweisen:

aufheben – (1) etwas vom Boden aufnehmen; (2) in der Wendung: etw. nicht länger bestehen lassen (Duden 2001),

znieść – (1) etwas hinuntertragen; (2) in der Wendung: etw. nicht länger bestehen lassen (PWN 2009),

bekleiden – (1) etw. oder jdn. mit Kleidung versehen; (2) in der Wendung: einen Posten besitzen, innehaben (Duden 2001),

piastować – (1) sich um jdn. (oder etw.) kümmern; (2) in der Wendung: einen Posten besitzen, innehaben (PWN 2009).

Durch den häufigen Gebrauch in juristischen Texten haben die Verben aus den angegebenen Beispielen ihre Idiomatizität verloren, und sie gehören zusammen mit dem nominalen Teil als fertige Phrasen dem juristischen Fachlexikon an. In Phrasen verwendet, werden die Verben mit ihrer ersten Bedeutung nicht mehr assoziiert. Daher würde ich solche scheinidiomatische Nomen-Verb-Verbindungen eher als Kollokationen bzw. Funktionsverbgefüge klassifizieren, weil das Zusammenkommen der beiden Komponenten entweder auf der gegenseitigen semantischen Verträglichkeit basiert, wie *eine Pflicht aufheben / znieść obowiązek* (vgl. Punkt 3.3.3.), oder die Phrase stellt eine erweiterte Form eines Verbs – die sog. Streckform des Verbs – dar (vgl. Punkt 3.3.4.), z. B.

eine Klage erheben gegen jdn. → *jdn. beklagen*
złożyć pozew przeciw komuś → *pozwać kogoś*

In der Literatur werden jedoch solche Wortverbindungen, wie die oben angeführten, unterschiedlich klassifiziert: als Phraseme oder Fachkollokationen, was aus der Schwierigkeit resultiert, eine scharfe Grenze zwischen einzelnen Gruppen von Fachphraseologismen festzusetzen.

Neben phraseologischen Termini und Fachphrasemen lassen sich unter Fachphraseologismen Fachkollokationen als eine der umfangreicheren Gruppen aussondern. Im Folgenden werden Fachkollokationen näher behandelt.

3.3.3 Fachkollokationen

Der Terminus *Kollokation* – in der Literatur u. a. auch *wesenhafte Bedeutungsbeziehung* (Porzig 1934) oder *lexikalische Solidarität* (Coseriu 1967), poln. *kolokacja* (M. Zimmermann 1981; Gładysz 2003) genannt – wird je nach dem jeweiligen Forschungsinteresse unterschiedlich verstanden. In der Sprachwissenschaft ist der Terminus vor allem dank des britischen Kontextualismus bekannt (u. a. Firth 1951, Halliday 1966, Sinclair 1991).

Kollokationen werden im weiteren Sinne als nicht unbedingt usuelle und typische syntaktische und semantische Verträglichkeiten verstanden (vgl. Caro Cedillo 2004: 31). Sie werden auch u. a. von Hausmann (1984: 399) als sog. lexikalische Kookkurrenzen bzw. Ko-Kreationen bezeichnet. Darüber hinaus werden zu den Kollokationen im weiteren Sinne auch die sog. grammatischen Kollokationen gerechnet, die nur eine autosemantische Komponente haben wie *in Bezug auf, sich verabschieden von,* usw. Sowohl die Kookkurrenzen als auch die grammatischen Kollokationen werden in dieser Arbeit außer Acht gelassen.

Im engeren Sinne werden Kollokationen zum einen „als Bezeichnung für eine bestimmte Kategorie von Zweierverbindungen von Lexemen benutzt" (Bahns 1996: 1). Zum anderen werden sie abstrakt als eine spezifische Beziehung zwischen Lexemen (vgl. Gładysz 2003: 42) oder präferierte Verbindbarkeit von Lexemen verstanden (vgl. Rothkegel 1994: 499). Auf die duale Natur der Kollokationen weisen u. a. Hausmann (1985) und Bahns (1996) hin:

„Eine Theorie der Kollokation wird vor allem zweierlei zu leisten haben. Sie muß einerseits die Kollokation als charakteristische Zweierkombination abgrenzen gegen unspezifische, banale Zweierkombinationen, die der *parole* und nicht der *langue* angehören. Zum zweiten muß sie den Status der beiden Kombinationspartner in dieser Zweierkombination zueinander untersuchen" (Hausmann 1985: 18).

„Einerseits wird Kollokation als Bezeichnung für eine bestimmte Kategorie von Zweierverbindungen von Lexemen benutzt. Dies ist der Fall, wenn beispielsweise festgestellt wird, dass *dark night* und *bright sunshine* Beispiele für Kollokationen seien [...]. Andererseits wird der Begriff Kollokation in einem abstrakteren Sinne verstanden als ‚das Zusammenvorkommen linguistischer [...] Elemente'[...]" (Bahns 1996: 1).

Die früheren Überlegungen zu Kollokationen konzentrierten sich vor allem auf die abstrakte Beziehung zwischen Lexemen. Porzig (1934: 70) versteht unter Kollokationen „solche bedeutungsbeziehungen zwischen wörtern, dass mit dem einen das andere implicite mitgesetzt ist". Eine solche Beziehung sieht Porzig u. a. zwischen dem Verb *bellen* und dem Nomen *Hund*, weil das Verb selbst durch seine Bedeutung das Subjekt *Hund* impliziert (vgl. M. Zimmermann 1981: 61). Das angeführte Beispiel stellt nach Porzig (1934: 78) einen Grenzfall dar, weil das Verb nur mit einem Nomen vorkommt, während im normalen Fall Verben einen bestimmten Umkreis von Beziehungen haben (vgl. M. Zimmermann 1981: 61):

haaren+der Hund, die Katze, der Teppich, das Fell
linieć+pies, kot, koń, futro

Coseriu (1967: 296) versteht unter *lexikalischen Solidaritäten* die inhaltliche Bestimmung eines Wortes durch **eine Klasse, ein Archilexem oder ein Lexem**, „und zwar in der Hinsicht, daß eine bestimmte Klasse, ein bestimmtes Archilexem oder ein bestimmtes Lexem im Inhalt des betreffenden Wortes als unterscheidender Zug funktioniert" (Coseriu: 1967: 296). Dabei versteht Coseriu (1967: 296) unter einem **Archilexem** eine Einheit, die dem ganzen Inhalt eines Wortfeldes entspricht, unter einer **Klasse** die Gesamtheit der Lexeme, die unabhängig von der Wortfeldstruktur durch einen gemeinsamen inhaltsunterscheidenden Zug zusammenhängen, und unter einem **Lexem** eine in der Sprache als einfaches Wort gegebene Einheit. Als Veranschaulichung der lexikalischen Solidaritäten im Sinne von Coseriu gelten folgende Verbindungen:

beißen+Zähne
fahren+Auto, Rad, Schiff (und unterschiedliche andere Fahrzeuge)

Eine andere Auffassung von Kollokationen ist bei Firth (1957: 196) zu finden. Er versteht Kollokationen doppeldeutig: zum einen als referenzsemantische Beziehungen zwischen Lexemen, zum anderen als Wortkombinationen, die auf der Basis der bereits erwähnten Beziehungen entstanden sind (vgl. Firth 1957: 196). Ausführlicher mit der Geschichte der *Kollokationen* haben sich u. a. Bahns (1996), Gładysz (2003) oder Kratochvílová (2011) beschäftigt.

Gegenwärtig werden Kollokationen unterschiedlich definiert. Hausmann (1989: 1010) erklärt Kollokationen als charakteristische Wortkombinationen einer Sprache, die zwischen freien Wortverbindungen einerseits und festen idiomatischen Redewendungen andererseits ihren Platz haben. Kollokationen sind nicht so standarisiert wie feste Redewendungen, aber deren Komponenten sind auch nicht beliebig austauschbar (vgl. Steyer 1998: 97). Die Kombinierbarkeit von Wörtern resultiert zum einen aus dem Sprachsystem, zum anderen aus der sprachlichen Norm.

Caro Cedillo (2004: 31) versteht Kollokationen als sprachliches Phänomen,

> „das in der syntagmatischen Untersuchung der lexikalischen Ebene eine relevante Rolle spielt und das mit der typischen, konventionellen, rekurrenten Art der Kombination von Wortschatzelementen zu tun hat" (Caro Cedillo 2004: 31).

Eine der ausführlicheren Bestimmungen der Kollokation im allgemeinsprachlichen Kontext ist bei Gläser (2007: 494) zu finden:

> „Unter einer Kollokation versteht man die bevorzugte, gewohnheitsmäßige Kombination von mehreren Einzelwörtern zu einer syntagmatischen / syntaktischen Einheit ohne Benennungsfunktion. Eine notwendige Voraussetzung für die Kookkurrenz der Wortkombination ist die semantische und referentielle Verträglichkeit der Einzelwörter" (Gläser 2007: 494).

Kollokationen bestehen aus Kollokaten, unter denen sich eine Basis und ein bzw. mehrere Kollokatoren aussondern lassen.

> „Die Basis ist ein Wort, das ohne Kotext definiert, gelernt und übersetzt werden kann [...]. Der Kollokator ist ein Wort, das beim Formulieren in Abhängigkeit von der Basis gewählt wird und das folglich nicht ohne die Basis definiert, gelernt und übersetzt werden kann [...]" (Hausmann 2007: 218).

Das Auftreten der Basis in einem Text setzt das Auftreten des Kollokators voraus (vgl. Gładysz 2003: 67). Caro Cedillo (2004: 79) weist in ihren übersetzungsorientierten Untersuchungen auf den Kollokator als ein semantisch abhängiges Element hin, das nur zusammen mit der Basis entsprechend wiedergegeben werden kann, während sie die Basis als semantisch selbständiges Element definiert, das allein übersetzt werden kann.

Je nach der Wortart der Basis und des Kollokators werden in der Literatur folgende Typen der Kollokationen unterschieden (vgl. Benson / Benson / Ilson 1986; Bahns 1996: 21f.; Gładysz 2003: 51ff.):

A. verbale Kollokationen – die ein Verb als Komponente haben,
B. nominale Kollokationen – die ein Nomen als Komponente haben und zugleich kein verbales Element als Kollokat haben,
C. adjektivische Kollokationen – die ein Adjektiv / Partizip I / Partizip II als Basis und ein Adverb als Kollokator haben,
D. adverbiale Kollokationen – die aus zwei Adverbien bestehen.

Die bereits genannten Klassen von Kollokationen von A-D lassen sich weiter in bestimmte Unterklassen gliedern.

A. Unter **den verbalen Kollokationen** lassen sich folgende Unterklassen unterscheiden:

(a)   Verb+N / Nomen+Verb

Diese Unterklasse lässt sich in zwei weitere Unterklassen gliedern.

(a¹) Das als Basis geltende Substantiv setzt das Vorkommen eines entsprechenden Verbs voraus. Das Verb hat hier oft eine
(i) schöpferische oder aktivierende Funktion:

eine Straftat begehen / popełnić przestępstwo
eine Verfahren einleiten / wszcząć postępowanie
Ansprüche geltend machen / dochodzić roszczeń

(ii) bzw. eine annullierende und abschließende Funktion (*eradication* und *nullification*):

die Klage zurückweisen / odrzucić pozew
das Verfahren einstellen / zawiesić postępowanie

Kollokationen dieses Typs sind im Wörterbuch in Infinitivform notiert. Im Satz hat das Substantiv die Funktion eines Objekts:

*Das Gericht wies die **Klage** zurück.*
*Sąd odrzucił **pozew.***

(a²) In dieser Gruppe impliziert das Verb bzw. das Adjektiv das entsprechende Nomen:

der Hund bellt / pies szczeka
die Bombe explodiert / bomba eksploduje

Diese Klasse von Kollokationen enthält ein Verb als Basis, das „die Tätigkeit bezeichnet, die für die vom Substantiv bezeichnete Person oder Sache charakteristisch ist" (Bahns 1996: 22). Dazu gehören Kollokationen im Sinne von Porzig (1934) und Coseriu (1967), die auf assoziativen Beziehungen zwischen Lexemen beruhen. Kollokationen dieses Typs kommen nur in flektierter Form vor, und das Substantiv steht im Satz in Funktion des Subjekts.

der Hund bellt / pies szczeka
nicht:
*der Hund bellen / *pies szczekać

(b)   Verb+Adverb bzw. Adjektiv

tief atmen / oddychać głęboko
leidenschaftlich lieben / kochać żarliwie

Bei diesem Typ der Kollokation gilt das Verb als Basis, die durch ein adverbial gebrauchtes Adjektiv (im Deutschen) oder ein Adverb (im Polnischen) als Kollokat bestimmt wird.

B. Unter **den nominalen Kollokationen** lassen sich folgende Unterklassen unterscheiden:

(a) Adj / Part. I / Part. II+N

Bei dieser Klasse gilt das Substantiv als Basis, die durch den adjektivischen Kollokator bestimmt wird. Kollokationen dieser Klasse – mit einem Terminus als Basis – ähneln phraseologischen Termini. Im Polnischen kann als Abgrenzungskriterium einer Kollokation von einem phraseologischen Terminus die Stellung des adjektivischen Attributs gelten. Die Prästellung des Attributs weist auf den akzidentellen Charakter einer Eigenschaft, die Poststellung auf den bleibenden Charakter einer Eigenschaft, auf ein Klassenmerkmal hin (vgl. Engel et al. 2000: 921). Daraus ergibt sich, dass substantivische Wortverbindungen mit vorangestelltem Attribut im Polnischen i. d. R. Kollokationen sind, während die mit nachgestelltem Attribut eher phraseologischen Termini angehören. Als Beispiel gelten u. a.:

bewaffneter Konflikt / konflikt zbrojny [phraseologischer Terminus]
humanitäre Hilfe / pomoc humanitarna [phraseologischer Terminus]
die offenen Märkte / otwarte rynki [Kollokation]
der fallende Kurs / spadający Kurs [Kollokation]

(b) N+[Präposition]+N

Zum einen gehören zu dieser Gruppe Kollokationen, in denen das eine Substantiv eine größere Einheit oder Gruppe bezeichnet, zu der das zweite Substantiv gehört:

Flasche Wein / butelka wina
Akt der Gewalt / akt przemocy

Zum anderen gehören zu dieser Gruppe die nominalisierten verbalen Kollokationen:

die Erreichung des Ziels / osiągnięcie celu → das Ziel erreichen / osiągnąć cel
die Einhaltung der Vorschriften → die Vorschriften einhalten
przestrzeganie przepisów prawnych → przestrzegać przepisów prawnych

C. Unter **den adjektivischen Kollokationen** lassen sich folgende Unterklasse unterscheiden:

(a) Adv. (darunter adverbial gebrauchtes Adjektiv, Partizip I und II (nur im Deutschen)+Adj / Part. I / Part. II (vgl. Gładysz 2003: 77):

umgekehrt proportional / odwrotnie proporcjonalny
unheilbar krank / nieuleczalnie chory

Bei dieser Klasse gilt das Adjektiv / Partizip I / Partizip II als Basis, die durch das Adverb bestimmt wird.

D. Zu **den adverbialen Kollokationen** zählen relativ seltene Verbindungen von zwei Adverbien. Das eine Adverb bildet die Basis, das zweite bestimmt die Basis und gilt als Kollokator, z. B.

ganz anders / zupełnie inaczej

Die Theorien des allgemeinsprachlichen Kollokationsverständisses finden auch in Bezug auf Fachkollokationen Anwendung. In Anlehnung an die im Punkt 3.2. zitierte Definition der Fachwendung von Gläser (2007: 487) wird im Folgenden unter Fachkollokation eine nicht idiomatisierte, usuell verwendete, verfestigte syntaktische Verbindung von zwei oder mehr Lexemen verstanden, von denen mindestens eins fachsprachlich ist und als Terminus gilt:

einen Kredit gewähren / udzielić kredytu
gemeinsame Handelspolitik / wspólna polityka handlowa

Als Basis der meisten Fachkollokationen gilt ein Terminus, bzw. ein allgemeinsprachliches Lexem, dessen Bedeutung im fachsprachlichen Kontext stark eingeschränkt wird wie

Maßnahmen erlassen / uchwalić środki → [im Sinne bestimmte Vorschriften erlassen].

Als die häufigste Basis fachsprachlicher Kollokationen fungieren Substantive, weil gerade Substantive nach Hausmann (1995: 119) „die Dinge und Phänomene dieser Welt ausdrücken, über die es etwas zu sagen gibt".

Fachkollokationen zeichnen sich, ähnlich wie andere Fachphraseologismen, durch folgende Merkmale aus: (1) Polylexikalität, (2) schwächere als bei phraseologischen Termini und Fachphrasemen Stabilität, (3) nichtidiomatische bzw. scheinidiomatische Bedeutung (vgl. Punkt 3.3.2.), (4) Reproduzierbarkeit und Lexikalisierung sowie (5) Fach(sprach)lichkeit, (6) stilistische Neutralität und (7) uselle Geltung.

(1) Die Polylexikalität der Fachkollokationen bedarf keiner weiteren Erläuterung. Sie ergibt sich aus der Definition der Fachkollokationen selbst, die mindestens Zwei-Komponenten-Strukturen sind, aber noch erweitert werden können und eine Kollokationskette bilden:

 die Brandbreiten des Wechselkursmechanismus / marginesy wahań kursów
die normalen Brandbreiten des Wechselkursmechanismus / normalne marginesy wahań kursów

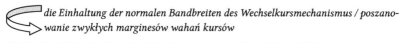 *die Einhaltung der normalen Bandbreiten des Wechselkursmechanismus / poszanowanie zwykłych marginesów wahań kursów*

(2) Die Stabilität der Fachkollokationen muss auf zweifache Weise verstanden werden. Hinsichtlich der inneren, aus der syntaktischen und semantischen Struktur der Wortverbindungen resultierenden Stabilität sind Fachkollokationen, wie allgemeinsprachliche Kollokationen, eher flexibel. Sie bilden nämlich abgeleitete Formen und können im Satz durch andere Satzglieder bzw. Satzgliedteile abgetrennt werden, was die folgenden Beispiele illustrieren:

eine Klage erheben ↔ *die Klageerhebung* oder *die Erhebung der Klage* ↔ *die erhobene Klage*

złożyć pozew ↔ *złożenie pozwu* ↔ *złożony pozew*

eine Klage abweisen ↔ *die Abweisung der Klage* ↔ *die abgewiesene Klage*

odrzucić pozew ↔ *odrzucenie pozwu* ↔ *odrzucony pozew*

Die Klage, *die der Gläubiger vor zwei Jahren* **erhoben** *hat, wurde am 25. November 2008 durch Berufungsurteil teilweise* **abgewiesen.**

Pozew, *który przed dwoma laty* **złożył** *dłużnik, został 25 listopada 2008 wyrokiem Sądu Apelacyjnego częściowo* **odrzucony.**

Auf der anderen Seite verfügen Fachkollokationen über „eine ‚äußere' Stabilität, da sie innerhalb bestimmter Fachgebiete und Textsorten oder kommunikativer Situationen für den Ausdruck bestimmter Sachverhalte rekurrent verwendet werden" (Caro Cedillo 2004: 40). Sie stellen fertige sprachliche Lösungen für bestimmte wiederkehrende kommunikative Aufgaben dar, auf die im Bedarfsfall zurückgegriffen werden kann (vgl. Kratochvílová 2011: 88), wie im Falle der Kollokation *ein Urteil verkünden / ogłosić wyrok*:

Die Parteien warten nur noch auf **die Verkündung des Urteils.**

Strony czekają już tylko na **ogłoszenie wyroku.**

Das Gericht **verkündet** *am 13.03.2014* **das Urteil.**

Sąd **ogłosi wyrok** *13.03.2014.*

Nach ausführlicher Prüfung der Klage und nach Abschluss der Gerichtsverhandlung *verkündet* das Gericht *das Urteil*. Diese Fachkollokation wird usuell und rekurrent in allen Situationen dieser Art gebraucht. Nach der Substitution eines der Kollokate würde die Fachkollokation ihre pragmatische Funktion nicht mehr erfüllen:

*ein Urteil bekannt machen / *obwieścić wyrok

Die angegebenen Formulierungen kommen zwar im allgemeinsprachlichen Kontext vor, aber nur als freie Wortverbindungen und nicht Fachkollokationen.

In diesem Zusammenhang ist darauf hinzuweisen, dass sich unter Fachkollokationen zum einen stabile eher monokolokabile Einheiten aussondern lassen, bei denen eine Transformation der Komponenten aus pragmatischen oder assoziativen Gründen nicht möglich oder wesentlich beschränkt ist (vgl. Kratochvílová 2011: 99) wie

das Recht geltend machen / dochodzić praw

das Verfahren einleiten / wszcząć postępowanie

die Vorschriften implementieren / implementować przepisy prawne

Zum anderen gelten als Fachkollokationen Wortverbindungen, die sich durch eine schwächere Stabilität und Assoziativität (vgl. Kratochvílová 2011: 99) auszeichnen und deren Kollokate substituiert werden können, z. B.

Aktien / Anteile / Unternehmen / [...] kaufen / erwerben [...]

nabyć / kupić / [...] akcje / udziały / przedsiębiorstwo [...]

Die relativ stabilen Kollokationen führen zur Entstehung eines Kollokationsfeldes. Nach Hausmann (1985: 127) setzt sich ein Kollokationsfeld aus synonymischen Lexemen / Kollokaten mit gleichem Kollokationspotenzial zusammen. Nach Bahns (1997: 57) bilden ein Kollokationsfeld Kollokationen, in denen ein Kollokat konstant ist und die substituierten Kollokate eine gewisse semantische Ähnlichkeit aufweisen. So bilden beispielsweise sämtliche Kollokationen mit dem Verb *erlassen / uchwalić* als Kollokator ein Kollokationsfeld.

*Abb. 8: Kollokationsfeld mit dem Verb **erlassen***

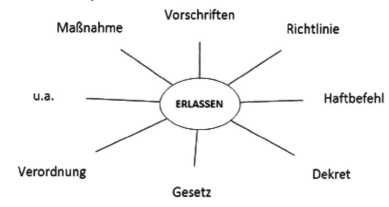

*Abb. 9: Kollokationsfeld mit dem Verb **uchwalić***

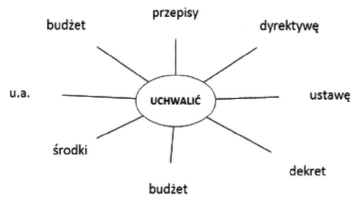

(3) Im Hinblick auf die Idiomatizität lassen sich Fachkollokationen in Anlehnung an die Theorie der allgemeinsprachlichen Kollokationen einerseits als nichtidiomatische Ausdrücke klassifizieren, weil sich ihre Gesamtbedeutung aus der Bedeutung einzelner Komponenten erschließen lässt (vgl. Fleischer [2]1997: 11):

ein Verfahren durchführen / przeprowadzić postępowanie
gemeinsame Handelspolitik / wspólna polityka handlowa
Leitlinien festlegen / ustalać wytyczne

Andererseits wird in der Literatur darauf hingewiesen, dass „[d]er Kollokator [...] eine spezifische Bedeutung [hat], die nur im Zusammenhang mit der Basis und im Zusammenhang mit der kommunikativen Situation erschlossen werden kann" (Caro Cedillo 2004: 39), und damit als teilidiomatisch interpretiert werden kann, wie in den Beispielen:

ein Amt bekleiden / piastować urząd   *[einen Posten innehaben]*
ein Verbot aufheben / znieść zakaz   *[die Gültigkeit eines Verbots beenden]*

Sowohl die deutschen Verben *bekleiden* und *aufheben*, als auch die polnischen *piastować* und *znieść* sind ohne Kontext mehrdeutig. Erst zusammen mit der Basis wird ihre Bedeutung eingeschränkt. Die Bedeutung des verbalen Elements in der Kollokation weicht von seiner Hauptbedeutung außerhalb der Kollokation wesentlich ab:

bekleiden –   1. *mit Kleidung versehen; 2. mit etwas schmückend beziehen, bedecken;*
         3. *in ein Amt, Recht o. Ä. einsetzen und dadurch mit etwas versehen;*
         4. *(einen Posten, ein Amt) innehaben* (Duden 2001),
piastować –   1. *opiekować się dzieckiem, troszczyć się o nie; 2. chronić, dbać o coś; 3. pełnić*
         funkcję, sprawować urząd (PWN 2009),
aufheben –   1. *[vom Boden] aufnehmen; 2. sich erheben, aufstehen; 3. in die Höhe heben,*
         erheben; 4. aufbewahren; 5. nicht länger bestehen lassen; [...] (Duden 2001),
znieść –   1. *przenosić niżej; 2. gromadzić; 3. o prądzie wodnym itp.: zmieniać kurs,*
         np. statku; 4. niszczyć całkowicie; 5. unieważniać; [...] (PWN 2009).

Auch Gładysz (2003: 78) unterscheidet zwischen teilidiomatischen und nichtidiomatischen Kollokationen.

„In nichtidiomatischen Kollokationen behalten beide Kollokate ihre Grundbedeutung bei [...]. In teilidiomatischen Kollokationen wird ein Kollokat umgedeutet, d.h. es nimmt eine nur für diese Kollokation charakteristische Bedeutung an: *drückende Hitze* [...] *głębokie uczucie*" (Gładysz 2003: 78).

Die Idiomatizität der Fach- und der allgemeinsprachlichen Kollokationen ist auch mit ihrer Idiosynkrasie verbunden. Darunter wird verstanden, dass Kollokationen einzelsprachspezifisch sind, und daher lassen sich vor allem Kollokatoren in einer anderen Sprache schwer oder kaum vorhersehen (vgl. Caro Cedillo 2004: 39).

ustanowić reguły / Regeln aufstellen nicht **Regeln beschließen* oder **Regeln einsetzen.*
akty prawnie wiążące / verbindliche Rechtsakte nicht **bindende Rechtsakte*

Die Selektion des Kollokators ist unter Fachphraseologismen stärker restringiert als in den allgemeinsprachlichen Kollokationen, weil die Fachkollokationen präziser sein müssen, um den Anforderungen der Fachsprachen gerecht zu werden:

złożyć odwołanie od decyzji →

→ *einen Widerspruch gegen den Bescheid einlegen* [im juristischen Kontext angewendet]
→ *einen Widerspruch gegen den Bescheid anmelden* [nur im allgemeinsprachlichen Kontext angewendet, im juristischen Kontext nicht üblich].

(4) Mit der Idiomatizität und Stabilität der Fachkollokationen hängt ihre Lexikalisierung und Reproduzierbarkeit zusammen. Kollokationen sind – was bereits Hausmann (1985: 118) zum Ausdruck gebracht hat – wenn nicht Fertigprodukte, so zumindest Halbfertigprodukte der Sprache. Sie basieren nämlich auf „differenzierten semantischen Regeln und einer gewissen zusätzlichen Üblichkeit" (Hausmann 1984: 398), und als solche werden sie vom Sprecher nicht kreativ zusammengesetzt, sondern aus dem Gedächtnis abgerufen (vgl. Bahns 1997: 40).

(5) Das, was Fachkollokationen von den allgemeinsprachlichen unterscheidet, ist ihre Fach(sprach)lichkeit und Gebundenheit an bestimmte Fachtextsorten (vgl. Rothkegel 1994: 520). Ihre Fachsprachlichkeit besteht vor allem darin, dass eine der Komponenten ein Fachterminus ist und dass die Fachkollokationen in bestimmten fachspezifischen Kontexten und Textsorten vorkommen.

> „Die Wahl des Kollokators hängt nicht nur von der Basis ab, sondern auch vom Kontext, also vom Register und somit von der Textsorte. Es ist nicht nur die Sprachnorm einer Sprachgemeinschaft, die auf den präferierten Gebrauch bestimmter Wortkombinationen gegenüber anderen Einfluss hat, sondern [...] die Sprachnorm einer bestimmten Textsorte, bzw. eines Registers" (Caro Cedillo 2004: 83)

Aus diesem Grunde steht in dem Insolvenzantrag eines Unternehmens, dass das Unternehmen *einen Antrag auf* **Eröffnung** *eines* **Insolvenzverfahrens** *gestellt hat / przedsiębiorca ogłosił upadłość* (Beispiele 1, 2), während in der Allgemeinsprache bzw. Umgangssprache die Kollokationen eher *Pleite gehen / przedsiębiorca zbankrutował, ogłosił bankructwo* (Beispiele 3,4,5) verwendet werden kann.

(1) *Ein* **Insolvenzverfahren** *kann über das Vermögen jeder natürlichen und jeder juristischen Person* **eröffnet** *werden* (§ 11 der Insolvenzordnung).

(2) *Po* **ogłoszeniu** **upadłości** *postępowanie upadłościowe toczy się w sądzie upadłościowym, który* **ogłosił upadłość** (Art. 149 poln. Insolvenzordnung).

(3) *Der Geldabfluss habe dazu geführt, dass das Unternehmen* **pleitegegangen** *ist [...]* (Spiegel Online).[7]

(4) *Austriacki koncern budowlany* **ogłosił bankructwo** (Rzeczpospolita Online).[8]

(5) *Państwo poszło na skróty, przedsiębiorcy* **splajtowali** (Rzeczpospolita Online).[9]

(6) Fachkollokationen zeichnet im Gegensatz zu einem Teil der allgemeinsprachlichen Kollokationen eine stilistische Neutralität aus. Sie müssen nämlich die

---

7   http://www.spiegel.de/wirtschaft/unternehmen/chemieunfall-us-konzern-freedom-industries-meldet-insolvenz-an-a-944194.html.
8   http://www.ekonomia.rp.pl/artykul/1021144.html.
9   http://prawo.rp.pl/artykul/1097971.html.

Sachverhalte, Situationen und Objekte auf eine stilistisch neutrale Art und Weise beschreiben, damit auch die entsprechende Fachtextsorte ihre Funktion erfüllen kann (vgl. Beispiele 1 und 2).

(7) Das letzte Merkmal der Fachkollokationen ist ihre usuelle Geltung in bestimmten Textsorten, d. h. sie werden in bestimmten Kontexten für den Ausdruck gleicher Inhalte wiederholt gebraucht.

Als Kollokationen im weiteren Sinne werden gelegentlich auch Funktionsverbgefüge betrachtet. Da sich aber das Wesen der Funktionsverbgefüge von dem der Kollokationen wesentlich unterscheidet, werden sie in dieser Arbeit separat im nächsten Punkt behandelt.

3.3.4 Funktionsverbgefüge

Die Erforschung der Funktionsverbgefüge [nachstehend FVG] im Deutschen reicht bis in die 60er Jahre des 20. Jahrhunderts zurück (vgl. u. a. Polenz 1963; Heringer 1968). In der deutschen Sprachwissenschaft wurden sie auch unter der Bezeichnung *Nominalstil, Substantivierungstendenzen, Streckformen des Verbs, Verbaufspaltungen* oder *nominale Umschreibungen* untersucht (Polenz 1987: 169). Im Polnischen sind sie u. a. als *konstrukcje analityczne* (Anusiewicz 1978), *orzeczenia peryfrastyczne* (Bogusławski 1978), *peryfrazy predykatywne* (Topolińska 1979) *zwroty werbo-nominalne* oder *analizmy werbo-nominalne* (Jędrzejko 1998) bekannt. FVG werden einerseits im Rahmen der Syntax (dazu u. a. Anusiewicz 1978; Bogusławski 1978; Jędrzejko 1998: 8; Heringer 1968, Polenz 1987, Pottelberge 2007: 437), andererseits als Bestandteil der Phraseologie oder Kollokationsforschung (vgl. Fleischer [2]1997: 139ff.; Duhme 1991: 99) behandelt. In der Fachliteratur herrschen in Bezug auf die Wesensbestimmung und Abgrenzungskriterien der FVG gewisse Meinungsverschiedenheiten, weil FVG selbst eine nicht ganz einheitliche Klasse sind (vgl. Helbig 2006: 167). In diesem Punkt wird ein Versuch unternommen, in Anlehnung an die einschlägige Literatur, die Kriterien zur Abgrenzung der FVG von anderen analytischen Wortverbindungen – insbesondere von verbalen Kollokationen – festzulegen und FVG als selbständige Klasse der Fachphraseologismen abzusondern. Eine eindeutige Abgrenzung ist allerdings aufgrund der Nichteinheitlichkeit der FVG nicht möglich, was zahlreiche Untersuchungen immer wieder bestätigen.

FVG werden in der deutschen Literatur als Untergruppe der sog. Nominalisierungsverbgefüge verstanden, also Verb-Substantiv-Verbindungen, „in denen ein Verb- oder Adjektivlexem durch Nominalisierung als substantivischer Prädikatsausdruck verwendet wird, und zwar mit Hilfe eines Nominalisierungsverbs" (Polenz 1989: 882). Das Nominalisierungsverb gibt einem FVG eine semantisch beschreibbare Eigenbedeutung und wird somit in der Literatur Funktionsverb genannt (vgl. Polenz 1989: 882). Nach Storrer (2006: 149) weisen FVG eine systematisierbare grammatische Funktion im Vergleich zu ihren Basisverben auf, z. B. einen Aspektwechsel oder eine Passivierung, wie etwa

zum Abschluss kommen ≈ *abschließen* [perfektiv vs. imperfektiv],
dojść do końca ≈ *kończyć* [perfektiv vs. imperfektiv],

während sich die Nominalisierungsverbgefüge von den Basisverben, auf die sie sich zurückführen lassen, durch keine grammatischen Funktionen unterscheiden, wie

Hilfe leisten = *helfen*
udzielić pomocy = *pomóc*
eine Zustimmung erteilen = *zustimmen*
udzielić zgody = *zgodzić się.*

Da eine eindeutige Zuordnung einzelner Verbgefüge zu der einen oder der anderen Gruppe oft schwierig ist, insbesondere im kontrastiven Vergleich, betrachte ich für die Klarheit der weiteren Ausführung die Nominalisierungsverbgefüge und Funktionsverbgefüge gemeinsam als eine sprachliche Erscheinung unter der Bezeichnung FVG.

FVG weisen neben der Syntax auch eine enge Beziehung zur Phraseologie und zur Lexik auf, weil sie einige Merkmale von jedem der genannten Subsysteme der natürlichen Sprachen tragen (vgl. Jędrzejko 1998: 8):

„Omawiane konstrukcje tworzą we wszystkich językach rozległą sferę pogranicza między leksyką, frazeologią (idiomatyką) i składnią, gdyż noszą znamiona obiektów lub procesów obserwowanych w każdym z tych podsystemów języka naturalnego" (Jędrzejko 1998: 8).

FVG bestehen aus einem Funktionsverb [FV], einem Substantiv, das i. d. R. ein Verbalabstraktum [VA] oder seltener ein Adjektivabstraktum [AA] ist, und aus einem Fügemittel [FM], d. h. einer Präposition oder einer nicht passivfähigen Akkusativfügung (vgl. Polenz 1987: 171).

zur	Diskussion	stellen	poddać	pod	dyskusję
FM	VA	FV	FV	FM	VA
	Zweifel	haben	mieć	wątpliwości	
	VA	FV	FV	VA	

Das Substantiv im FVG ist der eigentliche Sinnträger (vgl. Engel ²1991: 407). Es kommt meistens, aber nicht immer in der Singularform vor (vgl. Polenz 1987: 171) und steht für ein Ereignis, einen Prozess, bzw. einen Zustand (vgl. vgl. Jędrzejko 1998: 18; Pottelberge 2007: 437):

Anerkennung finden / *znaleźć* **uznanie**
Bewertung vornehmen / *dokonywać* **oceny**
Amtshilfe leisten / *udzielać* **pomocy** urzędowej

Das Funktionsverb verliert weitgehend seine ursprüngliche Bedeutung. Es ist dem entsprechenden Vollverb semantisch entfremdet und gilt hauptsächlich als Träger der Verbalkategorien. Es „leistet einen bestimmten, systematisch zu beschreibenden

Beitrag zur prädikativen Gesamtbedeutung aller FVG" (Polenz 1987: 172), wie etwa Modalverben und Hilfsverben und „hat somit (fast) nur noch eine ausdruckssyntaktische Funktion" (Engel 1991: 407). In den FVG *eine Entscheidung treffen* und *podjąć decyzję* werden die FV *treffen* und *podjąć* in keiner der ihnen zugeschriebenen Bedeutungen gebraucht. Sie gelten hauptsächlich als das VA *Entscheidung* und *decyzja* verbalisierende Elemente. Somit wird das vorher nominalisierte Verb wieder verbalisiert und zum Prädikat gemacht. Jędrzejko (1998: 26) benennt den Prozess als sekundäre Verbalisierung des vorher nominalisierten Prädikats.

In einem Satz funktionieren die FVG wie komplexe Prädikatsausdrücke. Damit ähneln sie den Hilfs- und Modalverbgefügen (vgl. Polenz 1987: 171). Sie haben i. d. R. als Ganzheit einen semantischen Wert eines einfachen Verbs, bzw. einer Kopula mit Adjektiv (vgl. Helbig / Buscha ⁵2005: 69):

> *eine Antwort erteilen / udzielić odpowiedzi → antworten / odpowiedzieć*
> *eine Entscheidung treffen / podjąć decyzję → entscheiden / zdecydować*
> *sich in Abhängigkeit befinden von / być w zależności od → abhängig sein von / być zależnym od*

Der Unterschied zwischen einem einfachen Verb und einem FVG

> „besteht syntaktisch in der Möglichkeit zur Satzklammer durch Trennung beider Teile des Prädikatsgefüges, wobei der sinnwichtigste Teil [das NA oder AA – Anm. J.W.] als Rhema (Neumitzuteilendes) wirkungsvoll hochtonig am Satzende steht" (Polenz 1987: 170).

Damit eignen sich die analytischen Formen des Prädikats besser zur Typisierung und Terminologisierung von Prädikatsbegriffen in bestimmten Institutionen und Kommunikationstypen (vgl. Polenz 1987: 170).

(6$_d$) EU **stellte** *Zugangsschranken zu Berufen* **zur Diskussion.**
(7$_d$) EU **diskutierte** *über Zugangsschranken zu Berufen.*
(6$_p$) UE **poddała pod dyskusję** *ograniczenie dostępu do zawodu.*
(7$_p$) UE **przedyskutowała** *kwestię ograniczenia dostępu do zawodu.*

In den angeführten Beispielsätzen wird in den Sätzen mit FVG (Beispiel 6) jeweils der Prozess der Diskussion hervorgehoben, während in den mit einfachen Verben (Beispiel 7) der Gegenstand der Diskussion betont wird.

Der Unterschied im Gebrauch zwischen einem einfachen Prädikatsausdruck und einem FVG ist nach Polenz (1989: 882) eher soziopragmatisch. Die FVG sind typisch vor allem in akademischen, amtssprachlichen, technischen oder formal-öffentlichen Textsorten (vgl. Polenz 1989: 882).

Es ist jedoch anzumerken, dass sich nicht in allen Fällen der Unterschied zwischen analytischen und einfachen Formen des Prädikats nur auf eine pragmatisch-stilistische Wirkung beschränkt, worauf gerade am Anfang dieses Punktes hingewiesen wurde. Der Bedeutungsunterschied zwischen einem FVG und dem ihm entsprechenden Vollverb kann auch in der Aktionsart und der Passivität liegen.

Gläser betont, dass

„[w]ährend das einfache Verb eine gewohnheitsmäßige Handlung oder Verhaltensweise ausdrückt, vermittelt das Funktionsverbgefüge eine aktuelle, konkrete situationsbedingte einmalige Handlung" (Gläser 2007: 493).

In Anlehnung an Helbig (1979: 281) und Fleischer (²1997: 235) lassen sich 4 Klassen der Aktionsarten unterscheiden, die die FVG ausdrücken können (vgl. auch Polenz 1987: 4ff.):

1. durative Aktionsart – drückt einen Zustand / Vorgang aus:

   sich im Aufbau befinden / znajdować się w budowie
   in Anwendung sein / być w zastosowaniu

2. inchoative Aktionsart – drückt eine Zustandsveränderung aus:

   zur Verfügung stellen / oddać do dyspozycji
   eine Forderung erheben / wysunąć roszczenie

3. kausative Aktionsart – drückt das Bewirken eines Zustands oder Vorgangs durch Fremdeinwirkung aus:

   jdm. die Erlaubnis erteilen / udzielić komuś pozwolenia

4. passive Aktionsart – drückt das Hinnehmen / Erleiden eines Zustands aus:

   etw. einer Analyse unterziehen / poddać coś analizie
   eine Anwendung finden / znaleźć zastosowanie

Die Beispiele aus der 4. Klasse, die eine passive Aktionsart ausdrücken, zeigen, dass FVG im Satz als Alternative für Passivformen des verwandten Verbs fungieren können.

(8) *Die Stiftung **fördert** das Institut mit insgesamt 10 Mio. euro. / Fundacja **wspiera** Instytut na łączną kwotę 10 milionów euro.* [Aktivform]

(9) *Das Institut **wird** (von der Stiftung) mit insgesamt 10 Mio. Euro **gefördert**. / Instytut **jest wspierany** (przez fundację) łączną kwotą 10 milionów euro.* [Passivform]

(10) *Das Institut **erfährt eine Förderung** (von der Stiftung) mit insgesamt 10 Mio. Euro. / Instytut **otrzymał wsparcie** (od fundacji) na łączną kwotę 10 milionów euro.* [FVG]

Die Passivwertigkeit der FVG lässt sich als einer der Gründe anführen, warum diese Strukturen in Fachtexten oft Anwendung finden. In Fachtexten wird nämlich vorwiegend – wie es gerade im Kapitel 1 erwähnt wurde – der Gegenstand einer Tätigkeit und nicht der Träger eines durch das Verb ausgedrückten aktiven Verhaltens – Agens – hervorgehoben.

Die Passivwertigkeit der FVG bedeutet nicht automatisch, „dass das Funktionsverbgefüge mit der Passivform des verwandten Verbs synonym wäre" (Pottelberge 2007: 440):

zur Verfügung stehen ≠ verfügt werden.

Der Ausdruck von Aktionsarten wird von vielen Linguisten als die wichtigste Leistung der FVG angesehen, die sie von einfachen Verben abhebt. FVG drücken nämlich mehr als die einfachen Verben aus. Engel (²1991) weist auf ihre größere Präzision gegenüber einfachen Verben hin:

> „Das Funktionsverbgefüge ist in allen Fällen präziser, indem es sich auf verschiedene Phasen des Geschehens (Anfang, Vollzug, Ergebnis u. a.) oder andere Aspekte des Geschehens (Auslöser, Betroffener usw.) bezieht" (Engel ²1991: 407):

> *in Verhandlungen treten → verhandeln (zu verhandeln beginnen)*
> *przystąpić do negocjacji → (zacząć) negocjować.*

FVG können bestimmte Reihen bilden. Das gleiche Substantiv kann mit verschiedenen Funktionsverben ein FVG bilden. Im Hinblick auf die Anzahl der möglichen FVG, mit denen sich ein Substantiv verbinden kann, lassen sich nach Polenz (1987: 175) folgende Gruppen unterscheiden:

> „- Fünfergruppen wie *in Bewegung bringen / kommen / sein / bleiben / halten* [...];
> - Vierergruppen (Normalfall) wie *in Umlauf bringen / kommen / sein / bleiben* [...];
> - Dreiergruppen (selten) wie *in Sicht kommen / sein / bleiben*;
> - Zweiergruppen (wenige) wie *zur Sprache bringen / kommen*" (Polenz 1987: 175).

FVG können einen allgemeinsprachlichen und / oder einen fachsprachlichen Charakter haben. Fachsprachliche FVG sind i. d. R. polylexikale, feste und nicht-idiomatische Ausdrücke ohne syntaktische Restriktionen. Im Gegensatz zu den formal fixierten oder idiomatischen FVG können sie in einem breiten Textzusammenhang vorweggenommen oder wiederaufgenommen werden (vgl. Pottelberge 2007: 440):

> *100 Opfer haben **Anzeige erstatten**. In etwa 40 Prozent der Fälle handelte es sich um **Anzeigen** wegen Körperverletzung.*

> *100 ofiar **złożyło zawiadomienie** o popełnieniu przestępstwa. W około 40 procentach przypadków **zawiadomienia** te dotyczyły uszkodzenia ciała.*

Ihr bedeutungstragendes Substantiv ist oft zugleich ein **Fachterminus** (vgl. Gläser 2007: 494):

> *in **Verzug** geraten / popaść w **zwłokę***
> *eine **Anzeige** erstatten / złożyć **doniesienie***

Als VA eines fachsprachlichen FVG gelten vor allem terminologisierte VA, die sich nicht mehr auf das einfache Verb zurückführen lassen, weil das „verwandte Verb nicht dieselbe terminologische Bedeutung hat" (Pottelberge 2007: 440).

> ***Urteil** fällen ≠ beurteilen*
> *wydać **wyrok** ≠ wyrokować*
> *gegen jdn. einen **Vorwurf** erheben ≠ jdm. etwas vorwerfen*

*postawić komuś **zarzut** ≠ zarzucić komuś coś*
in Verzug geraten ≠ mit etw. verzögern
popaść w zwłokę ≠ zwlekać

Fachsprachliche FVG unterscheiden sich von den allgemeinsprachlichen auch dadurch, dass ihr FV in dem FVG „spezifische Selektionsbeschränkungen aufweist und sich keineswegs mit jedem deverbalen Substantiv oder jeder Nominalisierung kombinieren lässt" (Pottelberge 2007: 438), was durch das folgende Beispiel illustriert wird:

einen Anspruch erheben / wysuwać (wysunąć) roszczenie.

Das FV *erheben / wysuwać (wysunąć)* gewinnt in juristischen Kontexten eine neue Bedeutung und lässt sich somit nur mit einer bestimmten Gruppe von VA oder AA verbinden:

Anspruch / Einspruch / Vorwurf / Klage / Anklage erheben
wysuwać (wysunąć) roszczenie / zarzut / wniosek / kandydaturę.

Manchmal besteht der Unterschied zwischen einem fachsprachlichen FVG und dem verwandten einfachen Verb in der Stilistik:

eine Anzeige erstatten [jur.] → *jdn. anzeigen* [allgemeinsprachlich]
złożyć doniesienie [jur.] → *donieść (do prokuratury na kogoś)* [allgemeinsprachlich].

Das FVG *eine Anzeige erstatten / złożyć doniesienie* gilt in öffentlichen juristischen und polizeilichen Kontexten als eine offiziell geltende Bezeichnung, während in der Allgemeinsprache die einfache Form des Verbs *jdn. anzeigen / donieść (do prokuratury)* häufiger Anwendung findet.

Zu fachsprachlichen FVG gehören auch solche, deren nominaler Bestandteil zwar kein Terminus ist, aber ihm im Fachkontext eine fachliche Bedeutung zugeschrieben wird:

Initiative ergreifen / podjąć inicjatywę [bestimmte gesetzlich vorgeschriebene Handlungen unternehmen].

Für fachspezifische Texte sind sowohl die allgemeinsprachlichen und fixierten FVG als auch die terminologischen FVG mit fachsprachlichem Charakter von Relevanz. FVG sind für Fachsprachen von besonderer Bedeutung u. a., weil sie typische Ausprägungen des Nominalstils im Deutschen sind (vgl. Gläser 2007: 493) und daher wiederholt in normativen Texten gebraucht werden:

„In Texten der öffentlichen Verwaltung, in der Presse und in parteipolitischen Verlautbarungen sind Funktionsverbgefüge eine bekannte Erscheinung, weshalb sie in der praktischen Stil- und Sprachpflege wiederholt als schablonenhafte Ausdrücke [...] kritisiert worden sind" (Gläser 2007: 494).

FVG, insbesondere die fachsprachlichen, die ihre semantische Verwandtschaft zu dem einfachen Verb verloren haben, werden von einigen Forschern als Kollokationen behandelt. So berücksichtigt Quasthoff (2011: 476) in seinem Wörterbuch der

Kollokationen Wortverbindungen wie *ein Urteil fällen* oder *Initiative ergreifen*, die ihrer Struktur nach eher der Gruppe der FVG angehören.

Obwohl FVG und verbale Kollokationen anderen Forschungstraditionen entstammen (vgl. Helbig 2006: 169), fehlt in der sprachwissenschaftlichen Literatur oft eine deutliche Grenze zwischen den beiden Klassen. Im Folgenden werden u. a. in Anlehnung an Helbig (2006) die wichtigsten Unterschiede zwischen FVG und Kollokationen genannt, die im weiteren Kapitel als Kriterium der Abgrenzung der beiden sprachlichen Erscheinungen voneinander gelten.

1. Funktionsverben in FVG erfüllen vor allem eine grammatische Funktion und haben ihre lexikalische Bedeutung weitgehend oder vollständig verloren, während Verben als Kollokatoren in Kollokationen i. d. R. ihre lexikalische Bedeutung bewahren, bzw. sie wird bei ihnen idiomatisiert (vgl. Gładysz 2003: 84).

Regelungen treffen [przyjąć przepisy] → *treffen* [hier ein Funktionsverb ohne seine lexikalische Bedeutung]

Leitlinien festlegen / ustalić wytyczne → *festlegen [etw. verbindlich beschließen, bestimmen, regeln, vorschreiben] / ustalić [rozstrzygnąć, zdecydować o czymś, wyznaczyć coś]*

2. Substantive in FVG sind Abstrakta, die von Verben oder Adjektiven abgeleitet sind, während Substantive in Kollokationen zumeist Konkreta sind (vgl. Helbig 2006: 172). FVG entsprechen in der Bedeutung oft den ihnen zugrunde liegenden Verben oder Adjektiven (unter Vorbehalt der fachsprachlichen FVG), während sich Kollokationen nicht auf ein einfaches Verb zurückführen lassen.

eine Korrektur vornehmen → *korrigieren*
dokonać korekty → *skorygować*
ein Gesetz erlassen → [kein Verb]
uchwalić ustawę → [kein Verb]

3. Das Substantiv ist im FVG ein Prädikatsteil (vgl. Beispiel 6_d und 6_p), in einer verbalen Kollokation ist es ein Aktant (vgl. Beispiel 7_d und 7_p) (vgl. Heine 2006: 53). Bei FVG bilden nämlich der nominale und der verbale Teil zusammen das Prädikat, während bei Kollokationen das Verb allein das Prädikat bildet – der nominale Teil ist Objekt oder Adverbial (vgl. Helbig 2006: 171).

(11_d) *Der Angeklagte*	**nimmt** erster Prädikatsteil	*die Sache*	*rechtswidrig*	**in Besitz.** zweiter Prädikatsteil
(11_p) *Oskarżony*	**wszedł** erster Prädikatsteil	**w posiadanie** zweiter Prädikatsteil	*rzeczy*	*niezgodnie z prawem.*

(12$_d$) Die Kommission	*beschließt*	*die Grundzüge*	der Politik	*der Union.*
	Prädikat	Akk.-Objekt		
(12$_p$) Komisja	*przyjmuje*	*ogólne kierunki*	*polityki*	*Unii.*
	Prädikat	Akk.-Objekt		

4. Das Substantiv ist bei Kollokationen „anaphorisierbar, adverbialisierbar und erfragbar [...], bei den FVG i. d. R. nicht" (Helbig 2006: 171):

> *Du musst diese Information zur Kenntnis nehmen, falls du sie noch nicht zur Kenntnis genommen hast.*
> **Du musst diese Information zur Kenntnis nehmen, falls du sie noch nicht *dazu genommen hast.*
> *Musisz przyjąć tę informację do wiadomości, jeśli jej jeszcze do wiadomości nie przyjąłeś.*
> **Musisz przyjąć tę informację do wiadomości, jeśli jej jeszcze *do niej nie przyjąłeś.*
> aber
> *Du musst eine Bewertung vornehmen, falls du diese noch nicht vorgenommen hast.*
> *Musisz dokonać oceny, jeśli jej jeszcze nie dokonałeś.*

Pronominalisierbar ist allerdings das ganze FVG mithilfe des Pronomens *das/to* in Verbindung mit dem Proverb *machen* bzw. *tun / zrobić*:

> *Du musst diese Information zur Kenntnis nehmen, falls du das noch nicht gemacht hast.*
> *Musisz przyjąć tę informację do wiadomości, jeśli jeszcze tego nie zrobiłeś.*

5. Substantive in FVG weisen im Unterschied zu den meisten Basen in Kollokationen morphosyntaktische Restriktionen auf u. a. in Bezug auf die Artikel- und Numerusverwendung oder die Erweiterbarkeit durch Attribute bzw. einen Relativsatz (vgl. Helbig 2006: 172).

> *Die Verordnungen finden seit letztem Jahr keine Anwendung.*
> **Die Verordnungen finden seit letztem Jahr keine Anwendungen.*
> *Niniejsze rozporządzenia nie znajdują zastosowania od zeszłego roku.*
> **Niniejsze rozporządzenia nie znajdują zastosowań od zeszłego roku.*

Die Gruppe der Fachphraseologismen ergänzen neben satzgliedwertigen phraseologischen Termini, Fachphrasemen, Kollokationen und FVG die an der Grenze zwischen satzgliedwertigen und satzwertigen Phraseologismen stehenden lateinischen Phrasen und pragmatischen Phraseologismen.

3.3.5 Lateinische Phrasen

Unter lateinischen Phrasen werden sämtliche lateinische Termini, Phrasen und Parömien verstanden, die in gegenwärtigen juristischen Texten – darunter in der Rechtsprechung, in zahlreichen Kommentaren, seltener in Gesetzestexten – in der lateinischen Sprache vorkommen.

In der sprachwissenschaftlichen Literatur wird lateinischen Phrasen relativ wenig Platz gewidmet, weil sie auch verhältnismäßig selten verwendet werden. Munske (1996: 94) berücksichtigt sie in seinem Artikel über Phraseologismen lateinischer Prägung. Er gliedert die Phraseologismen lateinischer Prägung in:

1. phraseologische Lehnprägungen, d. h. Phraseologismen und Sprichwörter lateinischer Herkunft. Sie gelten oft als Internationalismen, weil sie in verschiedenen Sprachen unterschiedlicher Sprachfamilien vorkommen, wie

   Eine Hand wäscht die andere / Ręka ręke myje. / One hand washes the other. → *lat.*
   Manus manum lavat.
   Irren ist menschlich. / Błądzić jest rzeczą ludzką. / To err is human. → *Errare humanum est.*

Diese werden in der Arbeit außer Acht gelassen.

2. Phraseologismen in lateinischer Sprache. Sie werden jeweils in ihrer Originalform gebraucht, wie

   eo ipso, ultima ratio, nomen est omen.

3. sog. hybride Phraseologismen mit einem lateinischen Kernlexem. Die lateinischen Kernlexeme werden in einer Phrase mit einheimischen Lexemen kombiniert, wie

   etwas ad acta legen / odłożyć coś ad acta.

Sowohl Phraseologismen in lateinischer Sprache als auch die hybriden Phraseologismen können ihrer Struktur nach unterschiedliche phraseologische Klassen bilden. In Anlehnung an Munske (1996: 94) lassen sie sich wie folgt gliedern:

1) phraseologische Termini ("substantivische Nominationsstereotype" in Munske 1996: 94):

   res iudicata [rechtskräftig entschiedene Sache / rzecz osądzona]
   ratio legis [Ratio des Gesetzes / uzasadnienie ustawy]

2) Phrasen ("satzwertige Phraseologismen" in Munske 1996: 94):

   rebus sic stantibus [Vorbehalt, dass ein Geschäft bei Veränderung der Verhältnisse seine
   bindende Wirkung verliert[10] */ zastrzeżenie, zgodnie z którym umowa*
   może zostać wypowiedziana, gdy zajdą niespodziewane okoliczności,
   zmieniające jego wymowę w momencie zawarcia]

   erga omnes [wirksam gegenüber Allen / skuteczny wobec wszystkich]
   contra legem [gegen den Wortlaut des Gesetzes / wbrew prawu]

3) Parömien ("lateinische Sprichwörter und sprichwörtliche Redensarten" in Munske 1996: 94):

---

10 https: / / www.duden.de / rechtschreibung / clausula_rebus_sic_stantibus.

In dubio pro reo. [Im Zweifel für den Angeklagten / W razie wątpliwości na korzyść oskarżonego]

Pacta sunt servanda. [Verträge müssen eingehalten werden / Umów należy dotrzymywać]

Ignorantia iuris nocet. [Unkenntnis des Rechts schadet / Nieznajomość prawa szkodzi].

Einige lateinische Phrasen haben in den jeweiligen Sprachen ihre Übersetzungsäquivalente, die jedoch die Originale bis heute nicht verdrängt haben (vgl. Munske 1996: 96), z. B.:

per se = samo przez się / von selbst
działalność pro (publico) bono = działalność dla dobra publicznego.

Die Mehrheit der in den gegenwärtigen Rechtstexten gebrauchten lateinischen Phrasen hat ihren Ursprung im römischen Recht und wurde in die heutigen Rechtssysteme transponiert (vgl. Wołodkiewicz 2009: 374). Andere sind später im Mittelalter entstanden und haben keinen Bezug zum römischen Recht, werden aber von den meisten Juristen als römische Phrasen und Parömien betrachtet (vgl. Wołodkiewicz 2009: 378), weil der Gebrauch von Sentenzen und Maximen des römischen Rechts in Juristenkreisen angebracht ist.

Lateinische Phrasen sind eher in solchen Rechtstexten zu finden, in denen Rechtsakte und einzelne Vorschriften interpretiert werden, z. B. in Kommentaren, Urteilen oder Schriftsätzen. Somit gelten die lateinischen Phrasen als berufsgruppenspezifische sprachliche Strukturen. In Gesetzestexten werden sie seltener gebraucht, weil das Verständnis der lateinischen Phrasen besonderen fachlichen Wissens der Rezipienten bedarf. Angesichts der gegenwärtigen Bemühungen vieler Länder Europas, die Gesetze möglichst klar und verständlich zu formulieren, ist es fraglich, ob die lateinischen Phrasen in Zukunft eine größere Rolle in Gesetzestexten spielen werden.

Auf der anderen Seite können die lateinischen Phrasen ein großes Potenzial für die künftige gemeinsame europäische Gesetzgebung darstellen. Lateinische Phrasen können nämlich aufgrund ihrer gemeinsamen Herkunft als Bindeglied in der Kommunikation zwischen Juristen aus verschiedenen europäischen Ländern gelten, darunter zwischen Juristen des Common-Law-Systems und des Civil-Law-Systems, d. h. des kontinentaleuropäischen Rechtskreises und des angelsächsischen Rechtskreises (vgl. Wołodkiewicz 2009: 379). In der europäischen Gesetzgebung finden lateinische Phrasen bisher trotz ihres Kommunikationspotenzials kaum Anwendung. Dies kann daraus resultieren, dass die lateinischen Phrasen in jedem Land nicht gleichermaßen verbreitet sind. In jedem Land und in jedem Rechtssystem sind nicht dieselben Phrasen und Parömien bekannt. Als Beispiel gilt hier u. a. die im polnischen Rechtssystem verbreitete und allgemein bekannte Parömie:

Lex retro non agit. [Das Recht hat keine retroaktive Funktion / Prawo nie działa wstecz].

Diese Parömie wird nur in Polen gebraucht, in anderen Ländern Europas ist sie hingegen kaum verwendet.

Lateinische Phrasen in der europäischen Gesetzgebung sind zurzeit eher eine Randerscheinung. Ihr Kommunikationspotenzial in der interkulturellen und multisprachlichen Gesellschaft der Europäischen Union kann sie allerdings in Zukunft zum relevanten Baustein bei der Formulierung der Rechtsakte mit europaweiter Wirkung machen. Eben aus diesem Grunde werden sie in der vorliegenden Klassifikation der Fachphraseologismen berücksichtigt.

Unbedingt müssen dagegen in der Klassifikation der Fachphraseologismen die sog. pragmatischen Phraseologismen berücksichtigt werden, obwohl sie zum Teil zur Peripherie der allgemeinsprachlichen Phraseologie gezählt werden. In Gesetzestexten erfüllen pragmatische Phraseologismen nämlich eine wesentliche Rolle, weil sie die Musterhaftigkeit und zugleich die Kohärenz der Gesetze stärken.

3.3.6 Pragmatische Phraseologismen

Pragmatische Phraseologismen, auch *kommunikative Formeln* (Fleischer 1982) oder *Routineformeln* (Coulmas 1981) genannt, sind zumeist polylexikale, feste, vorgeformte und dadurch auch reproduzierbare Strukturen, deren Funktion im Gespräch und im Text vor allem im Bewältigen kommunikativer Situationen auf angemessene, soziokulturell und usuell erwartete Weise besteht. Stein (2004: 263) beschreibt sie als „konventionalisierte Ausdrucksmittel für bestimmte sprachliche Aufgaben und Handlungen in mündlicher Kommunikation, und gegebenenfalls auch konventionalisierte Strukturen für Texte und Textteile in bestimmten Kommunikationsbereichen." In bestimmten Kommunikationssituationen und Textsorten sind sie unverzichtbar, weil sie der Konvention entsprechend das bewährte Verhaltensmuster garantieren und dadurch die Kommunikation erleichtern.

Gülich und Krafft (1998: 14) verstehen pragmatische Phraseologismen als Ausdrücke, „die an eine bestimmte Situation oder einen bestimmten Kontext gebunden sind." Sie stehen, wie andere Phraseologismen, dem Textproduzenten zur Verfügung und müssen nicht jeweils neu konstruiert werden (vgl. Lüger 2007: 444). Sie finden Anwendung in bestimmten Interaktionssituationen, „in denen es auf die Ausführung bestimmter Handlungen ankommt" (Lüger 2007: 444). Die Festigkeit der pragmatischen Phraseologismen zeigt sich vor allem darin, „daß sie in den betreffenden Situationstypen an bestimmten, funktional definierten Stellen auftreten" (Burger 1998: 29). Als Beispiel kann hier die Eidesformel angeführt werden, die die zu vernehmenden Zeugen in einem Strafverfahren abzulegen haben. Damit verpflichten sich die Zeugen, die Wahrheit zu sagen, und erst danach darf die Zeugenvernehmung beginnen:

Dt. **Richter:** *Sie schwören (bei Gott dem Allmächtigen und Allwissenden),*[11] *dass Sie nach bestem Wissen die reine Wahrheit gesagt und nichts verschwiegen haben.*

Dt. **Zeuge:** *Ich schwöre es, so wahr mir Gott helfe.*

Pl. **Richter:** *Proszę o zaprzysiężenie świadka.*

Pl. **Zeuge:** *Świadomy znaczenia moich słów i odpowiedzialności przed prawem przyrzekam uroczyście, że będą mówił szczerą prawdę, niczego nie ukrywając z tego, co mi jest wiadome.*

---

11 alternativ für Gläubige.

In den neuesten Untersuchungen werden pragmatische Phraseologismen generell in zwei Haupttypen eingeteilt:

(a) situations(typ)- und sprechaktgebundene Routineformeln (im Weiteren RF genannt), die meistens monofunktional sind (und häufiger in der schriftlichen Kommunikation vorkommen) und
(b) multisituationell einsetzbare, multifunktionale und gesprächsspezifische Formeln (im Weiteren GF genannt) (vgl. Hyvärinen 2011: 12).

> „Bei der Teilklasse (a) geht es i. d. R. um satzwertige, (potenziell) äußerungsautonome Einheiten, die voll-, teil- oder nicht-idiomatisch sein können, während es für die Teilklasse (b) typisch ist, dass die Formeln nicht-idiomatisch sind und in eine Äußerung eingebettet werden oder aber eine Rahmenstruktur bilden, die mit frei wählbarem lexikalischem Material komplettiert wird" (Hyvärinen 2011: 12).

Hyvärinen vermerkt jedoch, dass Multifunktionalität auch bei RF vorkommt, „und zwar disjunktiv (andere Funktionen in einem anderen Kontext) oder simultan (mehrere Funktionen gleichzeitig)" (Hyvärinen 2011: 41).

Auch das zweite Kriterium, das die RF und GF voneinander abhebt, muss relativiert werden. Es gibt nämlich GF, die einen eindeutig satzwertigen Charakter haben, wie: <*Lassen Sie mich bitte ausreden.*> / <*Pozwoli Pan(i), że dokończę*>. Viele RF bilden nur den Rahmen eines Satzes, der frei ergänzt werden kann (vgl. Hyvärinen 2011: 41), so wie die Belege aus dem Material:

[Der Rat] beschließt auf Initiative [eines Viertels der Mitgliedstaaten].
[Rada] stanowi z inicjatywy [jednej czwartej Państw Członkowskich].

Pragmatische Phraseologismen werden in den früheren sprachwissenschaftlichen Beiträgen vorwiegend in Bezug auf die mündliche Kommunikation erörtert (vgl. u. a. Coulmas 1981; Gülich 1997; Gülich / Krafft 1998; Stein 2004; Lüger 2007; Höppnerova 2013). So unterscheidet beispielsweise Coulmas (1981: 199f.) als Hauptklassen der pragmatischen Phraseologismen u. a.:

(1) Gesprächssteuerungsformeln, darunter u. a.:
    die Eröffnungs- und Einleitungsformeln:

Meine Damen und Herren, das Thema meines heutigen Vortrags ist...
Szanowni Państwo, tematem mojego dzisiejszego wystąpienia jest...

Wiederaufnahmeformeln:

Wie ich gerade gesagt habe... / Jak już wspomniałem...

Abschlussformeln:

Danke für ihre Aufmerksamkeit... / Dziękuję za uwagę...

(2) Höflichkeitsformeln:

Entschuldigen Sie bitte / Przepraszam Panią!

(3) metakommunikative Formeln:

Ich weiß nicht, ob ich Sie gut verstanden habe...
Nie wiem, czy dobrze Pana zrozumiałam...

Nichtsdestotrotz finden pragmatische Phraseologismen in der schriftlichen Kommunikation ebenfalls Anwendung, denn „[a]uch beim Schreiben ist es wichtig, die kontextuell passende Formulierung zu finden" (Höppnerova 2013: 23). Insbesondere prägen sie den Charakter formelhafter und institutionell formalisierter Textsorten, wie Verträge, Gesetze, notarielle Urkunden, gerichtliche Entscheidungen u. a.

Für die in dieser Arbeit verfolgten Ziele sind die sog. situationsgebundenen Formeln (vgl. Stein 1995: 50), d. h. Formeln, die sich auf spezifische Situationstypen – Gerichtsverhandlung, Gesetzgebungsprozess u. a. – beziehen (vgl. Burger 1998: 29), von besonderem Interesse. Zu dieser Klasse gehören u. a. die schreibspezifischen RF, die einen Text als bestimmte Textsorte konstituieren und ihn inhaltlich gliedern:

„*Die schreibspezifischen Routineformeln* stellen die formulartypischen Wendungen der Kanzleisprache (*gültig ohne Unterschrift*), textuelle Verweise (*siehe oben*) und Briefformeln (*sehr geehrte Frau, mit freundlichen Grüßen*) dar. Sie sind konstitutive Einheiten der Textbildung" (Lapinskas 2006: 102).

Im Hinblick auf die Struktur sind pragmatische Phraseologismen in der Allgemeinsprache sowohl mono- als auch polylexikal:

Hallo! / Witam!
Mahlzeit! / Smacznego!
Alles Gute! / Wszystkiego dobrego!

In fachbezogenen Textsorten, u. a. in den Gesetzestexten, sind die pragmatischen Phraseologismen hingegen i. d. R. mehrgliedrig und können als satzgliedwertige Phrasen:

unbeschadet des Artikels / bez uszczerbku dla artykułu
in Verbindung mit Artikel / w związku z artykułem

oder als volle Sätze vorkommen:

Soweit gesetzlich nichts anderes bestimmt ist. / Jeżeli ustawa nie stanowi inaczej.
Dieser Vertrag gilt auf unbegrenzte Zeit. / Niniejszy Traktat zawiera się na czas nieograniczony.

Zu dieser Gruppe zählen sowohl solche Formulierungen, „die dem Sprecher bereits als ‚Fertigteile' zur Verfügung stehen und bei denen er nichts mehr ändert" (Höppnerova 2013: 24), als auch solche, die einige variable Teile enthalten bzw. beliebig ergänzt werden können:

Soweit gesetzlich nichts anderes bestimmt ist, [beträgt die Amtszeit neun Jahre].
Jeżeli ustawa nie stanowi inaczej, [kara ograniczenia wolności trwa najkrócej miesiąc].

Bestimmte Wendungen werden zu pragmatischen Formeln vor allem durch ihren häufigen, rekurrenten Gebrauch in bestimmten Kommunikationssituationen und Textsorten (vgl. Gülich 1997: 164; Lüger 2007: 444):

„Routine ergibt sich immer dann, wenn bestimmte Handlungen oder Abfolgen von Handlungen mehrfach ausgeführt werden; ein Gewöhnungseffekt führt dazu, daß die einzelnen Schritte nicht mehr die gleiche Aufmerksamkeit erfordern und sich so bewährte Lösungsmuster zur Erreichung von Handlungszielen etablieren können" (Lüger 2007: 444f.).

In Gesetzestexten entwickelten sich bestimmte pragmatische Phraseologismen infolge ihrer ständigen Wiederholung in der Textsorte, wie in dem Beispiel:

Unbeschadet des Artikels 104 *achtet die Kommission auf die Verwirklichung der [...]* *Grundsätze / Bez uszczerbku dla artykułu* 104, *Komisja czuwa nad stosowaniem zasad [...]*.

Die pragmatische Formel *unbeschadet des Artikels / bez uszczerbku dla artykułu* wird in dem AEU-Vertrag 18 Mal für den Ausdruck der Übereinstimmung einer Regelung mit einer anderen Vorschrift gebraucht.

Das Vorkommen bestimmter pragmatischer Formeln in Gesetzestexten ergibt sich aus dem Usus und der Tradition der Gesetzesformulierung. Manchmal ist der Gebrauch bestimmter Formeln in Rechtsakten auch gesetzlich vorgeschrieben[12]. Die polnische Verordnung des Ministerpräsidenten vom 20. Juni 2002 schreibt in § 39.2 vor, dass für die Feststellung des Außerkrafttretens der bisher geltenden Vorschriften und Rechtsakte in den Schlussvorschriften folgende Formel gebraucht wird:

Tracą moc wszelkie dotychczasowe przepisy dotyczące spraw uregulowanych w ustawie; w szczególności [...]

[Außer Kraft treten alle bisherigen Vorschriften, die die in dem Gesetz geregelten Angelegenheiten betreffen, insbesondere...].

Die polnische Verordnung bietet dem Gesetzgeber ein fertiges Muster an, nach welchem der Gesetzgeber obligatorisch handeln muss, wenn er bestimmte Informationen in das Gesetz einführen will.

Dasselbe gilt für die deutschen Gesetze. Wenn die Anwendung eines neuen Gesetzes auf bestehende Rechtsverhältnisse von besonderen Voraussetzungen abhängig oder mit Einschränkungen verbunden ist, dann wird in dem deutschen Handbuch der Rechtsförmlichkeit (³2008) empfohlen, das neue Gesetz mit der Formel <*Dieses Gesetz ist nicht auf ... anzuwenden*> oder <*Dieses Gesetz gilt für ...*> zu versehen.

---

12 Im Deutschen „Handbuch der Rechtsförmlichkeit", 3. Auflage, Bundesministerium der Justiz (Hg.), 2008. Im Polnischen „Zasady techniki prawodawczej", Anlage zur Verordnung des Ministerpräsidenten vom 20. Juni 2002 über die Grundsätze der Legislationstechnik (Rozporządzenie Prezesa Rady Ministrów z dnia 20 czerwca 2002 r. w sprawie „Zasad techniki prawodawczej").

Pragmatische Phraseologismen erfüllen in Fachtexten neben pragmatischen und kommunikativen Funktionen (vgl. Höppnerova 2013: 22) auch eine normative Funktion, wodurch sie sich von den allgemeinsprachlichen pragmatischen Phraseologismen unterscheiden:

Der Vertrag wird auf unbestimmte Zeit abgeschlossen. / Umowę zawiera się na czas nieograniczny.

Die angeführte Formel aus einem Vertrag gilt einerseits als ein routiniertes, obligatorisches Element eines Vertrags, andererseits als eine rechtliche Bestimmung mit rechtlichen Folgen.

Pragmatische Phraseologismen in Fachtextsorten, insbesondere in Gesetzestexten, unterscheiden sich wesentlich in ihrer Funktion von den allgemeinsprachlichen Formeln. Daher wird im Folgenden der Versuch unternommen, die pragmatischen Phraseologismen aus Gesetzestexten in Hinsicht auf ihre Funktion in Gesetzen zu klassifizieren. Insbesondere werden ausgesondert:

1. Pragmatische Phraseologismen mit einleitender Funktion (die sog. Eingangsformeln), mit denen bestimmte Rechtstextsorten beginnen, u. a. Gerichtsurteile:

Im Namen des Volkes / w imieniu Rzeczypospolitej
Auf Grund des § 4 Abs. 1 in Verbindung mit [...] verordnet das Bundesministerium für Wirtschaft und Technologie im Einvernehmen mit dem Bundesministerium für Bildung und Forschung:
Na podstawie art. 34 ust. 9 ustawy z dnia [...] zarządza się, co następuje:

2. Pragmatische Phraseologismen mit abschließender Funktion:

Dt. *Diese Verordnung tritt am [...] in Kraft.*
Pl. *Rozporządzenie wchodzi w życie z dniem [...].*
Dt. *Diese Niederschrift wurde den Erschienenen von dem Notar vorgelesen, von ihnen genehmigt und sodann von ihnen und dem Notar eigenhändig wie folgt unterschrieben.*
Pl. *Akt ten został odczytany, przyjęty i podpisany.*

3. Pragmatische Phraseologismen mit verweisender Funktion, darunter u. a.:
   (a) Pragmatische Phraseologismen zum Ausdruck der Übereinstimmung einer Vorschrift mit anderen Vorschriften:

   nach Maßgabe des Artikels / zgodnie z artykułem
   im Sinne des Artikels XYZ / w rozumieniu artykułu XYZ

   (b) pragmatische Phraseologismen zum Ausdruck des Ausschlusses einer Vorschrift aus anderen Vorschriften:

   mit Ausnahme von Absatz X, Artikel Y / z wyjątkiem ustępu X, artykułu Y
   unter Vorbehalt des Artikels / z zastrzeżeniem artykułu

   (c) pragmatische Phraseologismen zum Ausdruck der Rechtsgrundlage einer Vorschrift bzw. einer Regelung:

gemäß Artikel X Absatz Y / na podstawie artykułu X ustęp Y
aufgrund des Absatzes X / w zastosowaniu ustępu X

(d) pragmatische Phraseologismen zum Ausdruck der Anwendung einer Vorschrift oder Regelung auf bestimmte Sachverhalte:

die Vorschriften § X-Y finden Anwendung auf ...
Przepisy § 1–3 mają zastosowanie do...
Artikel X gilt entsprechend.
Przepis art. X stosuje się odpowiednio.

(e) pragmatische Phraseologismen zum Ausdruck eventueller Mitwirkung anderer Organe und Subjekte an der Abfassung von Rechtstexten:

*Der Rat beschließt **nach Anhörung** des Europäischen Parlaments.*
*Rada stanowi **po konsultacji** z Parlamentem Europejskim Parlamentu Europejskiego.*

Pragmatische Phraseologismen erfüllen mit ihrer Polylexikalität, Stabilität und
Reproduzierbarkeit die phraseologischen Mindestkriterien (vgl. Punkt 3.2.), daher
werden sie als eine Klasse der Fachphraseologismen berücksichtigt. Sie sind, wie sie
Gläser (1997: 147) zu Recht nennt, Phraseologismen auf Textebene. Ihre Bedeutung
für Gesetzestexte ist vor allem, wie bereits in der Klassifikation dargestellt, in ihrer
pragmatischen Funktion – als Formulierungshilfe – zu sehen. Dank den pragmatischen Phraseologismen sind die Gesetzestexte inhaltlich kohärent und stimmen mit
anderen Rechtsakten überein. Darüber hinaus helfen die pragmatischen Formeln
der Einhaltung einer entsprechenden Gliederung des Rechtsaktes.
Alle bereits genannten Klassen der Fachphraseologismen beeinflussen die Formelhaftigkeit der Gesetzestexte und diese Funktion ist ihnen allen gemeinsam. Jede
Gruppe der Fachphraseologismen erfüllt in Gesetzestexten noch andere Funktionen,
auf die jetzt eingegangen wird.

3.4 Funktionen der Fachphraseologismen

Fachphraseologismen stellen einen unentbehrlichen Bestandteil der Fachtexte. Sie
weisen – wie bereits im Punkt 3.3. gezeigt – diverse Struktur auf und sind auch in
ihrer Funktion in Fachtexten nicht einheitlich. In der Literatur wird in Hinsicht auf
die Funktion der Fachphraseologismen u. a. ihr Benennungs- und Fachwissenüber-
mittlungspotenzial sowie eine den Text präzisierende oder textgliedernde Funktion
betont. Im Folgenden wird der Versuch unternommen, die wichtigsten Funktionen
der Fachphraseologismen darzustellen.
Fachphraseologismen sind jeweils mit einer bestimmten Textsorte verbunden,
worauf u. a. Sabban (2007: 239) hingewiesen hat:

„Bestimmte Phrasemtypen und besondere Untergruppen von Phrasemen können dank
ihrer spezifischen Merkmale zur charakteristischen Beschaffenheit eines Textes und
den damit verbundenen Funktionen beitragen. Dies entspricht letztlich der Korrelation
zwischen Phrasem und Textsorte" (Sabban 2007: 239).

Eine komplexe Darstellung der Funktionen, die Fachphraseologismen in unterschiedlichen Fachtextsorten erfüllen, sieht nach Hohnhold (1993: 261) wie folgt aus: Fachphraseologismen:

1. benennen Begriffe und Sachverhalte sowie beschreiben Sachverhalte,
2. beeinflussen das Textverständnis, darunter:
   a. wirken auf Eindeutigkeit der Begriffe und Sachverhalte hin,
   b. helfen genaues, schnelles, reproduzierbares, bei allen Kommunikationspartnern identisches Verstehen der Begriffe bzw. Sachverhalte zu sichern,
   c. stabilisieren die Fachsprache und machen sie transparent und übersichtlich,
   d. erleichtern schnelles Wiederauffinden von gleichen Begriffen, Sachverhalten und Zusammenhängen,
3. wirken am Zustandekommen des Textes mit, darunter:
   a. wirken am Zustandekommen des Textes als zusammenhängende, schlüssige fachliche Aussage mit,
   b. wirken am Zustandekommen des Textes als gesamtsprachlicher Zusammenhang mit (z. B. durch Verknüpfung terminologischer und gemeinsprachlicher Elemente miteinander),
   c. wirken am Zustandekommen von Texttypen mit,
   d. bilden selbständige Textabschnitte (längere, absatzbildende Standardformulierungen),
   e. bilden Rahmentexte oder Textrahmen (vgl. Hohnhold 1993: 261).

(1) Die Benennungsfunktion im Satz ist vor allem Einworttermini zugeschrieben. Da aber phraseologische Termini in einem engen Zusammenhang mit Einworttermini stehen, werden auch sie als Benennungseinheiten für fachbezogene Begriffe und Sachverhalte betrachtet. In der Rechtssprache benennen sie Objekte und Sachverhalte rechtlicher Wirklichkeit wie:

Markt für Investitionsgüter / rynek dóbr inwestycyjnych
steuerliche Entlastung / zwolnienie od podatków

Somit fungieren phraseologische Termini in Fachtexten als Vektoren des Fachwissens (vgl. Delplanque 1999: 102).

Ob auch andere Fachphraseologismen – u. a. Kollokationen oder FVG – eine benennende Funktion im Satz erfüllen können, ist umstritten. Zum einen weisen die Forscher darauf hin, dass Kollokationen und FVG Einheiten ohne Benennungsfunktion sind (vgl. u. a. Gläser 2007: 494), zum anderen stellt Hohnhold (1993: 261) fest, dass unterschiedliche „Wendungen, Fügungen und Standardformulierungen" ähnliche Funktionen im Text wie terminologische Einheiten erfüllen können (vgl. Hohnhold 1993: 261):

„Wendungen, Fügungen und kürzere Standardformulierungen bezeugen auch insofern ihre funktionale Nähe zu den Benennungen, als sie, wie jene, zum Gegenstand terminologischer Normung werden können" (Hohnhold 1993: 262).

Die Benennungsfunktion der Fachphraseologismen in Fachtextsorten wird daher zweierlei aufgefasst. Einerseits werden sie als benennende Formulierungen verstanden, die bestimmte fachbezogene Begriffe eines Fachbereichs bezeichnen, d. h. sie erfüllen eine analoge Funktion wie Einworttermini. Zu dieser Gruppe gehören phraseologische Termini:

satzungsgemäßer Sitz / siedziba statutowa
personenbezogene Daten / dane osobowe

Andererseits wird die Benennungsfunktion der Fachphraseologismen als Ergebnis des Benennungsprozesses / Nominationsprozesses für Personen, Institutionen und Materialien des fachlichen Handelns, für Handlungen und Prozesse und deren Merkmale verstanden. Damit lässt sich die Benennungsfunktion auch Kollokationen und FVG zuschreiben, die als Nominationseinheiten für unterschiedliche Objekte, Sachverhalte, Größen und Prozesse gelten:

Zuständigkeit ausüben / wykonywać kompetencję
Initiativen ergreifen / podejmować inicjatywy

(2) Die Häufung der fachbezogenen Phraseologismen in Fachtextsorten beeinflusst auch die Fach(sprach)lichkeit des Textes, seine Eindeutigkeit, Verständlichkeit, Transparenz und Übersichtlichkeit und erleichtert dadurch schnelles Wiederauffinden von inhaltlichen Zusammenhängen. Die präzis definierten phraseologischen Termini und die Konsequenz beim Gebrauch von **Kollokationen** (Belege 13 und 14), **FVG** (Belege 15 und 16) und pragmatischen Phraseologismen (Belege 13 und 14) für den Ausdruck gleicher Sachverhalte und Handlungen stärken bei Rezipienten den Eindruck der Fachlichkeit des Textes und schränken die Mehrdeutigkeit der Äußerungen stark ein.

(13$_d$) *Das Europäische Parlament und der Rat **erlassen** gemäß dem ordentlichen Gesetzgebungsverfahren **Richtlinien** für die Koordinierung der genannten Vorschriften* (Art. 51 AEU-Vertrag).

(13$_p$) *Parlament Europejski i Rada, stanowiąc zgodnie ze zwykłą procedurą ustawodawczą, **uchwalają dyrektywy** w celu koordynacji powyższych postanowień* (Art. 51 AEU-Vertrag).

(14$_d$) *Das Europäische Parlament und der Rat **erlassen** gemäß dem ordentlichen Gesetzgebungsverfahren und nach Anhörung des Wirtschafts- und Sozialausschusses **Richtlinien** zur Verwirklichung der Niederlassungsfreiheit für eine bestimmte Tätigkeit* (Art. 50 AEU-Vertrag).

(14$_p$) *W celu urzeczywistnienia swobody przedsiębiorczości w odniesieniu do określonego rodzaju działalności Parlament Europejski i Rada, stanowiąc zgodnie ze zwykłą procedurą ustawodawczą i po konsultacji z Komitetem Ekonomiczno-Społecznym, **uchwalają dyrektywy*** (Art. 50 AEU-Vertrag).

(15$_d$) *Absatz 1 schließt sonstige* **Maßnahmen** *nicht aus, die das Europäische Parlament und der Rat gemäß Artikel 91 Absatz 1* **treffen** *können.*

(15$_p$) *Ustęp 1 nie wyklucza* **przyjęcia** *przez Parlament Europejski i Radę innych* **środków** *w zastosowaniu artykułu 91 ustęp 1.*

(16$_d$) *Die vorgenannten Harmonisierungsmaßnahmen sind in geeigneten Fällen mit einer Schutzklausel verbunden, welche die Mitgliedstaaten ermächtigt, [...] vorläufige* **Maßnahmen zu treffen**, *die einem Kontrollverfahren der Union unterliegen.*

(16$_p$) *Powyższe środki harmonizujące obejmują, w odpowiednich przypadkach, klauzulę ochronną upoważniającą Państwa Członkowskie do* **podjęcia**, *[...],* **środków** *tymczasowych poddanych unijnej procedurze kontrolnej.*

Durch Wiederholungen gleicher Formulierungen für den Ausdruck gleicher Inhalte wirken die in dem Text vermittelten Informationen zuverlässiger. Darüber hinaus erleichtern die Fachphraseologismen das Verstehen des Textes und anderer mit ihm verbundener Texte.

„Der Gebrauch der richtigen Fachphraseologie unterstreicht die Fachlichkeit der Fachtexte und Übersetzungen, schafft Vertrauen bei den fachlich informierten Leserinnen und Lesern, und die Fachkommunikation gewinnt schliesslich an Zuverlässigkeit und Effizienz. Treten z. B. in mehreren Texten desselben Faches die gleichen Fachphraseologismen (Fachwendungen und -phrasen) oder fachspezifischen Standardformulierungen auf, so sollen die Leser / Empfänger der Botschaft annehmen dürfen, dass diese auch gleiche Inhalte ausdrücken" (KÜDES 2003: 63).

Damit erwirken Fachphraseologismen die Eindeutigkeit der Benennungen und deren genaues, schnelles, reproduzierbares und bei allen Kommunikationspartnern identisches Verstehen. Sie machen auch die Fachsprache transparent und übersichtlich (Hohnhold 1993: 261).

Mit dem wiederholten Gebrauch von phraseologischen Termini, Fachkollokationen und FVG im Text erhöht sich die Präzision des Textes:

„Phraseologismen in terminologischer Funktion leisten in Fachtexten einen wesentlichen Beitrag zur Präzisionssicherung. Halbterminologische Mehrwortverbindungen können bei kontextueller Vereindeutigung zu einer präzisen und zugleich ökonomischen Textgestaltung beitragen. Das Fehlen semantischer Eindeutigkeit kann dort genutzt werden, wo höchste Präzision nicht erforderlich oder sogar unerwünscht ist, weil sie einem aktuell als höherrangig bewerteten Ziel (Übersichtlichkeit, Konsensfähigkeit, Unwiderlegbarkeit) entgegen stehen würde" (Kühtz 2008: 180).

Die Präzision des Textes wird durch Wiederholung ganzer Fachphraseologismen oder durch Wiederaufnahme ihrer einzelnen Komponenten erreicht, wie in dem angeführten Beispiel des fachsprachlichen FVG, dessen nominale, terminologische Komponente in dem nachfolgenden Satz zwecks Vervollständigung der Information wiederholt wird:

(17$_d$) *Erfüllt ein Mitgliedstaat keines oder nur eines dieser Kriterien, so **erstellt** die Kommission einen **Bericht**. In diesem **Bericht** wird berücksichtigt, ob das öffentliche Defizit die öffentlichen Ausgaben für Investitionen übertrifft* (Art. 126 Pkt. 3 TFUE).

(17$_p$) *Jeśli Państwo Członkowskie nie spełnia wymogów jednego lub obu tych kryteriów, Komisja **opracowuje sprawozdanie**. **Sprawozdanie** Komisji uwzględnia również to, czy deficyt publiczny przekracza publiczne wydatki inwestycyjne* (Art. 126 Pkt. 3 TFUE).

Mit der Funktion der Einhaltung der Eindeutigkeit der Benennungen, Erleichterung der Verständlichkeit und Übersichtlichkeit der Sprache hängt die Fachwissensübermittlungsfunktion der Fachphraseologismen zusammen. Dazu tragen u. a. phraseologische Termini bei, die fachbezogene Objekte, Größen und Sachverhalte präzis benennen. Dies hat zur Folge, dass sie u. a. bei der Übersetzung präzis und einheitlich in der Zielsprache wiedergegeben werden müssen:

(18$_d$) *Das Europäische Parlament und der Rat beschließen gemäß **dem ordentlichen Gesetzgebungsverfahren*** (Art. 153. Pkt. 2b AEU-Vertrag).

(18$_p$) *Parlament Europejski i Rada stanowią zgodnie ze **zwykłą procedurą ustawodawczą*** (Art. 153. Pkt. 2b AEU-Vertrag).

(19$_d$) *Das Europäische Parlament und der Rat erlassen gemäß **dem ordentlichen Gesetzgebungsverfahren** und nach Anhörung des Wirtschafts- und Sozialausschusses sowie des Ausschusses der Regionen die den Europäischen Sozialfonds betreffenden Durchführungsverordnungen* (Art. 164 AEU-Vertrag).

(19$_p$) *Parlament Europejski i Rada, stanowiąc zgodnie ze **zwykłą procedurą ustawodawczą** i po konsultacji z Komitetem Ekonomiczno-Społecznym oraz Komitetem Regionów, przyjmują rozporządzenia wykonawcze dotyczące Europejskiego Funduszu Społecznego* (Art. 164 AEU-Vertrag).

Bei der Fachwissensübermittlung leisten auch verbale Fachkollokationen und FVG einen wesentlichen Beitrag, weil sie die Sachverhaltszusammenhänge gut reflektieren (vgl. Rothkegel 1994: 518):

Das Parlament erlässt die Verordnung. / Parlament przyjmuje rozporządzenie.
Der Staat erhebt Steuer. / Państwo nakłada podatki.

(3) Als vorgeformte Strukturen beeinflussen Fachphraseologismen auch die Textherstellung. Sie tragen zur Entstehung selbständiger Textabschnitte, Rahmentexte oder Textrahmen bei, bestimmen Formulare mit, sowie bilden gleichbleibende Textteile in wiederkehrenden Texten (vgl. Hohnhold 1993: 261). Dabei leisten insbesondere pragmatische Phraseologismen, verbale Kollokationen und FVG ihren Beitrag. Dies hat zur Folge, dass im Text konstante inhaltliche Komponenten, eine relativ feste Reihenfolge und eine formelhafte Realisierung dieser Komponenten nachweisbar sind (vgl. Gülich / Krafft 1998: 25).

(20$_d$) *Dieser Vertrag gilt auf unbegrenzte Zeit.*

(20$_p$) *Niniejszy Traktat zawiera się na czas nieograniczony.*

(21$_d$) *Der Rat kann **gemäß einem besonderen Gesetzgebungsverfahren und nach Anhörung des Europäischen Parlaments** Richtlinien zur Festlegung der notwendigen Koordinierungs- und Kooperationsmaßnahmen zur Erleichterung dieses Schutzes erlassen.*

(21$_p$) *Rada, **stanowiąc zgodnie ze specjalną procedurą ustawodawczą i po konsultacji z Parlamentem Europejskim**, może przyjąć dyrektywy ustanawiające środki w zakresie koordynacji i współpracy niezbędne dla ułatwienia tej ochrony.*

Fachphraseologismen bilden einen wesentlichen Baustein von Fachtexten und erfüllen in solchen Texten unterschiedliche Funktionen. Daher ist das phraseologische Wissen insbesondere bei der Formulierung von konventionalisierten Texten, wie Gesetzen, Verträgen, Verordnungen u. a. von besonderer Bedeutung. Sowohl bei der Formulierung als auch bei der Übersetzung der fachbezogenen und formelhaften Textsorten müssen die Textproduzenten beachten, dass angemessene Phraseologie, dem Usus nach, an bestimmten Stellen des Texten gebraucht wird, darunter u. a. den Text einleitende oder abschließende pragmatische Phraseologismen oder bestimmte fachliche Sachverhalte und Objekte rechtlichen Handelns benennende phraseologische Termini. Sonst wird dem Text vorgeworfen, dass er die textuellen Anforderungen nicht erfüllt, und dadurch kann seine rechtliche Wirkung beanstandet werden.

3.5 Resümee

Das dritte Kapitel zeigt einen allgemeinen Überblick über diverse Klassen von Fachphraseologismen. Als Grundlage ihrer Aussonderung und des Vergleichs wurden die phraseologischen Kriterien, erweitert um einige Merkmale der Fachsprachlichkeit, gewählt. Anhand der dargestellten Charakteristika aller Fachphraseologismen lässt sich feststellen, dass sie i. d. R. polylexikale, mehr oder weniger stabile, zum Teil idiomatische, reproduzierbare und lexikalisierte Strukturen sind – meistens mit einem Terminus als Komponente -, die stilistische Neutralität aufweisen und in Fachtexten wiederholt für den Ausdruck gleicher Inhalte verwendet werden. In Gesetzestexten erfüllen sie vorwiegend eine benennende Funktion und wirken auf die Präzision, Eindeutigkeit und Verständlichkeit des Textes hin. Darüber hinaus können die Fachphraseologismen einzelne Textbausteine mitbestimmen.

In dem nächsten Kapitel wird anhand einer kontrastiven Analyse der deutschen und polnischen Fassung des Vertrags von Lissabon der Anteil der einzelnen Klassen der Fachphraseologismen in einem juristischen Fachtext untersucht. Insbesondere wird die Struktur der exzerpierten deutschen Fachphraseologismen und ihrer polnischen Entsprechungen analysiert. Es wird auch versucht, den Fachlichkeitsgrad der exzerpierten Fachphraseologismen zu bestimmen.

4. Der Vertrag von Lissabon – eine kontrastive Analyse Deutsch-Polnisch

In diesem Kapitel wird angestrebt, die zwei Hauptverträge des Vertrags von Lissabon, d. h. den EU-Vertrag und den AEU-Vertrag in ihrer deutschen Fassung in Hinsicht auf das Vorkommen komplexer, syntagmatischer Formulierungen – Fachphraseologismen – zu untersuchen und die gesammelten deutschen Fachphraseologismen mit den polnischen aus den parallelen Verträgen exzerpierten Syntagmen zu vergleichen.

4.0 Vorgehensweise und Aufbau des Kapitels

Die Gründungsverträge der EU bilden den sachlich wesentlichsten Bestandteil des Vertrags von Lissabon. In der Analyse werden die sonstigen Bestandteile des Vertrags, nämlich die 37 Protokolle, 65 Erklärungen und die Charta der Grundrechte, aufgrund ihres Umfangs zwar nicht berücksichtigt, aber vereinzelt zu Vergleichszwecken herangezogen (mehr zum Vertrag von Lissabon vgl. Sozański 2010). Die analysierten Sprachfassungen der Verträge gelten als Paralleltexte, die insbesondere für sprachwissenschaftliche Untersuchungen ein angemessenes Material für kontrastive Analysen ausmachen. Man beobachtet heutzutage in vielen Bereichen des wissenschaftlichen, wirtschaftlichen und kulturellen Lebens im Zuge fortschreitender Globalisierung und Internationalisierung „einen zunehmenden Bedarf an Texten, die gleichzeitig für Adressaten verschiedener Sprach- und Kulturgemeinschaften gedacht sind, die also entweder als ‚parallele Texte' in mehreren Sprachen erstellt werden oder aber verdeckt zu übersetzen sind [...]" (House 2001: 265).

Der EU-Vertrag und der AEU-Vertrag wurden durch die Mitgliedstaaten ratifiziert, von den jeweiligen nationalen Parlamenten angenommen und im unveränderten Wortlaut in das nationale Rechtssystem jedes Mitgliedstaates übernommen. Somit gelten die zwei Verträge in beiden Sprachfassungen als Beispiele von Rechtsakten, die sowohl formal als auch inhaltlich Anforderungen der Rechtsakte erfüllen (vgl. Pieńkos 1999: 32ff.; Wronkowska 2003: 62; mehr dazu Kapitel 1.5.1. und 1.5.2.).

Ihre Spezifik unterscheidet sich aber von der Spezifik üblicher nationaler Gesetze oder Verordnungen einerseits dadurch, dass sie einen übernationalen, europäischen Charakter haben und somit eine neue übernationale, oft kompilative Wirklichkeit schaffen, in vielen Fällen mithilfe neuer – zum Teil aus anderen Sprachen entlehnter – Terminologie und Phraseologie. Andererseits gelten diese zwei Verträge als die in der Hierarchie der europäischen Rechtsordnung am höchsten stehenden Rechtsakte, als eine Art Verfassungstexte, denen alle anderen untergeordnet sind (vgl. Eichholz ²2011), und daher umfassen sie diverse Bereiche des politischen, wirtschaftlichen und sozialen Lebens der Europäer. Dies könnte einen Einfluss auf den Grad der Fachsprachlichkeit der exzerpierten Fachphraseologismen haben. Die Gründungsverträge regeln nämlich bestimmte Abschnitte der politischen, wirtschaftlichen und sozialen Wirklichkeit auf einer allgemeinen Ebene. Ausführlicher werden diese Abschnitte auf der europäischen Ebene in einzelnen Verordnungen bzw. Richtlinien und Rahmenbeschlüssen, oder auf der nationalen Ebene in einzelnen Gesetzen oder Verordnungen geregelt, z. B.: die Institution des Europols wird allgemein im EU-Vertrag und im AEU-Vertrag geregelt. Ausführlichere Informationen zur Funktionsweise des Europols sind hingegen in dem auf der Grundlage des EU-Vertrags erlassenen Beschluss des Rates vom 6. April 2009 zur Errichtung des Europäischen Polizeiamts (Europol) zu finden. Aus diesem Grunde ist in Bezug auf die aus den Verträgen exzerpierten Fachphraseologismen damit zu rechnen, dass sie einen allgemeineren Charakter haben können als Fachphraseologismen aus den den Verträgen untergeordneten, stärker fachbezogenen Rechtsakten.

In den untersuchten Texten kommen neben fachspezifischen Phraseologismen – oft mit einem Terminus als Kern – wie *einen abschließenden* **Beschluss** *erlassen / wydać* **decyzję** *końcową,* Syntagmen vor, die auch in der Allgemeinsprache Anwendung finden können, z. B. *Ziele verfolgen / realizować cele.* Aufgrund des fachbezogenen Kontextes wird aber den Fachphraseologismen mit allgemeinsprachlichem Bezug ein fachlicher Charakter verliehen, daher halte ich es für begründet, die beiden Gruppen – wenn auch getrennt – in der Analyse zu berücksichtigen.

Als Ausgangstext der Analyse gelten die deutschen Fassungen der Verträge. Die in dem deutschen Text gefundenen Fachphraseologismen werden mit ihren Entsprechungen aus dem polnischen parallelen Text paarweise zusammengestellt und verglichen.

Das Ziel der Analyse ist zum einen zu überprüfen, ob und in welchem Umfang feste Syntagmen juristische Fachtexte kennzeichnen, und welche Klassen der Fachphraseologismen in juristischen Texten am häufigsten vertreten sind. Darunter wird insbesondere auf die Struktur der deutschen und polnischen Syntagmen Rücksicht genommen. Zum anderen wird mit der Untersuchung angestrebt, den Grad der Fachlichkeit und Fachsprachlichkeit der exzerpierten Fachphraseologismen festzustellen.

Das exzerpierte deutsche Material umfasst 1280 feste Syntagmen, darunter vor allem Zwei-, Drei-, einige Vier- und wenige Mehr-Komponenten-Syntagmen. Vergleicht man die Anzahl der Wörter des exzerpierten deutschen Materials mit der Gesamtanzahl der Wörter der deutschen Verträge, so ergibt sich, dass die festen Syntagmen ca. 20% des Gesamtwortschatzes der Verträge darstellen. Die analysierten Verträge bestehen nämlich insgesamt aus ca. 55000 Wörtern und das gesammelte Material beläuft sich auf ca. 10000 Wörter (die exzerpierten Syntagmen mal deren Vorkommen im Text). Die Berechnung des Gesamtwortschatzes der Verträge basiert auf näheren Daten, die von MS Word gewonnen wurden. Da MS Word in seinen Statistiken Verbzusätze als getrennte Wörter betrachtet, ist die hier angegebene Anzahl des Gesamtwortschatzes nur eine ungefähre Größe. Die oben genannten statistischen Angaben beziehen sich nur auf die deutsche Fassung der Verträge und auf die deutschen exzerpierten Syntagmen. Die bisher gesammelten Daten für die polnische Fassung lassen keine verbindliche statistische Auswertung zu, weil nicht alle polnischen Fachphraseologismen, sondern nur die Entsprechungen für die deutschen Syntagmen exzerpiert wurden. Würde man die Reihenfolge der Analyse umdrehen, kämen auf der polnischen Seite wohl etliche weitere Fachphraseologismen hinzu, was zwar auf die statistischen Daten, aber kaum auf die allgemeine Charakteristik Einfluss hätte.

Die exzerpierten Fachphraseologismen lassen sich in Anlehnung an die im Kapitel 3 vorgenommene Klassifikation in vier Klassen gliedern:

- phraseologische Termini (214 Belege),
- Fachkollokationen (samt Fachkollokationsketten) (914 Belege),
- Funktionsverbgefüge (62 Belege) und
- pragmatische Phraseologismen (88 Belege).

Zwei der im Kapitel 3 besprochenen Klassen, nämlich Fachphraseme und lateinische Phrasen, kommen entweder in dem analysierten Material nicht (lateinische Phrasen) oder vereinzelt vor (zwei Fachphraseme auf der deutschen Seite: *Finanzlage der öffentlichen Hand* / *sytuacja finansów publicznych* und *Hand in Hand gehen* / *towarzyszyć*).

Die Analyse wird mit den phraseologischen Termini begonnen, weil diese zusammen mit Einworttermini die sachliche Grundlage jedes Fachtextes bilden. Denen folgen Fachkollokationen als die größte der Analyse unterzogene Gruppe. Danach werden die mit Fachkollokationen verwandten FVG besprochen. Die Analyse schließen pragmatische Phraseologismen als eine besondere Gruppe der Fachphraseologismen ab.

Die in dem Korpus gefundenen Fachphraseologismen werden jeweils in einer Tabelle angegeben und im Rahmen der jeweiligen Klasse oder deren Untergruppe nummeriert:

phraseologische Termini

1. die strafrechtliche Untersuchung	*dochodzenie*
2. die strafrechtliche Verfolgung	*ściganie*

Fachkollokationen

1. Zuständigkeit übertragen	przyznawać kompetencję
2. Zuständigkeit teilen	dzielić kompetencję
3. Zuständigkeit wahrnehmen	wykonywać kompetencję

Die Aufstellung des Materials beginnt mit einem deutschen Fachphraseologismus, dem rechts seine polnische Entsprechung aus dem parallelen Text zugeordnet wird. Wird der deutsche Fachphraseologismus mehrmals in den analysierten Texten gebraucht, wird in runden Klammern ( ) angegeben, wievielmal der Fachphraseologismus im Text wiederholt wurde:

1. das ordentliche Gesetzgebungsverfahren (91)	zwykła procedura ustawodawcza
2. das besondere Gesetzgebungsverfahren (38)	szczególna procedura ustawodawcza
3. Maßnahmen erlassen (53)	ustanawiać środki

Wird ein Fachphraseologismus in den analysierten Texten nur einmal gebraucht, steht nach dem deutschen Beleg kein Vermerk über die Anzahl seiner Wiederholung im Text. Das betrifft vor allem Syntagmen aus einzelnen ausgesonderten Themenbereichen wie Kultur, Gesundheit, Industrie, die in den Verträgen nur allgemein in wenigen Artikeln geregelt sind. Ihre Zugehörigkeit zu Fachphraseologismen wird aber durch die Verwendung in anderen Rechtsakten im Rahmen des europäischen Rechtssystems bestätigt. Vor allem treten sie in den den Verträgen untergeordneten Rechtsakten auf. Dadurch ist das Kriterium ihrer wiederholten Verwendung erfüllt.

Stehen dem deutschen Fachphraseologismus mehrere Entsprechungen im Polnischen gegenüber, werden sie jeweils mit einer entsprechenden Nummer verzeichnet.

1 Bestimmungen erlassen (9)	[1]ustanawiać przepisy
	[2]określać przepisy
	[3]uchwalać przepisy
	[4]przyjąć postanowienia
	[5]podjąć środki
	[6]*stanowić*

Die deutschen und polnischen Fachphraseologismen werden im Verzeichnis jeweils in der Grundform angeführt – nominale Fachkollokationen im Nominativ und verbale im Infinitiv – z. B: steht der phraseologische Terminus im Text im Dativ *der öffentlichen Ordnung / porządku publicznego*, so wird er in der Tabelle im Nominativ angeführt. Bei pragmatischen Phraseologismen wird dagegen die textuell übliche Form notiert.

Sind die deutschen und die polnischen Syntagmen semantisch und strukturell gleich, werden sie ohne jeglichen Vermerk verzeichnet:

die illegale Einwanderung	nielegalna imigracja
die öffentliche Ordnung	porządek publiczny
die Satzung festlegen	określać statut
das Verfahren aussetzen	zawiesić procedurę

Gehört das polnische Syntagma zu einer anderen Klasse der Fachphraseologismen als das deutsche oder wird der polnische Fachphraseologismus im Vertragstext aufgrund der Spezifik der polnischen Sprache in einer anderen grammatischen Form als der deutsche Fachphraseologismus gebraucht (verbal statt nominal oder umgekehrt), so wird der polnische Fachphraseologismus in <spitzen Klammern> verzeichnet.

Verfahren festlegen	<ustanowienie procedur>
Bewertung vornehmen	<dokonywanie oceny>

Im Falle der Zugehörigkeit der polnischen Struktur zu einer anderen Klasse der Fachphraseologismen wird nach der polnischen Struktur im Kleindruck als Hochstellung diese Klasse angegeben:

Dienste zur Verfügung stellen	<świadczyć usługi>[Koll.]
Abhilfemaßnahmen treffen	<przyjęcie środków>[Koll.]

Steht die polnische Struktur im Text in einer anderen grammatischen Form als der deutsche Fachphraseologismus, so wird nach der polnischen Struktur die analoge Form im Kleindruck angegeben, falls sie im Polnischen üblich ist:

Leistungen annehmen   <przyjęcie zobowiązań>przyjąć zobowiązania

Rechtstraditionen achten   <poszanowanie tradycji prawnych>szanować tradycje prawne

Steht dem deutschen Fachphraseologismus ein Nicht-Phraseologismus im Polnischen – insbesondere ein Einzellexem – gegenüber, so wird die polnische Form *kursiv* verzeichnet:

die strafrechtliche Untersuchung   *dochodzenie*

die strafrechtliche Verfolgung   *ściganie*

in Auftrag geben   *zlecać*

Gelten als polnische Entsprechungen der verbalen Fachkollokationen Syntagmen im perfektiven und imperfektiven Aspekt, werden die beiden Formen nebeneinander verzeichnet.

Satzung festlegen (3)   ¹ustanowić statut

                                ²określić, określać statut

Richtlinien erlassen   **¹przyjmować, przyjąć** dyrektywy

                                ²uchwalać dyrektywy

Weicht die polnische Entsprechung von dem deutschen Fachphraseologismus hinsichtlich der Form wesentlich ab, wird jeweils der Kontext in {geschweiften Klammern} im Kleindruck angegeben:

Genehmigung erteilen {...es sei denn, dass die Kommission die Genehmigung hierzu erteilt.}   *dozwolony* {chyba że jest ono dozwolone przez Komisję}

Die Analyse der Syntagmen erfolgt jeweils hinsichtlich ihrer **Struktur** und **Fachlichkeit** sowie – pragmatische Phraseologismen ausgenommen – der **Wortbildung** ihrer Komponenten. Gesondert für phraseologische Termini werden **semantische Relationen** zwischen dem Kern und dem Bezugswort untersucht.

Die Strukturanalyse bezweckt die Aussonderung typischer Strukturmuster von Fachphraseologismen. Sie beginnt mit der Bestimmung der morphologischen Struktur der deutschen Exzerpte und ihrer polnischen Entsprechungen. In Anlehnung daran werden bei komplexeren Syntagmen die Stellung, die Reihenfolge und der Abhängigkeitsgrad einzelner Attribute zu dem den Kern des Syntagmas bildenden Bezugswort bestimmt. Anschließend wird auf eventuelle strukturelle Modifikationen hingewiesen.

In der Wortbildungsanalyse wird vor allem geprüft, inwieweit einheimische und internationale Lexeme bzw. Morpheme an der Bildung von Fachphraseologismen beteiligt sind und wie produktiv die letzteren sind. Es wird auch auf die Quellen der Entlehnungen hingewiesen.

Die Analyse der Fachlichkeit soll die Zugehörigkeit der Komponenten der Fachphraseologismen zu Fachtermini, allgemeinsprachlichen Termini und Nichttermini (Hoffmann 1987, Gajda 1990) bzw. ihre konventionelle Verwendung und den Sachkontext ermitteln, der den einzelnen Syntagmen ihren fachlichen Charakter verleiht.

Die Analyse der semantischen Relationen zwischen Komponenten der phraseologischen Termini soll schließlich zeigen, in welchem Verhältnis das Bezugswort und der Kern eines phraseologischen Terminus zueinander stehen und auf welche Art und Weise sie sich zu einer terminologischen Einheit zusammenschließen lassen.

4.1 Phraseologische Termini

Phraseologische Termini sind polylexikale und feste Wendungen, die ein fachspezifisches Objekt oder einen fachspezifischen Sachverhalt stilistisch neutral benennen und oft einen Terminus als Komponente enthalten (vgl. u. a. Gajda 1990: 96; Delplanque-Tchamitchian 1995: 42; Burger 1998: 47; mehr dazu Punkt 3.3.1.). Mit 214 Belegen stellen sie die zweitgrößte Klasse in dem Material dar.

Die exzerpierten phraseologischen Termini lassen sich in folgende Untergruppen gliedern:

- phraseologische Termini des Typs Adj/Part.I/Part.II+N (Punkt 4.1.1.),
- phraseologische Termini des Typs N+N (Punkt 4.1.2.),
- Onyme (Punkt 4.1.3.).

Die zwei ersten Untergruppen sind im Hinblick auf die morphologische Struktur der Exzerpte ausgesondert worden, die dritte im Hinblick auf ihre Funktion im Text.

4.1.1 Phraseologische Termini des Typs Adjektiv/Partizip I/ Partizip II+N

In diesem Punkt werden deutsche phraseologische Termini mit einem nominalen Kern und einem vorangestellten adjektivischen oder partizipialen Atribut und ihre polnischen Entsprechungen aufgelistet.

4.1.1.1 Materialzusammenstellung

Die Mehrheit der deutschen phraseologischen Termini weist die Struktur Adj/Part. I/Part. II+N auf (142 Belege). Ihnen entsprechen im Polnischen phraseologische Termini mit der Struktur:

- N+Adj/Part. I/ Part. II,
- Adj/Part. I/ Part. II+N,
- Adj/Part. I/ Part. II+N+N(+ev. N),
- Adj/Part. I/ Part. II+N+Adj/Part. I/ Part. II,
- N+N$_{Präp}$
- N+Adj+N,

oder

- nichtphraseologische Einworttermini bzw. periphrastische Formen.

Da die deutschen phraseologischen Termini in dieser Untergruppe strukturell einheitlich sind, werden die Syntagmen in der Auflistung grundsätzlich nach der Struktur der polnischen Syntagmen gruppiert. Innerhalb der Gruppierung werden Exzerpte mit gleichen BW im Deutschen ausgesondert. Zusätzlich werden Syntagmen mit Kern im Singular und Plural in der jeweiligen Untergruppe getrennt angeführt. Die Kerne der exzerpierten phraseologischen Termini wurden grundsätzlich in der Grundform, im Singular, verzeichnet, es sei denn, in Fachtexten ist die Singularform eines phraseologischen Terminus nicht üblich, dann wird es in der Pluralform angeführt.

A. Phraseologische Termini mit der Struktur Adj/ Part. I / Part.+N im Deutschen und N+Adj/ Part. I / Part. im Polnischen

Der deutsche und der polnische Kern im Singular

1.	die öffentliche Verwaltung	administracja publiczna
2.	die öffentliche Sicherheit	bezpieczeństwo publiczne
3.	das öffentliche Defizit	deficyt budżetowy
4.	die öffentliche Gesundheit	zdrowie publiczne
5.	die öffentliche Gewalt	władza publiczna
6.	das öffentliche Interesse	interes publiczny
7.	die öffentliche Ordnung (7)	porządek publiczny
8.	das öffentliche Recht (5)	prawo publiczne
9.	der öffentliche Schuldenstand	dług publiczny
10.	das öffentliche Unternehmen	przedsiębiorstwo publiczne
11.	die humanitäre Aufgabe	misja humanitarna
12.	der humanitäre Rettungseinsatz	misja ratunkowa
13.	die humanitäre Hilfe (10)	pomoc humanitarna
14.	der diplomatische Dienst	służba dyplomatyczna
15.	die diplomatische(n) Vertretung(en)	misja(e) dyplomatyczna(e)
16.	der diplomatische Schutz	ochrona dyplomatyczna
17.	der konsularische Schutz	ochrona konsularna
18.	die konsularische(n) Vertretung(en)	misje konsularne
19.	der subsidiäre Schutz (3)	ochrona uzupełniająca
20.	der soziale Schutz (3)	ochrona socjalna
21.	der soziale Aufbau	struktura społeczna
22.	die soziale Sicherheit (7)	zabezpieczenie społeczne

23.	die repräsentative Demokratie	demokracja przedstawicielska
24.	die handwerkliche Tätigkeit	działalność rzemieślnicza
25.	das regionale Erbe	dziedzictwo regionalne
26.	die geheime Wahl	głosowanie tajne
27.	die freie Wahl	głosowanie wolne
28.	die administrative Information	informacja administracyjna
29.	die statistische Information	informacja statystyczna
30.	die berufliche Eingliederung	integracja zawodowa
31.	die körperliche Unversehrtheit	integralność fizyczna
32.	die seelische Unversehrtheit	integralność psychiczna
33.	die territoriale Unversehrtheit	integralność terytorialna
34.	das wirtschaftliche Interesse	interes gospodarczy
35.	das private Interesse	interes prywatny
36.	die berufliche Laufbahn	kariera zawodowa
37.	bewegliches Vermögen	mienie ruchome
38.	unbewegliches Vermögen	mienie nieruchome
39.	die persönliche Haftung	odpowiedzialność osobista
40.	die außervertragliche Haftung	odpowiedzialność pozaumowna
41.	die medizinische Versorgung	opieka medyczna
42.	die natürliche Person (6)	osoba fizyczna
43.	die juristische Person (6)	osoba prawna
44.	das dritte Land	państwa trzecie
45.	die operative Programmplanung	planowanie operacyjne
46.	die gesetzgeberische Programmplanung	planowanie prawodawcze
47.	die ethnische Herkunft	pochodzenie etniczne
48.	die finanzielle Hilfe	pomoc finansowa
49.	das private Recht	prawo prywatne
50.	eine finanzierbare Zahlungsbilanz	równowaga płatnicza
51.	die technologische Entwicklung	rozwój technologiczny
52.	die lokale Selbstverwaltung	samorząd lokalny
53.	das einzelstaatliche Netz	sieć krajowa
54.	das transeuropäische Netz	sieć transeuropejska
55.	die vertragliche Beziehung	stosunek umowny
56.	die kulturelle Tradition	tradycja kulturowa
57.	der vollstreckbare Titel	tytuł egzekucyjny
58.	das kommerzielle Eigentum	własność handlowa
59.	das geistige Eigentum	własność intelektualna
60.	das gewerbliche Eigentum	własność przemysłowa
61.	die polizeiliche Zusammenarbeit (5)	współpraca policyjna
62.	die justizielle Zusammenarbeit (9)	współpraca sądowa
63.	die multilaterale Zusammenarbeit	współpraca wielostronna
64.	die verfassungsrechtliche Vorschrift	wymóg konstytucyjny
65.	der pharmazeutische Beruf	zawód farmaceutyczny
66.	der ärztliche Beruf	zawód medyczny

67.	der arztähnliche Beruf	zawód paramedyczny
68.	das außergewöhnliche Ereignis	zdarzenie nadzwyczajne

69.	der satzungsgemäße Sitz (4)	siedziba statutowa
	aber:	
	[der satzungsmäßige Sitz (3)]	*[statutowa siedziba]* (vgl. Beleg 102B)

70.	der beratende Ausschuss	komitet doradczy

71.	der bewaffnete Angriff	napaść zbrojna
72.	die organisierte Kriminalität (2)	przestępczość zorganizowana
73.	die qualifizierte Mehrheit	większość kwalifikowana

Der deutsche Kern im Singular, der polnische im Plural

74.	der institutionelle Rahmen	ramy instytucjonalne
75.	die unmittelbare Wahl	wybory bezpośrednie
76.	die allgemeine Wahl	wybory powszechne

Der deutsche und der polnische Kern im Plural

77.	technische Daten	dane naukowo-techniczne
78.	wissenschaftliche Daten	dane naukowo-techniczne
79.	personenbezogene Daten	dane osobowe
80.	die öffentlichen Finanzen	finanse publiczne
81.	mengenmäßige Beschränkungen	ograniczenia ilościowe
82.	allgemein geltende Bestimmungen	postanowienia ogólne
83.	allgemeine Bestimmungen (7)	postanowienia ogólne
84.	gemeinsame Bestimmungen	postanowienia wspólne
85.	landwirtschaftliche Erzeugnisse	produkty rolne
86.	internationale Verhandlungen	rokowania międzynarodowe
87.	strukturelle Unterschiede	różnice strukturalne
88.	multinationale Streitkräfte	siły wielonarodowe
89.	restriktive Maßnahmen	środki ograniczające
90.	strukturelle Bedingungen	warunki strukturalne
91.	lokale Gebietskörperschaften (8)	¹władze lokalne
		²wspólnoty lokalne
92.	die öffentlich-rechtlichen Körperschaften	władze publiczne
93.	regionale Gebietskörperschaften (8)	¹władze regionalne
		²wspólnoty regionalne
94.	natürliche Ressourcen	zasoby naturalne
95.	verbindliche Rechtsakte	akty prawnie wiążące

B. Phraseologische Termini mit der Struktur Adj/ Part. II+N im Deutschen und Adj/ Part. II+N im Polnischen

Der deutsche und der polnische Kern im Singular

96.	die willkürliche Diskriminierung	arbitralna dyskryminacja
97.	die illegale Einwanderung	nielegalna imigracja
98.	der illegale Aufenthalt	nielegalny pobyt
99.	der offene Dialog	otwarty dialog
100.	schwere Kriminalität	poważna przestępczość
101.	das kleine Unternehmen	małe przedsiębiorstwo
102.	der satzungsmäßige Sitz (3)	statutowa siedziba (vgl. Beleg 69A)
103.	das mittlere Unternehmen	średnie przedsiębiorstwo
104.	der freie Wettbewerb	wolna konkurencja
105.	die freiberufliche Tätigkeit	wolny zawód
106.	die einfache Mehrheit	zwykła większość

Der deutsche und der polnische Kern im Plural

107.	wettbewerbsorientierte Märkte	konkurencyjne rynki
108.	die öffentlichen Ausgaben	publiczne wydatki

C. Phraseologische Termini mit der Struktur Adj/ Part. II+N im Deutschen und Adj/ Part. II.+N+N$_{Instr}$/N$_{Gen,}$ (+ev. N$_{Instr}$/N$_{Gen}$) im Polnischen

109.	der illegale Waffenhandel	nielegalny handel bronią
110.	der illegale Drogenhandel	nielegalny handel narkotykami
111.	die erneuerbare Energiequelle	odnawialna forma energii
112.	der freie Dienstleistungsverkehr	swobodne świadczenie usług
113.	der freie Datenverkehr	swobodny przepływ danych
114.	das ordentliche Änderungsverfahren	zwykła procedura zmiany
115.	die einheitliche Wechselkurspolitik	jednolita polityka wymiany walut
116.	das integrierte Grenzschutzsystem	zintegrowany system zarządzania granicami
117.	das vereinfachte Änderungsverfahren	uproszczona procedura zmiany

D. Phraseologische Termini mit der Struktur Adj+N im Deutschen und Adj+N+Adj im Polnischen

Der deutsche und der polnische Kern im Singular

118.	die europäische Marktordnung	europejska organizacja rynkowa
119.	die nationale Zentralbank	krajowy bank centralny
120.	das gesetzliche Zahlungsmittel	legalny środek płatniczy
121.	das internationale Währungssystem	międzynarodowy system walutowy
122.	die soziale Marktwirtschaft	społeczna gospodarka rynkowa
123.	das besondere Gesetzgebungsverfahren (38)	szczególna procedura ustawodawcza
124.	das ordentliche Gesetzgebungsverfahren (91)	zwykła procedura ustawodawcza
125.	die (un)entgeltliche Berufstätigkeit (6)	(nie)zarobkowa działalność zawodowa

126.	die wirtschaftliche Gesamtlage	ogólna sytuacja gospodarcza

Der deutsche und der polnische Kern im Plural

127.	die ausländischen Direktinvestitionen	bezpośrednie inwestycje zagraniczne
128.	die langfristigen Zinssätze	długoterminowe stopy procentowe
129.	die offiziellen Währungsreserven	oficjalne rezerwy walutowe

E. Phraseologische Termini mit der Struktur Adj+N im Deutschen und N+N$_{Präp}$ im Polnischen

130.	das aktive Wahlrecht	prawo do głosowania
131.	das passive Wahlrecht	prawo do kandydowania

132.	die gewerbliche Tätigkeit	działalność o charakterze przemysłowym
133.	die selbstständige Tätigkeit	działalność na własny rachunek
134.	die kaufmännische Tätigkeit	działalność o charakterze handlowym
135.	der soziale Dialog	dialog między partnerami społecznymi

F. Phraseologische Termini mit der Struktur Part. I/Part. II+N im Deutschen und N+Part. II+N$_{Gen}$/N$_{Präp}$ im Polnischen

136.	die inhaftierte Person	osoba pozbawiona wolności

137.	das schwebende Verfahren	sprawa zawisła przed sądem

G. Phraseologische Termini mit der Struktur Adj+N im Deutschen und in Form nichtphraseologischer Einworttermini bzw. periphrastischer Formen im Polnischen

138.	die strafrechtliche Untersuchung	*dochodzenie*
139.	die strafrechtliche Verfolgung	ściganie

140.	rechtswirksame Akte	*akty mające skutki prawne*
141.	die staatliche Beihilfe (3)	*pomoc przyznawana przez państwa członkowskie*
142.	ein kontrakdiktorisches Verfahren$_{\{...sie}$	na zasadzie spornej$_{\{...po\ umożliwieniu}$
	gibt den beteiligten Staaten zuvor Gelegenheit zu schriftlicher	zainteresowanym Państwom przedstawienia, na zasadzie
	und mündlicher Äußerung in einem kontradiktorischen	spornej, uwag pisemnych i ustnych.}
	Verfahren.}	

4.1.1.2 Analyse des Materials

ZUR STRUKTUR DER DEUTSCHEN UND DER POLNISCHEN PHRASEOLOGISCHEN TERMINI DES TYPS ADJ/PART. I/PART. II+N

Die exzerpierten phraseologischen Termini des Typs Adj/ Part. I /Part. II+N im Deutschen bestehen aus einem vorangestellten adjektivischen oder partizipialen Attribut und einem den Kern der Nominalphrase bildenden Nomen. Dem adjektivischen/ partizipialen Attribut geht im Deutschen – den Grammatiken gemäß (vgl. u. a. Engel et al. 2000: 920) – ein die Nominalphrase einleitendes Determinativum in Form eines bestimmten oder unbestimmten Artikels, z.B. *das kleine Unternehmen, die öffentliche Gewalt, eine finanzierbare Zahlungsbilanz,* bzw. eines Nullartikels (u. a. Belege in Pluralform), z.B. *rechtswirksame Akte, erneuerbare Energiequellen* oder im Singular *bewegliches Vermögen* voran. Somit sind die deutschen exzerpierten phraseologischen Termini Drei-Komponenten-Strukturen, aus denen zwei Komponenten Autosemantika sind.

Den deutschen phraseologischen Termini stehen im Polnischen unterschiedliche Strukturen gegenüber. Vorwiegend sind das auch phraseologische Termini (137 von 142 Belegen).

Die Mehrheit der polnischen phraseologischen Termini weist hier die Struktur **N+Adj/ Part. I / Part. II** (A) auf:

die öffentliche Verwaltung / administracja publiczna
die territoriale Unversehrtheit / integralność terytorialna
der bewaffnete Angriff / napaść zbrojna
restriktive Maßnahmen / środki ograniczające
die organisierte Kriminalität / przestępczość zorganizowana

Das adjektivische/ partizipiale Attribut ist in den polnischen phraseologischen Termini i. d. R. nachgestellt, was auf den bleibenden, kategorisierenden Charakter der Eigenschaft hinweist (vgl. Engel et al. 2000: 921). Da sich aber im Polnischen eine Tendenz feststellen lässt, adjektivische Attribute voranzustellen (vgl. Engel et al. 2000: 925), weisen einige polnische phraseologische Termini die Struktur **Adj/Part. II+N** (B) auf. Die in einer polnischen Nominalphrase vorangestellten adjektivischen/ partizipialen Attribute weisen zwar laut u. a. Engel et al. (2000: 925) auf den akzidentellen Charakter der Eigenschaft hin, nicht aber in den angegeben Fällen phraseologischer Termini, in denen das vorangestellte Attribut ein notwendiger Teil des jeweiligen Terminus ist.

die freiberufliche Tätigkeit / wolny zawód
die einfache Mehrheit / zwykła większość.

Nach der Analyse der zwei ersten Untergruppen lässt sich eine Inkonsequenz in der Verwendung des polnischen Terminus *siedziba statutowa* feststellen (Belge 69A und 102B). Den deutschen synonymischen Syntagmen *der satzungsgemäße Sitz* und *der satzungsmäßige Sitz* entsprechen im Polnischen Syntagmen, einmal mit einem nachgestellten adjektivischen Attribut *siedziba statutowa* und einmal mit einem vorangestellten adjektivischen Attribut *statutowa siedziba*. Die zweite Variante ist zwar im Polnischen üblich, aber nur mit einem zusätzlichen nachgestellten Genitivattribut, mit dem auf den Eigentümer des Sitzes hingewiesen wird, was die Belege aus dem Nationalkorpus des Polnischen (Narodowy Korpus Języka Polskiego) bestätigen:

*W styczniu 1991 roku odbył się w Poznaniu — **statutowej siedzibie Związku** — Kongres Restytucyjny.*

*I tak, odstępuje się od opodatkowania, [...] czynności związanych z przeniesieniem [...] **statutowej siedziby spółki kapitałowej** z państwa członkowskiego na terytorium Rzeczypospolitej Polskiej...*

*jeżeli **statutowa siedziba SE [spółki europejskiej** – Anm. J.W.] ma być zarejestrowana w Rzeczypospolitej Polskiej;*

Im Nationalkorpus des Polnischen wird auch das Syntagma mit einem vorangestellten pronominalen Attribut verwendet:

*Spółka europejska powinna być zarejestrowana w tym państwie, w którym znajduje się **jej statutowa siedziba.***

In den zwei weiteren Untergruppen (C und D) treten als polnische Entsprechungen Drei- und wenige Vier-Komponenten-Strukturen des Typs

(C) $Adj+N+N_{Gen}$
$Adj+N+N_{Instr}$
$Adj+N+N_{Gen}$
$Adj+N+N_{Gen+}N_{Instr}$
$Adj+N+N_{Gen+}N_{Gen}$

und des Typs

(D) Adj+N+Adj auf.

Die polnischen phraseologischen Termini in den zwei Untergruppen sind komplexer als die Deutschen, was aus der Wiedergabe der deutschen Komposita mit Nominalphrasen im Polnischen resultiert. Die Tendenz der polnischen Sprache zur Bildung von Komposita ist schwächer als im Deutschen. Während im Deutschen die Komposition das wichtigste und produktivste Verfahren für die Bildung neuer Benennungen ist, kommt sie im Polnischen relativ selten vor (vgl. Engel et al. 2000: 750). Nur wenigen deutschen Komposita entspricht ein Kompositum im Polnischen (vgl. Engel et al. 2000: 750). Diese Feststellung wird auch im analysierten Material bestätigt. Den phraseologischen Termini mit Determinativkompositum als Kern stehen nämlich Nominalphrasen mit einem nominalen Kern und einem nachgestellten genitivischen Attribut bzw. einem Instrumentalattribut im Polnischen gegenüber (C):

Datenverkehr / przepływ danych
Waffenhandel / handel bronią.

bzw. mit einem nachgestellten adjektivischen Attribut (D):

Marktordnung / organizacja rynkowa
Währungssystem / system walutowy
Gesetzgebungsverfahren / procedura ustawodawcza.

Analog entsprechen den deutschen dreifach gegliederten Komposita eine dreigliedrige Nominalphrase des Typs $N+N_{Gen}+N_{Instr}$

Grenzschutzsystem / system zarządzania granicami,

und eine des Typs $N+N_{Gen}+N_{Gen}$

Wechselkurspolitik / polityka wymiany walut.

In den analysierten deutschen und polnischen phraseologischen Termini aus dieser Untergruppe lassen sich bestimmte Unterschiede hinsichtlich der Reihenfolge und des Grades der Attribute nachweisen. In den Syntagmen

die wirtschaftliche Gesamtlage / ogólna sytuacja gospodarcza
die ausländischen Direktinvestitionen / bezpośrednie inwestycje zagraniczne

gelten die im Polnischen postnominal gestellten Attribute *gospodarczy (wirtschaftlich)* und *zagraniczne (ausländisch)* als Primärattribute und die pränominal gestellten Attribute *ogólny (Gesamt-)* und *bezpośrednie (Direkt-)* als Sekundärattribute zum

Kern *sytuacja* und *inwestycje*. Im Deutschen fungieren *Gesamt-* und *Direkt-* als Bestimmungswörter in Komposita und somit stehen sie dem Determinatum näher.

In der Untergruppe (E) sind polnische phraseologische Termini mit der Struktur N+N$_{Präp}$ gruppiert. Das Präpositionalattribut ergibt sich hier einerseits aus der Rektion des als Kern geltenden Nomens:

prawo do głosowania / das aktive Wahlrecht.

Andererseits ist das Präpositionalattribut ein Teil einer festen, phraseologischen Phrase:

die selbstständige Tätigkeit / działalność na własny rachunek

oder resultiert aus stilistischer fachsprachenbedingter (hier juristisch bedingter) Neigung:

die gewerbliche Tätigkeit / działalność o charakterze przemysłowym.

In dem gerade angeführten Beispiel wird im Polnischen die Präpositionalphrase *o charakterze* gebraucht, die keine semantischen Differenzen im Vergleich zur Benennung *działalność przemysłowa* aufweist, aber in der Recht- und Amtssprache bevorzugt wird (vgl. Nowy Słownik Poprawnej Polszczyzny PWN 2002).

Die nächste Untergruppe (F) enthält die deutschen Syntagmen, denen im Polnischen Syntagmen gegenüberstehen, die periphrastischen Formen ähneln. Sie sind partizipiale Konstruktionen, die auf einen Attributsatz leicht zurückgeführt werden können:

die inhaftierte Person → die Person, die inhaftiert wurde
osoba pozbawiona wolności → osoba, która została pozbawiona wolności
das schwebende Verfahren → das Verfahren, das vor dem Gericht schwebt
sprawa zawisła przed sądem → sprawa, która zawisła przed sądem.

Durch einen rekurrenten Gebrauch der periphrastischen Formen geht ihr Satzcharakter verloren und sie werden zu festen Syntagmen mit benennender Funktion, d. h. zu phraseologischen Termini.

Zu der letzten Gruppe (G) gehören deutsche Syntagmen, denen im Polnischen nicht phraseologische Ausdrücke gegenüberstehen. Dazu zählen Einworttermini *dochodzenie, ściganie* und periphrastische Formen, die nicht rekurrente Strukturen sind. Periphrastische Formen stehen in dem gegebenen Kontext okkasionell, denn entsprechende Termini sind im Polnischen üblich und könnten die periphrastischen Formen ersetzen:

Phraseologischer Terminus	IST	KÖNNTE SEIN
rechtswirksame Akte (phraseologischer Terminus)	*akty mające skutki prawne* (periphrastische Form)	*akty prawnie wiążące* (phraseologischer Terminus)
die staatliche Beihilfe (phraseologischer Terminus)	*pomoc przyznawana przez państwa członkowskie* (periphrastische Form)	*pomoc państwowa / pomoc publiczna* (phraseologische Termini)

Die Attribute in den hier analysierten phraseologischen Termini werden vor allem durch abgeleitete desubstantivische oder deverbiale Adjektive, die sog. Beziehungsadjektive (Bartnicka et al. 2004: 250) gebildet:

*die **berufliche** Eingliederung / integracja **zawodowa***
beruflich← Beruf / zawodowy ← zawód
*die **medizinische** Versorgung / opieka **medyczna***
medizinisch ← Medizin / medyczny ← medycyna
*der **konsularische** Schutz / ochrona **konsularna***
konsularisch ← Konsul / konsularny ← konsul
*die **erneuerbare** Energiequelle / **odnawialna** forma energii*
erneuerbar ← erneuern / odnawialny ← odnawiać.

Die meisten partizipialen Attribute in den analysierten phraseologischen Termini sind durch wiederholten Gebrauch in demselben Syntagma (Mehrwortterminus) adjektiviert worden, so dass sie ihren verbalen Charakter verloren haben. Von echten partizipialen Attributen unterscheiden sie sich vor allem dadurch, dass sie ein ständiges und nicht ein vorübergehendes, nur momentan vorhandenes Merkmal benennen und sich mit adverbialen Bestimmungen der Zeit nicht kombinieren lassen (vgl. Bartnicka et al. 2004: 252):

*der **beratende** Ausschuss / komitet doradczy*
der seit Jahren beratende Mitglied des Ausschuss [od lat doradzący członek komitetu]
*der seit Jahren beratende Ausschuss [*komitet doradczy od lat]

*die **organisierte** Kriminalität / przestępczość **zorganizowana***
die vor drei Jahren organisierte Veranstaltung / impreza zorganizowana przed trzema laty
die vor drei Jahren organisierte Kriminalität /*przestępczość zorganizowana przed trzema laty

*ochrona **uzupełniająca** / der subsidiäre Schutz*
duet od lat uzupełniający się wzajemnie [das sich seit Jahren ergänzende Duo]
*ochrona uzupełniająca od lat [der seit Jahre subsidiäre Schutz]

otwarty dialog / der offene Dialog
otwarty niedawno sklep [das vor kurzem geöffnete Geschäft]
*otwarty niedawno dialog [*der vor kurzem geöffnete Dialog].

Die Attribute in den Drei- und Vier-Komponenten-Strukturen sind im Polnischen miteinander auf unterschiedliche Art und Weise verbunden. Die phraseologischen Termini aus der Gruppe C und D weisen eine subordinierende Verbindung der Attribute auf (vgl. Helbig / Buscha ⁵2005: 506). Der dem deutschen Kompositum entsprechende phraseologische Terminus mit einem nachgestellten adjektivischen, genitivischen oder instrumentalen Attribut bildet die erste Stufe der Attribuierung. Das vorangestellte adjektivische Attribut gilt als sekundäres Attribut zu der ganzen Phrase:

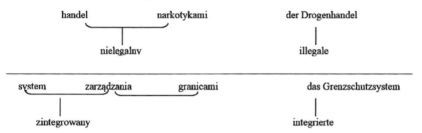

Das vorangestellte adjektivische Attribut ist ein fakultatives die Bedeutung einengendes Attribut zu der ganzen Phrase.

ZUR WORTBILDUNG

In Hinsicht auf die Wortbildung der analysierten phraseologischen Termini lässt sich feststellen, dass die meisten deutschen (78) und polnischen (92) phraseologischen Termini mindestens eine internationale Komponente haben. Unter Internationalismen werden hier Wörter verstanden, „[...] die gleiche oder eine ähnliche Bedeutung und zusätzlich die gleiche oder eine ähnliche Form, bzw. eine mehr oder weniger abgewandelte lautliche, grammatikalische und orthographische Gestalt [haben]; [...] ohne Übersetzung verständlich [sind]" (Schaeder 1990: 39). Sie sollen in mindestens drei Sprachen einen äquivalenten Vertreter haben, wobei „mindestens eine der Vergleichssprachen aus einer genetisch nicht verwandten Sprachgruppe/Sprachfamilie sein [sollte]" (Volmert 1990: 50). „Internationalismen sind entweder einer Nationalsprache entlehnt oder auf dem Wege der Wortbildung aus lateinischen und/oder griechischen Morphemen entstanden" (Schaeder 1990: 39).

78 von 142 deutschen exzerpierten phraseologischen Termini haben mindestens eine internationale Komponente in ihrer Struktur. Als internationale Komponente wird hier sowohl ein internationales Lexem als auch eine Hybride (vgl. Fleischer / Barz 2007: 62) verstanden – meistens ein Kompositum, das aus einem einheimischen Wort und einem Internationalismus besteht:

*die einheitliche Geld**politik**,*
*die erneuerbare **Energie**quelle,*
*die einheitliche Wechsel**kurspolitik**.*

14 deutsche Exzerpte bestehen nur aus Internationalismen:

die **repräsentative Demokratie**
die **administrative Information.**

49 deutsche Exzerpte bestehen aus einem internationalen BW und einem einheimischen Kern:

der **konsularische** *Schutz*
regionale *Gebietskörperschaften.*

15 Exzerpte bestehen aus einem einheimischen BW und einem internationalen Kern:

das öffentliche **Defizit**
die willkürliche **Diskriminierung.**

92 polnische phraseologische Termini enthalten mindestens einen Internationalismus als Komponente.

17 polnische phraseologische Termini bestehen ausschließlich aus Internationalismen:

arbitralna dyskryminacja
nielegalna imigracja
integralność terytorialna.

44 polnische phraseologische Termini bestehen aus einem internationalen BW und einem einheimischen Kern:

porządek **publiczny**
służba **dyplomatyczna**
konkurencyjne *rynki.*

22 polnische phraseologische Termini bestehen aus einem/ mehreren einheimischen BW und einem internationalen Kern:

deficyt *budżetowy*
struktura *społeczna*
zwykła **procedura** *zmiany*
akty *prawnie wiążące.*

In 9 polnischen Exzerpten, vor allem in den Drei- und Mehrkomponenten-Strukturen, fungieren als Internationalismen ein Kernwort und ein BW, wobei das zweite BW einheimisch ist:

nielegalny handel *narkotykami*
zintegrowany system *zarządzania* **granicami**
europejska organizacja *rynkowa*
krajowy **bank centralny**
oficjalne rezerwy *walutowe.*

6 phraseologische Termini bestehen sowohl im Deutschen als auch im Polnischen ausschließlich aus Internationalismen:

die administrative Information / informacja administracyjna
die statistische Information / informacja statystyczna
die kulturelle Tradition / tradycja kulturowa
der institutionelle Rahmen / ramy instytucjonalne
das private Interesse / interes prywatny
die operative Programmplanung / planowanie operacyjne.

ZU SEMANTISCHEN RELATIONEN

Phraseologische Termini bilden eine syntaktische Einheit und somit ähneln sie den zusammengesetzten Einwortbenennungen. Auch die Bedeutungsverhältnisse zwischen dem BW und dem Kern sind ähnlich wie bei Komposita (vgl. Morciniec 1964: 136f., Morciniec 2012; vgl. auch Pkt. 3.3.1.). Die semantische Relation zwischen dem adjektivischen BW und dem Kern ist allerdings bei phraseologischen Termini vielfältiger als bei Nominalkomposita mit adjektivischem Erstglied. In Anlehnung an die Klassifikation der semantischen Relationen in Komposita von Fleischer und Barz (2007: 107f.) und Bizukojć (2011: 136ff.) wird im Folgenden ein Versuch unternommen, die semantischen Relationen zwischen Komponenten der exzerpierten phraseologischen Termini zu nennen:

1. **Eigenschaftsbestimmung:** BW nennt die herausragende Eigenschaft des als Kern geltenden Nomens:

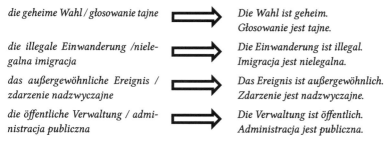

die geheime Wahl / głosowanie tajne → *Die Wahl ist geheim.*
Głosowanie jest tajne.

die illegale Einwanderung /nielegalna imigracja → *Die Einwanderung ist illegal.*
Imigracja jest nielegalna.

das außergewöhnliche Ereignis / zdarzenie nadzwyczajne → *Das Ereignis ist außergewöhnlich.*
Zdarzenie jest nadzwyczajne.

die öffentliche Verwaltung / administracja publiczna → *Die Verwaltung ist öffentlich.*
Administracja jest publiczna.

2. **lokale Bestimmung:** BW bestimmt, wo sich der Kern befindet, wo er sich vollzieht, woher er stammt oder wozu er führt:

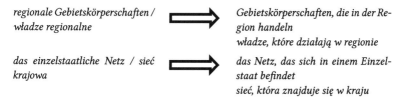

regionale Gebietskörperschaften / władze regionalne → *Gebietskörperschaften, die in der Region handeln*
władze, które działają w regionie

das einzelstaatliche Netz / sieć krajowa → *das Netz, das sich in einem Einzelstaat befindet*
sieć, która znajduje się w kraju

das transeuropäische Netz / sieć transeuropejskia ⟹ *das Netz, das quer durch Europa führt*
sieć przebiegająca/ prowadząca przez Europę

die verfassungsrechtliche Vorschrift / wymóg konstytucyjny ⟹ *die Vorschrift, die in der Verfassung geregelt ist / die sich der Verfassung entnehmen lässt*
wymóg wynikający z konstytucji

die vertragliche Beziehung/ stosunek umowny ⟹ *die Beziehung, die sich aus dem Vertrag herleiten lässt*
stosunek wynikający z umowy

die europäische Marktordnung / europejska organizacja rynkowa ⟹ *Marktordnung, die in Europa herrscht.*
organizacja rynkowa, która panuje w Europie

3. **temporale Bestimmung:** BW nennt den Zeitpunkt oder -raum des Kerns:

die langfristigen Zinssätze / długoterminowe stopy procentowe ⟹ *Zinssätze, die für einen längeren Zeitraum festgesetzt wurden*
stopy procentowe, które zostały ustalone na długi okres

4. **instrumentale Bestimmung:** BW nennt das Instrument, mithilfe wessen die im Kern ausgedrückte Tätigkeit geleistet wird:

die finanzielle Hilfe / pomoc finansowa ⟹ *Hilfe, die mit finanziellen Mitteln geleistet wird*
pomoc świadczona przy pomocy środków finansowych

die medizinische Versorgung / opieka medyczna ⟹ *Versorgung, die mithilfe der Medizin / unter Anwendung der medizinischen Errungenschaften geleistet wird*
opieka świadczona przy zastosowaniu środków medycznych

der bewaffnete Angriff / napaść zbrojna ⟹ *Angriff, die jemand mit einer Waffe ausführt*
napaść, której dokonuje się w uzbrojeniu

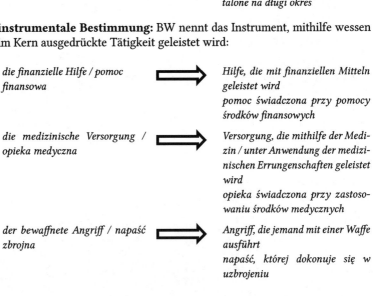

5. **agentive Bestimmung:** BW bezeichnet das Agens der durch den Kern ausgedrückten Handlung bzw. der Herrschaftsform:

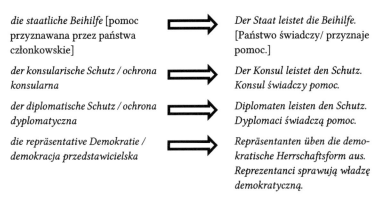

die staatliche Beihilfe [pomoc przyznawana przez państwa członkowskie] ⟹ *Der Staat leistet die Beihilfe. [Państwo świadczy/ przyznaje pomoc.]*

der konsularische Schutz / ochrona konsularna ⟹ *Der Konsul leistet den Schutz. Konsul świadczy pomoc.*

der diplomatische Schutz / ochrona dyplomatyczna ⟹ *Diplomaten leisten den Schutz. Dyplomaci świadczą pomoc.*

die repräsentative Demokratie / demokracja przedstawicielska ⟹ *Repräsentanten üben die demokratische Herrschaftsform aus. Reprezentanci sprawują władzę demokratyczną.*

6. **patientive Bestimmung:** BW weist darauf hin, was mit dem Kern gemacht wurde:

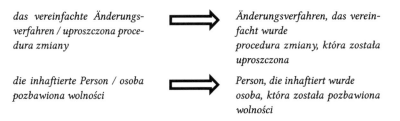

das vereinfachte Änderungsverfahren / uproszczona procedura zmiany ⟹ *Änderungsverfahren, das vereinfacht wurde procedura zmiany, która została uproszczona*

die inhaftierte Person / osoba pozbawiona wolności ⟹ *Person, die inhaftiert wurde osoba, która została pozbawiona wolności*

7. **prozessuale Bestimmung:** BW weist darauf, was sich mit dem Kern vollzieht oder was er macht:

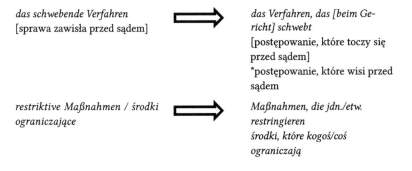

das schwebende Verfahren [sprawa zawisła przed sądem] ⟹ *das Verfahren, das [beim Gericht] schwebt [postępowanie, które toczy się przed sądem] *postępowanie, które wisi przed sądem*

restriktive Maßnahmen / środki ograniczające ⟹ *Maßnahmen, die jdn./etw. restringieren środki, które kogoś/coś ograniczają*

8. thematische Bestimmung: BW bestimmt thematisch den Kern:

der soziale Aufbau / struktura społeczna	*Aufbau, der sich auf die Gesellschaft bezieht* *struktura, która odnosi się do społeczeństwa*
die statistische Information / informacja statystyczna	*Information, die Statistik betrifft* *informacja, która odnosi się do danych statystycznych*
das wirtschaftliche Interesse / interes gospodarczy	*Interesse, das die Wirtschaft betrifft* *interes, który dotyczy gospodarki*
die technologische Entwicklung / rozwój technologiczny	*Entwicklung, die sich auf die Technologie bezieht* *rozwój w zakresie technologii*
mengenmäßige Beschränkungen / ograniczenia ilościowe	*Beschränkungen, die Menge betreffen* *ograniczenia, które dotyczą ilości*
personenbezogene Daten / dane osobowe	*Daten, die sich auf Personen beziehen* *dane, które odnoszą się do osób*

Unter den analysierten phraseologischen Termini wurden keine Belege mit finalen, kausalen, komparativen, possessiven, ornativen, partitiven, materialen, konstitutionalen, adhäsiven und graduativen Bedeutungsverhältnissen gefunden.

Die meisten hier analysierten phraseologischen Termini sind vollmotiviert, d. h. deren Gesamtbedeutung lässt sich aus der Summe der Bedeutungen deren Komponenten ableiten:

die technologische Entwicklung / rozwój technologiczny
die polizeiliche Zusammenarbeit / współpraca policyjna
naturgegebene Bedingungen / warunki przyrodnicze
der illegale Aufenthalt / nielegalny pobyt.

Zur Fachlichkeit

Den Kern der in diesem Punkt analysierten phraseologischen Termini bilden im Deutschen und im Polnischen – in Anlehnung an die im Punkt 3.3.3. angegebene Klassifikation von Gajda (1990) sowie in Anlehnung an die Gliederung der lexikalischen Elemente in Fachtexten von Hoffmann (1987: 126ff.):

- **Fachtermini**, die für einen besonderen Fachbereich typisch sind:

  *die einheitliche **Wechselkurspolitik** / jednolita **polityka wymiany walut***
  *die langfristigen **Zinssätze** / długoterminowe **stopy procentowe***

174

schwere **Kriminalität** / *poważna* **przestępczość**

das mittlere **Unternehmen** / *średnie* **przedsiębiorstwo,**

- **allgemeinwissenschaftliche Termini**, die für mehrere Fachbereiche typisch sind und in verschiedenen wissenschaftlichen Gebieten Anwendung finden:

  die strafrechtliche **Untersuchung** / *dochodzenie*
  die gewerbliche **Tätigkeit** / *działalność o charakterze przemysłowym*
  personenbezogene **Daten** / **dane** *osobowe*
  natürliche **Ressourcen** / **zasoby** *naturalne*

- und **Nichttermini**, d. h. allgemeinsprachliche Lexeme, die zusammen mit einem fachlich gekennzeichneten adjektivischen Attribut oder aufgrund eines fachlichen Kontextes, in dem sie gebraucht werden, einen fachspezifischen Charakter gewinnen:

  der illegale **Aufenthalt** / *nielegalny* **pobyt**
  der offene **Dialog** / *otwarty* **dialog**
  die öffentliche **Ordnung** / **porządek** *publiczny*
  die öffentliche **Sicherheit** / **bezpieczeństwo** *publiczne.*

Da die analysierten Verträge unterschiedliche Bereiche der Wirklichkeit regeln, betreffen auch die exzerpierten hier besprochenen phraseologischen Termini inhaltlich unterschiedliche Aspekte der Wirklichkeit u. a.:

Kultur (Titel XIII TFUE)

  das regionale **Erbe** / **dziedzictwo** *regionalne*
  die kulturelle **Tradition** / **tradycja** *kulturowa,*

Industrie (Titel XVII TFUE)

  landwirtschaftliche **Erzeugnisse** / **produkty** *rolne*
  natürliche **Ressourcen** / **zasoby** *naturalne,*

Wirtschaft (Titel VIII TFUE)

  eine finanzierbare **Zahlungsbilanz** / **równowaga** *płatnicza*
  die öffentlichen **Finanzen** / **finanse** *publiczne.*

Die meisten exzerpierten phraseologischen Termini des Typs Adj+N haben aber entweder einen ausdrücklich **rechtlich-wirtschaftlichen** Charakter und benennen die Einzelheiten des rechtlichen und wirtschaftlichen Systems:

  die öffentliche **Verwaltung** / *administracja* **publiczna**
  das öffentliche **Unternehmen** / *przedsiębiorstwo* **publiczne**
  die **juristische Person** / *osoba* **prawna**
  justizielle *Zusammenarbeit* / *współpraca* **sądowa;**

oder sie haben einen politischen Charakter und betreffen die Grundlagen der Funktionsweise bestimmter Organe und Institutionen in der EU, den Prozess der

Beschlussfassung im Rahmen der EU sowie Grundsätze des politischen Systems der EU:

*das öffentliche **Interesse** / **interes publiczny***
*der **institutionelle Rahmen** / **ramy instytucjonalne***
*die staatliche **Beihilfe** / **pomoc** przyznawana przez państwa członkowskie*
*der **offene Dialog** / **otwarty dialog**.*

Kennzeichnend für die exzerpierten und in diesem Punkt analysierten Syntagmen ist die bevorzugte Verwendung des adjektivischen Attributs *öffentlich / publiczny*. Dies stellt ein Indiz dafür dar, dass die Verträge mit ihrem Geltungsbereich die öffentliche Sphäre der EU betreffen.

4.1.2 Phraseologische Termini des Typs Nomen+Nomen

In diesem Punkt werden deutsche phraseologische Termini mit einem nominalen Kern und einem nachgestellten nominalen Atribut und ihre polnischen Entsprechungen aufgelistet.

4.1.2.1 Materialzusammenstellung

Die zweite Gruppe der phraseologischen Termini stellen Syntagmen des Typs N+N (24 Belege). Die hier analysierten phraseologischen Termini werden nach der Struktur der deutschen Syntagmen in zwei Gruppen geteilt:

- Phraseologische Termini mit der Struktur $N+N_{Gen}$ (ev.$+N_{Gen}$) im Deutschen (ev. erweitert um ein vorangestelltes adjektivisches Attribut)
- phraseologische Termini mit der Struktur $N+N_{Präp}$ (ev. erweitert um ein vorangestelltes adjektivisches Attribut oder nachgestelltes Genitivattribut).

A. Phraseologische Termini mit der Struktur $N+N_{Gen}$ (ev.$+N_{Gen}$) im Deutschen (ev. erweitert um ein vorangestelltes adjektivisches Attribut)

1.	Erzeugnisse des Bodens	płody ziemi
2.	der Entwurf eines Gesetzgebungsakts (2)	projekt aktu prawodawczego
3.	die Gesellschaft des Handelsrechts	spółka prawa handlowego
4.	Statut der Beamten	regulamin pracowniczy urzędników
5.	Aufgaben der Konfliktverhütung	misje zapobiegania konfliktom
6.	Aufgaben der Erhaltung des Friedens	misje utrzymywania pokoju
7.	der soziale Aufbau der Landwirtschaft	struktura społeczna rolnictwa
8.	die Produktion landwirtschaftlicher Erzeugnisse	produkcja rolna
9.	die Einrichtungen des öffentlichen Rechts	instytucje publiczne

10.	die Gesellschaft des bürgerlichen Rechts	spółka prawa cywilnego
11.	Rechte des geistigen Eigentums	prawa własności intelektualnej
12.	Organe menschlichen Ursprungs	organy pochodzenia ludzkiego
13.	Substanzen menschlichen Ursprungs	substancje pochodzenia ludzkiego
14.	Erzeugnisse der ersten Verarbeitungsstufe	produkty pierwszego przetworzenia

B. phraseologische Termini mit der Struktur N+N$_{Präp}$ (ev. erweitert um ein vorangestelltes adjektivisches Attribut oder nachgestelltes Genitivattribut) im Deutschen

15.	Beförderungen im Binnenschiffsverkehr	transport śródlądowy
16.	Beförderungen im Eisenbahnverkehr	transport kolejowy
17.	Beförderungen im Straßenverkehr	transport drogowy
18.	(justizielle) Zusammenarbeit in Strafsachen (2)	współpraca w sprawach karnych
19.	(justizielle) Zusammenarbeit in Zivilsachen (2)	współpraca w sprawach cywilnych
20.	Kreditinstitute in öffentlichem Eigentum	publiczne instytucje kredytowe
21.	Rechtsakt(e) mit allgemeiner Geltung (2)	akt(y) o zasięgu ogólnym
22.	Straftaten zum Nachteil der finanziellen Interessen	przestępstwa przeciwko interesom finansowym
23.	Volkswirtschaften mit unterschiedlichem Entwicklungsstand	gospodarki o zróżnicowanym rozwoju
24.	Handel mit Frauen und Kindern	handel kobietami i dziećmi

4.1.2.2 Analyse des Materials

Zur Struktur der deutschen und der polnischen phraseologischen Termini des Typs N+N

Die Struktur der phraseologischen Termini des Typs N+N ist sowohl im Deutschen als auch im Polnischen komplexer als die des Typs Adj+N (N+Adj im Pl.). Die in diesem Punkt analysierten deutschen Syntagmen bestehen aus einem nominalen Kern (oft einem Terminus) und

(A) einem ihm nachgestellten nominalen Attribut im Genitiv, (N+N$_{Gen}$) (gelegentlich erweitert um ein vorangestelltes adjektivisches Attribut bzw. ein nachgestelltes Genitivattribut, N+Adj+N$_{Gen}$+N$_{Gen}$)

Erzeugnisse des Bodens / płody ziemi
die Produktion landwirtschaftlicher Erzeugnisse / produkcja rolna
Aufgaben der Erhaltung des Friedens / misje utrzymywania pokoju;

(B) einem ihm nachgestellten nominalen Attribut im Präpositionalkasus (gelegentlich erweitert um ein nominales oder ein adjektivisches Attribut, (N+(ev. Adj)+$N_{Präp}$+(ev. N_{Gen}))

Rechtsakte mit allgemeiner Geltung / akt o zasięgu ogólnym.
Straftaten zum Nachteil der finanziellen Interessen /przestępstwa przeciwko interesom finansowym.

Im Polnischen stehen den deutschen phraseologischen Termini in der Gruppe A gegenüber:

(A_1) Syntagmen mit einem nominalen Kern und einem ihm nachgestellten Genitivattribut, (N+N_{Gen})

płody ziemi / Erzeugnisse des Bodens

(A_2) Syntagmen mit einem nominalen Kern und einem ihm nachgestellten Genitivattribut erweitert um ein nachgestelltes adjektivisches Attribut, (N+N_{Gen}+Adj)

projekt aktu prawodawczego / der Entwurf eines Gesetzgebungsakts

(A_3) Syntagmen mit einem nominalen Kern und einem ihm nachgestellten Genitivattribut erweitert um ein nachgestelltes Dativattribut, (N+N_{Gen}+N_{Dat})

misje zapobiegania konfliktom / Aufgaben der Konfliktverhütung

(A_4) Syntagmen mit einem nominalen Kern und einem ihm nachgestellten Genitivattribut erweitert um ein nachgestelltes Genitivattribut, (N+N_{Gen}+N_{Gen})

misje utrzymywania pokoju / Aufgaben der Erhaltung des Friedens

(A_5) Syntagmen mit einem nominalen Kern mit einem ihm nachgestellten adjektivischen Attribut und einem Genitivattribut, (N+Adj+N_{Gen})

struktura społeczna rolnictwa / der soziale Aufbau der Landwirtschaft

(A_6) Syntagmen mit einem nominalen Kern mit einem nachgestellten Genitivattribut erweitert um ein vorangestelltes adjektivisches Attribut, (N+Adj+N_{Gen})

produkty pierwszego przetworzenia / Erzeugnisse der ersten Verarbeitungsstufe

(A_7) Syntagmen mit einem nominalen Kern mit einem nachgestellten adjektivischen Attribut, (N+Adj)

produkcja rolna / die Produktion landwirtschaftlicher Erzeugnisse

In der Gruppe B stehen im Polnischen Syntagmen mit der Struktur:

(B₁) Syntagmen mit einem nominalen Kern mit einem voran- und einem nachgestellten adjektivischen Attribut, (Adj+N+Adj)

publiczne instytucje kredytowe / Kreditinstitute in öffentlichem Eigentum

(B₂) Syntagmen mit einem nominalen Kern mit einem nachgestellten Präpositionalattribut, erweitert um ein voran- oder nachgestelltes adjektivisches Attribut, $(N+(ev. Adj)+N_{Präp}(+ev. Adj))$

przestępstwa przeciwko interesom finansowym / Straftaten zum Nachteil der finanziellen Interessen

(B₃) Syntagmen mit einem nominalen Kern mit einem mehrfachen Instrumentalattribut, $N+N_{Instr}$

handel kobietami i dziećmi / Handel mit Frauen und Kindern.

Die erweiterte Attribuierung des nominalen Kerns in den deutschen und polnischen phraseologischen Termini hat zur Folge, dass viele der Attribute attributive Treppen (seltener Reihen) bilden, unter denen sich Attribute primärer und sekundärer Stufe aussondern lassen (vgl. Poźlewicz/ Duch-Adamczyk/ Schatte 2013: 85). Die Attribute stehen zueinander im Verhältnis der Subordination (vgl. Helbig / Buscha ⁵2005: 506).

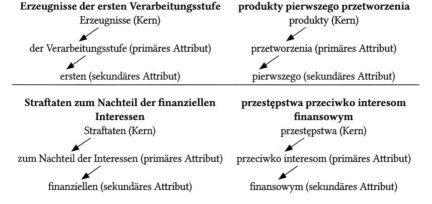

Manche Attribute stehen zueinander im Verhältnis der Koordination (vgl. Helbig / Buscha ⁵2005: 506) und bilden attributive Reihen (vgl. Poźlewicz/ Duch-Adamczyk/ Schatte 2013: 85).

Zur Wortbildung

In Hinsicht auf die Wortbildung haben die Mehrheit der deutschen (13/ 24) und die meisten polnischen (21/24) phraseologischen Termini mindestens eine internationale oder hybridisierte Komponente.

7 deutsche Exzerpte haben mindestens ein internationales oder hybridisiertes BW:

> *der **soziale** Aufbau der Landwirtschaft*
> *die Gesellschaft des **Handelsrechts.***

6 deutsche Exzerpte und 12 polnische bestehen aus einem internationalen oder hybridisierten Kern:

> ***Substanzen** menschlichen Ursprungs / **substancje** pochodzenia ludzkiego*
> ***Handel** mit Frauen und Kindern / **handel** kobietami i dziećmi.*

6 polnische Exzerpte haben mindestens ein internationales BW und einen einheimischen Kern

> *współpraca w sprawach **cywilnych***
> *prawa własności **intelektualnej.***

In 2 polnischen phraseologischen Termini, vor allem in den Drei- und Mehrkomponenten-Strukturen, fungieren als Internationalismen ein Kern und ein BW, wobei das zweite BW einheimisch ist:

> ***projekt aktu** prawodawczego*
> ***misje** zapobiegania **konfliktom.***

Kein deutscher phraseologischer Terminus und nur ein polnischer besteht allein aus Internationalismen

> ***instytucje publiczne.***

Zu Semantischen Relationen

In Hinsicht auf semantische Relationen zwischen einzelnen Komponenten lassen sich nach Fleischer und Barz (2007: 107f.) sowie Bizukojć (2011: 136ff.) folgende Wortbildungsbedeutungen der phraseologischen Termini unterscheiden:

1. **Eigenschaftsbestimmung:** BW nennt die herausragende Eigenschaft des als Kern geltenden Nomens:

Rechtsakte mit allgemeiner Geltung / akt o zasięgu ogólnym		*Rechtskate, die allgemeingeltend sind akt, który ma ogólny zasięg*
Volkswirtschaften mit unterschiedlichem Entwicklungsstand / gospodarki o zróżnicowanym rozwoju		*Volkswirtschaften, deren Entwicklungsstand unterschiedlich ist gospodarki, których rozwój jest zróżnicowany*

2. **lokale Bestimmung:** BW bestimmt, wo sich der Kern befindet, wo er sich vollzieht, woher er stammt oder wozu er führt:

Kreditinstitute in öffentlichem Eigentum/ publiczne instytucje kredytowe *Kreditinstitute, die sich im öffentlichen Eigentum befinden.*
[im Polnischen Eigenschaftsbestimmung: instytutcje kredytowe, które są publiczne]

3. **Finalbestimmung:** Kern ist geeignet für, führt zu oder hat zur Folge BW:

Aufgaben der Konfliktverhütung / misje zapobiegania konfliktom *Aufgaben, die zur Konfliktverhütung führen.*
Aufgaben, die Konflikte verhüten

misje, które zapobiegają konfliktom

Straftaten zum Nachteil der finanziellen Interessen / przestępstwa przeciwko interesom finansowym *Straftaten, die den Nachteil der finanziellen Interessen zur Folge haben.*
przestępstwa, które mają na celu działanie przeciwko interesom finansowym

4. **instrumentale Bestimmung:** BW nennt das Instrument, mithilfe wessen die im Kern ausgedrückte Tätigkeit geleistet wird:

Beförderungen im Eisenbahnverkehr / transport kolejowy *Beförderungen, die sich mithilfe der Eisenbahn vollziehen*
transport realizowany przy pomocy kolei

5. **adhäsive Bestimmung:** BW bestimmt die Zugehörigkeit des Kerns zum bestimmten Bereich:

die Gesellschaft des Handelsrechts/ spółka prawa handlowego *Gesellschaft, die unter Regelungen des Handelsrechts fällt*
spółka, która jest uregulowana w prawie handlowym

Organe menschlichen Ursprungs / organy pochodzenia ludzkiego *Organe, die zu Menschen gehörten*
organy, które należały do ludzi

6. patientive Bestimmung: Kern weist darauf hin, was mit dem BW gemacht wird:

die Produktion landwirtschaftlicher Erzeugnisse / produkcja rolna *landwirtschaftliche Erzeugnisse, die produziert werden* [im Polnischen thematische Bestimmung, BW bestimmt den Kern: *produkcja, która dotyczy roli/ rolnictwa*]

7. thematische Bestimmung: BW bestimmt thematisch den Kern

Rechte des geistigen Eigentums/ prawa własności intelektualnej *Rechte, die sich auf das geistige Eigentum beziehen prawa dotyczące własności intelektualnej*

Zusammenarbeit in Strafsachen / współpraca w sprawach karnych *Zusammenarbeit, die sich auf Strafsachen bezieht współpraca dotycząca spraw karnych*

Unter den analysierten phraseologischen Termini wurden keine Belege mit temporalen, kausalen, komparativen, possessiven, ornativen, partitiven, materialen, konstitutionalen, agentiven, prozessualen und graduativen Bedeutungsverhältnissen gefunden.

Alle phraseologischen Termini aus dieser Gruppe sind vollmotiviert.

Zur Fachlichkeit

Als Kerne der in diesem Punkt besprochenen phraseologischen Termini gelten so wie im Falle der phraseologischen Termini aus dem Punkt 4.1.1.

– **Fachtermini:**

*die **Gesellschaft** des Handelsrechts / **spółka** prawa handlowego*
*die **Gesellschaft** des bürgerlichen Rechts / **spółka** prawa cywilnego*
***Rechte** des geistigen Eigentums / **prawa** własności intelektualnej,*

– **allgemeinwissenschaftliche Termini**

*der soziale **Aufbau** der Landwirtschaft / **struktura** społeczna rolnictwa*
*die **Produktion** landwirtschaftlicher Erzeugnisse / **produkcja** rolna*

– und **Nichttermini:**

***Beförderungen** im Binnenschiffsverkehr / **transport** śródlądowy*
***Zusammenarbeit** in Strafsachen / **współpraca** w sprawach karnych.*

Auch unter den hier besprochenen Syntagmen lassen sich solche finden, deren terminologische Kerne neben dem Rechtswesen und der Wirtschaft auch andere Fachbereiche betreffen, z. B.:
die Landwirtschaft (Titel III TFUE)

Erzeugnisse des Bodens / płody ziemi
der soziale Aufbau der Landwirtschaft / struktura społeczna rolnictwa,

das Gesundheitswesen (Titel XIV TFUE)

Organe menschlichen Ursprungs / organy pochodzenia ludzkiego
Substanzen menschlichen Ursprung / substancje pochodzenia ludzkiego,

den Verkehr (Titel VI TFUE)

Beförderungen im Binnenverkehr / transport śródlądowy
Beförderungen im Eisenbahnverkehr / transport kolejowy.

Dem Inhalt nach betreffen die phraseologischen Termini des Typs N+N vorwiegend die **rechtlichen** und **wirtschaftlichen,** zum Teil auch **politischen** Angelegenheiten, und damit ähneln sie der im Punkt 4.1.1. besprochenen Untergruppe der phraseologischen Termini:

der Entwurf eines Gesetzgebungsakts / projekt aktu prawodawczego
die Gesellschaft des Handelsrechts / spółka prawa handlowego
Zusammenarbeit in Strafsachen / współpraca w sprawach karnych
Kreditinstitute in öffentlichem Eigentum / publiczne instytucje kredytowe
Straftaten zum Nachteil der finanziellen Interessen / przestępstwa przeciwko interesom finansowym.

Die übrigen Syntagmen beziehen sich inhaltlich auf Aspekte der einzelnen in den Verträgen geregelten Fachbereiche wie etwa Gesundheit, Landwirtschaft oder Transport.

4.1.3 Onyme

In diesem Punkt werden deutsche onymische Fachphraseologismen und ihre polnischen Entsprechungen aufgelistet.

4.1.3.1 Materialzusammenstellung

Eine besondere Gruppe der phraseologischen Termini bilden die onymischen Fachphraseologismen (vgl. Burger / Buhofer / Sialm 1982: 38). Da der Vertrag von Lissabon viele neue Institutionen, Organe und Mittel des rechtlichen Handelns ins Leben ruft, sind die onymischen Fachphraseologismen in den Gründungsverträgen zahlreich vertreten. Die 48 exzerpierten Syntagmen lassen sich in zwei Untergruppen gliedern:

- Onyme mit der Struktur N+N (bzw. Nomina) im reinen Kasus,
- Onyme mit der Struktur N+N$_{Präp}$,
- Onyme mit der Struktur Adj+N+(ev. Präpositionalphrase)
- Namen für Grundsätze, Prinzipien und Klauseln (als Sondergruppe).

In der letzten Untergruppe werden zusätzlich alle Onyme mit dem Attribut *europäisch / europejski* ausgesondert.

A. Onyme mit der Struktur N+N (bzw. Nomina) im reinen Kasus

1.	der Ausschuss der Regionen (9)	Komitet Regionów
2.	der Ausschuss der Ständigen Vertreter der Regierungen der Mitgliedstaaten	Komitet Stałych Przedstawicieli Rządów Państw Członkowskich
3.	der Gerichtshof der Europäischen Union (30)	Trybunał Sprawiedliwości Unii Europejskiej
4.	der Präsident des Gerichtshofs der Europäischen Union (2)	Prezes Trybunału Sprawiedliwości Unii Europejskiej
5.	der Rat der Gouverneure der Europäischen Zentralbank	Rada Prezesów Europejskiego Banku Centralnego
6.	der Raum der Freiheit, der Sicherheit und des Rechts (5)	przestrzeń wolności, bezpieczeństwa i sprawiedliwości
7.	der Raum des Wohlstands und der guten Nachbarschaft	przestrzeń dobrobytu i dobrego sąsiedztwa
8.	die Gemeinschaftscharta der sozialen Grundrechte der Arbeitnehmer	Wspólnotowa Karta Socjalnych Praw Podstawowych Pracowników
9.	der Rat der Gouverneure der Europäischen Investitionsbank	Rada Gubernatorów Europejskiego Banku Inwestycyjnego

B. Onyme mit der Struktur N+N$_{Präp}$

10.	das Protokoll über die Anwendung der Grundsätze der Subsidiarität und der Verhältnismäßigkeit	Protokół w sprawie stosowania zasad pomocniczości i proporcjonalności
11.	die Agentur für die Bereiche Entwicklung der Verteidigungsfähigkeiten, Forschung, Beschaffung und Rüstung	Agencja do spraw Rozwoju Zdolności Obronnych, Badań, Zakupów i Uzbrojenia

C. Onyme mit der Struktur Adj+N+(ev. Präpositionalphrase)

12.	der Dreigliedrige Sozialgipfel für Wachstum und Beschäftigung	Trójstronny szczyt społeczny do spraw wzrostu i zatrudnienia
13.	ein Politisches und Sicherheitspolitisches Komitee	Komitet Polityczny i Bezpieczeństwa
14.	eine Ständige Strukturierte Zusammenarbeit im Rahmen der Union	stała współpraca strukturalna w ramach Unii

| 15. | der Hohe Vertreter | Wysoki Przedstawiciel |
| 16. | die Gemeinsame Sicherheits- und Verteidigungspolitik | wspólna polityka bezpieczeństwa i obrony |

| 17. | der Wirtschafts- und Sozialausschuss (45) | Komitet Ekonomiczno-Społeczny |

18.	das Europäische Parlament (350)	Parlament Europejski
19.	der Europäische Auswärtige Dienst	Europejska Służba Działań Zewnętrznych
20.	der Europäische Rat (113)	Rada Europejska
21.	der Europäische Sozialfonds	Europejski Fundusz Społeczny
22.	der Gemeinsame Zolltarif (2)	wspólna taryfa celna
23.	die Europäische Investitionsbank (16)	Europejski Bank Inwestycyjny
24.	die Europäische Kommission (5)	Komisja Europejska
25.	die Europäische Konvention	Konwencja Europejska
26.	die Europäische Sozialcharta	Europejska Karta Społeczna
27.	die Europäische Staatsanwaltschaft (6)	Prokuratura Europejska
28.	die Europäische Verteidigungsagentur	Europejska Agencja Obrony
29.	die Europäische Zentralbank (81)	Europejski Bank Centralny
30.	Europäischer Ausrichtungs- und Garantiefonds für die Landwirtschaft – Abteilung Ausrichtung (2)	Europejski Fundusz Orientacji i Gwarancji Rolnej – Sekcja Orientacji
31.	Europäischer Fonds für regionale Entwicklung	Europejski Fundusz Rozwoju Regionalnego
32.	ein Europäisches Freiwilligenkorps	Europejski Ochotniczy Korpus Pomocy Humanitarnej

4.1.3.2 Analyse des Materials

Zur Struktur der deutschen und der polnischen Onyme

Die onymischen Phraseologismen zeichnen sich im Text vor allem dadurch aus, dass sie im Deutschen wie im Polnischen (mit wenigen Ausnahmen vgl. Belege 6, 7, 14, 16, 22) großgeschrieben sind (vgl. Deutsche Rechtschreibung 2006: 69; Rzetelska-Feleszko 2001). Im Vergleich zu den phraseologischen Termini aus 4.1.1. und 4.1.2. sind sie vorwiegend komplexere Syntagmen, die bis zu sechs im Deutschen und sieben im Polnischen autosemantische Komponenten enthalten:

Europäischer Ausrichtungs- und Garantiefonds für die Landwirtschaft – Abteilung Ausrichtung
Europejski Fundusz Orientacji i Gwarancji Rolnej – Sekcja Orientacji.

Onyme werden ähnlich wie andere phraseologische Termini um den Hauptterminus gebildet, der entweder durch ein erweitertes Genitivattribut (A), ein erweitertes Präpositionalattribut (B) oder ein adjektivisches Attribut (C) ergänzt wird.

Den deutschen Onymen stehen im Polnischen folgende Strukturen gegenüber: Nomen+ein Genitivattribut bzw. ein erweitertes Genitivattribut:

*der Ausschuss der Regionen / Komitet **Regionów***
*der Rat der Gouverneure der Europäischen Zentralbank / Rada **Prezesów Europejskiego Banku Centralnego***

Nomen+ein erweitertes Präpositionalattribut:

*das Protokoll über die Anwendung der Grundsätze der Subsidiarität und der Verhältnismäßigkeit / Protokół **w sprawie stosowania zasad** pomocniczości i proporcjonalności*

Nomen+ein vorangestelltes adjektivisches Attribut und ein nachgestelltes adjektivisches bzw. Genitivattribut

*der Europäische Sozialfonds / **Europejski** Fundusz **Społeczny***
*die Gemeinsame Sicherheits- und Verteidigungspolitik / **wspólna** polityka **bezpieczeństwa** i obrony*

Die erweiterten Attribute in den deutschen und polnischen Onymen können zueinander im Verhältnis der Koordination und Subordination stehen, wie in den folgenden Beispielen:

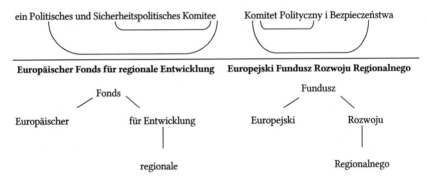

Die exzerpierten Onyme gelten als Benennungseinheiten i. d. R. für Einzelerscheinungen – in dem untersuchten Fall vor allem für unterschiedliche Organe und Institutionen, die im Rahmen der EU handeln wie *der Gerichtshof der Europäischen Union / Trybunał Sprawiedliwości Unii Europejskiej* – aber auch für bestimmte Rechtsakte und andere Dokumente, wie *die Gemeinschaftscharta der sozialen Grundrechte der Arbeitnehmer / Wspólnotowa Karta Socjalnych Praw Podstawowych Pracowników,* oder für ein System zur Abwicklung besonderer Politik *der Raum der Freiheit, der Sicherheit und des Rechts / przestrzeń wolności, bezpieczeństwa i sprawiedliwości.*

Kennzeichnend für die Mehrheit der Onyme ist das vorangestellte adjektivische Attribut *europäisch / europejski,* dessen Gebrauch vor allem daraus resultiert, dass die Institutionen und Organe, die mit den Vorschriften der Verträge konstituiert und geregelt werden, in dem Rechtssystem der Europäischen Union funktionieren. Mit dem Attribut *europäisch / europejski* wird ihr europäischer Charakter betont. Unter den exzerpierten phraseologischen Termini lässt sich eine Gruppe von syntagmatischen Formulierungen mit einem benennenden Charakter aussondern, die eine Art Übergangsform zwischen phraseologischen Termini einerseits und onymischen Phraseologismen andererseits darstellen. Sie benennen i. d. R. Grundsätze, Klauseln und Prinzipien, nach denen sich die im Rahmen der EU handelnden Organe und Institutionen richten:

Namen für Grundsätze, Prinzipien und Klauseln

33.	Grundsätze der Vorsorge und Vorbeugung	zasada działania zapobiegawczego, naprawiania szkody
34.	der Grundsatz der loyalen Zusammenarbeit	zasada lojalnej współpracy
35.	der Grundsatz der Wirtschaftlichkeit der Haushaltsführung (3)	zasada należytego zarządzania finansami
36.	der Grundsatz der Subsidiarität (6)	zasada pomocniczości
37.	Grundsätze der Subsidiarität und der Verhältnismäßigkeit	zasada pomocniczości i proporcjonalności
38.	der Grundsatz der begrenzten Einzelermächtigung	zasada przyznania kompetencji
39.	der Grundsatz der Gleichheit der Bürgerinnen und Bürger	zasada równości obywateli
40.	der Grundsatz der Gleichbehandlung der Mitgliedstaaten	zasada równości traktowania
41.	der Grundsatz der Chancengleichheit	zasada równości szans
42.	der Grundsatz des gleichen Entgelts für Männer und Frauen bei gleicher oder gleichwertiger Arbeit (2)	zasada równości wynagrodzeń dla pracowników płci męskiej i żeńskiej za taką samą pracę lub pracę takiej samej wartości
43.	der Grundsatz der Solidarität (2)	zasada solidarności
44.	der Grundsatz der gerechten Aufteilung der Verantwortlichkeiten unter den Mitgliedstaaten	zasada sprawiedliwego podziału odpowiedzialności między Państwami Członkowskimi
45.	der Grundsatz der gegenseitigen Anerkennung gerichtlicher und außergerichtlicher Entscheidungen in Zivilsachen (3)	zasada wzajemnego uznawania orzeczeń sądowych i pozasądowych w sprawach cywilnych
46.	Grundsätze der Satzung der Vereinten Nationen	zasada Karty Narodów Zjednoczonych
47.	der Grundsatz einer offenen Marktwirtschaft (4)	zasada otwartej gospodarki rynkowej
48.	Grundsätze des Völkerrechts	zasady prawa międzynarodowego

die Schutzklausel	klauzula zabezpieczająca
die Schiedsklausel	klauzula arbitrażowa
die Solidaritätsklausel	klauzula solidarności
die Vollstreckungsklausel	klauzula wykonalności

das Verursacherprinzip	zasada „zanieczyszczający płaci"
das Subsidiaritätsprinzip	zasada pomocniczości

Die aus den Verträgen exzerpierten Benennungen der Grundsätze erfüllen die Kriterien der Fachphraseologismen, d.h. sie sind polylexikal, stabil, reproduzierbar, werden in dem analysierten Text und den ihm untergeordneten Texten mehrmals wiederholt und haben einen fachsprachlichen Charakter. Sie erfüllen im Text eine benennende Funktion, weil sie bestimmte verbindliche Standards festlegen, an die sich die Europäische Union und ihre Institutionen und Organe bei der Gesetzgebung und bei der Erfüllung ihrer Funktionen halten müssen. Somit lassen sie sich der Gruppe der phraseologischen Termini zuordnen. Im Text fungieren sie als eine Art Eigennamen für rechtlich-politische Grundlagen der Funktionsweise verschiedener Institutionen. Von den Onymen unterscheiden sie sich aber dadurch, dass sie nicht großgeschrieben werden. Daher werden sie als Sondergruppe der phraseologischen Termini und Onyme getrennt aufgeführt.

Die Benennungen für Grundsätze (Belege 33–48) sind im Deutschen wie im Polnischen nach dem Muster gebildet: der allgemeinwissenschaftliche Terminus *Grundsatz / zasada* und ein Genitivattribut wie *der Grundsatz der Subsidiarität / zasada pomocniczości,* oder ein erweitertes Genitivattribut wie *der Grundsatz der Gleichheit der Bürgerinnen und Bürger /*
zasada równości obywateli.

Die Komplexität der Benennungen hat zur Folge, dass die Attribute hierarchisiert sind und komplexe attributive Treppen bzw. Reihen bilden:

der Grundsatz der gegenseitigen Anerkennung gerichtlicher und außergerichtlicher Entscheidungen in Zivilsachen

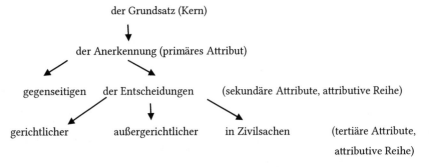

zasada wzajemnego uznawania orzeczeń sądowych i pozasądowych w sprawach cywilnych

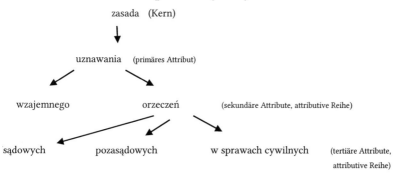

zasada (Kern)

uznawania (primäres Attribut)

wzajemnego   orzeczeń   (sekundäre Attribute, attributive Reihe)

sądowych   pozasądowych   w sprawach cywilnych   (tertiäre Attribute, attributive Reihe)

Die Benennungen für Klauseln und Prinzipien sind im Deutschen Komposita und können nicht als Fachphraseologismen betrachtet werden, deswegen werden sie in dem Material nicht nummeriert. Ihnen stehen im Polnischen komplexe Syntagmen gegenüber, die um den Terminus *klauzula / Klausel* bzw. *zasada / Prinzip* gebildet werden. Sie werden entweder durch ein nachgestelltes adjektivisches Attribut *klauzula zabezpieczająca*, oder ein nachgestelltes Genitivattribut *klauzula solidarności* erweitert. Eine besondere Form weist die polnische Benennung *zasada „zanieczyszczający płaci"* auf, in der die den Terminus präzisierende Komponente die Form eines in Anführungszeichen stehenden Satzes hat, während im Deutschen ein Kompositum *das Verursacherprinzip* steht.

Zur Wortbildung

In Hinsicht auf die Wortbildung hat die Mehrheit der deutschen (36/48) und der polnischen (36/48) Onyme mindestens eine internationale oder hybridisierte Komponente.

7 deutsche und 6 polnische Onyme bestehen ausschließlich aus Internationalismen:

die Europäische Zentralbank / Europejski Bank Centralny
das Europäische Parlament / Parlament Europejski
der Europäische Rat / Rada Europejska
der Europäische Sozialfonds / Europejski Fundusz Społeczny
die Europäische Investitionsbank / Europejski Bank Inwestycyjny
die Europäische Kommission / Komisja Europejska
die Europäische Konvention / Konwencja Europejska

Wegen der Komplexität der Struktur von Onymen wird auf weitere Bestimmung von internationalen und hybridisierten Komponenten verzichtet. Zu betonen ist allerdings, dass 29 von 32 deutschen und 28 von 32 polnischen Onymen aus den Gruppen A, B und C einen Internationalismus enthalten, während bei den Namen für Grundsätze, Prinzipien und Klauseln einheimische Komponente dominieren und dabei nur 7 deutsche und 8 polnische Onyme internationale Lexeme gefunden wurden:

> Grundsätze der **Charta** der Vereinten **Nationen** / zasady **Karty** Narodów Zjednoczonych
>
> der Grundsatz der **Solidarität** / zasada **solidarności**
>
> der Grundsatz der **loyalen** Zusammenarbeit / zasada **lojalnej** współpracy
>
> Grundsätze der **Subsidiarität** und der Verhältnismäßigkeit / zasada pomocniczości i **proporcjonalności**

Dies kann daraus resultieren, dass die Bezeichnungen für neue Einrichtungen auf internationalen Komponenten basieren, während sich die in europäischen Rechtsakten aufgeführten Grundsätze, Prinzipien und Klauseln auf die auf der nationalen Ebene etablierten Grundsätze, Prinzipien und Klauseln beziehen.

4.2 Fachkollokationen

Fachkollokationen wurden bereits im dritten Kapitel in Anlehnung an die einschlägige Literatur als eine Bezeichnung für eine bestimmte Kategorie von Zweierverbindungen von Lexemen (vgl. Bahns 1996: 1) und eine spezifische Beziehung zwischen diesen Lexemen (vgl. Gładysz 2003: 42) definiert. Von den allgemeinsprachlichen Kollokationen unterscheiden sie sich dadurch, dass mindestens eine der Komponenten fachsprachlich ist (vgl. Gläser 2007: 487). Als Basis der meisten Fachkollokationen gilt ein Terminus, bzw. ein allgemeinsprachliches Lexem, dessen Bedeutung im fachsprachlichen Kontext stark eingeschränkt ist.

Unter den aus den Verträgen exzerpierten Fachphraseologismen bilden die Fachkollokationen mit 914 Belegen die größte Klasse. Sie lassen sich in Hinsicht auf ihre Struktur grundsätzlich in:

- verbale Fachkollokationen (4.2.1.)
- nominale Fachkollokationen des Typs Adj+N (4.2.2.)
- nominale Fachkollokationen des Typs N+N (4.2.3.)
- Fachkollokationsketten (4.2.4.)

gliedern.

4.2.1 Verbale Fachkollokationen

In diesem Punkt werden deutsche Fachkollokationen mit einer nominalen Basis und einem verbalen Kollokator und ihre polnischen Entsprechungen aufgelistet.

4.2.1.1 Materialzusammenstellung

Unter den verbalen Fachkollokationen lassen sich zwei strukturell abgesonderte Untergruppen unterscheiden:

- Syntagmen des Typs Nomen im reinen Kasus (meist im Akkusativ, vereinzelt im Dativ)+Verb (290 Belege),
- Syntagmen des Typs Nomen im Präpositionalkasus+Verb (14 Belege).

Die als Kollokatoren fungierenden Verben des Deutschen kennzeichnet eine größere Vielfalt, während im Polnischen eine Tendenz zur Vereinheitlichung zu beobachten ist, z. B. den deutschen Verben *einsetzen, bilden, einrichten, festlegen, erlassen* u. a. entspricht in der ersten Untergruppe vorwiegend nur ein Verb *ustanawiać* im Polnischen. Daher werden die einzelnen Untergruppen der verbalen Kollokationen nach den Kollokatoren der polnischen Fachkollokationen zusammengestellt. Die Liste ist grundsätzlich alphabetisch geordnet, außer der drei zahlreichsten Gruppen von Fachkollokationen mit den Kollokatoren *ustanowić/ustanawiać, określić/określać, przyjąć/ przyjmować,* mit der die Aufstellung beginnt. Wird eine deutsche Fachkollokation mehrmals in Texten gebraucht, wird jeweils die polnische Entsprechung geprüft und alle gebrauchten polnischen Entsprechungen aufgelistet. Berücksichtigt wird jedes Mal der Aspekt der gebrauchten polnischen Kollokatoren, wobei Fachkollokationen mit perfektiven und imperfektiven Kollokatoren als eine Entsprechung betrachtet werden.

A. Verbale Fachkollokationen des Typs N+V

Nomen im Akkusativ im Deutschen

1.	Kammern bilden	ustanowić wewnętrzne izby
2.	die Währungsunion errichten	ustanowić unię walutową
3.	die Wirtschaftsunion errichten	ustanowić unię gospodarczą
4.	System festlegen	ustanowić system
5.	den Binnenmarkt verwirklichen	ustanowić rynek wewnętrzny
6.	den Raum schaffen	ustanowić obszar
7.	einen Ausschuss einrichten	ustanowić komitet
8.	einen Ausschuss bilden	ustanowić komitet
9.	Bedingungen auferlegen	ustanawiać warunki
10.	Regeln aufstellen	ustanawiać reguły
11.	Verfahrensordnung erlassen (2)	ustanawiać regulamin proceduralny
12.	einen Beschäftigungsausschuss einsetzen	ustanawiać Komitet ds. Zatrudnienia
13.	einen Ausschuss einsetzen	ustanawiać komitet
14.	Verbindungen herstellen	ustanawiać stosunki
15.	den Jahreshaushaltsplan festlegen	ustanawiać roczny budżet
16.	Durchführungsmaßnahmen festlegen	ustanawiać środki wykonawcze
17.	Mindestvorschriften festlegen (3)	[1]ustanowić normy minimalne [2]<przyjęcie minimalnych norm> przyjąć minimalne normy
18.	den Haushaltsplan ausführen (2)	[1] ustanowić budżet [2]wykonywać budżet

191

19.	die Satzung festlegen (3)	¹ustanowić statut
		²określić, określać statut
20.	Vorschriften erlassen (7)	¹ustanawiać, ustanowić przepisy
		²przyjmować przepisy, <przyjęcie przepisu>przyjąć przepis
		³wydać przepisy
		⁴uchwalać przepisy
		⁵określać zasady
21.	Regeln festlegen (8)	¹ustanawiać zasady, <ustanowienie zasad>ustanowić zasady
		²określać zasady
		³uchwalać zasady
22.	Bestimmungen erlassen (9)	¹ustanawiać przepisy
		²określać przepisy
		³uchwalać przepisy
		⁴przyjąć postanowienia
		⁵podjąć środki
		⁶*stanowić*
23.	Verfahren festlegen (3)	¹<ustanowienie procedur>ustanowić procedury
		²określać procedurę
24.	Schutzmaßnahmen ergreifen (3)	¹<ustanawianie środków ochronnych>ustanawiać środki ochronne
		²podjąć środki ochronne
25.	Schutzmaßnahmen einführen	<ustanawianie środków ochronnych>ustanawiać środki ochronne

26.	den Bedarf ermitteln	określać wymogi
27.	das Entgelt festsetzen	określać wynagrodzenie
28.	Beschlussfähigkeit festlegen (2)	określać kworum
29.	die Vergütungen festsetzen (2)	określać diety
30.	die Frist festlegen (2)	określać termin
31.	die Rechtsstellung festlegen (2)	określać status
32.	Regelungen festlegen (3)	określać status
33.	den Sitz festlegen	określać siedzibę
34.	den Sitz bestimmen	określać siedzibę
35.	die Politik festlegen	określać polityki
36.	das Mandat festlegen	określać mandat
37.	den Kurs festlegen	określać kurs
38.	Programme erstellen	<określanie programów>określać programy
39.	die Verteidigungspolitik erarbeiten	<określanie polityki bezpieczeństwa>określać politykę bezpieczeństwa
40.	Vorgaben festlegen	<określanie kierunków>określać kierunki
41.	Grundsätze festlegen (2)	<określone zasady>określić zasady
42.	Indikatoren festlegen (4)	<określenie wskaźników>określić wskaźniki

43.	Leitlinien bestimmen	<określanie ogólnych wytycznych>określać ogólne wytyczne
44.	Leitlinien festlegen (10)	[1]określać wytyczne, <określone wytyczne>określić wytyczne <określenie wytycznych>określić wytyczne [2]ustalać wytyczne [3]opracować wytyczne [4]przyjmować wytyczne
45.	Kriterien festlegen (2)	[1]<określone kryteria>określić kryteria [2]brać pod uwagę
46.	Grundprinzipien festlegen (2)	[1]<określenie podstawowych zasad> podstawowe zasady [2]przyjąć podstawowe zasady
47.	Bedingungen festlegen (13)	[1]określać, określić warunki, <określone warunki>określić warunki [2]ustalać warunki

48.	eine Empfehlung verabschieden	przyjmować zalecenia
49.	Empfehlungen erlassen (10)	przyjmować zalecenia
50.	eine Empfehlung annehmen	przyjmować zalecenia
51.	Stellungnahmen annehmen	przyjmować opinie
52.	Beschlüsse annehmen	przyjmować decyzje
53.	Misstrauensantrag annehmen	przyjąć wniosek o wotum nieufności
54.	Maßnahmen billigen	przyjmować środki

55.	Maßnahmen erlassen (53)	[1]przyjąć, przyjmować środki <przyjęte środki>przyjąć środki [2]ustanawiać środki
56.	Maßnahmen annehmen	przyjmować środki
57.	Verordnungen erlassen (9)	przyjmować rozporządzenia
58.	Verordnungen annehmen	przyjmować rozporządzenia
59.	Mindestvorschriften erlassen	przyjąć minimalne wymagania
60.	Schlussfolgerungen annehmen	przyjmować konkluzje
61.	Weisungen entgegennehmen	przyjmować instrukcje
62.	Richtlinien annehmen	przyjmować dyrektywy
63.	Richtlinien erlassen (8)	[1]przyjmować, przyjąć dyrektywy [2]uchwalać dyrektywy
64.	Gesetzgebungsakte erlassen (5)	przyjmować akty ustawodawcze
65.	Rechtsakte annehmen	<przyjmowane akty>przyjmować akty
66.	Rechtsakte erlassen (19)	[1]przyjmować, przyjąć akty prawnie wiążące [2]przyjmować akty prawne
67.	Beschwerden entgegennehmen	<przyjmowanie skarg>przyjmować skargi
68.	Leistungen annehmen (2)	<przyjęcie zobowiązań>przyjąć zobowiązania

69.	einen Standpunkt festlegen (8)	¹przyjmować stanowisko, <przyjęcie stanowiska>przyjąć stanowisko ²uchwalać stanowisko

70.	Prozesshandlungen vornehmen	dokonywać czynności urzędowych w postępowaniu sądowym
71.	die Gesamtbewertung vornehmen	dokonywać oceny całościowej

72.	Einfuhrförmlichkeiten erfüllen	dopełnić formalności przywozowych
73.	eine Verfehlung begehen	dopuścić się uchybienia
74.	die Zuständigkeit teilen	dzielić kompetencję
75.	den Wettbewerb ausschalten	<eliminowanie konkurencji> eliminować konkurencję
76.	Investitionen finanzieren	finansować inwestycje
77.	die Stückelung harmonisieren	<harmonizacja nominałów> harmonizować nominały

78.	Jahresbericht erstellen	kierować (do Rady Europejskiej) sprawozdanie roczne
79.	(dem PE) einen Jahresbericht unterbreiten	kierować (do PE) sprawozdanie roczne
80.	die Petition richten (an jdn.) (2)	<kierowanie petycji do>kierować petycję do

81.	Tätigkeit(en) koordinieren (3)	¹koordynować działalność ²koordynować działania
82.	die (Wirtschafts)Politik(en) koordinieren (6)	koordynować politykę/i (gospodarczą/e)

83.	Befreiungen genießen	korzystać z immunitetów
84.	Vorrechte genießen	korzystać z przywilejów
85.	Befugnisse ausüben	korzystać z uprawnień

86.	Mitglieder entsenden	mianować członków
87.	Mitglieder ernennen (2)	mianować członków
88.	einen Generalanwalt ernennen	mianować rzecznika
89.	einen Richter ernennen	mianować sędziego
90.	einen Kanzler ernennen (2)	mianować sekretarza
91.	den Sonderbeauftragten ernennen	mianować specjalnego przedstawiciela
92.	die Vizepräsidenten ernennen	mianować wiceprzewodniczących

93.	Recht haben (6)	¹mieć prawo ²móc
94.	das Ergebnis erzielen	mieć rezultat

95.	Impulse geben (2)	nadawać impulsy

96.	Beihilfe (missbräuchlich) anwenden	nadużywać pomocy

97.	Befugnisse missbrauchen (2)	nadużywać uprawnień
98.	Geldbußen verhängen	nakładać grzywnę
99.	Auflagen vorschreiben	nakładać ograniczenia
100.	Voraussetzungen vorschreiben (für jdn.)	nakładać warunki (na kogoś)
101.	Zahlung auferlegen	nakładać zobowiązanie pieniężne
102.	Zölle erheben (2)	¹nakładać cła ²pobrać cła
103.	Abgaben erheben (3)	¹nakładać podatki wewnętrzne ²pobrać opłaty
104.	Beschränkungen auferlegen	<nakładanie ograniczeń>nakładać ograniczenia
105.	Schaden ersetzen (2)	naprawić szkody, <naprawienie szkód>naprawić szkody
106.	Interesse verletzen	naruszać interes
107.	Grundsätze beeinträchtigen	naruszać zasady
108.	Wettbewerbsbedingungen verfälschen (3)	¹naruszać warunki konkurencji ²zakłócić warunki konkurencji ³<powodować zakłócenie warunków konkurencji>FVG
109.	Frachten auferlegen	narzucać stawki
110.	(das) Abkommen aushandeln	negocjować umowę, <wynegocjowanie umów>wynegocjować umowy
111.	Kosten verringern	obniżyć koszty
112.	die Sicherheit wahren	<ochrona bezpieczeństwa>chronić bezpieczeństwo
113.	die Unversehrtheit wahren	<ochrona integralności>chronić intergralność
114.	Interessen wahren	<ochrona interesów>chronić interesy
115.	die Unabhängigkeit wahren	<ochrona niezależności>chronić niezależność
116.	Werte wahren	<ochrona wartości>chronić wartości
117.	eine Sitzungsperiode abhalten	odbywać sesję roczną
118.	(einzelstaatliche) Bestimmungen ablehnen	odrzucać przepisy krajowe
119.	Entwurf ablehnen	odrzucić projekt
120.	den Standpunkt ablehnen (3)	odrzucić stanowisko
121.	Angaben veröffentlichen	opublikować informacje
122.	den Beschluss veröffentlichen (2)	opublikować, publikować decyzję

123. den Erwerbszweck verfolgen	<osiąganie zysków>osiągać zyski
124. das Ziel anstreben (3)	[1]osiągnąć cel [2]wyznaczać cel
125. Ziele verwirklichen (6)	[1]osiągnąć cele, <osiągnięcie celów>osiągnąć cele [2]<realizacja celów>realizować cele
126. Ziel(e) verfolgen 8	[1]<osiągnięcie celów>osiągnąć cele [2]realizować cele [3]mieć na celu [4]*być celem* [5]*w tym celu* [6]*w ramach celów*
127. Verwaltungsfunktionen ausführen	pełnić funkcje zarządzające
128. Exekutivfunktionen ausführen	pełnić funkcje wykonawcze
129. Koordinierungsfunktionen ausführen	pełnić funkcje koordynacyjne
130. Haushaltsbefugnisse ausüben (2)	pełnić funkcję budżetową
131. das Amt ausüben	pełnić funkcję
132. Aufgaben wahrnehmen (5)	[1]pełnić funkcje [2]wykonywać funkcje [3]spełniać zadania
133. Empfehlungen veröffentlichen (5)	podać zalecenia do publicznej wiadomości
134. Verhandlungen einleiten	podejmować rokowania
135. eine Änderung beschließen	podjąć decyzję o zmianie
136. die Tätigkeit aufnehmen	podjąć działalność
137. Maßnahmen auslösen	podjąć działania
138. eine Beschäftigung ausüben	<podjęcie pracy>podjąć pracę
139. Grundrechte achten	<poszanowanie praw podstawowych>szanować prawa podstawowe
140. Rechtstraditionen achten (2)	<poszanowanie tradycji prawnych>szanować tradycje prawne
141. Aufgaben übertragen (2)	powierzyć funkcje
142. Maßnahmen unterlassen (2)	powstrzymywać się od (podejmowania) środków
143. (jede) Handlung unterlassen (2)	powstrzymywać się od wszelkich czynności
144. Initiativen fördern	promować inicjatywy
145. Bestimmungen vorschlagen	proponować przepisy

146.	Politik verfolgen (5)	¹prowadzić politykę, <prowadzenie polityk(i)>prowadzić politykę/i ²prowadzić działania ³realizować politykę
147.	die Wirtschaftspolitik ausrichten	prowadzić polityki gospodarcze
148.	Maßnahmen durchführen (8)	¹prowadzić działania, <prowadzenie działań>prowadzić działania ²podejmować działania ³wprowadzać w życie środki
149.	Währungspolitik betreiben	prowadzić politykę pieniężną
150.	Verhandlungen führen	prowadzić rokowania

151.	Gesetzgebungsinitiativen vorlegen	przedkładać inicjatywy prawodawcze
152.	Gesetzgebungsvorschläge vorlegen	przedkładać wnioski prawodawcze
153.	Vorschläge vorlegen (2)	przedkładać wnioski
154.	Vorschläge unterbreiten (7)	¹ przedłożyć propozycje, <przedłożenie propozycji >przedłożyć propozycje ²przedkładać wnioski, <przedłożenie wniosku >przedłożyć wniosek ³podejmować środki ⁴przedstawiać projekt

155.	Schlussfolgerungen unterbreiten	przedstawiać konkluzje
156.	einen Bericht vorlegen	przedstawiać sprawozdanie
157.	einen Bericht unterbreiten	przedstawiać sprawozdanie

158.	Aufgaben übernehmen	przejąć funkcje

159.	Informationen übermitteln	przekazywać informacje
160.	die Befugnis übertragen (3)	¹przekazywać uprawnienia ²przyznawać uprawnienia ³powierzać uprawnienia

161.	einen Referenzwert überschreiten	przekraczać wartość odniesienia, <przekroczenie wartości odniesienia>przekroczyć wartość odniesienia
162.	Gesamthöchstbetrag überschreiten	przekroczyć maksymalną kwotę

163.	Guthaben transferieren	przelewać aktywa

164.	eine Aussprache führen	przeprowadzać debatę
165.	Devisengeschäfte durchführen	<przeprowadzanie operacji walutowych>przeprowadzać operacje walutowe

166.	eine Richtlinie umsetzen	<przetransponowana dyrektywa>przetransponować dyrektywę

167.	Rechtsmittel einlegen (2){Gegen die Entscheidungen des Gerichts [...] kann [...], beim Gerichtshof ein auf Rechtsfragen beschränktes Rechtsmittel eingelegt werden.}	\<prawo odwołania się przysługuje\> {Od orzeczeń wydanych przez Sąd [...] przysługuje, [...], prawo odwołania się do Trybunału Sprawiedliwości}

168.	Zwangsvollstreckung betreiben	przystąpić do egzekucji

169.	die Zuständigkeit übertragen (3)	¹przyznać kompetencję ²\<przyznanie właściwości\>przyznać właściwość
170.	Beihilfen gewähren (2)	\<przyznanie pomocy\>przyznać pomoc
171.	den Status anbieten	\<przyznanie statusu\>przyznać status
172.	die Ausnahmeregelung gewähren	przyznawać odstępstwo
173.	jdm. Befugnisse einräumen	\<przyznane uprawnienia\>przyznać uprawnienia

174.	Gesetzgebungsakte veröffentlichen	publikować akty ustawodawcze
175.	Richtlinien veröffentlichen	publikować dyrektywy
176.	Verordnungen veröffentlichen	publikować rozporządzenia

177.	den Haushaltsplan ausgleichen	równoważyć budżet

178.	Änderungen ratifizieren	\<ratyfikowanie zmian\>ratyfikować zmiany

179.	Interessen geltend machen	\<realizacja interesów\>realizować interesy
180.	Werte geltend machen	\<realizacja wartości\>realizować wartości
181.	die (Außen- und Sicherheits) Politik verwirklichen	\<realizowanie polityki (zagranicznej i bezpieczeństwa)\>realizować politykę zagraniczną i bezpieczeństwa

182.	das Amt niederlegen (7)	¹rezygnować z funkcji ²\<składać rezygnację\>FVG

183.	Kompetenzkonflikte beilegen	\<rozstrzyganie sporów o jurysdykcję\>rozstrzygać spory o jurysdykcję

184.	die Zuständigkeit erweitern	rozszerzać kompetencję

185.	die Politik entwickeln (5)	¹rozwijać politykę ²rozwijać działania
186.	die Zusammenarbeit entwickeln (2)	rozwijać współpracę
187.	Beziehung ausbauen	\<rozwijanie stosunków \>rozwijać stosunki

188.	eine Verwarnung richten (an jdn.)	skierować ostrzeżenie (do kogoś)

189.	Kriterien erfüllen (6)	spełniać kryteria
190.	Voraussetzungen erfüllen (14)	spełniać warunki

191.	Haushaltsvoranschlag aufstellen	sporządzać preliminarz wydatków
192.	Straftaten begehen {in Bezug auf Personen, die als Täter oder Teilnehmer Straftaten zum Nachteil der finanziellen Interessen der Union begangen haben}	<sprawcy przestępstw>phr. Terminus {w odniesieniu do sprawców i współsprawców poważnych przestępstw}
193.	die Leitung wahrnehmen	sprawować kierownictwo
194.	die Kontrolle wahrnehmen	sprawować kontrolę
195.	Märkte stabilisieren	<stabilizacja rynków> stabilizować rynki
196.	Beschränkungen anwenden	stosować ograniczenia
197.	die Ausgleichsabgabe erheben	stosować opłatę wyrównawczą
198.	einen Zolltarif anwenden	stosować taryfę celną
199.	Subsidiaritätsprinzip anwenden	stosować zasadę pomocniczości
200.	Vorschriften anwenden	<stosowanie przepisów> stosować przepisy
201.	Verträge umsetzen	<stosowanie Traktatów> stosować Traktaty
202.	die Autonomie achten	szanować autonomię
203.	Zuständigkeit (der Mitgliedstaaten) beachten	szanować kompetencje Państw Członkowskich
204.	die Unabhängigkeit achten (2)	szanować niezależność
205.	Gleichheit achten	szanować równość
206.	den Standpunkt respektieren	szanować stanowisko
207.	Werte achten	szanować wartości
208.	die Pflicht erfüllen	szanować zobowiązania
209.	Unternehmen gründen	tworzyć przedsiębiorstwa
210.	Strukturen schaffen	tworzyć struktury
211.	den Asyl beantragen (2)	ubiegać się o azyl
212.	Aktionsprogramme beschließen	uchwalać programy działania
213.	den Artikel aufheben	uchylać artykuł
214.	den Beschluss aufheben (2)	uchylać decyzję, <uchylenie decyzji> uchylać decyzję
215.	die Ausnahmeregelungen aufheben	uchylać derogacje
216.	die Empfehlung aufheben	uchylać zalecenie
217.	Maßnahmen aufheben	<uchylenie środków> uchylać środki
218.	Freiheit festigen	umocnić wolność
219.	Maßnahmen verschärfen	umocnić środki
220.	Frieden festigen	umocnić pokój

221.	die Menschenrechte festigen	<umacnianie praw człowieka> umacniać prawa człowieka
222.	die Rechtsstaatlichkeit festigen	<umacnianie państwa prawnego> umacniać państwo prawne
223.	Demokratie festigen	<umacnianie demokracji> umacniać demokrację

224.	die Geldpolitik ausführen	<urzeczywistnianie polityki pieniężnej> urzeczywistniać politykę pieniężną

225.	Abgaben festsetzen	ustalać wysokość opłat

226.	Beziehungen unterhalten (5)	utrzymywać stosunki
227.	Beschränkungen beibehalten	utrzymywać ograniczenia
228.	(Schutz)Maßnahmen beibehalten (4)	<utrzymywanie środków (ochronnych)> utrzymywać środki ochronne
229.	die Preisstabilität gewährleisten (3)	<utrzymanie stabilności cen> utrzymać stabilność cen
230.	Frieden erhalten	<utrzymanie pokoju> utrzymać pokój

231.	Fachgerichte bilden	utworzyć sądy wyspecjalizowane

232.	ein Gutachten einholen	uzyskać opinię

233.	einen Beschluss durchführen (4)	[1]wprowadzać w życie decyzje [2]<wykonanie decyzji> wykonać decyzję <wykonana decyzja> wykonać decyzję [3]<realizacja celów decyzji> realizować cele decyzji
234.	Mindestvorschriften anwenden	wprowadzać w życie minimalne wymagania

235.	die Demokratie fördern	<wspieranie demokracji> wspierać demokrację
236.	die Rechtsstaatlichkeit fördern	<wspieranie państwa prawnego> wspierać państwo prawne
237.	die Menschenrechte fördern	<wspieranie praw człowieka> wspierać prawa człowieka
238.	Entwicklung fördern (3)	[1]<wspieranie rozwoju> wspierać rozwój [2]<sprzyjanie rozwojowi> sprzyjać rozwojowi
239.	die Zusammenarbeit fördern (14)	[1]<wspieranie współpracy> wspierać współpracę [2]sprzyjać współpracy [3]zachęcać do współpracy <zachęcanie do współpracy> zachęcać do współpracy

240.	das Verfahren einleiten (2)	wszcząć procedurę

241.	die Verzerrung beseitigen	wyeliminować zakłócenie

242.	die Zuständigkeit wahrnehmen (2)	wykonywać kompetencję
243.	die Zuständigkeit ausüben (3)	wykonywać kompetencję, <wykonywanie kompetencji> wykonywać kompetencję
244.	das Recht ausüben (3)	wykonywać prawo
245.	Aufgaben erfüllen (3)	¹wykonywać funkcje ²pełnić funkcje
246.	das Stimmrecht ausüben	<wykonywanie prawa głosu>wykonywać prawo głosu
247.	die Kommission ersuchen (3)	¹wystąpić do Komisji z wnioskiem ²żądać od Komisji
248.	die Verzerrung hervorrufen	wywoływać zakłócenie
249.	den Sachverständigen ernennen	wyznaczyć eksperta
250.	die Zusammenarbeit verstärken (3)	¹<wzmacnianie współpracy> wzmacniać współpracę ²umacniać współpracę ³<wspieranie współpracy> wspierać współpracę
251.	den Integrationsprozess stärken	<wzmocnienie procesu integracji> wzmocnić proces integracji
252.	eine Verpflichtung eingehen (2)	zaciągnąć zobowiązania <zaciągnięcie zobowiązań> zaciągnąć zobowiązania
253.	den Wettbewerb verfälschen	zakłócać konkurencję
254.	Wohlstand fördern (2)	¹zapewnić pomyślny rozwój ²<sprzyjanie pomyślności> sprzyjać pomyślności
255.	Vorteile zukommen lassen	<zapewnienie pełnych korzyści> zapewniać pełne korzyści
256.	Preisstabilität aufrechterhalten	<zapewnienie stabilności cen> zapewnić stabilność cen
257.	Haushaltsdisziplin sicherstellen	<zapewnienie dyscypliny budżetowej> zapewnić dyscyplinę budżetową
258.	Konflikte verhüten	<zapobieganie konfliktom> zapobiegać konfliktom
259.	Kompetenzkonflikte verhindern	<zapobieganie sporom> zapobiegać sporom
260.	Zuwiderhandlung abstellen (2)	zaprzestać naruszenia <zaprzestanie naruszenia> zaprzestać naruszenia
261.	das Protokoll ablösen	zastąpić protokół
262.	eine Bestimmung anwenden (2)	zastosować postanowienie

263.	Bestimmungen billigen	zatwierdzać przepisy
264.	den Standpunkt billigen (3)	zatwierdzić stanowisko

265.	Vereinbarungen schließen	zawierać porozumienia
266.	Übereinkünfte schließen (7)	zawierać umowy, <zawieranie umów> zawierać umowy
267.	(das) Abkommen schließen (5)	zawierać, zawrzeć umowę, <zawieranie umów> zawierać umowy <zawarcie umów> zawrzeć umowy

268.	das (Gesetzgebungs)Verfahren aussetzen (5)	zawiesić procedurę (ustawodawczą)
269.	die Zwangsvollstreckung aussetzen	zawiesić postępowanie egzekucyjne
270.	Rechte aussetzen	<zawieszenie praw> zawiesić prawa

271.	eine Einlage hinterlegen	złożyć do depozytu

272.	Maßnahmen abändern	<zmiana środków> zmienić środki

273.	Unterschiede verringern	<zmniejszenie dysproporcji> zmniejszyć dysproporcje

274.	Verwaltungsverfahren ausschalten	znosić procedury administracyjne
275.	Verwaltungspraktiken ausschalten	znosić praktyki administracyjne
276.	Beihilfe aufheben	<zniesienie pomocy> znieść pomoc

277.	einen Ausschuss einberufen (2)	zwoływać komitet
278.	eine Konferenz einberufen	zwoływać konferencję
279.	einen Konvent einberufen	zwoływać konwent

280.	Weisungen einholen (2)	zwracać się o instrukcje

281.	einen Nachfolger ernennen (2)	*być zastępowanym*

Nomen im Dativ im Deutschen

282.	den Vorschriften unterliegen	być objętym postanowieniami
283.	einem Kontrollverfahren unterliegen (2)	być poddanym unijnej procedurze kontrolnej, podlegać unijnej procedurze kontrolnej
284.	sich einer Kontrolle entziehen	pozostawać poza kontrolą
285.	der Empfehlung nachkommen	stosować się do zaleceń
286.	den Aufgaben nachkommen	wypełniać zadania
287.	einem Beschluss nachkommen	zastosować się do decyzji
288.	den Interessen zuwiderlaufen	<sprzeczny z interesami> sprzeciwiać się interesom

| 289. | Verpflichtungen nachkommen (2) | wypełniać zobowiązania, <wypełnianie zobowiązań> wypełniać zobowiązania |
| 290. | dem Urteil nachkommen | zastosować się do wyroku |

B. Verbale Fachkollokationen des Typs Präpositionalphrase+Verb

291.	zu einem Konsens gelangen (2)	<doprowadzenie do konsensusu> doprowadzić do konsensusu
292.	zu der Frage hören	konsultować się w sprawie
293.	jmdn. mit Geldbußen belegen	<nakładanie grzywien> nakładać grzywny

294.	von einem Tätigwerden absehen	nie podejmować żadnych działań
295.	in Kammern tagen	obradować w izbach
296.	als Plenum tagen	obradować w pełnym składzie
297.	für Verbindlichkeiten haften (2)	odpowiadać za zobowiązania
298.	in die Zuständigkeit jds. fallen	podlegać kompetencji
299.	jdn. vom Amt entbinden	pozbawić kogoś mandatu
300.	für Verbindlichkeiten eintreten	przejmować zobowiązania
301.	für den Umlauf bestimmen	przeznaczać do obiegu
302.	gegen eine Verpflichtung verstoßen (5)	¹uchybiać jednemu ze zobowiązań ²uchybić obowiązkowi
303.	auf die Kohärenz achten	zapewniać spójność
304.	an die Stelle von jdm. treten (2)	*zastępować kogoś*

4.2.1.2 Analyse des Materials

ZUR STRUKTUR DER DEUTSCHEN UND DER POLNISCHEN VERBALEN FACHKOLLOKATIONEN

Die meisten deutschen verbalen Fachkollokationen der Untergruppe A bestehen aus einem Verb und einem Nomen – einer nominalen Basis – das im Satz zum Akkusativobjekt, vereinzelt zum Dativobjekt wird. Ihnen stehen im Polnischen Syntagmen mit vorwiegend gleicher Struktur gegenüber, deren nominale Basis im Satz auch zumeist zum Akkusativobjekt wird

> *Der Rat* **setzt** *einen* ständigen *Ausschuss* **ein.** / *Rada* **ustanawia** *stały* **komitet.**
> *Die Kommission* **hat** *diesen* **Artikel aufgehoben.** / *Komisja* **uchyliła artykuł.**

vereinzelt zum Objekt im Präpositionalkasus

> *das Amt niederlegen / rezygnować* **z funkcji**
> *Maßnahmen unterlassen / powstrzymywać się* **od (podejmowania) środków**

im Dativ

> *Kompetenzkonflikte verhindern / zapobiegać* **sporom**
> *einem Kontrollverfahren unterliegen / podlegać* **unijnej procedurze kontrolnej**

im Genitiv

Befugnisse missbrauchen / nadużywać uprawnień
Zuwiderhandlung abstellen /zaprzestać naruszenia

oder im Instrumental (1 Beleg)

den Vorschriften unterliegen /być objętym postanowieniami.

Bei neun deutschen Belegen (282–290) aus der Untergruppe A wird die nominale Basis im Satz zum Dativobjekt. Als Entsprechungen wurden in dem polnischen parallelen Text Syntagmen gebraucht, deren Basen im Satz im Instrumental-, Akkusativ-, Dativ- oder im Präpositionalkasus stehen:

*Diese Regelungen **unterliegen den Vorschriften**. / Regulacje te są **objęte postanowieniami**.*

*Die Mitgliedstaaten **kamen** allen **Aufgaben nach**. / Państwa członkowskie **wypełniły** wszystkie **zadania**.*

*Die außergewöhnlichen Ereignisse **entziehen sich seiner Kontrolle**. / Te nadzwyczajne okoliczności **pozostają poza** jego **kontrolą**.*

*[...]Maßnahmen zu treffen, die **einem Kontrollverfahren** der Union **unterliegen**. / [...] podejmowanie, [...] środków tymczasowych, **podlegających** unijnej **procedurze kontrolnej**.*

In den deutschen Syntagmen aus der Gruppe B steht die nominale Basis im Satz im Präpositionalkasus. Den deutschen Strukturen stehen im Polnischen Syntagmen gegenüber, deren Basen im Satz auch im Präpositionalkasus, aber auch im Genitiv, Dativ und Akkusativ stehen:

*Die Union **haftet** nicht **für die Verbindlichkeiten** der Zentralregierungen. / Unia nie **odpowiada za zobowiązania** rządów centralnych.*

*Der Europäische Rat kann den Präsidenten von seinem Amt entbinden. / Rada Europejska może **pozbawić** przewodniczącego **mandatu**.*

*Diese Fragen **fallen in die Zuständigkeit** der nationalen Zentralbanken. / Te kwestie **podlegają kompetencji** krajowych banków centralnych.*

*Der Staat **tritt für Verbindlichkeiten** von ca. 100 Milliarden Euro **ein**. / Państwo **przejmie zobowiązania** sięgające 100 miliardów euro.*

Dem deutschen als Kern geltenden Kompositum entspricht im Polnischen, wie im Falle der phraseologischen Termini (4.1.), eine Nominalphrase – ein phraseologischer Terminus – meist mit einem nachgestellten adjektivischen Attribut, seltener mit einem vorangestellten adjektivischen Attribut oder nachgestellten nominalen Attribut:

*die **Währungsunion** errichten / ustanawiać **unię walutową***
*den **Binnenmarkt** errichten / ustanawiać **rynek wewnętrzny***
Gesetzgebungsakte** erlassen / przyjmować **akty ustawodawcze
Mindestvorschriften** erlassen / przyjąć **minimalne wymagania
Wettbewerbsvorschriften** verfälschen / zakłócać **warunki konkurencji.

Demnach sind die polnischen verbalen Fachkollokationen komplexer als die deutschen.

In einigen Belegen stehen den deutschen verbalen Kollokationen kontextbedingt von den verbalen abgeleitete nominale Kollokationen im Polnischen gegenüber, deren Form sich nach den Valenzregeln richtet:

*Märkte **stabilisieren** / **stabilizacja** rynków*
*Vorschriften **anwenden** / **stosowanie** przepisów*
*den Asyl **beantragen** / **ubiegający** się o azyl.*

Unter polnischen Syntagmen lassen sich auch aufgrund der Unterschiede im Verbalsystem perfektive und imperfektive Formen von Kollokatoren aussondern. „Der perfektive Aspekt signalisiert, dass das Geschehen seine Grenze (Anfang, Ende, oder beides zugleich bei punktuellen Geschehen) erreicht, überwunden hat; der imperfektive Aspekt dagegen liefert keine Information darüber, ob das Geschehen seine Grenze erreicht hat" (Kątny 2008: 91). Für die meisten polnischen Exzerpte ist sowohl die perfektive als auch die imperfektive Form des Kollokators möglich, auch wenn sie im EU- und AEU-Vertrag nicht vorkommen.

Verpflichtungen nachkommen / wypełniać, wypełnić zobowiązanie
Übereinkünfte schließen / zawierać, zawrzeć umowy
das Protokoll ablösen / zastępować, zastąpić protokół.

Die kontrastive Analyse der exzerpierten Fachkollokationen hat zudem ergeben, dass in einigen Fällen den deutschen Syntagmen mehrere synonymische Syntagmen als Entsprechungen im Polnischen und den polnischen mehrere synonymische Syntagmen im Deutschen gegenüberstehen:

Vorschläge unterbreiten	[1]przedłożyć propozycje [2]przedkładać wnioski [3]podejmować środki [4]przedstawiać projekt
Bestimmungen erlassen	[1]ustanawiać przepisy [2]określać przepisy [3]uchwalać przepisy [4]przyjąć postanowienia [5]podjąć środki [6]stanowić
ustanowić/ustanawiać komitet	[1]einen Ausschuss einrichten [2]einen Ausschuss bilden [3]einen Ausschuss einsetzen
przyjmować zalecenie/a	[1]eine Empfehlung verabschieden [1]eine Empfehlung annehmen [3]Empfehlungen erlassen

Dadurch wird bestätigt, dass sich unter Fachkollokationen Syntagmen mit schwächerer Stabilität und Assoziativität (vgl. Kratochvílová 2011: 99, auch Punkt 3.3.3.) unterscheiden lassen, deren Kollokate substituiert werden können (vgl. Beispiel oben) und mehr stabile, monokolokabile Syntagmen wie: *das Amt niederlegen / rezygnować z funkcji* od. *składać rezygnację*, bei denen die Substituierung einzelner Komponenten stark eingeschränkt ist.

Zu den häufigsten Kollokatoren der verbalen Fachkollokationen im Deutschen gehören u. a. die Verben: *festlegen (22), erlassen (10), ernennen (8)*, im Polnischen *ustanawiać/ ustanowić (19), określać/określić (19), przyjmować/przyjąć (20)*.

Abb. 10: Kollokationsfeld mit dem Verb festlegen

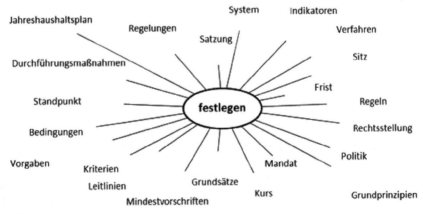

*Abb. 11: Kollokationsfeld mit dem Verb **erlassen***

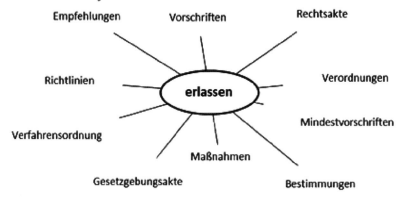

*Abb. 12: Kollokationsfeld mit dem Verb **ernennen***

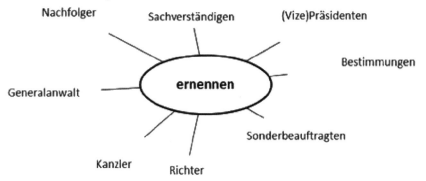

*Abb. 13: Kollokationsfeld mit dem Verb **ustanawiać/ ustanowić***

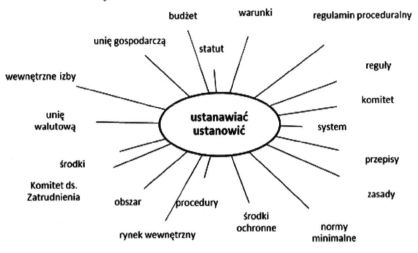

*Abb. 14: Kollokationsfeld mit dem Verb **określać/ określić***

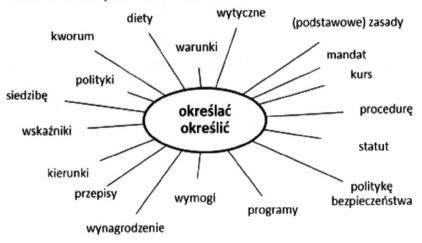

*Abb. 15: Kollokationsfeld mit dem Verb **przyjmować** / **przyjąć***

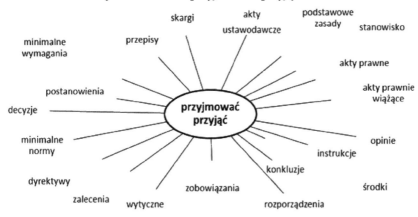

Die Analyse des gesammelten Materials lässt eine gewisse Inkonsequenz in der Anwendung des polnischen phraseologischen Terminus *normy minimalne* feststellen. Die deutsche Kollokation *Mindestvorschriften festlegen* kommt in den Verträgen dreimal vor. Ihr gegenüber steht in der polnischen Fassung zweimal die Kollokation *ustanowić **normy minimalne*** und einmal *przyjęcie **minimalnych norm***. Die Prä- und Poststellung des Attributs ändert wesentlich den Charakter der den Kern charakterisierenden Eigenschaft (vgl. Engel et al. 2000: 921, mehr dazu Kapitel 3.3.3.) und somit auch die Klasse des Syntagmas. Während die Form *normy minimalne* ein phraseologischer Terminus ist, könnte das Syntagma *minimalne normy* eher der Gruppe der Fachkollokationen zugeordnet werden.

Zur Wortbildung

In Hinsicht auf die Wortbildung haben 110 deutsche Exzerpte und 164 polnische mindestens eine internationale oder hybridisierte Komponente.

4 deutsche und 10 polnische Exzerpte bestehen ausschließlich aus Internationalismen oder Hybriden:

> *Politik(en) koordinieren / koordynować politykę*
> *Investitionen finanzieren / finansować inwestycje*

Internationalisiert oder hybridisiert sind vorwiegend in deutschen und in polnischen Fachkollokationen die nominalen Basen der verbalen Kollokationen (100 Belege im Deutschen, 146 im Polnischen):

> *die **Demokratie** fördern / wspierać **demokrację***
> *einen **Konvent** einberufen / zwoływać **konwent***

Internationalisiert sind im Polnischen als Basen geltende Einworttermini (A,B), phraseologische Termini – d. h. Kerne und ihre vorangestellten oder nachgestellten Primärattribute – (C,D), oder nur einzelne Komponenten der als Basen geltenden phraseologischen Termini – d. h. nur ein vorangestelltes oder nachgestelltes Primärattribut zum nominalen Kern (E-G).

A. *zapobiegać* **konfliktom**
B. *wyznaczyć* **eksperta**
C. *wzmocnić* **proces integracji**
D. *ustanowić* **normy minimalne**
E. *wprowadzać w życie* **minimalne** *wymagania*
F. *mianować* **specjalnego** *przedstawiciela*
G. *znosić praktyki* **administracyjne**

6 deutsche Belege und 8 polnische haben einen internationalen Kollokator und eine einheimische Basis:

die Stückelung **harmonisieren** / **harmonizować** *nominały*
Tätigkeit(en) **koordinieren** / **koordynować** *działalność*
Änderungen **ratifizieren** / **ratyfikować** *zmiany.*

In den beiden Sprachen lässt sich im Vergleich zu internationalen Basen eine geringe Anzahl von internationalen Kollokatoren feststellen.

Zur Fachlichkeit

Der Fachlichkeitsgrad der analysierten Fachkollokationen hängt grundsätzlich von ihrem nominalen Teil, d. h. von der Basis, ab. Die Basen der exzerpierten verbalen Kollokationen bilden, wie im Falle der phraseologischen Termini (4.1.1. und 4.1.2.) vor allem:

– **Fachtermini:**

den **Binnenmarkt** *errichten* / *ustanawiać* **rynek wewnętrzny**
Richtlinien *erlassen* / *przyjmować* **dyrektywy**
Gesetzgebungsinitiativen *vorlegen* / *przedkładać* **inicjatywy prawodawcze**

aber auch:

– **allgemeinwissenschaftliche Termini:**

Regeln *aufstellen* / *ustanawiać* **reguły**
Vorgaben *festlegen* / *określać* **kierunki**
Kriterien *festlegen* / *określać* **kryteria**

– oder seltener **Nichttermini**:

Vorteile *zukommen lassen* / *zapewniać* **korzyści**
das **Ziel** *anstreben* / *osiągnąć* **cel**
Interesse *verletzen* / *naruszać* **interes**
zu der **Frage** *hören* / *konsultować się w* **sprawie.**

Die bevorzugte Verwendung der **Fachtermini** als Basen der Fachkollokationen hat zur Folge, dass die exzerpierten Syntagmen zumeist einen fachlichen, hier einen **rechtlichen** bzw. einen **wirtschaftlichen** Charakter haben:

> **Verhandlungen** *einleiten / podejmować* **rokowania**
> **Rechtsakte** *erlassen / przyjmować* **akty prawnie wiążące**
> **Abgaben** *erheben / pobrać* **opłaty**
> **Prozesshandlungen** *vornehmen / dokonywać* **czynności w postępowaniu sądowym**
> **Straftaten** *begehen / popełniać* **przestępstwa**
> *in* **Kammern** *tagen / obradować w* **izbach**
> *jmdn. mit* **Geldbußen** *belegen / nakładać* **grzywnę**
> *jdn. vom* **Amt** *entbinden / pozbawić* **mandatu**
> **Investitionen** *finanzieren / finansować* **inwestycje**
> **Devisengeschäfte** *durchführen / przeprowadzać* **operacje walutowe.**

Syntagmen mit **allgemeinwissenschaftlichen** Termini oder **Nichttermini** als Basen lassen sich im Hinblick auf ihren Inhalt als Ausdrücke mit einem vorwiegend **allgemeinpolitischen** Charakter bezeichnen. Sie bestimmen nämlich Handlungen und Tätigkeiten, die zuständige Organe vornehmen, um ihre Zuständigkeit auszuüben und die vorgesetzten Ziele zu verwirklichen. Damit bestimmen sie Angelegenheiten aus dem Bereich des politischen Systems:

> *die* **Politik** *erarbeiten / określać* **polityki**
> **Bedingungen** *festlegen / ustalać* **warunki**
> **Grundsätze** *festlegen / określać* **zasady**
> **Aufgaben** *erfüllen / wykonywać* **funkcje**
> **Kompetenzkonflikte** *verhindern / zapobiegać* **sporom**
> **Kriterien** *erfüllen / spełniać* **kryteria**
> *die* **Tätigkeit** *aufnehmen / podejmować* **działalność**
> **Maßnahmen** *auslösen / podjąć* **działania**
> *in die* **Zuständigkeit** *jds. fallen / podlegać* **kompetencji**
> *auf die* **Kohärenz** *achten / zapewniać* **spójność.**

Manchmal entscheidet über die Fachlichkeit des Syntagmas der verbale Kollokator. So ist z. B. die Kollokation Änderungen ratifizieren / ratyfikować zmiany aufgrund des juristisch geprägten Kollokators und des Kontextes eine Fachkollokationen mit eindeutig juristischem Charakter.

4.2.2 Nominale Fachkollokationen des Typs Adjektiv+Nomen

In diesem Punkt werden deutsche Fachkollokationen mit einer nominalen Basis und einem adjektivischen Kollokator und ihre polnischen Entsprechungen aufgelistet.

4.2.2.1 Materialzusammenstellung

Die Untergruppe der nominalen Fachkollokationen des Typs Adjektiv+Nomen zählt 147 Belege. Sie werden im Folgenden nach der Struktur der vorangestellten Attribute der deutschen Syntagmen gruppiert in:

- nominale Fachkollokationen mit vorangestelltem Partizipialattribut,
- nominale Fachkollokationen mit vorangestelltem adjektivischem Attribut.

Weiter werden die Syntagmen aus der Untergruppe A in nominale Fachkollokationen mit vorangestelltem adjektivisch gebrauchtem Partizip II als Attribut und vorangestelltem adjektivisch gebrauchtem Partizip I als Attribut geteilt. In beiden Untergruppen werden die Syntagmen, wenn es möglich ist, nach den wiederholten Attributen angeführt.

A. Nominale Fachkollokationen mit vorangestelltem Partizipialattribut

Nominale Fachkollokationen mit vorangestelltem Part. II als Attribut

1.	der ausgewogene Fortschritt	zrównoważony postęp
2.	das ausgewogene Wirtschaftswachstum	zrównoważony wzrost gospodarczy
3.	das eingesetzte Gremium	utworzony organ
4.	der eingesetzte Bürgerbeauftragte	ustanowiony Rzecznik Praw Obywatelskich
5.	erlassene Beschlüsse	przyjęte decyzje
6.	erlassene Maßnahmen	przyjęte środki
7.	erlassene Vorschriften (3)	[1]określone warunki [2]przyjęte zasady [3]przyjęte przepisy
8.	festgesetzte Frist	wyznaczony termin
9.	die gesetzte Frist	oznaczony termin
10.	geeignete Bestimmungen	odpowiednie przepisy
11.	geeignete Vorkehrungen	niezbędne środki
12.	übertragene Aufgaben	powierzone zadania
13.	übertragene Zuständigkeit	<powierzać kompetencje> powierzone kompetencje
14.	vorgeschriebene Abgabe	wymagana opłata
15.	der vorgeschriebene Zoll	wymagane cło
16.	die anerkannte Befugnis	*prawo*
17.	die angefochtene Handlung	zaskarżony akt
18.	angenommene Richtlinien	przyjęte dyrektywy

19.	aufgestellte Grundsätze	wyrażone zasady
20.	die beglaubigte Abschrift	uwierzytelniony odpis
21.	der bevorrechtigte Zugang	uprzywilejowany dostęp
22.	bewährte Verfahren	najlepsze praktyki
23.	erachtete Angaben	niezbędne informacje
24.	ergriffene Initiativen	podejmowane inicjatywy
25.	die erhobene Klage	złożona skarga
26.	festgelegte Leitlinien	określone wytyczne
27.	gelieferte Informationen	dostarczane informacje
28.	gerechtfertigte Gründe	uzasadnione środki
29.	geschlossene Übereinkünfte	zawarte umowy
30.	getroffene Maßnahmen (3)	podjęte środki
31.	verstärkte Schutzmaßnahmen	bardziej rygorystyczne środki ochronne

32.	die gebilligten Zielsetzungen	*cele, na które wyraziły zgodę (Państwa Członkowskie)*

Nominale Fachkollokationen mit vorangestelltem Part. I als Attribut

33.	vorübergehende Ausnahmeregelungen	tymczasowa derogacja
34.	der vorübergehende Schutz	tymczasowa ochrona

35.	zwingende Notwendigkeit	bezwzględna konieczność
36.	fortschreitende Entwicklung	stopniowy rozwój
37.	die bindende Koordinierung	obowiązkowa koordynacja
38.	gravierende Schwierigkeiten	poważne trudności
39.	die laufenden Geschäfte (2)	sprawy bieżące
40.	richtungweisende Grundsätze	zasady przewodnie

B. Nominale Fachkollokationen mit vorangestelltem adjektivischem Attribut

41.	gemeinsame Abrüstungsmaßnahmen	wspólne działania rozbrojeniowe
42.	die gemeinsame Agrarpolitik (6)	wspólna polityka rolna
43.	gemeinsame Ausgaben	wspólne wydatki
44.	gemeinsame Bestimmungen	wspólne postanowienia

45.	die gemeinsame Einwanderungspolitik	wspólna polityka imigracyjna
46.	gemeinsame Ermittlungsgruppen	wspólne zespoły dochodzeniowe
47.	gemeinsame Ermittlungstechniken	wspólne techniki śledcze
48.	gemeinsame Grundsätze (2)	[1]wspólne kryteria [2]zasady wspólne
49.	die gemeinsame Handelspolitik (7)	wspólna polityka handlowa

50.	gemeinsame Initiativen	wspólne inicjatywy
51.	gemeinsame Maßnahmen	wspólne środki
52.	gemeinsame Normen	wspólne normy
53.	gemeinsame Organe	wspólne instytucje
54.	die gemeinsame Organisation (der Agrarmärkte) (2)	wspólna organizacja (rynków rolnych)
55.	die gemeinsame Politik (5)	wspólna polityka
56.	gemeinsame Regeln (2)	wspólne reguły
57.	gemeinsame Sicherheitsanliegen	wspólne zagadnienia związane z bezpieczeństwem
58.	gemeinsame Stellungnahmen	wspólne stanowiska
59.	die gemeinsame Unionsbürgerschaft	wspólne obywatelstwo
60.	gemeinsame Unternehmen	wspólne przedsiębiorstwa
61.	gemeinsame Verfahren	wspólne procedury
62.	gemeinsame Verfassungsüberlieferungen	wspólne tradycje konstytucyjne
63.	die gemeinsame Verkehrspolitik	wspólna polityka transportowa
64.	die gemeinsame Verteidigungspolitik (4)	wspólna polityka obronna
65.	gemeinsame Wettbewerbsregeln	wspólne reguły konkurencji
66.	gemeinsame Ziele	wspólne cele
67.	der gemeinsame Jahresbericht (2)	wspólne sprawozdanie roczne
68.	das gemeinsame kulturelle Erbe	wspólne dziedzictwo kulturowe
69.	ein gemeinsamer Zolltarif	wspólna taryfa celna
70.	ein gemeinsames europäisches Asylsystem	wspólny europejski system azylowy
71.	ein gemeinsames Interesse (3)	wspólny interes
72.	ein gemeinsames Programm	wspólny program
73.	gemeinsames Vorgehen	wspólne podjęcie działań
74.	die angemessene Höhe (2)	stosowna wysokość
75.	eine angemessene Lebenshaltung	odpowiedni poziom życia
76.	angemessene Preise	rozsądne ceny
77.	die berufliche Bildung	kształcenie zawodowe
78.	die berufliche Fortbildung	doskonalenie zawodowe
79.	die berufliche Mobilität	mobilność zawodowa
80.	die berufliche Umschulung	*przekwalifikowanie*
81.	die berufliche Verwendbarkeit	zatrudnianie pracowników
82.	die einheitliche Vertretung	jednolita reprezentacja
83.	die einheitliche Währung	jedna waluta
84.	einschlägige Bestimmungen	odpowiednie postanowienia
85.	einschlägige Vorschriften	odpowiednie przepisy

86.	finanzielle Auflagen	ograniczenia finansowe
87.	die finanzielle Gleichgewicht	równowaga finansowa
88.	die regelmäßige Bewertung	okresowa ocena
89.	die regelmäßige Überwachung	okresowy nadzór
90.	die reibungslose Abwicklung	prawidłowy przebieg
91.	das reibungslose Funktionieren	prawidłowe funkcjonowanie
92.	schwerwiegende Formen	poważne formy
93.	schwerwiegende Konsequenzen	istotne konsekwencje
94.	strategische Interessen	strategiczne interesy
95.	strategische Vorgaben	strategiczne kierunki
96.	strategische Ziele	strategiczne cele
97.	die absolute Notwendigkeit	bezwzględna potrzeba
98.	anspruchsvollere Kriterien	wyższe kryteria
99.	die ausschließliche Zuständigkeit	wyłączna kompetencja
100.	außergewöhnliche Umstände	wyjątkowe okoliczności
101.	die außerordentliche Tagung	nadzwyczajne posiedzenie
102.	das auswärtige Handeln	działania zewnętrzne
103.	die dauerhafte Konvergenz	trwała konwergencja
104.	ein hohes Beschäftigungsniveau	wysoki poziom zatrudnienia
105.	ein mehrjähriges Rahmenprogramm	wieloletni program ramowy
106.	erforderliche Maßnahmen	niezbędne środki
107.	ernsthafte Störungen	poważne zaburzenia
108.	die ernstliche Gefährdung	poważne zagrożenie
109.	die förmliche Erklärung	formalne oświadczenie
110.	industrielle Wandlungsprozesse	zmiany w przemyśle
111.	innovative Ansätze	podejście nowatorskie
112.	der integrale Bestandteil	integralna część
113.	die interne Zuständigkeit	wewnętrzna kompetencja
114.	das konvergente Handeln	zbieżne działania
115.	der kurzfristige Aufenthaltstitel	krótki pobyt
116.	der maßgebliche Zeitpunkt	odnośna data
117.	militärische Fähigkeiten	zdolności wojskowe
118.	die mittelbare Diskriminierung	bezpośrednia dyskryminacja
119.	monetäre Rahmenbedingungen	warunki pieniężne
120.	multilaterale Projekte	wielostronne projekty
121.	die nachhaltige Entwicklung	stały rozwój
122.	die objektive Bewertung	obiektywna ocena
123.	das ordnungsgemäße Funktionieren	prawidłowe funkcjonowanie
124.	die örtliche Mobilität	mobilność geograficzna
125.	die pädagogische Funktion	funkcja edukacyjna
126.	die rasche Entscheidung	szybka decyzja

127.	die rationelle Entwicklung	racjonalny rozwój
128.	der räumliche Geltungsbereich	terytorialny zakres stosowania
129.	rechtliche Auflagen	ograniczenia prawne
130.	sachliche Informationen	istotne informacje
131.	die soziale Funktion	funkcja społeczna
132.	stabile Preise	stabilne ceny
133.	technische Regelungen	normy techniczne
134.	das übermäßige Defizit	nadmierny deficyt
135.	unerlässliche Maßnahmen	niezbędne środki
136.	die unmittelbare Diskriminierung	pośrednia dyskryminacja
137.	die unparteiische Bewertung	bezstronna ocena
138.	die unverzinsliche Einlage	nieoprocentowany depozyt
139.	verwaltungsmäßige Auflagen	ograniczenia administracyjne
140.	das vorrangige Ziel	[1]główny cel [2]nadrzędny cel
141.	wirtschaftliche Nachteile	niekorzystne skutki gospodarcze
142.	zuständige Behörden	właściwe organy
143.	beitrittswillige Staaten	państwa kandydujące do przystąpienia
144.	effiziente Beschaffungsverfahren	skuteczne metody dokonywania zamówień
145.	kompatible Beschaffungsverfahren	spójne metody dokonywania zamówień
146.	mengenmäßige Aus-/ Einfuhrbeschränkungen (2)	ograniczenia ilościowe w wywozie
147.	rechtswidrige Handlungen	nielegalne działania

4.2.2.2 Analyse des Materials

Zur Struktur der deutschen und der polnischen nominalen Kollokationen des Typs Adj+N

Die deutschen Fachkollokationen des Typs Adj+N werden um den nominalen als Basis geltenden Kern gebildet. Der nominalen Basis wird ein partizipiales (A) oder adjektivisches (B) Attribut als Kollokator vorangestellt. Damit ähneln die deutschen Fachkollokationen strukturell den phraseologischen Termini des Typs Adj+N (vgl. 4.1.1.). Der wesentlichste Unterschied zwischen den beiden Strukturen liegt in dem vorangestellten Attribut. Während bei den phraseologischen Termini des Typs Adj+N das vorangestellte Attribut ein unerlässlicher Bestandteil der komplexen Benennung ist, gilt das vorangestellte Attribut bei Fachkollokationen als zusätzliches Element, das gewöhnlich mit der Basis vorkommt und sie näher bestimmt. Die durch das Attribut in einer Kollokation eingeführte Eigenschaft des nominalen Kerns hat einen akzidentellen Charakter, die in einem phraseologischen Terminus weist einen bleibenden, dauerhaften Charakter (vgl. auch 3.3.3) auf.

Den deutschen Fachkollokationen aus der Untergruppe A und B stehen im Polnischen vorwiegend Syntagmen mit der Struktur Adj+N (wenige Belege N+Adj) gegenüber. Dies bestätigt die beschreibende und nicht kategorisierende Funktion der vorangestellten Attribute in den untersuchten nominalen Fachkollokationen. In den polnischen nominalen Phrasen stehen nämlich, worauf Engel hingewiesen hat, die attributiv gebrauchten Adjektive entweder vor oder nach dem Nomen. „Vorangestellt kennzeichnen sie den akzidentellen Charakter einer Eigenschaft. [...]. Nachgestellt weisen die Adjektive auf den bleibenden Charakter einer Eigenschaft, auf ein Klassenmerkmal hin" (Engel et al. 2000: 921).

Wie in allen vorher beschriebenen Fachphraseologismen gelten auch in dieser Gruppe sowohl Simplizia und Derivate als auch Komposita als nominale Kerne der Syntagmen im Deutschen. Den deutschen Komposita steht im Polnischen i. d. R. ein phraseologischer Terminus in Form einer Nominalphrase mit einem nachgestellten adjektivischen Attribut oder einem genitivischen Attribut gegenüber:

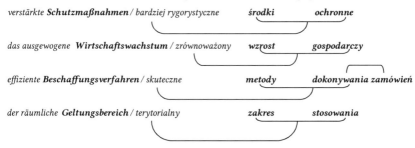

verstärkte **Schutzmaßnahmen** / bardziej rygorystyczne **środki** ochronne

das ausgewogene **Wirtschaftswachstum** / zrównoważony **wzrost** gospodarczy

effiziente **Beschaffungsverfahren** / skuteczne **metody** dokonywania zamówień

der räumliche **Geltungsbereich** / terytorialny **zakres** stosowania

Den deutschen nominalen Fachkollokationen mit der Struktur Adjektiv+ein zusammengesetztes Nomen entsprechen im Polnischen Syntagmen mit einem phraseologischen Termini als Basen und den vorangestellten adjektivischen oder partizipialen Attributen, die zusammen mit den phraseologischen Termini nominale Kollokation bilden. Das nachgestellte Attribut stellt in den angeführten polnischen Belegen den obligatorischen Bestandteil des phraseologischen Terminus dar. Das vorangestellte Attribut gilt hingegen als das den phraseologischen Terminus beschreibende Element und ist fakultativ.

Die adjektivischen Kollokatoren werden in partizipiale (A) und adjektivische (B) gegliedert. Die Fachkollokationen, deren Kollokator ein adjektivisch gebrauchtes Partizip II ist, lassen sich in den meisten Fällen im Deutschen und im Polnischen auf entsprechende verbale Kollokationen zurückführen, die gelegentlich auch nominalisiert werden können. Einige von ihnen treten in den analysierten Verträgen sowohl in verbaler als auch in nominaler Form auf, was die Festigkeit dieser Syntagmen und ihre wiederholte Verwendung in Fachtexten bestätigt:

erlassene Beschlüsse → Beschlüsse *erlassen* (→ **Erlass** der Beschlüsse)
przyjęte decyzje → **przyjąć** decyzje (→ **przyjęcie** decyzji)
festgesetzte Frist → Frist *festsetzen* (→ **Festsetzung** der Frist)
wyznaczony termin → **wyznaczyć** termin (→ **wyznaczenie** terminu)

angenommene Richtlinien → *Richtlinien annehmen* (→ *Annahme der Richtlinien)*
przyjęte dyrektywy → *przyjąć dyrektywy* (→ *przyjęcie dyrektywy)*
die beglaubigte Abschrift → *Abschrift beglaubigen* (→ *Beglaubigung der Abschrift)*
uwierzytelniony odpis → *uwierzytelnić odpis* (→ *uwierzytelnienie odpisu)*
getroffene Maßnahmen → *Maßnahmen treffen*
podjęte środki → *podjąć środki* (→ *podjęcie środków)*
geschlossene Übereinkünfte → *Übereinkünfte schließen* (→ *Abschluss der Übereinkünfte)*
zawarte umowy → *zawierać umowę* (→ *zawarcie umowy)*

Zur Wortbildung

In Hinsicht auf die Wortbildung haben 68 deutsche Exzerpte und 74 polnische Exzerpte mindestens eine internationale oder hybridisierte Komponente.

9 deutsche und 6 polnische Exzerpte bestehen ausschließlich aus Internationalismen oder Hybriden:

> *strategische Interessen / strategiczne interesy*
> *strategische Ziele / strategiczne cele*
> *die pädagogische Funktion / funkcja edukacyjna.*

Internationalisiert oder hybridisiert sind vorwiegend die nominalen Basen der Kollokationen, im Deutschen 44 Belege, im Polnischen 57 Belege:

> *die unmittelbare Diskriminierung / pośrednia dyskryminacja*
> *gemeinsame Agrarpolitik / wspólna polityka rolna*
> *die bindende Koordinierung / obowiązkowa koordynacja.*

15 deutsche Kollokationen und 9 polnische haben einen internationalen adjektivischen Kollokator und eine einheimische Basis:

> *der integrale Bestandteil integralna część*
> *die rationelle Entwicklung / racjonalny rozwój.*

Zwei polnische Exzerpte enthalten Internationalismen, beide sind aber keine Fachkollokationen:

> *cele, na które wyraziły zgodę (Państwa Członkowskie)*
> *przekwalifikowanie.*

Zur Fachlichkeit

Den Kern der in diesem Punkt analysierten Syntagmen bilden – wie im Falle der bereits besprochenen Fachphraseologismen – sowohl im Deutschen als auch im Polnischen:

– **Fachtermini:**

> *einschlägige Vorschriften / odpowiednie przepisy*
> *gemeinsame Ermittlungstechniken / wspólne techniki śledcze*
> *der eingesetzte Bürgerbeauftragte / ustanowiony Rzecznik Praw Obywatelskich*

*geschlossene **Übereinkünfte** / zawarte **umowy***
*zuständige **Behörden** / właściwe **organy***
*die unverzinsliche **Einlage** / nieoprocentowany **depozyt***
*gemeinsames **Asylsystem** / wspólny **system azylowy***
*gemeinsame **Verteidigungspolitik** / wspólna **polityka obronna***
*der vorgeschriebene **Zoll** / wymagane **cło**,*

– **allgemeinwissenschaftliche Termini:**

*sachdienliche **Informationen** / istotne **informacje***
*nachhaltige **Entwicklung** / stały **rozwój***
*objektive **Bewertung** / obiektywna **ocena***
*die dauerhafte **Konvergenz** / trwała **konwergencja***
*strategische **Vorgaben** / strategiczne **kierunki***
*geeignete **Vorkehrungen** / niezbędne **środki***
*der ausgewogene **Fortschritt** / zrównoważony **postęp***

und

– **Nichttermini** als die kleinste Gruppe:

*übertragene **Aufgaben** / powierzone **zadania***
*schwerwiegende **Formen** / poważne **formy***
*gemeinsame **Ziele** / wspólne **cele***
*der bevorrechtigte **Zugang** / uprzywilejowany **dostęp**.*

Fachkollokationen mit einem Terminus als Kern stellen im Vergleich zu den verbalen Kollokationen (4.2.1) und zu den phraseologischen Termini (4.1.1. und 4.1.2.) eine kleinere Gruppe dar. Ihrem Inhalt nach haben sie vorwiegend eine **juristische** und **wirtschaftliche** Konnotation:

*das ausgewogene **Wirtschaftswachstum** / zrównoważony **wzrost gospodarczy***
*die erhobene **Klage** / złożona **skarga***
*gemeinsamer **Jahresbericht** / wspólne **sprawozdanie roczne***
*das übermäßige **Defizit** / nadmierny **deficyt**.*

Syntagmen mit einem allgemeinwissenschaftlichen Terminus bzw. einem Nichtterminus als Kern weisen zumeist einen **allgemeinpolitischen Charakter** auf. Diese stellen die größte Gruppe unter den nominalen Fachkollokationen des Typs Adj+V dar:

*der räumliche **Geltungsbereich** / terytorialny **zakres stosowania***
*die rationelle **Entwicklung** / racjonalny **rozwój***
*multilaterale **Projekte** / wielostronne **projekty***
*das ordnungsgemäße **Funktionieren** / prawidłowe **funkcjonowanie***

Einige der hier analysierten Fachkollokationen betreffen andere Fachbereiche, die durch die Verträge geregelt sind wie:

Kultur (Titel XIII TFUE)

gemeinsames kulturelles Erbe / wspólne dziedzictwo kulturowe

Nichtdiskriminierung (Zweiter Teil TFUE)

die mittelbare Diskriminierung/ bezpośrednia dyskryminacja

Beschäftigung (Titel IX TFUE)

die berufliche Bildung / kształcenie zawodowe.

In der Analyse der exzerpierten nominalen Fachkollokationen des Typs Adj+N fällt eine relativ große Anzahl von Syntagmen mit dem Kollokator *gemeinsam / wspólny* auf (Belege 41–73). Die bevorzugte Verwendung dieses adjektivischen Attributs in den Gründungsverträgen der Europäischen Union bestätigt, dass die Mitgliedstaaten der EU mit den Vorschriften der Verträge den gemeinschaftlichen Charakter der EU betonen und das Streben nach Integration und Zusammenschluss europäischer Völker als Ziel realisieren wollen (vgl. dazu Punkt 2.4.6.).

4.2.3 Nominale Fachkollokationen des Typs Nomen+Nomen

In diesem Punkt werden deutsche Fachkollokationen mit einer nominalen Basis und einem nominalen Kollokator und ihre polnischen Entsprechungen aufgelistet.

4.2.3.1 Materialzusammenstellung

Die Untergruppe der nominalen Fachkollokationen des Typs N+N ist mit 254 Belegen die größte Untergruppe der Fachkollokationen. Den Kern der Nominalphrase bildet hier i. d. R. ein nominales Deverbativum erweitert um ein Nomen im Genitiv oder im Präpositionalkasus mit *von* als Attribut. Die folgende Auflistung wird zuerst gegliedert in:

- nominale Fachkollokationen des Typs N+N mit nominalem Deverbativum als Kern,
- nominale Fachkollokationen des Typs N+N ohne nominales Deverbativum als Kern.

Da die Mehrheit der exzerpierten Fachkollokationen der Untergruppe A angehört, erfolgt die Auflistung im Rahmen der Untergruppe ähnlich wie bei verbalen Fachkollokationen (4.2.1.) nach dem nominalen Kern der polnischen Entsprechungen. Die nominalen Deverbativa des Deutschen kennzeichnet nämlich eine größere Vielfalt, während im Polnischen eine Tendenz zur Vereinheitlichung zu beobachten ist. Somit lassen sich Deverbativa ermitteln, die bei der Bildung von Kollokationen am produktivsten sind.

A. Nominale Fachkollokationen des Typs N+N mit nominalem Deverbativum als Kern

Deverbativum mit (ev. erweitertem) Genitivattribut im Polnischen

1.	Ausgabe von Euro-Banknoten	emisja banknotów
2.	Ausgabe von Euro-Münzen	\<emitować monety\> emisja monet
3.	die Emission von Schuldverschreibungen	emisja obligacji
4.	die Emission von Wertpapieren	emisja papierów wartościowych
5.	Finanzierung des Anschubfonds	finansowanie funduszu początkowego
6.	Finanzierung von Ausgaben	finansowanie operacji
7.	Finanzierung von Investitionsprogrammen	finansowanie programów inwestycyjnych
8.	Erhebung von Beweismitteln	gromadzenie dowodów
9.	Einholen der Informationen	gromadzenie informacji
10.	Koordinierung der Haushaltsdisziplin	koordynacja dyscypliny budżetowej
11.	Koordinierung der Vorschriften	koordynacja postanowień
12.	Koordinierung der Verfolgungsmaßnahmen	koordynacja ścigania
13.	Koordinierung der Ermittlungsmaßnahmen	koordynacja śledztw
14.	Koordinierung von Ermittlungen	koordynowanie dochodzeń
15.	Koordinierung der Maßnahmen (4)	koordynowanie działań
16.	Modernisierung von Unternehmen	modernizacja przedsiębiorstw
17.	Erwerb des Leistungsanspruchs	nabycie prawa do świadczeń
18.	Erwerb von Grundbesitz	nabycie własności gruntu
19.	Erwerb von Schuldtiteln	nabywanie papierów dłużnych
20.	Überwachung der Haushaltsdisziplin	nadzór dyscypliny budżetowej
21.	der Schutz der Sicherheit	ochrona bezpieczeństwa
22.	der Schutz der Umwelt (2)	ochrona środowiska naturalnego
23.	der Schutz der Gesundheit	ochrona zdrowia
24.	Einschränkung der Investitionen	ograniczanie inwestycji
25.	Einschränkung der Erzeugung	ograniczanie produkcji
26.	Einschränkung der Entwicklung	ograniczanie rozwoju
27.	Einschränkung des Absatzes	ograniczanie rynków
28.	Verringerung der Zuständigkeiten	ograniczenie kompetencji

29.	Einschränkung des Wettbewerbs	ograniczenie konkurencji
30.	Einschränkung der Wirtschafts- und Finanzbeziehungen	ograniczenie stosunków gospodarczych i finansowych

31.	Festlegung der (gemeinsamen) Verteidigungspolitik (4)	określanie (wspólnej) polityki obronnej
32.	Festlegung der Maßnahmen (6)	określanie działań
33.	Festlegung von Strafen	określanie kar
34.	Festlegung der Politik (13)	określanie polityk
35.	Festlegung der Gesundheitspolitik	określanie polityki dotyczącej zdrowia
36.	Festlegung von Straftaten	określanie przestępstw
37.	Festlegung der (einheitlichen) Geld- und Wechselkurspolitik	określenie (jednolitej) polityki pieniężnej i polityki wymiany walut
38.	Festlegung der Rechte	określenie praw
39.	Festlegung von Leitlinien	<określając wytyczne> określanie wytycznych

40.	Festlegung der Außen- und Sicherheitspolitik	opracowanie polityki zagranicznej i bezpieczeństwa

41.	Festlegung der Standpunkte	*decyzja ustalająca stanowiska*

42.	die Organisation des Gesundheitswesens	organizacja i świadczenie usług zdrowotnych
43.	Organisation von Ermittlungen	organizowanie dochodzeń
44.	die Durchführung von Konsultationen	organizowanie konsultacji

45.	Verfolgung der Ziele (2)	osiąganie celów
46.	Verwirklichung der Ziele (29)	[1]osiągnięcie celów [2]urzeczywistnienie celów
47.	Erreichung des Ziels (11)	osiągnięcie celu

48.	Aufteilung der Märkte	podział rynków
49.	Aufteilung der Versorgungsquellen	podział źródeł zaopatrzenia

50.	Achtung der Demokratie	poszanowanie demokracji
51.	Achtung der Menschenwürde	poszanowanie godności osoby ludzkiej

52.	Achtung der Rechtsstaatlichkeit	poszanowanie państwa prawnego
53.	die Wahrung der Menschenrechte	poszanowanie praw człowieka
54.	die Wahrung des Rechts (2)	[1]poszanowanie prawa [2]ochrona prerogatyw
55.	Achtung der Gleichheit	poszanowanie równości
56.	Achtung der Freiheit	poszanowanie wolności

57.	Beachtung der Verbote	poszanowanie zakazów
58.	die Einhaltung der Haushaltsdisziplin	poszanowanie dyscypliny budżetowej
59.	Einhaltung der Grundsätze	poszanowanie zasad
60.	Einhaltung der Verpflichtungen	poszanowanie rozporządzeń i decyzji
61.	Durchführung von Ermittlungen	prowadzenie dochodzeń
62.	Durchführung von Maßnahmen (14)	[1]prowadzenie działań [2]realizacja działań
63.	Einhaltung des Artikels	przestrzeganie artykułu
64.	Einhaltung der Vorschriften	przestrzeganie zasad
65.	Wahrung der Grundsätze	przestrzeganie zasad
66.	Einhaltung des Grundsatzes	przestrzeganie zasady
67.	die Einhaltung der Kriterien	<przestrzegać kryteriów> przestrzeganie kryteriów
68.	Verarbeitung der Daten	przetwarzanie danych
69.	Verarbeiten der Informationen	przetwarzanie informacji
70.	Annahme einer Richtlinie	przyjęcie dyrektywy
71.	Annahme einer Verordnung	przyjęcie rozporządzenia
72.	Annahme eines Beschlusses	przyjęcie decyzji
73.	Annahme eines Rechtsakts	przyjęcie aktu
74.	Erlass der Geschäftsordnung	przyjęcie regulaminu wewnętrznego
75.	Erlass von Gesetzgebungsakten	przyjmowanie aktów ustawodawczych
76.	das Zustandekommen von Beschlüssen	przyjęcie uchwały
77.	Durchführung der Politik (16)	[1]realizacja polityk [2]wprowadzenie w życie polityk [3]prowadzenie polityk
78.	Durchführung der Unionspolitik (6)	realizacja polityk Unii
79.	Ausdehnung der Zuständigkeiten	rozszerzenie kompetencji
80.	Ausdehnung der Befugnisse	rozszerzenie uprawnień
81.	Entwicklung der Wirtschaftszweige	rozwój działań gospodarczych
82.	Entwicklung der Erzeugung	rozwój produkcji
83.	Entwicklung der Wirtschaftsgebiete	rozwój regionów gospodarczych
84.	Entwicklung des Arbeitskräftepotenzials	rozwój zasobów ludzkich
85.	Anwendung der Maßnahmen	stosowanie środków
86.	Anwendung der Verträge	stosowanie Traktatów

87.	Erbringung von Finanzdienstleistungen	świadczenie usług finansowych
88.	Ausbildung von Personal	szkolenie pracowników
89.	Weiterbildung von Personal	szkolenie pracowników

90.	Bildung des Anschubfonds	tworzenie funduszu początkowego
91.	die Schaffung einer Zollunion	utworzenie unii celnej

92.	Errichtung von Agenturen	tworzenie agencji
93.	Errichtung von Tochtergesellschaften	tworzenie filii
94.	Errichtung von Zweigniederlassungen	tworzenie oddziałów
95.	Gründung von Agenturen	tworzenie agencji
96.	Gründung von Tochtergesellschaften	tworzenie filii
97.	Gründung von Zweigniederlassungen	tworzenie oddziałów

98.	Gründung von Unternehmen	zakładanie przedsiębiorstw

99.	Gewährung von Bürgschaften	<udzielać gwarancji> udzielanie gwarancji
100.	Gewährung von Darlehen	<udzielać pożyczek> udzielanie pożyczek

101.	die Förderung des Warenverkehrs	ułatwienie handlu towarami
102.	Erleichterung des Absatzes	ułatwienie zbywania

103.	Durchführung aller Unionspolitiken	urzeczywistnianie wszystkich polityk Unii
104.	die Durchführung des Rahmenprogramms	<urzeczywistniać program ramowy> urzeczywistnienie programu ramowego
105.	die Umsetzung der Leitlinien	urzeczywistnienie wytycznych
106.	Verwirklichung der Niederlassungsfreiheit	urzeczywistnienie swobody przedsiębiorczości
107.	Verwirklichung der Wirtschaftsunion	urzeczywistnienie unii gospodarczej
108.	Verwirklichung der Währungsunion	urzeczywistnienie unii walutowej

109.	Festsetzung der Preise	ustalanie cen
110.	Festsetzung der Verkaufspreise	ustalanie cen sprzedaży
111.	Festsetzung der Ankaufspreise	ustalanie cen zakupu
112.	Festsetzung der Beschränkungen	ustalanie ograniczeń
113.	Festsetzung der Beihilfen	ustalanie pomocy
114.	Festsetzung der Abschöpfungen	ustalanie potrąceń
115.	Festsetzung der Geschäftsbedingungen	ustalanie warunków transakcji

116.	Festlegung der Wettbewerbsregeln	ustanawianie reguł konkurencji
117.	Verwirklichung des Binnenmarkts (2)	¹ustanawianie rynku wewnętrznego ²urzeczywistnianie rynku wewnętrznego
118.	Errichtung des Binnenmarkts (7)	ustanawianie rynku wewnętrznego
119.	Erlass seines Urteils	wydanie wyroku
120.	Abgabe der Stellungnahmen	wydanie opinii
121.	Erteilung von Aufenthaltstiteln	wydawanie dokumentów pobytowych
122.	Erteilung von Visa	wydawanie wiz
123.	die Auslegung des Unionsrechts	wykładnia prawa Unii
124.	Auslegung der Verträge	wykładnia Traktatów
125.	eine Umsetzung der Beschlüsse	wykonanie decyzji
126.	Durchführung der Unionspolitiken	wykonanie polityk
127.	Durchführung der Übereinkünfte	wykonanie umów
128.	die Erfüllung des Mandats	wykonanie upoważnienia
129.	Erfüllung der Verpflichtungen	wykonanie zobowiązań
130.	Ausführung des Haushaltsplans (2)	wykonanie budżetu
131.	Ausübung von Tätigkeiten (9)	wykonywanie działań
132.	Ausübung der Zuständigkeiten (7)	wykonywanie kompetencji
133.	Erfüllung des Auftrags (3)	wykonywanie mandatu
134.	die Wahrnehmung der Pflichten	wykonywanie obowiązków
135.	Vollstreckung von Entscheidungen (2)	wykonywanie orzeczeń
136.	Vollzug von Entscheidungen	wykonywanie orzeczeń
137.	Durchführung von Programmen (9)	wykonywanie programów
138.	Ausübung der Befugnisse (2)	wykonywanie uprawnień
139.	die Wahrnehmung der (Durchführungs)Befugnisse (2)	wykonywanie uprawnień (wykonawczych)
140.	Erfüllung der Aufgaben (13)	wykonywanie zadań
141.	die Wahrnehmung der Aufgaben	wykonywanie zadań
142.	Ausübung der Berufe	wykonywanie zawodów
143.	Ausübung der Aufgaben (4)	<wykonując zadania>wykonywanie zadań
144.	die Vornahme der Ausgaben	wykonywanie wydatków
145.	Austauschen der/von Informationen	wymiana informacji
146.	der Austausch von bewährten Verfahren	wymiana najlepszych praktyk
147.	Austausch von Personal	wymiana pracowników

148.	Zahlung der Leistungen	wypłata świadczeń
149.	die Beendigung des Arbeitsvertrags	wypowiedzenie umowy o pracę
150.	Festlegung der Grenze	wytyczanie granic
151.	Ausbau der Zusammenarbeit	wzmocnienie współpracy
152.	Erhaltung der Umwelt	zachowanie środowiska naturalnego
153.	die Wahrung der Interessen	zachowanie interesów
154.	Aufrechterhaltung des Leistungsanspruchs	zachowanie prawa do świadczeń
155.	Einfrieren von Vermögenswerten	zamrożenie aktywów finansowych
156.	Einfrieren von Geldern	zamrożenie funduszy
157.	Einfrieren von Erträgen	zamrożenie zysków
158.	Gewährleistung der Energieversorgungssicherheit	zapewnienie bezpieczeństwa dostaw energii
159.	die Erbringung der Dienstleistungen	zapewnienie usług
160.	Anwendbarkeit der Verwaltungsvorschriften	zastosowanie przepisów administracyjnych
161.	Anwendbarkeit der Rechtsvorschriften	zastosowanie przepisów ustawowych
162.	Abschluss von Abkommen	zawieranie umów
163.	Abschluss der Übereinkünfte (6)	zawieranie umów
164.	Abschluss von Zollabkommen	zawieranie umów celnych
165.	Abschluss von Handelsabkommen	zawieranie umów handlowych
166.	Abschluss einer Übereinkunft	<zawierać umowę>zawieranie umowy
167.	Aussetzung der Rechte	zawieszenie praw
168.	Aussetzung des Verfahrens (9)	zawieszenie procedury
169.	Angleichung der Rechtsvorschriften (8)	zbliżenie przepisów ustawowych i wykonawczych
170.	Aussetzung der Wirtschafts- und Finanzbeziehungen	zerwanie stosunków gospodarczych i finansowych
171.	Vereinbarkeit der Kollisionsnormen	zgodność norm
172.	Vorlage eines Antrags	złożenie wniosku
173.	die Änderung von Zollsätzen	zmiana stawek celnych
174.	die Veränderung der Produktionssysteme	zmiana w systemach produkcyjnych
175.	Beseitigung von Beschränkungen	<znosić ograniczenia>znoszenie ograniczeń
176.	Beseitigung der Verwaltungspraktiken	<znosić praktyki administracyjne> znoszenie praktyk administracyjnych

177.	Beseitigung der Verwaltungsverfahren	\<znosić procedury administracyjne\> znoszenie procedur administracyjnych
178.	Beseitigung von Fristen	\<znosić terminy\>znoszenie terminów
179.	Aufhebung der Beschränkungen	znoszenie ograniczeń
180.	Bekämpfung des Menschenhandels	zwalczanie handlu ludźmi
181.	Bekämpfung von Terrorismus	zwalczanie terroryzmu
182.	Bekämpfung des Klimawandels	zwalczanie zmian klimatu
183.	Analysieren der Informationen	analizowanie informacji
184.	Harmonisierung der Verwaltungsvorschriften (6)	harmonizacja przepisów wykonawczych
185.	Harmonisierung der Rechtsvorschriften (18)	harmonizacja przepisów ustawowych
186.	Integration der Märkte	integracja rynków
187.	Kontrolle der Prozesshandlungen	kontrola czynności procesowych
188.	Berechnung der Leistungen	naliczenie wysokości świadczeń
189.	Erlernen der Sprachen	nauczanie języków
190.	Beratungen des Rats	obrady Rady
191.	Spende von Organen	oddawanie organów
192.	Einleitung einer Mission	podjęcie misji
193.	Hebung der Lebenshaltung	podniesienie poziomu życia
194.	die Unterzeichnung der Übereinkunft	podpisanie umowy
195.	Beseitigung der Verzerrung	\<eliminować zakłócenia\>eliminowanie zakłóceń
196.	Entzug des Asylstatus	pozbawianie statusu azylu
197.	Förderung der Beschäftigung	promowanie zatrudnienia
198.	Abwicklung von Zivilverfahren	przebieg procedur cywilnych
199.	Speichern der Informationen	przechowywanie informacji
200.	Unterbreitung von Vorschlägen	przedstawienie wniosków
201.	Überprüfung des Beschlusses	przegląd decyzji {wobec braku przeglądu decyzji}
202.	Umstellung von Unternehmen	przekształcanie przedsiębiorstw
203.	Überschreiten der Binnengrenzen	przekraczanie granic
204.	die Einfuhr von Waren	przywóz produktów
205.	die Aushandlung der Übereinkünfte	negocjowanie umów
206.	Prüfung des Antrags (3)	rozpatrywanie wniosku
207.	Aufnahme der Verhandlungen	rozpoczęcie rokowań
208.	Ermittlung von Straftaten	ściganie przestępstw
209.	Erbringung der Leistungen	spełnienie świadczenia
210.	die Vereinheitlichung der Liberalisierungsmaßnahmen	ujednolicenie środków liberalizacyjnych
211.	Beendigung einer Beschäftigung	ustanie zatrudnienia
212.	Aufrechterhaltung der Ordnung (3)	utrzymanie porządku

213.	Förderung der Energieeffizienz	wspieranie efektywności energetycznej
214.	Aufdeckung von Straftaten	wykrywanie przestępstw
215.	Verfälschung des Wettbewerbs	zakłócenie konkurencji

Deverbativum mit Dativattribut im Polnischen

216.	Verhütung von Terrorismus	zapobieganie terroryzmowi
217.	Verhütung von Straftaten	zapobieganie przestępstwom
218.	der Ausgleich von Benachteiligungen	zapobieganie niekorzystnym sytuacjom
219.	Verhinderung des Wettbewerbs	zapobieganie konkurencji
220.	die Verhütung von Humankrankheiten	zapobieganie chorobom i dolegliwościom ludzkim

Deverbativum mit Instrumentalattribut im Polnischen

221.	Verwaltung des Anschubfonds	zarządzanie funduszem początkowym
222.	die Ausführung der Mission	zarządzanie misją
223.	Leitung von Unternehmen	zarządzanie przedsiębiorstwami
224.	die Verwaltung des Gesundheitswesens	zarządzanie usługami medycznymi
225.	die Verwaltung des Fonds	<zarządzać funduszem> zarządzanie funduszem

Deverbativum mit Präpositionalattribut im Polnischen

226.	Umsetzung der Politik (4)	<wprowadzanie w życie polityki>[FVG]
227.	Inkrafttreten des Austrittsabkommens	<wejście w życie umowy o wystąpieniu>[FVG]
228.	Inkrafttreten der Vorschriften	<wejście w życie przepisów>[FVG]
229.	Inkrafttreten des Vertrags	<wejścia w życie Traktatu>[FVG]

| 230. | Nutzung von Grundbesitz | korzystanie z własności gruntu |
| 231. | Ausübung des Rechts (4) | korzystanie z prawa |

232.	Zugriff auf die Haushaltsmittel	dostęp do środków budżetowych
233.	Überwachung des Grenzübertritts	nadzór przy przekraczaniu granic zewnętrznych
234.	Rückgriff auf Pilotvorhaben	odwołanie się do projektów pilotażowych
235.	Beschränkung des Handels	ograniczenia w handlu
236.	Entscheidungen aufgrund einer Schiedsklausel	orzekanie na mocy klauzuli arbitrażowej

237.	die Wiedereingliederung in den Arbeitsmarkt	reintegracja z rynkiem pracy
238.	Beibehaltung der Übereinkünfte	utrzymywanie w mocy umów
239.	Abgeltung der Leistungen	zwrot za wykonanie świadczeń

B. Nominale Fachkollokationen des Typs N+N mit einem nicht deverbalen Nomen als Kern

240.	Wettbewerbsfähigkeit der Unternehmen	konkurencyjność przedsiębiorstw
241.	Rechtmäßigkeit von Beschlüssen (2)	legalność decyzji
242.	Bandbreite des Wechselkursmechanismus	margines wahań kursów
243.	die Grundzüge der Wirtschaftspolitik	ogólne kierunki polityk gospodarczych
244.	Niveau der Zinssätze	poziom stóp procentowych
245.	Recht auf Erziehung	prawo do edukacji
246.	Recht auf Information	prawo do informacji
247.	Vielfalt der Sprachen	różnorodność językowa
248.	Vielfalt der Kulturen	różnorodność kulturowa
249.	Maßnahmen zur Bedarfsdeckung	środki realizacji wymogów operacyjnych
250.	Stabilität des Finanzsystems	stabilność systemu finansowego
251.	im Geiste der Loyalität	w duchu lojalności
252.	auf dem Gebiet der Preisstabilität	w dziedzinie stabilności cen
253.	Tragweite der Artikel	zakres stosowania artykułów
254.	eine Reihe von Leitlinien	zbiór wytycznych

4.2.3.2 Analyse des Materials

ZUR STRUKTUR DER DEUTSCHEN UND DER POLNISCHEN NOMINALEN FACHKOLLOKATIONEN DES TYPS N+N

Die Fachkollokationen aus der Untergruppe A bestehen aus einem Verbalsubstantiv, dem ein Genitivattribut oder ein Präpositionalattribut mit *von* nachgestellt wird. Den deutschen Strukturen stehen im Polnischen Syntagmen mit einem Verbalsubstantiv und einem nachgestellten Genitivattribut oder seltener Dativattribut (Belege 216–220), Instrumentalattribut (Belege 221–225) bzw. Präpositionalattribut (Belege 226–241) gegenüber.

In der Untergruppe B werden deutsche Syntagmen angeführt mit einem nicht deverbalen Nomen und einem nachgestellten Genitivattribut oder Präpositionalattribut mit *von* oder *zu*. Ihnen stehen im Polnischen Strukturen mit einem nicht deverbalen Nomen als Kern und einem nachgestellten (erweiterten) Genitivattribut oder (erweiterten) adjektivischen Attribut gegenüber. Die polnischen Exzerpte sind in dieser Gruppe komplexer als die deutschen. Neben Deverbativum und dem Kern im Genitiv-, Dativ-, Instrumental- oder Präpositionalkasus bestehen sie oft aus einem Attribut zum Kern:

zawieranie umów **handlowych**
zerwanie stosunków **finansowych.**

Die Fachkollokationen mit einem Deverbativum (Untergruppe A) sind vorwiegend nominalisierte Formen der verbalen Fachkollokationen. Sie treten in den Verträgen, abhängig vom Kontext, sowohl in der nominalen als auch in der verbalen Form, gelegentlich in der adjektivischen Form auf:

Verwirklichung *der Ziele* → *Ziele* **verwirklichen** *(→* **verwirklichte** *Ziele)*
osiągnięcie *celów* → **osiągnąć** *cele (→* **osiągnięte** *cele)*
Festlegung *der Maßnahmen* → *Maßnahmen* **festlegen** *(→* **festgelegte** *Maßnahmen)*
określanie *działań* → **określać** *działania (→* **określone** *działania)*
Durchführung *von Maßnahmen* → *Maßnahmen* **durchführen** *(→* **durchgeführte** *Maßnahmen)*
prowadzenie *działań /* **prowadzić** *działania (→* **prowadzone** *działania)*
Verhütung *von Terrorismus* → *Terrorismus* **verhüten**
zapobieganie *terroryzmowi* → **zapobiegać** *terryzmowi*
Ausübung *des Rechts* → *Recht* **ausüben**
korzystanie *z prawa* → **korzystać** *z prawa.*

Einige davon kommen in den Verträgen auch in der adjektivischen Form vor (vgl. 4.2.2.).

Bei der Nominalisierung der verbalen Kollokationen werden die Valenzmerkmale der Verben auf der semantischen und der pragmatischen Ebene vererbt (vgl. Golonka 2002: 330). Dies betrifft sowohl die deutsche als auch die polnische Sprache. Auf der Ausdrucksebene ist hingegen die Valenzvererbung beschränkt (vgl. Helbig/ Buscha ⁵2005: 260). In den deutschen Fachkollokationen wird bei der Nominalisierung das Akkusativobjekt zum Genitivattribut oder Präpositionalattribut mit *von* (mehr zur Valenzveränderung bei Nominalisierung vgl. u. a. Helbig/ Buscha ⁵2005: 260). Auch im Polnischen unterliegt die Valenzvererbung bestimmten Bedingungen. Verben, die ein Präpositional- oder ein Dativobjekt verlangen, vererben bei der Nominalisierung ihre Valenz. Verben, die eines Akkusativobjekts bedürfen, verlangen nach der Transformation zum Verbalsubstantiv eine nominale Komponente im Genitiv (vgl. auch Kubacki 2009b: 26ff.).

Die Substantivierung der polnischen Verben erfolgt in dieser Untergruppe meistens durch Hinzufügung des Formativs *-anie/ -enie*. Dadurch wird auf eine aktuell verlaufende Handlung Bezug genommen (vgl. Bartnicka et al. 2004: 150). Bei einigen Belegen werden *Nomina actionis* mit dem Formativ *-acja* gebildet, mit dem eher auf die Handlung in ihrer Allgemeinheit hingewiesen wird. In syntaktischer Hinsicht unterscheiden sich die beiden Lexemtypen nicht (vgl. Bartnicka et al. 2004: 150).

organizacja i świadczenie usług zdrowotnych / die Organisation des Gesundheitswesens
organizowanie dochodzeń / Organisation von Ermittlungen
koordynacja śledztw / Koordinierung der Ermittlungsmaßnahmen
koordynowanie dochodzeń / Koordinierung von Ermittlungen.

Einige Verbalsubstantive sind besonders produktiv und bilden mehrere Syntagmen. Somit entsteht um sie, ähnlich wie bei verbalen Kollokationen, ein Kollokationsfeld. Unter den angeführten Fachkollokationen aus der Untergruppe A lassen sich mehrere Kollokationsfelder mit einem nominalen Deverbativum aussondern. Die zahlreichste Gruppe im Deutschen und im Polnischen ergeben die Deverbativa *Festlegung* und *określanie* jeweils mit 12 Belegen. Diese Nominalsubstantive lassen sich auf die Verben *festlegen* und *określać* zurückführen, die unter den verbalen Fachkollokationen auch die größten Kollokationsfelder bilden. Daraus lässt sich schlussfolgern, dass die Kollokabilität der Verben durch die von ihnen entlehnten Nominalsubstantive vererbt wird.

*Abb. 16: Kollokationsfeld mit dem Deverbativum **Festlegung***

Abb. 17: Kollokationsfeld mit dem Deverbativum okreśłanie/okreśłenie

In den nominalen Fachkollokationen des Typs N+N ist – sowohl in der Untergruppe A als auch B – die Klassifizierung der einzelnen Komponenten als Basis und Kollokator nicht einfach. In der Untergruppe A regiert zwar das Verbalsubstantiv das ihm nachgestellte Nomen – das nachgestellte nominale Attribut – aber in der verbalen Form der Kollokation, auf die die nominale Kollokation zurückzuführen ist, gilt dieses Nomen – das in der nominalen Kollokation attributiv gebraucht wird – als Basis (vgl. 4.2.1.). In der Untergruppe B – in der das erste Nomen eine größere Einheit oder Gruppe bezeichnet, zu der das zweite gehört – determiniert zwar das erste Nomen das zweite morphologisch, semantisch aber stellt das zweite Nomen das Kennzeichnende des Syntagmas dar. Daher halte ich es für begründet, das in der nominalen Fachkollokation des Typs N+N attributiv gebrauchte Nomen aus semantischen Gründen als Basis des Syntagmas zu betrachten.

ZUR WORTBILDUNG

In Hinsicht auf die Wortbildung haben 114 deutsche Exzerpte und 152 polnische mindestens eine internationale oder hybridisierte Komponente.

8 deutsche Exzerpte und 12 polnische bestehen ausschließlich aus Internationalismen oder Hybriden:

Stabilität des Finanzsystems / stabilność systemu finansowego
Koordinierung der Haushaltsdisziplin / koordynacja dyscypliny budżetowej

Finanzierung von Investitionsprogrammen / finansowanie programów inwesty-cyjnych.

Internationalisiert oder hybridisiert sind hier vorwiegend sowohl im Deutschen (93 Belege) als auch im Polnischen (120 Belege) die als Genitiv- oder Präpositionalattribut bzw. Instrumental- und Dativattribut (im Polnischen) fungierenden Nomina:

*Achtung der **Demokratie** / poszanowanie **demokracji***
*Verwaltung des **Anschubfonds** / zarządzanie **funduszem***
*Verhütung von **Terrorismus** zapobieganie **terroryzmowi***
*Beschränkung des **Handels** / ograniczenia w **handlu.***

In 13 deutschen Exzerpten und 18 polnischen sind die Deverbativa international und Genitiv- oder Präpositionalattribute bzw. Dativ- und Instrumentalattribute (nur im Polnischen) einheimisch:

***Harmonisierung** der Rechtsvorschriften / **harmonizacja** przepisów*
***Emission** von Schuldverschreibungen / **emisja** obligacji*
***Finanzierung** von Ausgaben / **finansowanie** operacji*
***Koordinierung** der Ermittlungsmaßnahmen / **koordynacja** śledztw.*

In zwei polnischen Belegen sind das Deverbativum und eine der Komponenten des Terminus international, die zweite Komponente ist hingegen einheimisch:

kontrola** czynności **procesowych
***finansowanie funduszu** początkowego.*

ZUR FACHLICHKEIT

Der Fachlichkeitsgrad der hier analysierten Syntagmen lässt sich vor allem anhand der Basen feststellen. So wie bei verbalen Fachkollokationen (vgl. 4.2.1.) sind die meisten der als Basen geltenden Lexeme juristisch und wirtschaftlich konnotierte

– **Fachtermini:**

*Harmonisierung der **Rechtsvorschriften** / harmonizacja **przepisów ustawowych i wykonawczych***
*Ausübung des **Rechts** / korzystanie z **prawa***
*Errichtung des **Binnenmarkts** / ustanowienie **rynku wewnętrznego***
*Gründung von **Tochtergesellschaften** / tworzenie **filii***
*Abwicklung von **Zivilverfahren** / przebieg **procedur cywilnych***
*die Emission von **Schuldverschreibungen** / emisja **obligacji.***

Viel seltener bilden die Basen der untersuchten Fachkollokationen der Untergruppe A und B:

– **allgemeinwissenschaftliche Termini:**

*Abschaffung der **Kontrolle** / brak **kontroli***
*Verarbeitung der **Daten** / przetwarzanie **danych***

Einschränkung der Entwicklung / ograniczanie rozwoju
Durchführung von Programmen / wykonywanie programów

- und **Nichttermini:**

Verfolgung der Ziele / osiąganie celów
Aufrechterhaltung der Ordnung / utrzymanie porządku
Vielfalt der Sprachen / różnorodność językowa.

Die meisten Syntagmen – vor allem die mit einem Fachterminus als Basis – haben einen **juristisch-wirtschaftlichen** Charakter:

Finanzierung des Anschubfonds / finansowanie funduszu początkowego
Errichtung von Zweigniederlassungen / tworzenie oddziałów
Inkrafttreten des Vertrags / wejścia w życie Traktatu
Erlass seines Urteils / wydanie wyroku.

Mit Syntagmen, deren Basen allgemeinwissenschaftliche Termini und Nichttermini bilden, werden vorwiegend Inhalte mit einem **allgemeinpolitischen Charakter** zum Ausdruck gebracht:

Einholen der Informationen / gromadzenie informacji
Koordinierung der Maßnahmen / koordynowanie działań
der Schutz der Sicherheit / ochrona bezpieczeństwa
Festlegung der Politik / określanie polityk
Verwirklichung der Ziele /osiągnięcie celów / urzeczywistnienie celów.

Vereinzelt lassen sich unter den hier analysierten Fachkollokationen Strukturen finden, die sich inhaltlich auf andere von den Verträgen geregelte Fachbereiche beziehen wie:
Gesundheitswesen (Titel XIV TFUE)

die Verhütung von Humankrankheiten / zapobieganie chorobom i dolegliwościom ludzkim
die Verwaltung des Gesundheitswesens / zarządzanie usługami medycznymi,

Umwelt (Titel XX TFUE)

Bekämpfung des Klimawandels / zwalczanie zmian klimatu
Erhaltung der Umwelt / zachowanie środowiska naturalnego,

Energie (Titel XXI TFUE)

Gewährleistung der Energieversorgungssicherheit / zapewnienie bezpieczeństwa dostaw energii.

4.2.4 Fachkollokationsketten

In diesem Punkt werden deutsche Fachkollokationsketten und ihre polnischen Entsprechungen aufgelistet.

4.2.4.1 Materialzusammensetzung

Unter einer Kollokationskette (auch Kollokationspotenzial genannt, vgl. Gładysz 2003: 68) wird die Zusammenstellung einer Basis mit allen ihren Kollokatoren verstanden (vgl. Bahns 1997: 36). Da eine Basis Kollokationen unterschiedlicher Strukturtypen bilden kann, haben auch die Kollokatoren unterschiedliche Struktur: eine verbale oder eine adjektivische.

Die in diesem Kapitel erfolgte Untersuchung der Fachphraseologismen basiert auf einem begrenzten Material, daher ist die Zusammenstellung aller Kollokatoren zu einer bestimmten Basis nicht möglich. Daher wird für die Zwecke der Analyse der Terminus *Kollokationskette* anders verstanden. Im Folgenden wird unter einer Fachkollokationskette eine mindestens Drei-Komponenten-Struktur verstanden, die eine Kompilation von zwei Kollokationen, bzw. einer Kollokation und einem phraseologischen Terminus ist.

Die exzerpierten Fachkollokationsketten werden grundsätzlich in drei Untergruppen geteilt:

A. Kompilation von zwei Fachphraseologismen mit einer gemeinsamen Basis,
B. Kompilation von zwei Fachphraseologismen mit verschiedenen Basen,
C. Mehrfachkompilierte Fachkollokationen.

Ferner werden die Syntagmen aus der Untergruppe A und B nach der Art der kompilierten Syntagmen gegliedert.

Wegen des Umfangs des Materials und der Anzahl der Untergruppen wird für die Klarheit der Ausführung nach jeder Untergruppe ihre kurze Charakteristik angegeben. Der Struktur nach weisen die Fachkollokationsketten gleiche Merkmale wie die einzelnen bereits behandelten Syntagmen auf, aus denen sie bestehen. Daher wird im Folgenden auf eine ausführliche Darstellung der strukturellen Einzelheiten verzichtet und nur auf relevante Abschnitte dieser Arbeit verwiesen.

A. Kompilation von mindestens zwei Fachphraseologismen (bzw. einer Kollokation mit einem FVG) mit einer gemeinsamen Basis

Kompilation einer nominalen Fachkollokation des Typs Adj+N und einer verbalen Fachkollokation bzw. eines FVG

1.	allgemeine Aktionsprogramme beschließen	uchwalać ogólne programy działania
2.	ausschließliche Rechte gewähren	przyznawać prawa wyłączne
3.	beigeordnete Fachgerichte bilden	utworzyć sądy wyspecjalizowane
4.	beratende Aufgaben wahrnehmen	pełnić funkcje doradcze

5.	die einschlägigen Vorschriften anwenden	\<stosowanie odpowiednich przepisów>stosować odpowiednie przepisy
6.	die wirksamen Maßnahmen auslösen	podjąć skuteczne działanie
7.	ein gemeinsames Interesse verletzen	naruszać wspólny interes
8.	ein mehrjähriges Rahmenprogramm aufstellen	uchwalać wieloletni program ramowy
9.	eine förmliche Erklärung abgeben	złożyć formalne oświadczenie
10.	eine schwere Verfehlung begehen (2)	dopuścił się poważnego uchybienia
11.	einen angemessenen Status anbieten	\<przyznanie odpowiedniego statusu>przyznawać odpowiedni status
12.	einen hohen Grad erreichen	osiągnąć wysoki poziom
13.	einen nichtdiskriminierenden Zolltarif anwenden	stosować niedyskryminacyjną taryfę celną
14.	entgeltliche Berufstätigkeit ausüben	wykonywać zarobkową działalność zawodową
15.	geeignete Bestimmungen vorschlagen	proponować odpowiednie przepisy
16.	gemeinsame Politik verfolgen	\<prowadzenie wspólnej polityki>prowadzić wspólną politykę
17.	gemeinsame Regeln aufstellen	ustanawiać wspólne reguły
18.	grundlegende Interessen wahren	\<ochrona podstawowych interesów>chronić podstawowe interesy
19.	strategische Vorgaben festlegen	określać strategiczne kierunki
20.	unentgeltliche Berufstätigkeit ausüben	wykonywać niezarobkową działalność zawodową
21.	verstärkte Schutzmaßnahmen beibehalten	\<utrzymanie bardziej rygorystycznych środków ochronnych>utrzymywać bardziej rygorystyczne środki ochronne
22.	verstärkte Schutzmaßnahmen ergreifen	\<ustanawianie bardziej rygorystycznych środków ochronnych>ustanawiać bardziej rygorystyczne środki ochronne
23.	verstärkte Zusammenarbeit begründen	ustanowić wzmocnioną współpracę
24.	zweckdienliche Vorschriften erlassen	ustanawiać potrzebne przepisy
25.	eine unparteiische Bewertung vornehmen	\<dokonywanie bezstronnej oceny>dokonywać bezstronnej oceny
26.	eine objektive Bewertung vornehmen	\<dokonywanie obiektywnej oceny>dokonywać obiektywnej oceny
27.	geeignete Vorkehrungen treffen	podjąć niezbędne środki
28.	eine aufschiebende Wirkung haben	mieć skutek zawieszający

Die Syntagmen (1–24) bestehen aus zwei Kollokationen, einer verbalen (4.2.1.) und einer nominalen des Typs Adj+N (4.2.2.). Die nominale Komponente bildet die Basis der beiden Kollokationen und somit auch der ganzen Fachkollokationskette:

> geeignete **Bestimmungen**+**Bestimmungen** *vorschlagen* = geeignete **Bestimmungen** *vorschlagen*
> *odpowiednie* **przepisy**+*proponować* **przepisy** = *proponować odpowiednie* **przepisy**.

Belege 25–28 umfassen Kompilationen einer nominalen Kollokation des Typs Adj+N (4.2.2.) und eines FVG (4.3.). Als Kern der Kollokationskette gilt hier das Verbalabstraktum:

> *eine unparteiische Bewertung+Bewertung vornehmen = eine unparteiische Bewertung vornehmen*
> *bezstronna ocena+dokonywać oceny = dokonywać bezstronnej oceny.*

Die polnischen Exzerpte in dieser Gruppe sind oft komplexer als die deutschen. Die Komplexität äußert sich vorwiegend im Aufbau der Nominalphrase. Während im Deutschen der nominale Kern der Phrase um ein Determinativum (optional) und ein vorangestelltes adjektivisches oder partizipiales Attribut erweitert wird, haben die polnischen Kerne der Nominalphrasen neben einem vorangestellten vereinzelt auch ein nachgestelltes adjektivisches Attribut (Belege u. a. 13,14,20). Dies ist der Fall, wenn die deutsche Basis ein Kompositum ist, dann entspricht ihr im Polnischen ein phraseologischer Terminus mit der Struktur N+Adj:

> *einen nichtdiskriminierenden* **Zolltarif** *anwenden / stosować niedyskryminacyjną* **taryfę celną**
> *allgemeine* **Aktionsprogramme** *beschließen / uchwalać ogólne* **programy działania**.

In einem polnischen Beleg wird das vorangestellte adjektivische Attribut noch durch eine analytische Komparationsform *bardziej* erweitert

> *verstärkte Schutzmaßnahmen ergreifen / ustanawiać* **bardziej** *rygorystyczne środki ochronne*.

Die polnischen Fachkollokationsketten kommen in Texten ohne Determinativa vor.

Kompilation einer nominalen Fachkollokation des Typs N+N und einer nominalen Fachkollokation des Typs Adj+N

29.	Abbau eines übermäßigen Defizits	zaradzenie nadmiernemu deficytowi
30.	Analysieren sachdienlicher Informationen	analizowanie istotnych informacji
31.	Ausgleich der wirtschaftlichen Nachteile	skompensowanie niekorzystnych skutków gospodarczych
32.	Austauschen sachdienlicher Informationen	wymiana istotnych informacji

33.	die Anpassung an die industriellen Wandlungsprozesse	dostosowanie się do zmian w przemyśle
34.	die Zuweisung der bereitgestellten Mittel	podział przeznaczonych zasobów
35.	Einholen sachdienlicher Informationen	gromadzenie istotnych informacji
36.	Entzug des einheitlichen Asylstatus	pozbawianie jednolitego statusu azylu
37.	Erzwingung von unangemessenen Einkaufs- oder Verkaufspreisen	narzucanie niesłusznych cen zakupu lub sprzedaży
38.	Festlegung effizienter Beschaffungsverfahren	ustanowienie skutecznych metod dokonywania zamówień
39.	Festlegung kompatibler Beschaffungsverfahren	ustanowienie spójnych metod dokonywania zamówień
40.	Gewährleistung eines hohen Verbraucherschutzniveaus	zapewnienie wysokiego poziomu ochrony konsumentów
41.	Herstellung enger Wirtschaftsbeziehungen	ustanowienie ścisłych stosunków gospodarczych
42.	im Geiste gegenseitiger Solidarität	w duchu wzajemnej solidarności
43.	Speichern sachdienlicher Informationen	przechowywanie istotnych informacji
44.	Verarbeiten sachdienlicher Informationen	przetwarzanie istotnych informacji
45.	Vorhaben von gemeinsamem Interesse	przedmiot wspólnego zainteresowania

Die Fachkollokationsketten (29–45) stellen eine Kompilation von nominalen Fachkollokationen der beiden Typen: N+N (4.2.3.) und Adj+N (4.2.2.) dar, wobei sie mit einer Kollokation des Typs N+N eingeleitet werden. Die Basis der beiden kompilierten Fachkollokationen ist gleich:

*Abbau eines **Defizits**+ein übermäßiges **Defizit** = Abbau eines übermäßiges **Defizits***
*zaradzenie **deficytowi**+nadmierny **deficyt** = zaradzenie nadmiernemu **deficytowi***
*Austauschen der **Informationen**+sachdienliche **Informationen** = Austauschen der sachdienlichen **Informationen***
*wymiana **informacji**+istotne **informacje** = wymiana istotnych **informacji**.*

Über die grammatische Form der Basis entscheidet die die Kollokationskette einleitende nominale Komponente (mehr dazu vgl. 4.2.3.). Als die die Kollokationskette einleitenden Nomina gelten vorwiegend Verbalsubstantive.

Die deutschen Exzerpte aus dieser Untergruppe sind Nominalphrasen mit einem vorangestellten Determinativum (optional) und einem nachgestellten primären Genitiv- bzw. Präpositionalattribut, das zusätzlich durch ein vorangestelltes adjektivisches Sekundärattribut erweitert wird. Ihnen stehen im Polnischen Nominalphrasen mit einem nachgestellten primären Genitivattribut, seltener Dativattribut und einem dazu vorangestellten adjektivischen Sekundärattribut oder einem nachgestellten primären Präpositionalattribut und einem dazu nachgestellten sekundären Präpositionalattribut gegenüber:

Vorhaben |von[Attr. I] *| gemeinsamem*[Attr. II] *| Interesse*[Attr. I]
przedmiot | wspólnego[Attr. II] *| zainteresowania*[Attr. I]
die Anpassung | an die[Attr. I] *|industriellen*[Attr. II] *| Wandlungsprozesse*[Attr. I]
dostosowanie się | do zmian[Attr. I] *| w przemyśle*[Attr. II]

Einige polnische Belege weisen eine komplexere Struktur auf, mit einem nachgestellten primären Genitivattribut, einem nachgestellten genitivischen oder adjektivischen Sekundärattribut und einem vorangestellten adjektivischen Tertiärattribut:

Entzug | des[Attr. I] *| einheitlichen*[Attr. II] *| Asylstatus*[Attr. I]
pozbawianie | jednolitego[Attr. III] *| statusu*[Attr. I] *| azylu*[Attr. II]

Gelegentlich weisen die polnischen Fachkollokationsketten eine 5-Komponenten-Struktur auf. Dann steht nach dem nominalen Kern ein primäres Genitivattribut, dem ein sekundäres Genitivattribut nachgestellt und ein sekundäres adjektivisches Attribut vorangestellt wird. Somit bilden die Attribute zweiten Grades eine attributive Reihe. Dem zweiten Genitivattribut wird wieder ein tertiäres Genitivattribut nachgestellt. Die drei Nomina im Genitiv bilden zusammen einen phraseologischen Terminus.

Festlegung | effizienter[Attr. II] *| Beschaffungsverfahren*[Attr. I]
ustanowienie | skutecznych[Attr. II] *| metod*[Attr. I] *| dokonywania*[Attr. II] *| zamówień*[Attr. II]

Kompilation eines phraseologischen Terminus und einer verbalen Fachkollokation (bzw. eines FVG)

46.	einzelstaatliche Bestimmungen beibehalten	<utrzymanie przepisów krajowych>utrzymywać przepisy krajowe
47.	förmliche Prozesshandlungen vornehmen	dokonywać czynności urzędowych w postępowaniu sądowym
48.	die wirtschaftliche Entwicklung überwachen	nadzorować rozwój sytuacji gospodarczej
49.	Gemeinsame Außen- und Sicherheitspolitik festlegen	określać wspólną politykę zagraniczną i bezpieczeństwa
50.	den operativen Bedarf ermitteln	określać wymogi operacyjne
51.	interinstitutionelle Vereinbarungen erreichen	<osiągnięcie porozumień międzyin stytucjonalnych>osiągnąć porozumienia międzyinstytucjonalne
52.	eine selbstständige Tätigkeit ausüben	<podjęcie działalność na własny rachunek>podjąć działalność na własny rachunek
53.	multinationale Streitkräfte aufstellen	powoływać siły wielonarodowe

54.	operative Maßnahmen durchführen	prowadzić działania operacyjne
55.	die öffentlichen Ausgaben übertreffen	przekraczać publiczne wydatki
56.	rechtswirksame Akte erlassen	przyjąć akty mające skutki prawne
57.	verbindliche Rechtsakte erlassen	przyjmować akty prawnie wiążące
58.	einen abschließenden Beschluss erlassen	<wydanie decyzji końcowej>wydać decyzję końcową
59.	der Europäischen Konvention beitreten	przystępować do europejskiej Konwencji o ochronie praw człowieka i podstawowych wolności
60.	einen finanziellen Beistand gewähren	przyznać pomoc finansową
61.	strategische Leitung wahrnehmen	sprawować kierownictwo strategiczne
62.	politische Kontrolle wahrnehmen	sprawować kontrolę polityczną
63.	ein einzelstaatliches Amt ausüben	sprawować krajową funkcję publiczną
64.	die internationale Sicherheit stärken	<umacnianie bezpieczeństwa międzynarodowego> umocnić bezpieczeństwo międzynarodowe
65.	ein Europäisches Freiwilligenkorps schaffen	ustanawiać Europejski Ochotniczy Korpus Pomocy Humanitarnej
66.	einen ständigen Ausschuss einsetzen	ustanawiać stały komitet
67.	die Europäische Staatsanwaltschaft einsetzen	ustanowić Prokuraturę Europejską
68.	die offiziellen Währungsreserven halten	<utrzymywanie oficjalnych rezerw walutowych>utrzymać oficjalne rezerwy walutowe
69.	das finanzielle Gleichgewicht beeinträchtigen	wpłynąć na równowagę finansową
70.	die operative Zusammenarbeit fördern	<wspieranie współpracy operacyjnej>wspierać współpracę operacyjną
71.	die operative Zusammenarbeit verstärken	<wzmacnianie współpracy operacyjnej>wzmacniać współpracę operacyjną
72.	internationalen Schutz benötigen	wymagać międzynarodowej ochrony
73.	die offiziellen Währungsreserven verwalten	<zarządzanie oficjalnymi rezerwami walutowymi>zarządzać oficjalnymi rezerwami walutowymi
74.	internationale Abkommen schließen	<zawieranie umów międzynarodowych>zawierać umowy międzynarodowe

75.	das besondere Gesetzgebungsverfahren aussetzen	zawiesić szczególną procedurę prawodawczą
76.	das ordentliche Gesetzgebungsverfahren aussetzen	zawiesić zwykłą procedurę prawodawczą
77.	eine außerordentliche Tagung einberufen	zwoływać nadzwyczajne posiedzenie
78.	einstweilige Anordnungen treffen	zarządzić środki tymczasowe
79.	vorläufige Maßnahmen treffen	<podjęcie środków tymczasowych>podjąć środki tymczasowe
80.	die Grundsätze des Völkerrechts fördern	<wspieranie zasad prawa międzynarodowego>wspierać zasady prawa międzynarodowego
81.	das Recht auf Klageerhebung ausüben	wykonywać prawo wniesienia skargi
82.	die Grundsätze des Völkerrechts festigen	<umacnianie zasad prawa międzynarodowego> umacniać zasady prawa międzynarodowego

Syntagmen 46–82 bestehen aus einem phraseologischen Terminus (einschließlich Onyme) und:

a) einer verbalen Fachkollokation:

*operative **Maßnahmen**+**Maßnahmen** durchführen = operative **Maßnahmen** durchführen*

*prowadzić **działania**+**działania** operacyjne = prowadzić **działania** operacyjne*

*die **Grundsätze** des Völkerrechts+ die **Grundsätze** fördern = die **Grundsätze** des Völkerrechts fördern*

*wspierać **zasady** + **zasady** prawa międzynarodowego = wspierać **zasady** prawa międzynarodowego*

b) oder einem FVG:

*einstweilige **Anordnungen**+**Anordnungen** treffen = einstweilige **Anordnungen** treffen*

środki tymczasowe+zarządzić środki = zarządzić środki tymczasowe.

Die meisten Fachkollokationsketten aus dieser Untergruppe bestehen aus phraseologischen Termini des Typs Adj+N

einstweilige Anordnungen treffen / zarządzić środki tymczasowe

internationale Abkommen schließen / zawierać umowy międzynarodowe

Die Fachkollokationsketten weisen eine regelmäßige Struktur auf: im Deutschen wird zum phraseologischen Terminus ein verbaler Kollokator zugeschrieben, im Polnischen wird ein phraseologischer Terminus zum verbalen Kollokator zugeschrieben:

operative Maßnahmen+durchführen

prowadzić+działania operacyjne

das Recht auf Klageerhebung+ausüben
wykonywać+prawo wniesienia skargi.

Die größten Unterschiede zwischen den deutschen und den polnischen Syntagmen kommen auf der Ebene der als Kern geltenden phraseologischen Termini zum Vorschein. Während dem Kern im Deutschen ein adjektivisches Attribut vorangestellt oder in drei Belegen ein Genitivattribut nachgestellt wird, ist die Struktur der polnischen phraseologischen Termini in der hier besprochenen Untergruppe nicht einheitlich. Dem verbalen Kollokator werden im Polnischen vorwiegend folgende Strukturen nachgestellt:

1) Nominaler Kern mit nachgestelltem adjektivischem Attribut:

określać wymogi operacyjne
powoływać siły wielonarodowe

2) Nominaler Kern mit vorangestelltem adjektivischem Attribut:

przekraczać publiczne wydatki
ustanawiać stały komitet

3) Nominaler Kern mit nachgestelltem primärem adjektivischem Attribut und vorangestelltem sekundärem adjektivischem Attribut:

określać wspólną politykę zagraniczną
zawiesić zwykłą procedurę prawodawczą

4) Nominaler Kern mit primärem nachgestelltem Genitivattribut und nachgestelltem sekundärem adjektivischem Attribut:

nadzorować rozwój sytuacji gospodarczej
wspieranie zasad prawa międzynarodowego

Kompilation eines phraseologischen Terminus und einer nominalen Fachkollokation des Typs Adj+N

83.	allgemeines wirtschaftliches Interesse	ogólny interes gospodarczy
84.	restriktive steuerliche Maßnahmen	ograniczające środki podatkowe
85.	wettbewerbsfähige soziale Marktwirtschaft	społeczna gospodarka rynkowa o wysokiej konkurencyjności
86.	die höchsten richterlichen Ämter	najwyższe stanowiska sądowe

Syntagmen aus den Belegen 83–86 sind eine Kompilation eines phraseologischen Terminus mit einer nominalen Fachkollokation des Typs Adj+N Mit 4 Belegen bilden sie die kleinste Untergruppe unter den exzerpierten Kompilationen.

Im Deutschen wird die Kollokationskette um ein Nomen mit zwei vorangestellten adjektivischen Attributen gebildet, von denen das erste die das Nomen beschreibende Funktion, das zweite die das Nomen kategorisierende Funktion erfüllt.

Im Polnischen wird dem nominalen Kern i. d. R. ein adjektivisches Attribut mit beschreibender Funktion voran und ein adjektivisches bzw. Präpositionalattribut mit kategorisierender Funktion nachgestellt (1), es sei denn, der nominale Kern besteht aus drei Komponenten, dann wird das Attribut mit beschreibender Funktion als Präpositionalphrase dem ganzen phraseologischen Terminus nachgestellt (2):

(1_d) *restriktive+steuerliche Maßnahmen*
(1_p) *ograniczające+środki podatkowe*
(2_d) *wettbewerbsfähige+soziale Marktwirtschaft*
(2_p) *społeczna gospodarka rynkowa+o wysokiej konkurencyjności.*

Kompilation eines phraseologischen Terminus und einer nominalen Fachkollokation des Typs N+N

87.	Vollstreckung gerichtlicher Entscheidungen	wykonywanie orzeczeń sądowych
88.	Vollstreckung außergerichtlicher Entscheidungen	wykonywanie orzeczeń pozasądowych
89.	Verwertung landwirtschaftlicher Erzeugnisse	podnoszenie wartości produktów rolnych
90.	Gestaltung der gemeinsamen Agrarpolitik (2)	[1]ustalanie wspólnej polityki rolnej [2]wypracowywanie wspólnej polityki rolnej
91.	Durchführung der gemeinsamen Agrarpolitik	realizowanie wspólnej polityki rolnej
92.	Gestaltung der beruflichen Bildung	organizacja kształcenia zawodowego
93.	gerichtliche Kontrolle der Prozesshandlungen	sądowa kontrola czynności procesowych
94.	Förderung des technischen Fortschritts	wspieranie postępu technicznego
95.	Festsetzung der mengenmäßigen Beschränkungen	ustalanie ograniczeń ilościowych
96.	Erhöhung des Pro-Kopf-Einkommens	podniesienie indywidualnego dochodu
97.	Einführung eines gemeinsamen Zolltarifs	przyjęcie wspólnej taryfy celnej
98.	Beschränkungen der freien Niederlassung	ograniczenie swobody przedsiębiorczości
99.	die Aufnahme selbstständiger Tätigkeiten	podejmowanie działalności prowadzonej na własny rachunek
100.	Aufnahme selbstständiger Erwerbstätigkeiten	podejmowanie działalności prowadzonej na własny rachunek
101.	Ausübung selbstständiger Tätigkeiten	wykonywanie działalności prowadzonej na własny rachunek
102.	Ausübung selbstständiger Erwerbstätigkeiten	wykonywanie działalności prowadzonej na własny rachunek

103.	Ausübung öffentlicher Gewalt	wykonywanie władzy publicznej
104.	Aussetzung des ordentlichen Gesetzgebungsverfahrens	zawieszenie zwykłej procedury prawodawczej
105.	Aufrechterhaltung der öffentlichen Ordnung	utrzymanie porządku publicznego
106.	Angleichung der strafrechtlichen Rechtsvorschriften	zbliżanie przepisów karnych
107.	Aufbau transeuropäischer Netze	ustanowienie sieci transeuropejskich
108.	Ausbau transeuropäischer Netze	rozwój sieci transeuropejskich
109.	Aufrechterhaltung der öffentlichen Ordnung	utrzymanie porządku publicznego
110.	Austausch sozialpädagogischer Betreuer	wymiana instruktorów społeczno-oświatowych
111.	die Aufnahme einer beruflichen Bildung	dostęp do kształcenia zawodowego
112.	die Harmonisierung der technischen Normen	normalizacja techniczna
113.	die Herstellung vertraglicher Beziehungen	nawiązanie stosunków umownych
114.	die Verwaltung der medizinischen Versorgung	zarządzanie opieką medyczną
115.	Erhaltung des kulturellen Erbes	zachowanie dziedzictwa kulturowego
116.	Festlegung besonderer Verfahren	<ustanawiać szczególne procedury>ustanowienie szczególnych procedur
117.	Harmonisierung des operativen Bedarfs	harmonizacja wymagań operacyjnych
118.	Interoperabilität der einzelstaatlichen Netze	interoperacyjność sieci krajowych
119.	Niveau der langfristigen Zinssätze	poziom długoterminowych stóp procentowych
120.	Schaffung europäischer Rechtstitel	tworzenie europejskich tytułów prawnych
121.	Schutz der nationalen Sicherheit	ochrona bezpieczeństwa narodowego
122.	Umsetzung des auswärtigen Handelns	wprowadzanie w życie działań zewnętrznych
123.	Wahrung der territorialen Unversehrtheit	zapewnienie integralności terytorialnej
124.	Koordinierung von operativen Maßnahmen	koordynowanie działań operacyjnych
125.	Organisation von operativen Maßnahmen	organizowanie działań operacyjnych
126.	Durchführung von operativen Maßnahmen	prowadzenie działań operacyjnych

127.	Einleitung von strafrechtlichen Verfolgungsmaßnahmen	wszczęcie ścigania
128.	Einleitung von strafrechtlichen Ermittlungsmaßnahmen	wszczynanie śledztwa
129.	Einfrieren von wirtschaftlichen Erträgen	zamrożenie zysków z działalności gospodarczej
130.	Schutz der menschlichen Gesundheit	ochrona zdrowia ludzkiego
131.	das Recht auf Bildung von Vereinigungen	prawo do organizowania się
132.	Förderung des Rechtes auf Information	wspieranie prawa do informacji

Fachkollokationsketten aus den Belegen 87–132 bestehen aus einem phraseologischen Terminus und einer nominalen Fachkollokation des Typs N+N:

Aufrechterhaltung der Ordnung+der öffentlichen Ordnung = Aufrechterhaltung der öffentlichen Ordnung

utrzymanie porządku+porządku publicznego = utrzymanie porządku publicznego.

Sie stellen vorwiegend eine nominalisierte Form der Syntagmen dar, die eine Kompilation eines phraseologischen Terminus mit einer verbalen Fachkollokation sind, in der den jeweiligen phraseologischen Termini Verbalsubstantive statt verbaler Kollokatoren zugeschrieben werden:

Aufnahme+selbstständiger Erwerbstätigkeiten ← selbständige Erwerbstätigkeiten aufnehmen

podejmowanie+działalności prowadzonej na własny rachunek ← podjąć działalność prowadzoną na własny rachunek.

Die Exzerpte aus dieser Untergruppe bilden eine erweiterte Nominalphrase mit meistens einem Deverbativum als Kern und einem primären nachgestellten Genitivattribut erweitert um ein vorangestelltes sekundäres adjektivisches Attribut im Deutschen. Im Polnischen werden dem Deverbativum vorwiegend folgende Attribute nachgestellt:

1) Ein nachgestelltes primäres Genitivattribut erweitert um ein sekundäres nachgestelltes adjektivisches Attribut:

harmonizacja wymagań operacyjnych
koordynowanie działań operacyjnych

2) Ein nachgestelltes primäres Genitivattribut erweitert um ein sekundäres nachgestelltes adjektivisches Attribut und ein tertiäres vorangestelltes adjektivisches Attribut:

tworzenie europejskich tytułów prawnych
wypracowywanie wspólnej polityki rolnej

3) Ein nachgestelltes primäres Genitivattribut erweitert um ein sekundäres nachgestelltes Genitivattribut und ein tertiäres nachgestelltes adjektivisches Attribut

podnoszenie wartości produktów rolnych

In wenigen Fällen gilt als nominaler Kollokator des phraseologischen Terminus ein nicht deverbalisiertes Nomen, das eine Eigenschaft, einen anderen Aspekt des phraseologischen Terminus beschreibt:

Interoperabilität *der einzelstaatlichen Netze /* **interoperacyjność** *sieci krajowych*
Niveau *der langfristigen Zinssätze /* **poziom** *długoterminowych stóp procentowych.*

Kompilation eines Einwortterminus mit einem Fachphrasem

133.	Finanzlage der öffentlichen Hand	sytuacja finansów publicznych

Die unter der Nummer 133 angeführte Kollokation gilt im Deutschen als Kompilation des Einwortterminus *Finanzlage* mit dem **Fachphrasem** *öffentliche Hand.* Der Kollokation im Deutschen steht eine Kollokation des Typs Nomen+ein phraseologischer Terminus im Genitiv im Polnischen gegenüber.

Der einzige Beleg in dieser Untergruppe enthält **eins von zwei in den Vertragstexten gefundenen Fachphrasemen** *öffentliche Hand* (vgl. Pkt. 4.0) als bildhafte teilidiomatische Bezeichnung für öffentliche Finanzen. Gleichzeitig illustriert dieses Beispiel die Schnittstelle zwischen teilidiomatischen Phrasemen und Kollokationen (vgl. 3.3.2, 3.3.3.).

B. Kompilation von mindestens zwei Fachphraseologismen mit verschiedenen Basen

Kompilation einer nominalen Fachkollokation des Typs N+N und einer verbalen Fachkollokation

134.	Mitglieder des Ausschusses ernennen	mianować członków Komitetu
135.	die Zahlung eines Zwangsgelds verhängen (2)	nałożyć okresową karę pieniężną
136.	die Zahlung eines Pauschalbetrags verhängen (2)	nałożyć ryczałt
137.	die Maßnahmen der Kommission mitteilen	notyfikować środki komisji
138.	die Grundzüge der Aktionen erfassen	obejmować ogólne kierunki działań
139.	den Standpunkt des Rates ablehnen	odrzucić stanowisko Rady
140.	Tragweite der Artikel einengen	ograniczać zakres stosowania artykułów

141.	die Funktionsweise der Agentur festlegen	określać zasady funkcjonowania Agencji
142.	Formen der Zusammenarbeit einrichten	organizować formy współpracy
143.	im Wege der Vorabentscheidung entscheiden (2)	<orzekanie w trybie prejudycjalnym>orzekać w trybie prejudycjalnym
144.	Entwürfe zur Änderung vorlegen	przedkładać propozycje zmiany
145.	zum Abbau der Zollschranken beitragen	przyczyniać się do zmniejszenia barier celnych
146.	Grundzüge der Politik beschließen	przyjmować ogólne kierunki polityk
147.	Leistungen gegen Entgelt erbringen	<świadczenia wykonywane za wynagrodzeniem>wykonywać świadczenia za wynagrodzeniem
148.	eine Reihe von Leitlinien aufstellen	ustanawiać zbiór wytycznych
149.	Bedingungen für die Niederlassung verfälschen	zakłócać warunki przedsiębiorczości
150.	die Transparenz der Tätigkeit gewährleisten	zapewniać przejrzystość prac
151.	die Interoperabilität der Netze gewährleisten	<zapewnienie współdziałania między sieciami>zapewniać współdziałanie między sieciami
152.	Änderungen der Übereinkunft billigen	<zatwierdzenie zmian w umowie>zatwierdzić zmiany w umowie
153.	Beschränkungen der Niederlassungsfreiheit aufheben	znosić ograniczenia swobody przedsiębiorczości

In den oben aufgelisteten Belegen wurden Syntagmen gruppiert, die aus einer nominalen Fachkollokation des Typs N+N (4.2.3.) und einer verbalen Fachkollokation (4.2.1.) entstanden sind. Die Basis ist für die beiden Fachkollokationen nicht gleich. Als Basis der nominalen Kollokation gilt, wie bereits im Punkt 4.2.3. festgestellt, das nachgestellte Genitiv- bzw. Präpositionalattribut. Bei verbalen Kollokationen gilt die nominale Komponente als Basis.

*eine Reihe von **Leitlinien**+eine **Reihe** aufstellen = eine Reihe von Leitlinien aufstellen*
*ustanawiać **zbiór**+zbiór **wytycznych** = ustanawiać zbiór wytycznych.*

Mit verbalen Fachkollokationen verbinden sich vor allem nominale Fachkollokationen des Typs N+N aus der Untergruppe 4.2.3.B, d. h. ohne Verbalsubstantiv:

*die **Grundzüge** der Aktionen erfassen / obejmować **ogólne kierunki** działań.*

Kollokationen mit Verbalsubstantiv treten zusammen mit einer verbalen Fachkollokation seltener vor:

zum **Abbau** der Zollschranken beitragen / przyczyniać się do **zmniejszenia** barier celnych

Änderungen der Übereinkunft billigen / zatwierdzić **zmiany** w umowie.

Den Fachkollokationsketten aus der Untergruppe B stehen im Polnischen verbale Strukturen mit einem nominalen Kern und einem nachgestellten Genitivattribut (ev. erweitert um ein nachgestelltes Genitivattribut) oder Präpositionalattribut und seltener einem vorangestellten adjektivischen Attribut und einem nachgestellten Genitivattribut gegenüber:

*Bedingungen für die Niederlassung verfälschen / zakłócać warunki **przedsiębiorczości***
*die Interoperabilität der Netze gewährleisten / zapewniać współdziałanie **między sieciami***
*Grundzüge der Politik beschließen / przyjmować **ogólne kierunki polityk.***

Kompilation einer nominalen Fachkollokation des Typs Adj+N und einer nominalen Fachkollokation des Typs N+N

154.	akademische Anerkennung der Diplome	akademickie uznawanie dyplomów
155.	akademische Anerkennung der Studienzeiten	akademickie uznawanie okresów studiów
156.	die gegenseitige Anerkennung der Diplome	wzajemne uznawanie dyplomów
157.	die gegenseitige Anerkennung der Prüfungszeugnisse	wzajemne uznawanie świadectw
158.	die gegenseitige Anerkennung strafrechtlicher Entscheidungen	wzajemne uznawanie orzeczeń sądowych w sprawach karnych
159.	die grenzüberschreitende Zustellung gerichtlicher und außergerichtlicher Schriftstücke	transgraniczne doręczanie i zawiadamianie o aktach sądowych i pozasądowych
160.	die medizinische Verwendung von Organen	wykorzystywania organów do celów medycznych
161.	ein effizienter Einsatz der Ressourcen	efektywna alokacja zasobów
162.	gemeinsame Organisation der Agrarmärkte	wspólna organizacja rynków rolnych
163.	kollektive Wahrnehmung der Interessen	obrona zbiorowa interesów
164.	schwerwiegende Verletzung der Werte	poważne naruszenie wartości
165.	verschleierte Beschränkung des Handels	ukryte ograniczenia w handlu
166.	schrittweise Aufhebung der Beschränkungen	stopniowe znoszenie ograniczeń

167.	die berufliche Mobilität der Arbeitskräfte	mobilność zawodowa pracowników
168.	die örtliche Mobilität der Arbeitskräfte	mobilność geograficzna pracowników
169.	ein hohes Maß an Sicherheit	wysoki poziom bezpieczeństwa

Die Syntagmen aus dieser Untergruppe stellen eine Kompilation von nominalen Fachkollokationen der beiden Typen: N+N und Adj+N dar, wobei sie mit einer Kollokation des Typs Adj+N eingeleitet werden. Die Basen der beiden kompilierten Kollokationen sind unterschiedlich:

*die gegenseitige **Anerkennung**+die Anerkennung der **Prüfungszeugnisse** = die gegenseitige Anerkennung der Prüfungszeugnisse*

*wzajemne **uznawanie**+uznawanie świadectw = wzajemne uznawanie świadectw*

*effizienter **Einsatz**+Einsatz der **Ressourcen** = effizienter Einsatz der Ressourcen*

*efektywna **alokacja**+alokacja **zasobów** = efektywna alokacja zasobów.*

Als Basis nominaler Kollokationen des Typs Adj+N und zugleich als Kollokator solcher des Typs N+N gelten vorwiegend Deverbativa (Belege 154–166). Sie gelten als Kerne der Nominalphrasen, die im Deutschen um ein primäres nachgestelltes Genitivattribut und ein sekundäres vorangestelltes adjektivisches Attribut erweitert werden. Den deutschen stehen im Polnischen vorwiegend analoge Strukturen gegenüber, d. h. mit nominalem – meistens deverbalem – Kern sowie einem nachgestellten primären Genitivattribut oder einem Präpositionalattribut (gelegentlich erweitert um ein nachgestelltes Genitivattribut) und einem vorangestellten adjektivischen sekundären Attribut.

wysoki poziom bezpieczeństwa
wzajemne uznawanie świadectw
akademickie uznawanie okresów studiów.
mobilność zawodowa pracowników.

Kompilation von zwei nominalen Fachkollokationen des Typs N+N

170.	die Anpassung an Veränderungen der Produktionssysteme	dostosowanie się do zmian w systemach produkcyjnych
171.	Zulassung von Wertpapieren zu den Kapitalmärkten	dopuszczanie papierów wartościowych na rynki kapitałowe
172.	Herstellung der Freizügigkeit der Arbeitnehmer	liberalizacja przepływu pracowników
173.	die Förderung der Interessen der Verbraucher	popieranie interesów konsumentów
174.	Ergänzung der Politik der Mitgliedstaaten	<uzupełniać politykę prowadzoną przez Państwa Członkowskie> uzupełnienie polityki prowadzonej przez Państwa Członkowskie

175.	Unterstützung der Politik der Mitgliedstaaten	<wspierać politykę prowadzoną przez Państwa Członkowskie> wspieranie polityki prowadzonej przez Państwa Członkowskie
176.	Überwachung der Politik der Mitgliedstaaten	<nadzorować politykę prowadzoną przez Państwa Członkowskie> nadzorowanie polityki prowadzonej przez Państwa Członkowskie
177.	die Aussetzung der Anwendung einer Übereinkunft	*decyzja zawieszająca stosowanie umowy*{Rada, na wniosek Komisji lub wysokiego przedstawiciela Unii do spraw zagranicznych i polityki bezpieczeństwa, przyjmuje decyzję zawieszającą stosowanie umowy}
178.	Förderung der Interkonnektion der Energienetze	wspieranie połączeń między sieciami energii
179.	Sicherstellung des Funktionierens des Energiemarkts	zapewnienie funkcjonowania rynku energii

Die Syntagmen aus dieser Untergruppe (Belege 170–179) lassen sich auf zwei nominale Fachkollokationen des Typs N+N zurückführen, ihre Basen sind dabei unterschiedlich:

> *die Anpassung an* **Veränderungen**+*Veränderungen der* **Produktionssysteme**
> *dostosowanie się do* **zmian**+*zmiany w* **systemach produkcyjnych**
> *die Förderung der* **Interessen**+*Interessen der* **Verbraucher**
> *popieranie* **interesów**+*interesy* **konsumentów**

Als das die Kollokationskette einleitende Nomen gelten in den untersuchten deutschen Fachkollokationsketten ausschließlich Verbalsubstantive. Sie werden um ein nachgestelltes primäres Präpositional- oder Genitivattribut und dann noch um ein nachgestelltes sekundäres Genitivattribut erweitert. Im Polnischen wird dem Verbalsubstantiv primär ein Genitiv-, ein Präpositionalattribut oder ein partizipiales Attribut nachgestellt, das sekundär um ein nachgestelltes Präpositional-, Genitiv oder ein adjektivisches Attribut erweitert wird. Gelegentlich werden die sekundären Attribute im Polnischen um ein tertiäres Genitivattribut oder adjektivisches Attribut erweitert.

> *die Aussetzung | der Anwendung* Attr. I *| einer Übereinkunft* Attr. II
> *decyzja | zawieszająca* Attr. I *| stosowanie* Attr. II *| umowy* Attr. III
> *Herstellung | der Freizügigkeit* Attr. I *| der Arbeitnehmer* Attr. II
> *Liberalizacja | przepływu* Attr. I *| pracowników* Attr. II
> *die Anpassung | an Veränderungen* Attr. I *| der Produktionssysteme* Attr. II
> *dostosowanie się | do zmian* Attr. I *| w systemach* Attr. II *| produkcyjnych* Attr. III

C. Mehrfachkompilierte Fachkollokationen

180. Überwachung der Rechtmäßigkeit bestimmter Beschlüsse — kontrola legalności niektórych decyzji

181. den Hohen Vertreter der Union für Außen- und Sicherheitspolitik ernennen — mianować wysokiego przedstawiciela Unii do spraw zagranicznych i polityki bezpieczeństwa

182. über die Befähigung zur Ausübung richterlicher Tätigkeiten verfügen — móc zajmować stanowiska sądowe

183. missbräuchliche Ausnutzung einer beherrschenden Stellung auf dem Binnenmarkt — nadużywanie pozycji dominującej na rynku wewnętrznym

184. die Wahrnehmung der Zuständigkeiten der Mitgliedstaaten berühren — naruszać wykonywanie przez Państwa Członkowskie obowiązków

185. der Schutz der wirtschaftlichen Interessen der Verbraucher — ochrona interesów gospodarczych konsumentów

186. Schutz der Rechte des geistigen Eigentums — ochrona praw własności intelektualnej

187. Neubesetzung der Stellen der Richter und Generalanwälte — odnowienie składu sędziowskiego i składu rzeczników generalnych

188. Sätze des Gemeinsamen Zolltarifs festlegen — określać cła wspólnej taryfy celnej

189. allgemeine Orientierungen für die Wechselkurspolitik aufstellen — określić ogólne kierunki polityki kursów walutowych

190. eine Stellungnahme zur Eignung der Bewerber für die Ausübung des Amts eines Richters oder Generalanwalts beim Gerichtshof oder beim Gericht abgeben — opiniowanie kandydatów do wykonywania funkcji sędziego i rzecznika generalnego w Trybunale Sprawiedliwości i Sądzie

191. umsichtige Verwendung der natürlichen Ressourcen — ostrożne wykorzystywanie zasobów naturalnych

192. Einhaltung der normalen Bandbreiten des Wechselkursmechanismus — poszanowanie zwykłych marginesów wahań kursów

193. Umstellung der Industriegebiete mit rückläufiger Entwicklung — przekształcanie upadających regionów przemysłowych

194. zur harmonischen Entwicklung des Welthandels beitragen — przyczyniać się do harmonijnego rozwoju handlu światowego

195. Festlegung, Änderung oder Aufgabe der Euro-Leitkurse — przyjęcie, zmiana lub rezygnacja z centralnych kursów euro

196. rationelle Verwendung der natürlichen Ressourcen — racjonalne wykorzystywanie zasobów naturalnych

197. Entwicklung neuer und erneuerbarer Energiequellen — rozwój nowych i odnawialnych form energii

198.	eine auf Dauer tragbare Finanzlage der öffentlichen Hand	stabilna sytuacja finansów publicznych
199.	der schrittweise Abbau internationaler Handelshemmnisse	stopniowe znoszenie ograniczeń w handlu międzynarodowym
200.	Assoziierung der Länder und Hoheitsgebiete an die Union	stowarzyszenie krajów i terytoriów z Unią
201.	System offener und wettbewerbsorientierter Märkte	system otwartych i konkurencyjnych rynków
202.	gemeinsame Organisation der Agrarmärkte schaffen	ustanawiać wspólną organizację rynków rolnych
203.	die Einsetzung eines nichtständigen Untersuchungsausschusses beschließen	ustanowić tymczasową komisję śledczą
204.	vor dem Gerichtshof Beschwerde führen	wnieść sprawę do Trybunału
205.	Zuwiderhandlungen gegen innerstaatliche Rechts- und Verwaltungsvorschriften verhindern	zapobieganie naruszeniom ustaw i aktów wykonawczych
206.	die mengenmäßige Bewirtschaftung der Wasserressourcen	zarządzanie ilościowe zasobami wodnymi
207.	die Durchführung der angefochtenen Handlung aussetzen	zarządzić zawieszenie wykonania zaskarżonego aktu
208.	vollständige Einstellung der Wirtschafts- und Finanzbeziehungen	zerwanie lub ograniczenie w całości lub w części stosunków gospodarczych i finansowych
209.	nachhaltige Bewirtschaftung der weltweiten natürlichen Ressourcen	zrównoważone zarządzanie światowymi zasobami naturalnymi

Die Fachkollokationsketten aus der Untergruppe C stellen eine Kompilation von mindestens drei verschieden aufgebauten Syntagmen. Sie sind somit strukturell unterschiedlich. Auf ihre genaue Beschreibung wird hier verzichtet.

4.2.4.2 Analyse des Materials

ZUR STRUKTUR DER DEUTSCHEN UND DER POLNISCHEN FACHKOLLOKATIONSKETTEN

Neben bereits besprochenen strukturellen Einzelheiten der einzelnen Untergruppen von Fachkollokationsketten ist auch verallgemeinernd auf die Hierarchie deren Attribute hinzuweisen. Die Fachkollokationsketten weisen in ihrer komplexen Struktur mehrere Attribute auf, die sowohl untergeordnet als auch gleichrangig sind.

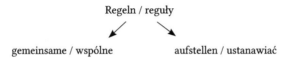

gemeinsame Regeln aufstellen / ustanawiać wspólne reguły

Regeln / reguły

gemeinsame / wspólne   aufstellen / ustanawiać

Die Wahrnehmung der Zuständigkeiten der Mitgliedstaaten berühren / naruszać wykonywanie obowiązków przez Państwa Członkowskie

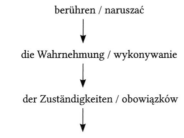

berühren / naruszać

↓

die Wahrnehmung / wykonywanie

↓

der Zuständigkeiten / obowiązków

↓

der Mitgliedstaaten / przez Państwa Członkowskie

ZUR WORTBILDUNG

Da die in diesem Punkt gesammelten Kollokationsketten teilweise auf die in Punkten 4.1.1–4.2.3 analysierten phraseologischen Termini und Fachkollokationen basieren, wird hier auf die Untersuchung der Wortbildung und Herkunft der einzelnen Komponenten verzichtet.

ZUR FACHLICHKEIT

Die Basen der einzelnen Syntagmen, auf die sich Fachkollokationsketten zurückführen lassen, sowie die Basen der ganzen Fachkollokationsketten bilden wie bei anderen bereits analysierten Strukturen:

– **Fachtermini:**

Sätze des Gemeinsamen Zolltarifs festlegen / określać cła wspólnej taryfy celnej,

– **allgemeinwissenschaftliche Termini:**

Analysieren sachdienlicher Informationen / analizowanie istotnych informacji,

– **Nichttermini:**

schwerwiegende Verletzung der Werte / poważne naruszenie wartości.

Unter den Fachkollokationsketten lassen sich in Bezug auf den Fachlichkeitsgrad ebenfalls zwei Gruppen von Strukturen aussondern: Syntagmen mit einem fachspezifischen **juristischen** und **wirtschaftlichen** Charakter sowie Syntagmen mit einem **allgemeinpolitischen** Charakter.

Der fachspezifische juristische und wirtschaftliche Charakter ergibt sich vor allem aus der Fachlichkeit der einzelnen Komponenten und ist primär auf die **Fachtermini** zurückzuführen:

*Zuwiderhandlungen gegen innerstaatliche **Rechts- und Verwaltungsvorschriften** verhindern / zapobieganie naruszeniom **ustaw i aktów wykonawczych***
*Niveau der langfristigen **Zinssätze** / poziom długoterminowych **stóp procentowych***
*Ausübung **selbstständiger Erwerbstätigkeiten** / wykonywanie **działalności prowadzonej na własny rachunek***
*Vollstreckung **gerichtlicher Entscheidungen** / wykonywanie **orzeczeń sądowych***
*wettbewerbsfähige **soziale Marktwirtschaft** / **społeczna gospodarka rynkowa** o wysokiej konkurencyjności.*

Syntagmen mit einer eher politischen Konnotation bestehen vorwiegend aus **allgemeinwissenschaftlichen Termini** und **Nichttermini**:

*Analysieren sachdienlicher **Informationen** / analizowanie istotnych **informacji***
*die Zuweisung der bereitgestellten **Mittel** / podział przeznaczonych **zasobów***
strategische Leitung** wahrnehmen / sprawować **kierownictwo strategiczne
politische Kontrolle** wahrnehmen / sprawować **kontrolę polityczną.

Die Klassifikation der Fachkollokationsketten nach der Art der kompilierten Fachphraseologismen und deren Struktur sollte zeigen, dass sich unterschiedliche komplexe Strukturen aufgrund ihrer Kollokabilität miteinander verbinden lassen. Damit entstehen ausgebaute feste Phrasen, die den vorgeformten und formelhaften Charakter der Gesetztestexte prägen.

4.3 Funktionsverbgefüge

FVG sind, wie schon festgestellt, verbale Phrasen, die aus einem Substantiv – i. d. R. ein den Hauptsinn der Phrase tragendes Verbalabstraktum oder seltener Adjektivabstraktum –, einem Fügemittel und einem sinnentleerten Funktionsverb bestehen (vgl. Polenz 1987: 171, mehr Punkt 3.3.4.). Von den verbalen Fachkollokationen unterscheidet sie vor allem ihre syntaktische Funktion. Der nominale Teil eines FVG bildet nämlich einen Teil des Prädikats im Satz, eine feste Prädikatsergänzung, während der nominale Teil einer Kollokation zu einem Objekt im Satz wird (vgl. Helbig 2006: 171). Mit 62 Belegen ist diese Klasse der Fachphraseologismen die kleinste. Die exzerpierten FVG sind nach ihren Funktionsverben aufgelistet:

1.	Abhilfemaßnahmen treffen	<przyjęcie środków> [Koll.]przyjąć środki
2.	Anordnungen treffen	<zarządzić środki> [Koll.]
3.	Entscheidung treffen (3)	podejmować decyzję
4.	Feststellung treffen (4)	[1]*stwierdzać*
		[2] <dokonanie stwierdzenia>dokonać stwierdzenia

5.	Maßnahmen treffen (37)	¹podjąć, podejmować działanie/a ²prowadzić działania, <prowadzenie działań> ³<podejmować środki> $^{Koll.}$ ⁴<uchwalać środki> $^{Koll.}$ ⁵<wprowadzać środki> $^{Koll.}$ ⁶<określać środki> $^{Koll.}$ ⁷<przyjęcie środków> $^{Koll.}$przyjąć środki ⁸*należeć* {Do dziedzin takich działań o wymiarze europejskim należą}
6.	Regelungen treffen	<przyjąć przepisy> $^{Koll.}$
7.	Schutzmaßnahmen treffen (4)	¹podjąć środki ochronne $^{Koll.}$ <podjęcie środków ochronnych>podjąć środki ochronne ²przyjąć środki ochronne $^{Koll.}$ ³<ustanawianie środków ochronnych> $^{Koll.}$ ustanawiać środki ochronne
8.	Vereinbarung treffen	zawrzeć umowę $^{Koll.}$
9.	Vorkehrungen treffen (3)	<przyjąć środki> $^{Koll.}$ <przyjmować przepisy> $^{Koll.}$
10.	Abstand nehmen	*wycofać się*
11.	zur Kenntnis nehmen	<przyjmować do wiadomości> $^{Koll.}$
12.	zur Kenntnis bringen	*notyfikować*
13.	Amtshilfe leisten	udzielać pomocy
14.	einen Beitrag leisten (4)	*przyczyniać się*
15.	Folge leisten	*realizować*
16.	Unterstützung leisten	udzielać pomocy
17.	in Gang setzen	*rozpocząć*
18.	in Verzug setzen {Falls ein Mitgliedstaat den Empfehlungen des Rates weiterhin nicht Folge leistet, kann der Rat beschließen, den Mitgliedstaat mit der Maßgabe in Verzug zu setzen, innerhalb einer bestimmten Frist Maßnahmen für den nach Auffassung des Rates zur Sanierung erforderlichen Defizitabbau zu treffen.}	*wezwać* {Jeśli Państwo Członkowskie w dalszym ciągu nie realizuje zalecenia Rady, może ona wezwać dane Państwo Członkowskie do przyjęcia w wyznaczonym terminie środków zmierzających do takiego ograniczenia deficytu, jakie zostanie uznane przez Radę za niezbędne do zaradzenia sytuacji.}
19.	sich miteinander ins Benehmen setzen (2)	*konsultować się*
20	Frist setzen	<określać termin> $^{Koll.}$

255

21.	Beschluss erlassen (60)	¹podjąć, podejmować decyzję ²przyjąć, przyjmować decyzję ³\<wydanie decyzji\>wydać decyzję
22.	eine Stellungnahme abgeben	¹wydawać opinie ²formułować opinie
23.	Empfehlung abgeben	wydać zalecenie
24.	Ermächtigung erteilen (3)	udzielić upoważnienia
25.	Genehmigung erteilen	*dozwolony*
26.	Weisungen erteilen	\<zwracać się o instrukcje\>Koll.
27.	Entlastung erteilen	\<udzielić absolutorium\>Koll.
28.	Bewertung vornehmen	\<dokonywanie oceny\>dokonać oceny
29.	Nachprüfungen vornehmen	dokonywać weryfikacji
30.	Änderungen vornehmen	dokonać zmian
31.	Einschätzung vornehmen	*oceniać*
32.	Ausgaben vornehmen	dokonywać wydatków
33.	einer Sache Rechnung tragen (25)	*uwzględniać coś*
34.	Sorge tragen (8)	*zapewniać*
35.	die Verantwortung tragen	*odpowiadać*
36.	etw. einer Prüfung unterziehen	*analizować*
37.	Kontrollen unterzogen werden	podlegać kontroli
38.	Anwendung finden (27)	mieć zastosowanie
39.	außer Acht lassen	*nie zastosować się*
40.	Bericht erstatten (12)	¹składać sprawozdanie ²sporządzać sprawozdanie
41.	Beschränkungen auferlegen	\<nakładanie ograniczeń\>nakładać ograniczenia
42.	den Vorsitz führen (4)	*przewodniczyć*
43.	die Außenvertretung wahrnehmen	zapewniać reprezentację
44.	einen Entwurf erstellen	opracować projekt
45.	in Auftrag geben	*zlecać*
46.	in Kraft treten (15)	\<wchodzić w życie\> Koll.
47.	Initiative ergreifen (2)	¹podejmować inicjatywę ²występować z inicjatywą
48.	Klage erheben (6)	wnosić skargę
49.	im Widerspruch zu etw. stehen	*być sprzecznym z*
50.	Leistungen erbringen	wykonywać świadczenia
51.	Möglichkeiten eröffnen	\<dawanie możliwości\>dawać możliwości
52.	Rechenschaft ablegen	*odpowiadać*
53.	etw. in Rechnung stellen	*pobierać (opłaty i należności)*

54.	zur Verfügung stellen	oddać do dyspozycji
55.	Absicht haben	*zamierzać*
56.	Vorsitz wahrnehmen	<sprawować prezydencję>[Koll.]
57.	zum Ausdruck kommen	*odzwierciedlać się*
58.	von besonderer Bedeutung sein	<być kwestią szczególnego zainteresowania>[Koll.]
59.	etw. zum Gegenstand haben	mieć na celu[Koll.]
60.	in die alleinige Verantwortung von jmdm. Fallen	pozostawać w zakresie wyłącznej odpowiedzialności kogoś
61.	Maßnahmen ergreifen (9)	[1]prowadzić działania [2]<podejmować, podjąć środki> [Koll.] <podejmowanie środków>podejmować środki [3]<przyjmować środki> [Koll.]
62.	Konsultationen durchführen	udzielać konsultacji

ZUR STRUKTUR DER DEUTSCHEN UND DER POLNISCHEN FUNKTIONSVERBGEFÜGE

In den FVG steht das Verbal- bzw. Adjektivabstraktum im Deutschen wie im Polnischen im reinen oder im Präpositionalkasus. Den deutschen FVG stehen im Polnischen 33 Mal FVG, 24 Mal Kollokationen und 23 Mal einfache Verben oder Partizipien bzw. Partizipialphrasen als Entsprechungen gegenüber. Die Anzahl der FVG in der deutschen Fassung der Verträge ist demnach größer als in der polnischen. Die Anzahl der Kollokationen, die den deutschen FVG im Polnischen gegenüberstehen, bestätigt die Verwandtschaft der beiden Strukturen, worauf bereits im Punkt 3.3.4. hingewiesen wurde.

ZUR WORTBILDUNG

Die exzerpierten FVG weisen wesentlich weniger Internationalismen und Hybride als die vorher analysierten Strukturen auf. In deutschen FVG lassen sich 6 Syntagmen mit einer internationalen oder hybridisierten Komponente nachweisen. Da im Polnischen in vielen Fällen keine FVG als Entsprechungen gelten, wird hier auf Angabe und Analyse statistischer Daten in dieser Hinsicht verzichtet.

> *Konsultationen durchführen / udzielać **konsultacji***
> *Initiative ergreifen / podejmować **inicjatywę***
> *Kontrollen unterzogen werden / podlegać **kontroli***

ZUR FACHLICHKEIT

FVG sind Träger des Nominalstils im Text, daher werden sie in Fachtextsorten bevorzugt verwendet. Semantisch lassen sich FVG in Strukturen mit einem fachlichen und mit einem allgemeinsprachlichen bzw. allgemeinpolitischen Charakter gliedern (zu Unterschieden zwischen allgemeinsprachlichen und fachlichen FVG vgl. Punkt 3.3.4). Unter den exzerpierten FVG gelten als fachliche Syntagmen die mit einem **Fachterminus** als Verbalabstraktum:

Abhilfemaßnahmen treffen / przyjąć środki
Anordnungen treffen / zarządzić środki
Beschluss erlassen / podjąć **decyzję**
Empfehlungen erlassen / przyjmować **zalecenia**
Klage erheben / wnosić **skargę**
Vorsitz wahrnehmen / sprawować **prezydencję**
Ermächtigung erteilen / udzielić **upoważnienia.**

Die allgemeinsprachlichen und allgemeinpolitischen FVG haben meistens einen **Nichtterminus**, seltener einen **allgemeinwissenschaftlichen Terminus** als Verbalabstraktum:

Abstand nehmen / wycofać się
zur Kenntnis nehmen / przyjmować do wiadomości
einen Beitrag leisten / przyczyniać się
etw. einer Prüfung unterziehen / analizować
Kontrollen unterzogen werden / podlegać kontroli
Bewertung vornehmen / dokonać oceny

Werden die polnischen Entsprechungen in der Gruppe der fachbezogenen juristischen und der allgemeinsprachlichen sowie allgemeinpolitischen FVG verglichen, so wird sichtbar, dass vor allem allgemeinsprachlichen und allgemeinpolitischen FVG im Deutschen ein einfaches Verb im Polnischen gegenübersteht. Die fachlichen FVG haben, mit wenigen Ausnahmen, ein FVG oder eine verbale Kollokation als Entsprechung.

In den exzerpierten deutschen FVG ist das Funktionsverb *treffen* am produktivsten. Es bildet 9 verschiedene FVG. Ihm folgt das Funktionsverb *vornehmen* (5 Belege), *leisten* (4 Belege) und *erteilen* (4 Belege). Im Polnischen kennzeichnet die Funktionsverben eine größere Vielfalt.

Einige FVG werden in den Verträgen mehrmals wiederholt. Dazu gehören u. a. *Beschluss erlassen* (60), *Maßnahmen treffen* (37), *Anwendung finden* (27) und *einer Sache Rechnung tragen* (25). Dadurch wird bestätigt, dass FVG in Rechtstexten wegen des Nominalstils bevorzugt verwendet werden.

4.4 Pragmatische Phraseologismen

Unter den in diesem Punkt behandelten pragmatischen Phraseologismen werden nach Stein (2004: 263) konventionalisierte Strukturen für Texte und Textteile in bestimmten Kommunikationsbereichen verstanden (vgl. Pkt. 3.3.6.). Sie prägen den Fachcharakter des Textes und stärken seine innere Kohärenz sowie die Kohärenz mit anderen verwandten Rechtsakten im Rahmen eines Rechtssystems. Sie gelten als formelhafte Relationsbezeichnungen, die als Formulierungsmuster und Textbausteine stereotyp verwendet werden (vgl. Heinemann 1997: 454).

Die gefundenen pragmatischen Phraseologismen lassen sich in Hinsicht auf ihre Funktion im Satz bzw. Text(teil) in zwei Hauptuntergruppen gliedern:

- pragmatische Phraseologismen mit abschließender Funktion (4.4.1.) und
- pragmatische Phraseologismen mit verweisender Funktion (4.4.2.).

Die zweite Untergruppe unterliegt einer weiteren Gliederung.

4.4.1 Pragmatische Phraseologismen mit abschließender Funktion

Zu dieser Untergruppe gehören konventionalisierte Formeln, die sich am Ende der analysierten Verträge befinden und die Texte auf eine für diese Textsorte übliche Art und Weise abschließen. Insbesondere informieren diese pragmatischen Phraseologismen ihrem Inhalt nach über Inkrafttreten, Ort des Vertragsabschlusses, Sprachen der Urschrift u. a. Diese pragmatischen Phraseologismen werden in ganzen Sätzen angeführt, weil sie in allen Gesetzestexten in fast unveränderter Form auftreten. Die variablen Komponenten wie Datum oder Ort bzw. engagierte Organe werden in [eckigen Klammern] angeführt.

1.	Dieser Beschluss tritt erst nach Zustimmung [der Mitgliedstaaten] im Einklang mit [ihren jeweiligen verfassungsrechtlichen Vorschriften] in Kraft.	Decyzja ta wchodzi w życie dopiero po jej zatwierdzeniu przez [Państwa Członkowskie], zgodnie z [ich odpowiednimi wymogami konstytucyjnymi].
2.	Dieser Vertrag tritt am [1. Januar 1993] in Kraft.	Niniejszy Traktat wchodzi w życie [1 stycznia 1993] roku.
3.	Dieser Vertrag tritt am ersten Tag des auf die Hinterlegung der letzten Ratifikationsurkunde folgenden Monats in Kraft.	Niniejszy Traktat wchodzi w życie pierwszego dnia miesiąca następującego po złożeniu ostatniego dokumentu ratyfikacyjnego.
4.	Dieser Vertrag ist in einer Urschrift in [englischer,...] Sprache abgefasst.	Niniejszy Traktat został sporządzony w jednym oryginalnym egzemplarzu w językach [angielskim, ...].
5.	Jeder Wortlaut ist gleichermaßen verbindlich.	Teksty w każdym z tych języków są na równi autentyczne.
6.	Geschehen zu [Maastricht] am [siebten Februar neunzehnhundertzweiundneunzig].	Sporządzono w [Maastricht], [siódmego lutego roku tysiąc dziewięćset dziewięćdziesiątego drugiego].
7.	Dieser Vertrag gilt auf unbegrenzte Zeit.	Niniejszy Traktat zawiera się na czas nieograniczony.

Die pragmatischen Phraseologismen mit abschließender Funktion haben im Deutschen und im Polnischen die Struktur eines Satzes (1–5, 7) bzw. wie im Beleg 6 einer Partizipialkonstruktion (im Deutschen) oder eines Satzes mit einer unpersönlichen Verbform (im Polnischen).

Die Fachlichkeit der Konstruktionen ergibt sich aus ihrer konventionellen Verwendung in juristischen Fachtextsorten, vor allem in internationalen Abkommen und in Gesetzen.

4.4.2 Pragmatische Phraseologismen mit verweisender Funktion

In diesem Punkt werden deutsche pragmatische Phraseologismen mit verweisender Funktion und ihre polnischen Entsprechungen aufgelistet.

4.4.2.1 Materialzusammensetzung

Pragmatische Phraseologismen mit verweisender Funktion können im Text auf unterschiedliche Aspekte verweisen wie andere Vorschriften, Grundlagen der Einführung einer Vorschrift u. a. In Anlehnung daran, worauf sie verweisen, werden sie im Folgenden gruppiert. Aufgrund des Umfangs des Materials und der Anzahl der Untergruppen wird für die Klarheit der Ausführung nach jeder Untergruppe ihre kurze Charakteristik angegeben.

Die Syntagmen sind hier grundsätzlich in ihrer Grundform angeführt, weil die Anzahl der variablen Komponenten zu groß ist.

A. Pragmatische Phraseologismen, mithilfe deren Übereinstimmung einer Vorschrift bzw. einer Regelung mit anderen Regelungen ausgedrückt wird

1. das Recht nicht berühren (2) {Artikel X berührt nicht das Recht [der Mitgliedstaaten]} — nie naruszać prawa {Artykuł X nie narusza prawa [Państw Członkowskich]}

2. den Artikel X unberührt lassen {Das Verfahren lässt den Artikel 269 unberührt.} — nie naruszać artykułu X {Procedura nie narusza artykułu 269.}

3. den besonderen Charakter [der Sicherheits- und Verteidigungspolitik bestimmter Mitgliedstaaten] unberührt lassen. — nie mieć wpływu na szczególny charakter [polityki bezpieczeństwa i obrony niektórych Państw Członkowskich]

4. die Bestimmungen des Artikels X unberührt lassen {Die [...]Vorschriften lassen die spezifischen Bestimmungen des Artikels 39 des Vertrags über die Europäische Union unberührt.} — pozostawać bez uszczerbku dla zasad przewidzianych w artykule X {Zasady [...] pozostają bez uszczerbku dla zasad szczególnych przewidzianych w artykule 39 Traktatu o Unii Europejskiej.}

5. etw. im Einklang mit den Verträgen stellen — w poszanowaniu Traktatów

6. im Einklang mit dem Artikel — zgodnie z artykułem

7. im Einklang mit dem Grundsatz [einer offenen Marktwirtschaft mit freiem Wettbewerb] handeln (2) — działać w poszanowaniu zasady [otwartej gospodarki rynkowej z wolną konkurencją]

8.	im Einklang mit den verfassungsrechtlichen Vorschriften	zgodnie z wymogami konstytucyjnymi
9.	im Lichte der beschäftigungspolitischen Leitlinien nach Absatz X	w świetle wytycznych określonych w ustępie X
10.	im Rahmen des Artikels X Absatz Y	zgodnie z procedurą przewidzianą w artykule X ustęp Y
11.	im Sinne des Artikels X (14)	w rozumieniu artykułu X
12.	im Wege des gleichen Verfahrens	zgodnie z tą samą procedurą
13.	nach Artikel	zgodnie z postanowieniami artykułu
14.	nach den Verfahren, Bedingungen und Zielen handeln, die in den Verträgen festgelegt sind	działać zgodnie z procedurami, na warunkach i w celach określonych w Traktatach
15.	nach den Verfahren handeln, die in den Verträgen festgelegt sind	działać zgodnie z procedurami przyznanymi na mocy Traktatów
16.	nach einem System der gleichberechtigten Rotation	na zasadzie równej rotacji
17.	nach Maßgabe der Befugnisse handeln	działać w granicach uprawnień
18.	nach Maßgabe des Absatzes X	na warunkach określonych w ustępie X
19.	nach Maßgabe des Protokolls über (2)	zgodnie z Protokołem w sprawie
20.	nach Maßgabe des Vertrags (12)	[1]na zasadach przewidzianych w Traktacie [2]zgodnie z postanowieniami Traktatu [3]na warunkach przewidzianych w Traktatach
21.	nach Maßgabe der verfassungsrechtlichen Vorschriften	zgodnie z odpowiednimi wymogami konstytucyjnymi.
22.	nach Maßgabe der folgenden Bestimmungen	zgodnie z poniższymi postanowieniami
23.	nach vereinfachten Änderungsverfahren	zgodnie z uproszczonymi procedurami zmian
24.	unbeschadet der anderen Bestimmungen	bez uszczerbku dla innych postanowień
25.	unbeschadet der Befugnisse [des Hohen Vertreters der Union für Außen- und Sicherheitspolitik]	bez uszczerbku dla uprawnień [wysokiego przedstawiciela Unii do spraw zagranicznych i polityki bezpieczeństwa]
26.	unbeschadet der sonstigen Bestimmungen der Verträge (5)	bez uszczerbku dla stosowania innych postanowień Traktatów
27.	unbeschadet des Artikels (20)	bez uszczerbku dla artykułu
28.	unter Berücksichtigung der Ziele des Artikels 39	z uwzględnieniem celów określonych w artykule 39

29.	unter Einsatz aller zur Verfügung stehenden Mittel	odwołując się do wszelkich dostępnych środków
30.	unter Wahrung ihrer [nationalen und regionalen Vielfalt]	w poszanowaniu ich[różnorodności narodowej i regionalnej]
31.	unter weitestgehender Beachtung des Grundsatzes der Offenheit handeln	działać z jak największym poszanowaniem zasady otwartości
32.	dem Grundsatz einer offenen Marktwirtschaft verpflichtet sein	działać w poszanowaniu zasady otwartej gospodarki rynkowej
33.	unter Beachtung des Grundsatzes	zgodnie z zasadą
34.	soweit in den Verträgen nichts anderes festgelegt ist (6)	o ile Traktaty nie stanowią inaczej
35.	im Wege eines vereinfachten Verfahrens	według procedury uproszczonej
36.	unter Wahrung der Verträge	w poszanowaniu Traktatów

Pragmatische Phraseologismen aus den Belegen 1–36 haben zum Ziel, die Übereinstimmung einer Vorschrift mit anderen Vorschriften in demselben Rechtsakt (u. a. Belege 2, 4, 6,) oder in anderen verbundenen Rechtsakten (u. a. Belege 5, 8, 23) oder mit vorausgesetzten Zielen (Beleg 14, 28), Grundsätzen (u. a. Belege 31–33) sowie mit geltenden Verfahren (u. a. Belege 12, 15) und Politiken (Beleg 3) zum Ausdruck zu bringen. Zu den häufigsten Strukturen, mithilfe deren auf andere Vorschriften verwiesen wird, gehören:

etw. unberührt lassen / nie mieć wpływu; nie naruszać, pozostawać bez uszczerbku
im Einklang mit [dem Grundsatz] / zgodnie z; w poszanowaniu [zasady]
nach Artikel, Bedingungen, Verfahren, Maßgabe / na warunkach; zgodnie z; na zasadach
unbeschadet des [Artikels] / bez uszczerbku dla [artykułu]
unter Berücksichtigung, Einsatz, Wahrung, Beachtung / w poszanowaniu, zgodnie z.

B. Pragmatische Phraseologismen, mithilfe deren der Ausschluss einer Vorschrift, einer Regelung aus anderen Regelungen ausgedrückt wird:

37.	abweichend von Absatz (7)	na zasadzie odstępstwa od ustępu
38.	in Abweichung von den Artikeln (2)	na zasadzie odstępstwa od postanowień artykułów
39.	Mit Ausnahme der Beschlüsse nach den Absätzen X bis Y erlässt der Rat die Beschlüsse und Empfehlungen einstimmig.	Decyzje i zalecenia Rady, inne niż decyzje i zalecenia przewidziane w ustępach X–Y, są przyjmowane jednomyślnie.
40.	soweit in den Artikeln X bis Y nicht etwas anderes bestimmt ist	z zastrzeżeniem odmiennych postanowień artykułów X–Y
41.	unter Ausschluss jeglicher Harmonisierung der Rechtsvorschriften (13)	z wyłączeniem jakiejkolwiek harmonizacji przepisów ustawowych i wykonawczych
42.	vorbehaltlich der Grundsätze	z zastrzeżeniem zasad

Mithilfe der Strukturen aus den Belegen 37–42 werden bestimmte Vorschriften aus einer Regulierung ausgenommen. Solche pragmatischen Phraseologismen werden im Deutschen mit den Konstruktionen *abweichend von, in Abweichung von, mit Ausnahme, unter Ausschluss* und *vorbehaltlich* initiiert, denen im Polnischen u. a. Phrasen wie *na zasadzie odstępstwa, z zastrzeżeniem, z wyłączeniem* gegenüberstehen.

C. Pragmatische Phraseologismen, mithilfe deren die Grundlage einer Vorschrift, einer Regelung ausgedrückt wird

43.	aufgrund dieses Kapitels	na mocy tego rozdziału
44.	die auf der Grundlage dieses Artikels erlassenen Vorschriften	zasady przyjęte na podstawie niniejszego artykułu
45.	die aufgrund dieses Artikels erlassenen Bestimmungen	przepisy uchwalone na mocy niniejszego artykułu
46.	gemäß Artikel (13)	zgodnie z artykułem
47.	gemäß dem ordentlichen Gesetzgebungsverfahren beschließen	stanowić zgodnie ze zwykłą procedurą prawodawczą
48.	gemäß einem besonderen Gesetzgebungsverfahren beschließen (36)	stanowić zgodnie ze specjalną procedurą prawodawczą
49.	gemäß dem ordentlichen Änderungsverfahren	zgodnie ze zwykłą procedurą zmiany
50.	Richtlinien aufgrund des Absatzes X annehmen	dyrektywy przyjęte w zastosowaniu ustępu 2
51.	soweit aufgrund des Artikels X nicht Sonderregelungen getroffen werden	z zastrzeżeniem przepisów szczególnych przyjętych na podstawie artykułu 203.

Ein kohärentes Rechtssystem setzt voraus, dass bestimmte Rechtsakte aufgrund der Rechtsakte höheren Ranges erlassen werden. Daher ist es für die Einhaltung der Kohärenz des Rechtssystems wichtig, die Rechtsgrundlage der Vorschriften und Regelungen anzugeben. Zu diesem Zweck werden Syntagmen aus den Belegen 43–51 gebraucht. Zu den häufigsten Konstruktionen gehören hier im Deutschen *aufgrund, auf der Grundlage, gemäß, etw. fällt unter [Artikel]*, denen folgende Strukturen im Polnischen gegenüberstehen: *na mocy, na podstawie, zgodnie z, w zastosowaniu*.

D. Pragmatische Phraseologismen, mithilfe deren die Anwendung einer Vorschrift oder Regelung auf bestimmte Sachverhalte ausgedrückt wird

52.	Artikel [48 Absatz 7 des Vertrags über die Europäische Union] findet keine Anwendung auf die folgenden Artikel:	Artykułu 48 ustęp 7 Traktatu o Unii Europejskiej nie stosuje się do następujących artykułów:

53.	[Die Verträge] finden keine Anwendung auf [die überseeischen Länder und Hoheitsgebiete.]	Traktaty nie mają zastosowania [do krajów i terytoriów zamorskich.]
54.	Dieser Artikel findet keine Anwendung [auf die Beschäftigung in der öffentlichen Verwaltung.]	Postanowienia niniejszego artykułu nie mają zastosowania do [zatrudnienia w administracji publicznej.]
55.	Dieser Artikel gilt entsprechend für [die Einrichtungen und sonstigen Stellen der Union, die es unterlassen, tätig zu werden.]	Niniejszy artykuł ma zastosowanie, na tych samych warunkach, [do organów i jednostek organizacyjnych Unii, które zaniechają działania.]
56.	in den Anwendungsbereich des Unionsrechts fallen	wchodzić w zakres zastosowania prawa Unii

Pragmatische Phraseologismen aus den Belegen 52–56 bestimmen den Geltungsbereich bestimmter Regelungen, d. h. vor allem räumliche Bereiche oder Sachbereiche, in denen bestimmte Vorschriften Anwendung finden oder nicht. Zu den häufigsten Strukturen gehören hier *Anwendung finden auf, in Anwendungsbereich fallen, gelten für* im Deutschen. Im Polnischen stehen ihnen entsprechend folgende Konstruktionen *stosuje się, mieć zastosowanie, wchodzić w zakres zastosowania* gegenüber.

E. Pragmatische Phraseologismen, mithilfe deren die eventuelle Mitwirkung anderer Organe und Subjekte bei der Abfassung oder beim Inkrafttreten von Rechtstexten ausgedrückt wird

57.	Dieser Vertrag bedarf der Ratifikation durch [die Hohen Vertragsparteien].	Niniejszy Traktat podlega ratyfikacji przez [Wysokie Umawiające się Strony].
58.	im Einvernehmen mit [dem Mitgliedstaat] beschließen (4)	podejmować decyzję w porozumieniu z [danym Państwem Członkowskim]
59.	[Bestimmungen, Vorschriften] einstimmig beschließen	¹podejmować [decyzję] jednomyślnie ²stanowić jednomyślnie
60.	nach Zustimmung der [Mitgliedstaaten] in Kraft treten (5)	wchodzić w życie po zatwierdzeniu [przez Państwa Członkowskie]
61.	nach Zustimmung [des Europäischen Parlaments] feststellen (3)	stwierdzać po uzyskaniu zgody [Parlamentu Europejskiego]
62.	nach Zustimmung [des Europäischen Parlaments] erlassen (6)	stanowić po uzyskaniu zgody [Parlamentu Europejskiego]
63.	nach Zustimmung [des Europäischen Parlaments] beschließen (10)	stanowić po uzyskaniu zgody [Parlamentu Europejskiego]
64.	mit Zustimmung [des Rates] festlegen	stanowić za zgodą [Rady]
65.	[Bestimmungen, Vorschriften] nach Anhörung beschließen	stanowić po konsultacji

66.	[Bestimmungen, Vorschriften] auf Vorschlag von X erlassen	stanowić na wniosek
67.	auf Initiative eines Viertels der Mitgliedstaaten beschließen	stanowić z inicjatywy jednej czwartej Państw Członkowskich
68.	nach einer Aussprache (5)	po przeprowadzeniu dyskusji
69.	mit einfacher Mehrheit beschließen	podjąć decyzję zgodnie ze zwykłą większością
70.	in engem Benehmen mit	w ścisłej konsultacji z
71.	auf Vorschlag [von X] beschließen / erlassen (2)	stanowić na wniosek
72.	mit qualifizierter Mehrheit beschließen / erlassen (2)	stanowić większością kwalifikowaną
73.	im Wege einer Vereinbarung beschließen	stanowić w drodze porozumienia
74.	im Wege von Initiativen beschließen	poprzez inicjatywy
75.	im Einvernehmen mit dem gewählten Präsidenten (7)	za wspólnym porozumieniem z wybranym przewodniczącym
76.	auf Ersuchen beschließen	stanowić na żądanie
77.	Bestimmungen einstimmig erlassen	stanowić jednomyślnie
78.	Bestimmungen nach Zustimmung von X erlassen	stanowić po uzyskaniu zgody
79.	auf Empfehlung beschließen	stanowić po otrzymaniu zalecenia
80.	nach Eingang des Vorschlags beschließen	stanowić po otrzymaniu (przez Radę) wniosku
81.	im Konsens entscheiden	podejmować decyzje w drodze konsensusu.

Das Gesetzgebungssystem der EU setzt voraus, dass am Erlass eines Rechtsaktes auf unterschiedlichen Etappen mehrere Institutionen teilnehmen können bzw. müssen. Diese Mitwirkungspflicht wird auch in den Vorschriften explizit zum Ausdruck gebracht. Dafür werden u. a. folgende Strukturen aus den Belegen (56–81) verwendet:

im Einvernehmen mit [beschließen, erlassen] / [stanowić] w porozumieniu z
nach Zustimmung von [beschließen, erlassen] / [stanowić] po zatwierdzeniu, po uzyskaniu zgody
nach Anhörung [beschließen, erlassen] / [stanowić] po konsultacji
auf Antrag [beschließen, erlassen] / [stanowić] na wniosek
auf Initiative [beschließen, erlassen] / [stanowić] z inicjatywy
einstimmig[beschließen, erlassen] / [stanowić] jednomyślnie.

4.4.2.2 Analyse des Materials

ZUR STRUKTUR DER DEUTSCHEN UND DER POLNISCHEN PRAGMATISCHEN PHRASEOLOGISMEN

Strukturell stehen die pragmatischen Phraseologismen mit verweisender Funktion an der Grenze zwischen erweiterten lexikalischen Kollokationen bzw. FVG:

> *nach Zustimmung der [Mitgliedstaaten]* **in Kraft treten** / **wchodzić w życie** *po zatwierdzeniu przez Państwa Członkowskie*
>
> *in* **Abweichung von den Artikeln** / *na zasadzie* **odstępstwa od postanowień artykułów** **nach Zustimmung** *[des Europäischen Parlaments]* **beschließen** / **stanowić po uzyskaniu zgody** *[Parlamentu Europejskiego]*

und grammatischen Kollokationen (vgl. Hausmann 1984: 399, mehr Punkt 3.3.3):

> **gemäß** *Artikel* / **zgodnie z** *artykułem*
> **aufgrund** *dieses Kapitels* / **na mocy** *tego rozdziału*
> **abweichend von** *Absatz* / **na zasadzie odstępstwa** *od ustępu*
> **nach Maßgabe** *des Vertrags* / **na zasadach** *przewidzianych w Traktacie.*

Sie kommen auch als ganze Phrasen oder Sätze vor, wie die pragmatischen Phraseologismen mit abschließender Funktion:

> *Artikel [48 Absatz 7 des Vertrags über die Europäische Union] findet keine Anwendung auf die folgenden Artikel. / Artykułu 48 ustęp 7 Traktatu o Unii Europejskiej nie stosuje się do następujących artykułów.*
>
> *soweit in den Verträgen nichts anderes festgelegt ist / o ile Traktaty nie stanowią inaczej, ...*

ZUR WORTBILDUNG

In Bezug auf pragmatische Phraseologismen wird keine Wortbildungsanalyse durchgeführt. Pragmatische Phraseologismen werden in der Arbeit in Hinsicht auf ihre textuelle Funktion ausgesondert. Ihre Stabilität ist viel schwächer als in anderen Klassen der Fachphraseologismen und daher lassen sich ihre Komponenten leichter substituieren. Somit kann auch der Anteil der internationalen Komponenten an ihrer Struktur je nach Anwendungsvariante variieren.

ZUR FUNKTION

Ihr eigentlicher Charakter äußert sich aber in ihrer textuellen Funktion und der konventionellen Verwendung im Text. Von einem Gesetzestext wird erwartet, dass bei der Einführung einer Vorschrift ihre Grundlage und Übereinstimmung mit anderen Vorschriften sowie ihr Geltungsbereich angegeben werden. Von Bedeutung ist auch, wer zum Erlass bestimmter Vorschriften befugt ist und wer die Kompetenz hat, eine Vorschrift mitzubestimmen. Daher entscheiden über die Fachlichkeit dieser Syntagmen nicht der Kern der Phrase und die terminologischen Einheiten, wie im Falle der übrigen Fachphraseologismen, sondern ihre formelhafte und konventionelle Verwendung im Text.

4.5 Resümee

In diesem Kapitel wurden die aus dem EU-Vertrag und dem AEU-Vertrag exzerpierten und nach einzelnen Klassen gegliederten Fachphraseologismen in Hinsicht auf
ihre Struktur und zum Teil ihre Funktion im Text analysiert. Den Ausgangspunkt
der Analyse bilden die deutschen Fachphraseologismen, denen polnische Entsprechungen aus den parallelen Vertragstexten zugeordnet wurden. Auf die Korrektheit
bzw. Adäquatheit der polnischen Strukturen wurde in der Analyse verzichtet, weil
alle Sprachfassungen der Verträge als gleichgestellt und offiziell geltend betrachtet
werden. In runden Klammern ist jeweils die Anzahl der Belege in konkreten Gruppen angegeben.

4.5.1 Zur Vorkommenshäufigkeit und Struktur der Fachphraseologismen

Analysiert wurden 1280 Fachphraseologismen, darunter 214 phraseologische Termini, 705 Fachkollokationen, 209 Fachkollokationsketten, 62 FVG und 88 pragmatische
Phraseologismen und 2 Fachphraseme. Die geringe Anzahl der Fachphraseme und
das Nichtvorkommen der lateinischen Phrasen lassen sich durch die Spezifik der
Vertragstexte begründen. Diese Strukturen sind mehr für andere juristische Textsorten wie Kommentare, Urteile und Klageschriften typisch.

Die exzerpierten Fachkollokationsketten bestehen vorwiegend aus der Kompilation von bereits an anderen Stellen berücksichtigten phraseologischen Termini
und Fachkollokationen bzw. FVG, daher werden sie in den folgenden statistischen
Darstellungen nicht berücksichtigt, um den tatsächlichen Anteil einzelner Strukturen nicht zu verfälschen.

Abb. 18: Der prozentuelle Anteil der einzelnen Klassen der Fachphraseologismen

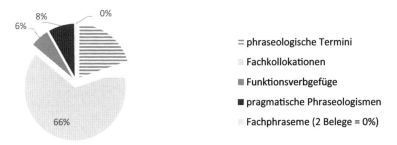

Die Analyse hat gezeigt, dass die Mehrheit der exzerpierten Fachphraseologismen
Fachkollokationen bilden (66%). Der Gruppe der Fachkollokationen folgen mit 20%
phraseologische Termini zusammen mit Onymen. Die zwei kleinsten Gruppen bilden pragmatische Phraseologismen mit 8% und FVG mit 6 %.

Phraseologische Termini sind nominale Mehr-Komponenten-Syntagmen. Sie lassen sich nach ihren strukturellen Besonderheiten in Syntagmen des Typs Adj+N (142) und N+N (24) gliedern. Eine besondere Gruppe bilden die aufgrund ihrer Funktion ausgesonderten Onyme (48):

Abb. 19: Der prozentuelle Anteil der einzelnen Untergruppen der phraseologischen Termini

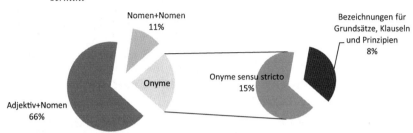

Den deutschen phraseologischen Termini des Typs Adj+N stehen im Polnischen vorwiegend Strukturen des Typs N+Adj/ Part. (95), seltener Adj+N (13), Adj+N+N (9), Adj+N+Adj (12) und N+N$_{Präp}$ (6) sowie vereinzelt andere Strukturen (7) gegenüber.

Zu den deutschen phraseologischen Termini des Typs N+N gehören Syntagmen mit der Struktur N+N im Genitiv, ev. erweitert um ein vorangestelltes adjektivisches Attribut (14) oder N+N$_{Präp}$ (10). Ihnen stehen im Polnischen zumeist Syntagmen mit der Struktur N+N$_{Gen}$ (ev. erweitert um ein voran- oder nachgestelltes adjektivisches Attribut), N+Adj bzw. N+N$_{Präp}$ gegenüber.

Die Fachkollokationen lassen sich ihrer Struktur nach in verbale (304), nominale des Typs Adj+N (147) und nominale des Typs N+N (254) gliedern.

Abb. 20: Der prozentuelle Anteil der Untergruppen der Fachkollokationen

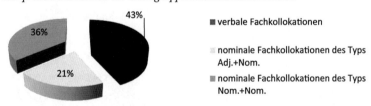

Verbale Fachkollokationen bestehen im Deutschen ihrer Struktur nach vorwiegend aus einem Nomen im Akkusativ und einem Verb (281). Ihnen stehen im Polnischen i. d. R. verbale Fachkollokationen mit einem Nomen im Akkusativ, Instrumental oder Präpositionalkasus gegenüber.

Nominale Fachkollokationen des Typs Adj+N bestehen aus einem dem Nomen vorangestellten Adjektiv (107) bzw. einem adjektivisch gebrauchten Partizip II (32), seltener Partizip I (8). Im Polnischen gelten als Entsprechungen Syntagmen mit einem Nomen und einem ihm vorangestellten adjektivischen oder partizipialen Attribut (ev. erweitert um weitere Attribute).

Nominale Fachkollokationen des Typs N+N beginnen vorwiegend mit einem Deverbativum, dem ein Nomen im Genitiv bzw. im Präpositionalkasus nachgestellt wird (239). Im Polnischen weisen solche Syntagmen zumeist die Struktur Deverbativum+ein nachgestelltes N_{Gen} auf.

Fachkollokationsketten stellen eine Kompilation von **Fachkollokationen** verschiedener Typen:

zweckdienliche Vorschriften erlassen / ustanawiać potrzebne przepisy

oder einer **Fachkollokation** und eines **phraseologischen Terminus** dar:

verbindliche Rechtsakte erlassen / przyjmować akty prawnie wiążące
multinationale Streitkräfte aufstellen / powoływać siły wielonarodowe,

seltener einer **Fachkollokation** und eines **FVG**:

eine unparteiische Bewertung vornehmen / dokonać bezstronnej oceny
geeignete Vorkehrungen treffen / podjąć niezbędne środki.

Ihre Struktur ist komplex und nicht einheitlich.

Funktionsverbgefüge wurden vor allem im Hinblick auf die sie initiierenden Funktionsverben analysiert. Ihrer Struktur nach sind sie nach einem einheitlichen Muster gebildet: ein Verbalabstraktum im Akkusativ (45), im Präpositionalkasus (15), vereinzelt im Dativ (2) und ein Funktionsverb.

Abb. 21: Struktur der Funktionsverbgefüge im Deutschen

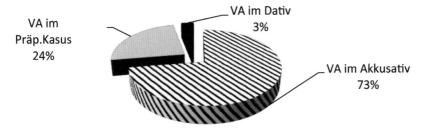

Den deutschen FVG werden im Polnischen diverse Strukturen zugeordnet: FVG mit einem Verbalabstraktum im Akkusativ, Dativ, Genitiv bzw. im Präpositionalkasus (33), einfache Verben und Partizipialphrasen (23) oder auch Kollokationen (24).

Unter den **pragmatischen Phraseologismen** sind ihrer Funktion im Text nach zwei Hauptuntergruppen zu unterscheiden: pragmatische Phraseologismen mit abschließender Funktion (7 Belege) und pragmatische Phraseologismen mit verweisender Funktion (81 Belege) mit einer weiteren Untergliederung.

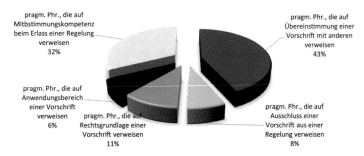

Die zwei größten Untergruppen der pragmatischen Phraseologismen mit verweisender Struktur bilden Syntagmen, die auf Übereinstimmung einer Vorschrift mit anderen Regelungen aus dem gleichen Rechtsakt oder aus anderen verbundenen Rechtsakten (35 Belege), sowie Syntagmen, die auf die Mitbestimmungskompetenz von anderen Organen beim Erlass bestimmter Regelungen (26 Belege) verweisen. Ihnen folgen mit 9 Belegen Routineformeln zum Ausdruck der Grundlage einer Regelung und mit 6 Belegen Routineformeln, die eine Vorschrift aus einer Regelung ausschließen. Die kleinste Untergruppe bilden mit 5 Belegen pragmatische Phraseologismen, die auf den Anwendungsbereich einer Vorschrift verweisen. Die deutlich stärkere Verwendung der pragmatischen Phraseologismen aus den zwei größten Untergruppen resultiert aus der Spezifik der untersuchten Textsorte. Jede neue Regelung muss nämlich im Rechtssystem mit den bereits geltenden übereinstimmen, sonst kommt es zur Kollision von Rechtsnormen, was die Erfüllung der Rechtsnormen wesentlich stören kann. Pragmatische Phraseologismen, welche die Übereinstimmung der Vorschriften mit anderen ausdrücken, sollten somit die Kohärenz im Rahmen des Rechtssystems gewährleisten, daher werden sie in Rechtsakten bevorzugt gebraucht. Zu der zweitgrößten Untergruppe der pragmatischen Phraseologismen gehören Routineformeln, die die Beschlussfassungskompetenz der im Rahmen der EU handelnden Organe betreffen. Die genaue und eindeutige Festlegung der Kompetenzen einzelner Organe im Bereich der Rechtssetzung der EU gilt als Grundlage der Funktionsweise der EU. Damit lässt sich die bevorzugte Verwendung der pragmatischen Phraseologismen zum Ausdruck der Mitbestimmungskompetenz in den EU-Verträgen begründen.

Der Struktur nach bilden die pragmatischen Phraseologismen, vor allem die mit abschließender Funktion, ganze Sätze mit wenigen Variablen. Die mit verweisender Funktion treten zwar auch in ganzen Sätzen auf, sie lassen sich aber auf bestimmte Grundstrukturen zurückführen. Zu den Grundstrukturen gehören u. a. Kollokationen und FVG sowie die sog. grammatischen Kollokationen.

Pragmatische Phraseologismen mit abschließender Funktion treten in den Verträgen immer nur einmal an einer konkreten Stelle auf. Ihre Stellung im Text ist somit textstrukturell determiniert. Ihre Wiederholbarkeit bestätigt aber ihr Auftreten in anderen Rechtsakten. Die mit verweisender Funktion treten zumeist in jedem Vertrag mehrmals an verschiedenen Stellen auf. Ihre Stellung hängt von dem Kontext und der Absicht des Textverfassers ab.

In den Verträgen wurde nur zwei teilidiomatische **Fachphraseme** gefunden *die öffentliche Hand*, dem im Polnischen das Adjektiv *publiczny* gegenübersteht, und *Hand in Hand gehen*, dem im Polnischen das Verb *towarzyszyć* gegenübersteht:

*Finanzlage **der öffentlichen Hand** / sytuacja finansów **publicznych***
Hand in Hand gehen / towarzyszyć.

Die generell geringe Anzahl der meist (teil-)idiomatischen Fachphraseme in Gesetzestexten resultiert grundsätzlich aus der Spezifik solcher Texte und ihrer Anforderung auf Präzision und Eindeutigkeit.

Die meisten Syntagmen können durch grammatische Transformationen oder Hinzufügung einer Komponente in eine andere Klasse der Fachphraseologismen überführt werden. Dies ist besonders bei Fachkollokationen sichtbar. Die verbalen Fachkollokationen können kontextbedingt zu nominalen Fachkollokationen des Typs Adj+N bzw. N+N werden. Somit kommen in den Verträgen einige Syntagmen in allen drei Formen vor:

__Festlegung__ der Maßnahmen ↔ *Maßnahmen __festlegen__* ↔ *__festgelegte__ Maßnahmen*
__określanie__ działań ↔ *__określać__ działania* ↔ *__określone__ działania*
__Erlass__ des Beschlusses ↔ *Beschlüsse __erlassen__* ↔ *__erlassene__ Beschlüsse*
__przyjęcie__ decyzji ↔ *__przyjąć__ decyzje* ↔ *__przyjęte__ decyzje*
__Abschluss__ der Übereinkunft ↔ *Übereinkünfte __schließen__* ↔ *__geschlossene__ Übereinkünfte*
__zawarcie__ umowy ↔ *__zawierać__ umowę* ↔ *__zawarte__ umowy.*

Bei der Transformation ändert sich eventuell die Valenz der verbalen Elemente auf der Ausdrucksebene. In den deutschen Syntagmen wird bei der Nominalisierung das Akkusativobjekt zum Genitiv- oder zum Präpositionalattribut mit *von*.

Im Polnischen bleibt die Valenzvererbung nur unter bestimmten Bedingungen unverändert. Die Valenz der Verben, die eines Präpositionalobjekts bzw. eines Dativobjekts bedürfen, wird vererbt. Das Akkusativobjekt der verbalen Strukturen wird aber zum Genitivattribut.

Überführt zu Fachkollokationen, eigentlich zu Fachkollokationsketten, können auch phraseologische Termini, seltener FVG werden. Sie können durch eine verbale, nominale oder adjektivische Komponente erweitert werden, oder sie bilden zusammen mit einer Kollokation eine Kompilation:

Vollstreckung gerichtlicher Entscheidungen / wykonywanie orzeczeń sądowych
eine außerordentliche Tagung einberufen / zwoływać nadzwyczajne posiedzenie
eine objektive Bewertung vornehmen / dokonywać obiektywnej oceny.

Da die deutsche und die polnische Fassung der Verträge als Paralleltexte gelten, haben alle deutschen Formeln eine polnische Entsprechung, obwohl nicht immer eine phraseologische. Gelegentlich steht im Polnischen ein Einwortlexem (ein Einwortterminus oder ein Verb bzw. ein Deverbativum) als Entsprechung. Dies betrifft insbesondere phraseologische Termini des Typs Adj+N, verbale Fachkollokationen, nominale Fachkollokationen des Typs Adj+N und FVG.

*die strafrechtliche Untersuchung / **dochodzenie***
*die berufliche Umschulung / **przekwalifikowanie***
*Abstand nehmen / **wycofać się***
*zur Kenntnis bringen / **notyfikować***
*einen Beitrag leisten / **przyczyniać się**.*

Die polnischen Syntagmen weisen i. d. R. eine analoge Struktur auf wie die deutschen Fachphraseologismen, denen sie zugeordnet wurden. In einigen Fällen treten sie aber in den untersuchten Verträgen in einer anderen grammatischen Form als die deutschen auf, was aus der bereits angesprochenen kontextbedingten grammatischen Transformation der Fachkollokationen resultiert:

Konflikte verhüten / <zapobieganie konfliktom> zapobiegać konfliktom
Maßnahmen abändern / <zmiana środków> zmienić środki
Möglichkeiten eröffnen / <dawanie możliwości> dawać możliwości
Bewertung vornehmen / <dokonywanie oceny> dokonać oceny
übertragene Zuständigkeit / <powierzać kompetencje>
die Einhaltung der Kriterien / <przestrzegać kryteriów> przestrzeganie kryteriów
die Verwaltung des Fonds / <zarządzać funduszem> zarządzanie funduszem

Die strukturelle Analyse der deutschen und der polnischen Fachphraseologismen hat erwiesen, dass sie im Rahmen einzelner Untergruppen nach bestimmten für die Fachphraseologismen charakteristischen Strukturmustern gebildet sind, die gewisse Restriktionen und Beschränkungen aufweisen. Zu den häufigsten Strukturmustern gehören:

– Adjektiv+Nomen im Deutschen und im Polnischen,
– Nomen+Adjektiv im Polnischen,
– Nomen+Nomen im Deutschen und im Polnischen,
– Nomen+Verb im Deutschen bzw. Verb+Nomen im Polnischen.

Zwar wird in der vorliegenden Arbeit die Adäquatheit und die Äquivalenz der polnischen Entsprechungen gegenüber den deutschen Fachphraseologismen weitgehen außer Acht gelassen, doch es lässt sich schon anhand einer oberflächlichen Analyse der Entsprechungen feststellen, dass einige polnische Syntagmen von den deutschen parallelen Fachphraseologismen abweichen oder in einer periphrastischen statt einer phraseologischen Form vorkommen, obwohl sie auch durch adäquatere phraseologische Entsprechungen ersetzt werden könnten:

die gewerbliche Tätigkeit / działalność o charakterze przemysłowym→ działalność przemysłowa
das passive Wahlrecht / prawo do kandydowania → czynne prawo wyborcze
der soziale Dialog / dialog między partnerami społecznymi → dialog społeczny.

Um weitreichendere Schlussfolgerungen in dieser Hinsicht zu ziehen, musste man mehrere Sprachfassungen der Verträge miteinander vergleichen.

4.5.2 Zur Wortbildung der Fachphraseologismen

Iu einem wesentlichen Teil der phraseologischen Termini und Fachkollokationen – sowohl der verbalen als auch der nominalen – tritt mindestens eine internationale Komponente (ein Kern oder ein BW, bzw. eine Basis oder ein Kollokator) auf. Bei FVG spielen Internationalismen eine geringere Rolle. Die pragmatischen Phraseologismen wurden wegen ihrer Funktion im Text in dieser Hinsicht nicht analysiert.

Abb. 23: Anzahl der Fachphraseologismen mit einer internationalen Komponente je nach Klassen

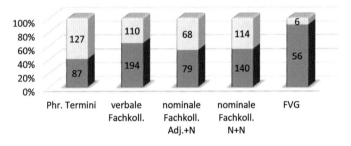

⊔ Syntagmen mit mindestens einem Internationalismus

▣ Syntagmen mit nur einheimischer Lexik

Als Internationalismen fungieren vor allem Nomina, seltener Adjektive und Verben. Internationalismen, die als Komponenten der exzerpierten Fachphraseologismen gelten, sind meistens aus dem Latein entlehnt worden. Einige kommen auch aus dem Griechischen, Französischen oder Italienischen.

Deutsch	Polnisch	Englisch	Französisch	Herkunft
Kommission	komisja	commission	commission	commissio *lat.*
Konsultation	konsultacja	consultation	consultation	consultatio *lat.*
Asyl	azyl	asylum	asile	asylum *lat.*, ásylon *gr.*
Agentur	agencja	agency	agence	agente *it.*, agent *frz.*
Programm	program	program	programme	prógramma *gr.* (*lat.*)
Kontrolle	kontrola	control	contrôle	contrôl *frz.*

Deutsch	Polnisch	Englisch	Französisch	Herkunft
Stabilität	stabilność	stability	stabilité	stabilitas *lat.*
Wirtschaftspolitik	polityka gospodarcza	economic policy	politique économique	Wirtschaft *dt.* (kein Int.) + politique *frz.*
Agrarpolitik	polityka rolna	agricultural policy	politique agricole	agrarius *lat.* + politique *frz.*
innovativ	innowacyjny	innovative	innovateur	innovatio *lat.*
integral	integralny	integral	intégrale	integralis *lat.*
rationell	racjonalny	rational	rationnel	rationalis *lat.*
kompatibel	kompatybilny	compatible	compatible	kompatibel *lat.*
konvergent	konwergentny (selten), zbieżny	convergent	convergent	convergens *lat.*
stabilisieren	stabilizować	to stabilize	stabiliser	stabilis *lat.* (Adj), stabiliser *frz.* (Verb)
harmonisieren	harmonizować	to harmonize	harmoniser	harmoniser *frz.*
koordinieren	koordynować	to coordinate	coordonner	co-ordinare *lat.*
respektieren	respektować	to respect	respecter	respectare *lat.*

Die internationalen Nomina haben im Deutschen vorwiegend folgende Suffixe:

- *-ion* (*Emission, Konsultation, Information, Integration, Investition, Organisation*)
- *-ät* (*Stabilität, Loyalität, Mobilität, Priorität, Solidarität*);

aber auch:

- *-ik* (*Technik. Politik*)
- *-mus* (*Terrorismus, Mechanismus*)
- *-or* (*Indikator*)
- *-tur* (*Agentur, Kultur, Natur*).

Im Polnischen haben die internationalen Nomina i. d. R. folgende Suffixe:

- *-cja* (*reintegracja, agencja, konsultacja, koordynacja, demokracja, organizacja*)
- *-sja* (*emisja, komisja*)
- *-zja* (*decyzja, konkluzja*)
- *-ia* (*Unia, Filia, opinia, energia, autonomia*)
- *-ość* (*stabilność, konkurencyjność, legalność, mobilność*).

Andere produktive Suffixe für internationale Nomina im Polnischen sind:

-ura   (procedura, kultura)
-ula   (klauzula)
-yka   (praktyka, polityka)
-um   (kryterium)
-at   (rezultat, mandat)
-et   (komitet).

Unter adjektivischen Internationalismen sind im Deutschen folgende Suffixe am produktivsten:

-al   (integral, multilateral, sozial)
-el(l)   (finanziell, rationell, industriell, kompatibel)
-ent   (effizient, konvergent)
-il   (stabil)
-isch   (pädagogisch, militärisch, statistisch, technisch)
-iv   (objektiv, innovativ)
-ut   (absolut).

Im Polnischen sind das:

-yjny   (imigracyjny, konstytucyjny, konkurencyjny, administracyjny)
-alny   (formalny, racjonalny, integralny, terytorialny)
-owy   (kulturowy, transportowy, azylowy, finansowy)
-iczny   (strategiczny, techniczny, statystyczny)
-ilny   (stabilny)
-ywny   (obiektywny).

Internationale Verben im Deutschen haben fast ausschließlich das Suffix *–ieren* (*koordinieren, finanzieren*), dem im Polnischen das einheimische *–(w)ać* (*publikować, koordynować*) gegenübersteht.

Der Gebrauch von Internationalismen ist in einzelnen Gruppen der Fachphraseologismen, insbesondere in Fachkollokationen, je nach der Sprache konventionell determiniert. Nicht an allen Stellen, wo im Deutschen ein Internationalismus steht, steht parallel ein Internationalismus im Polnischen, auch wenn ein solcher in der polnischen Sprache existiert (und umgekehrt). Dies resultiert aus bevorzugtem Gebrauch von einheimischen Bezeichnungen in bestimmten Kontexten.

> das **konvergente** Handeln / **zbieżne** działania
> **multilaterale** Projekte / **wielostronne** projekty
> einen **Ausschuss** einrichten / ustanowić **komitet**.

Obwohl im Polnischen Adjektive *konwergentny* und *mulilateralny* funktionieren, werden sie im Recht seltener gebraucht als die einheimischen *zbieżny* und *wielostronny*. Dasselbe gilt für den deutschen Terminus *der Ausschuss*, der in Rechtstexten häufiger Anwendung findet als das Fremdwort *das Komitee*.

Aufgrund der Neigung der deutschen Sprache zur Bildung von Komposita treten im Deutschen häufiger als im Polnischen die sog. Hybriden auf, die aus einem einheimischen und einem internationalen Teil bestehen. Denen stehen im Polnischen i. d. R. Syntagmen gegenüber, die aus einer einheimischen und einer internationalen Komponente oder aus zwei einheimischen bzw. zwei internationalen Komponenten bestehen:

Wirtschaftspolitik / polityki gospodarcze
Wettbewerbsregeln / reguły konkurencji
Ermittlungsgruppen / zespoły dochodzeniowe.

4.5.3 Zu Funktionen der Fachphraseologismen

Die exzerpierten Fachphraseologismen erfüllen in den analysierten Verträgen unterschiedliche Funktionen.

Phraseologische Termini tragen vor allem eine benennende Funktion. Sie bilden Benennungseinheiten für fachbezogene Objekte, Sachverhalte, Institutionen und andere Elemente der rechtlichen Wirklichkeit:

die europäische Marktordnung / europejska organizacja rynkowa
das vereinfachte Änderungsverfahren / uproszczona procedura zmiany.

Die Fachkollokationen weisen zwar ihrer Definition nach keine benennende Funktion auf, da aber die Basen der Fachkollokationen vorwiegend Fachtermini bilden, die wie phraseologische Termini auch eine Benennungsfunktion erfüllen, leisten somit auch sie einen Beitrag zur Bezeichnung verschiedener juristischer Größen:

Straftaten begehen / popełniać przestępstwo
in Kammern tagen / obradować w izbach.

Durch die wiederholte Verwendung gleicher Syntagmen, vor allem phraseologischer Termini und Fachkollokationen, für den Ausdruck gleicher Inhalte wird ein Fachtext eindeutiger und inhaltlich kohärenter, was bei Rechtstexten von besonderer Bedeutung ist.

Die Verwendung der FVG verleiht dem Text, insbesondere im Deutschen, eine nominale und offiziell-amtliche Prägung:

Abhilfemaßnahmen treffen / przyjąć środki
Anordnungen treffen / zarządzić środki.

Schließlich hilft der angemessene Gebrauch pragmatischer Phraseologismen zusammenhängende, schlüssige Aussagen zu formulieren und beeinflusst die innere Kohärenz des Textes sowie seine Formelhaftigkeit:

Dieser Vertrag tritt am ersten Tag des auf die Hinterlegung der letzten Ratifikationsurkunde folgenden Monats in Kraft.
Niniejszy Traktat wchodzi w życie pierwszego dnia miesiąca następującego po złożeniu ostatniego dokumentu ratyfikacyjnego.

Die bereits im Kapitel 2 durchgeführte Textanalyse der Verträge hat erwiesen, dass sie informierende und steuernde Texte sind, die Inhalte auf eine sachliche, präzise, kohärente und stilistisch neutrale sowie formelhafte Weise übermitteln. Zu diesem Zweck eignen sich Fachphraseologismen verschiedener Klassen besonders gut. Sie sind nämlich selbst – oder sie enthalten als Komponenten – Fachtermini, sind stilistisch neutral, vorgeformt und lassen sich problemlos zu nominalen Strukturen transformieren. Durch Wiederholung im Text oder im Verbund von Texten derselben Textsorte sichern sie die Textkohärenz.

Die wichtigste Aufgabe der Fachphraseologismen ist jedoch, einen Text als fachspezifisch auszuweisen. Die analysierten Fachphraseologismen wurden aufgrund ihrer Fachlich- und Fachsprachlichkeit exzerpiert. Die Fachlichkeit der Syntagmen kann sich grundsätzlich ergeben aus:

- ihrer terminologischen Komponente(n),
- ihrer konventionellen Verwendung in einer bestimmten Textsorte,
- dem Kontext, in dem sie vorkommen.

Die Mehrheit der untersuchten Fachphraseologismen hat einen fachlichen – vor allem juristischen und wirtschaftlichen – Charakter. Die Fachlichkeit und die entsprechende juristische oder wirtschaftliche Konnotation der Syntagmen ergeben sich vor allem aus dem als Kern geltenden **Fachterminus**:

__Frachten__ auferlegen / narzucać __stawki__
das __Mandat__ festlegen / określać __mandat__
einschlägige __Vorschriften__ / odpowiednie __przepisy__
__Empfehlungen__ erlassen / przyjmować __zalecenia__
die Einhaltung der __Haushaltsdisziplin__ / poszanowanie __dyscypliny budżetowej,__

seltener aus den verbalen Komponenten – aus einem Verb oder einem Verbalsubstantiv:

eine Konferenz __einberufen__ / __zwoływać__ konferencję
de Sonderbeauftragten __ernennen__ / __mianować__ specjalnego przedstawiciela
die __Emission__ von Wertpapieren / __emisja__ papierów wartościowych.

oder aus einem adjektivischen Attribut:

die __multilaterale__ Zusammenarbeit / współpraca __wielostronna__
die __öffentliche__ Ordnung / porządek __publiczny__
__wirtschaftliche__ Nachteile / niekorzystne skutki __gospodarcze.__

Verben wie *einberufen / zwoływać, ernennen / mianować* oder *emittieren / emitować* sowie Adjektive *multilateral / wielostronny, öffentlich / publiczny* oder *wirtschaftlich / gospodarczy* haben eine eindeutig fachbezogene – juristische oder wirtschaftliche – Konnotation und somit gelten auch die mit ihnen gebildeten Phrasen als juristisch bzw. wirtschaftlich konnotiert.

Neben Fachphraseologismen mit einer rechtlich-wirtschaftlichen Konnotation bilden die mit einem allgemeinpolitischen Charakter eine zahlreich vertretene Gruppe. Durch Syntagmen mit **allgemeinwissenschaftlichen Termini** und **Nichttermini** als Kerne wie *Kontrolle / kontrola, Zuständigkeit / kompetencja, Daten / dane, Entwicklung / rozwój, Programme / programy* werden Inhalte zu Grundlagen der Funktionsweise bestimmter Organe und Institutionen in der EU, zu Prozessen der Beschlussfassung im Rahmen der EU sowie zu Grundsätzen des politischen Systems der EU vermittelt.

Eine andere Gruppe von Syntagmen, die aufgrund ihrer Fachlich- und Fachsprachlichkeit exzerpiert wurden, sind die pragmatischen Phraseologismen. Für ihre Fachlichkeit bedürfen sie keiner Fachtermini. Sie sind nämlich konventionelle Formeln, die in bestimmten Fachtextsorten rekurrent zum Ausdruck bestimmter Inhalte verwendet werden, und somit textsortenbedingt. In den analysierten Verträgen dienen sie zum Verweisen auf andere Rechtsakte, Vorschriften und Regelungen, um die Kohärenz des Rechtssystems zu sichern, und zum Kennzeichnen der abschließenden Teile der Verträge.

im Einklang mit den verfassungsrechtlichen Vorschriften / zgodnie z wymogami konstytucyjnymi

Geschehen zu [Maastricht] am [siebten Februar neunzehnhundertzweiundneunzig]. / Sporządzono w [Maastricht], [siódmego lutego roku tysiąc dziewięćset dziewięćdziesiątego drugiego].

Unter den exzerpierten Fachphraseologismen lassen sich vereinzelt Syntagmen finden, die auch in der Allgemeinsprache vorkommen, keinen Fachterminus enthalten und nicht textsortenspezifisch sind. Sie wurden in dem Material aus zwei Gründen berücksichtigt. Zum einen bilden auch solche allgemeinsprachliche Syntagmen Bestandteile der Fachtexte, weil jede Fachsprache auf der Basis der Allgemeinsprache entsteht. Somit gehören allgemeinsprachliche Strukturen zu Fachtexten, selbst wenn sie ihren fachspezifischen Charakter nicht prägen. Zum anderen kann die Bedeutung der allgemeinsprachlichen Strukturen durch den Fachkontext, in dem sie gebraucht werden, so eingeschränkt sein, dass sie bestimmte fachliche Konnotation gewinnen:

Vorteile zukommen lassen / zapewniać korzyści
das Ziel anstreben / osiągnąć cel
Interesse verletzen / naruszać interes
Initiative ergreifen / podejmować inicjatywę

Unter den Vorteilen, Zielen, Interessen und Initiativen werden nämlich in den angegebenen Belegen nicht alle möglichen, sondern konkrete rechtliche Größen und Handlungen verstanden.

4.5.4 Zu Einzellexemen

Die Analyse der gefundenen Fachphraseologismen hat Lexeme erbracht, die besonders häufig in unterschiedlichen Fachphraseologismen auftreten.

Unter den phraseologischen Termini sind in den Vertragstexten die Adjektive *öffentlich / publiczny* sowie *europäisch / europejski* besonders stark vertreten, wobei das Adjektiv *europäisch / europejski* vor allem in Onymen vorkommt.

Unter verbalen Fachkollokationen und den mit ihnen verwandten nominalen des Typs N+N dominiert das Verb *festlegen / określać* und das von ihm abgeleitete Nomen *Festlegung / określanie.* Zusammen bilden sie 46 Fachkollokationen und Fachkollokationsketten im Deutschen und 47 im Polnischen. Zu anderen juristische Fachkollokationen bildenden Verben gehören im Deutschen *erlassen* und *ernennen,* im Polnischen *ustanawiać* und *przyjmować.*

Als das häufigste, mehrere juristische FVG konstituierende Verb gilt im Deutschen *treffen.* Es bildet 9 verschiedene FVG und wird in Syntagmen insgesamt 54 Mal in den deutschen Vertragstexten gebraucht. Im Polnischen stehen diesen Syntagmen Strukturen mit verschiedenen Verben gegenüber.

Zu den häufigen adjektivischen Kollokatoren bei nominalen Fachkollokationen des Typs Adj+N gehören die Adjektive *gemeinsam / wspólny* und *öffentlich / publiczny,* mit denen der besondere Charakter der Verträge und ihrer Regelungen betont werden soll.

Unter den analysierten Fachphraseologismen lassen sich darüber hinaus einzelne Lexeme oder ganze Syntagmen aussondern, die vor allem in der Kommunikation auf der Ebene der EU Anwendung finden. Sie werden zwar häufig in unterschiedlichen europäischen, juristischen Kontexten, jedoch seltener in anderen fachsprachlichen oder allgemeinsprachlichen gebraucht. Dazu gehören u. a. Lexeme wie *Koordinierung / koordynacja, Harmonisierung / harmonizacja* oder *Revision / rewizja* sowie phraseologische Termini wie *degressiv proportional / degresywnie proporcjonalny, transeuropäische Netze / sieci transeuropejskie.* Diese Lexik und Syntagmen werden gelegentlich zum sog. Eurojargon gezählt, d. h. zur spezifischen Sprache der Eurokraten.

Eine solche Lexik soll den europäischen Charakter der im Rahmen der EU erlassenen Verträge unterstreichen und diese so von den nationalen Rechtsakten abheben.

Die durchgeführte Analyse der deutschen und polnischen Fachphraseologismen hat eindeutig gezeigt, dass solche Syntagmen aufgrund ihrer strukturellen, konventionellen und inhaltlichen Besonderheiten in analysierten Verträgen eine wesentliche Rolle spielen und diese als eine besondere Fachtextsorte mit juristischem und europäischem Charakter determinieren.

5. Schlussfolgerungen und Ausblick

Die theoretische Basis der Untersuchung bilden Arbeiten zur allgemeinen Phraseologie, zur Fachphraseologie, zu Fachsprachen und Fachtextsorten. Als Forschungsgegenstand gilt die Fachphraseologie in Fachtextsorten, unter besonderer Berücksichtigung der juristischen Textsorten.

Die zentrale Problemstellung der Arbeit bilden die Fragen:

1) Sind Fachphraseologismen ein wesentlicher Bestandteil des Gesamtwortschatzes der Gesetzestexte?
2) Welche Klassen der Fachphraseologismen sind in Gesetzestexten am häufigsten repräsentiert?
3) Wie sind die Struktur und der Fachlichkeitsgrad der in Gesetzestexten auftretenden phraseologischen Syntagmen?

Mit dieser Arbeit sollte vorrangig ein Beitrag zur Erforschung der **Fachphraseologie** geleistet werden. Sekundär hat die Arbeit auszuweisen, dass Rechtsakte streng konventionalisierte und formelhafte Texte sind, deren Formelhaftigkeit sich auf verschiedenen Ebenen realisiert. Zu diesem Zwecke wurden die den Hauptteil des Vertrags von Lissabon bildenden Gründungsverträge der Europäischen Union, d. h. der EU-Vertrag und der AEU-Vertrag als Gegenstand der Analyse gewählt. Die Verträge wurden mithilfe der Kriterien des Mehrebenenmodells der Textsortenanalyse von Heinemann und Viehweger (1991) und Heinemann und Heinemann (2002) einer textlinguistischen Untersuchung unterzogen und als Fachtextsorte bestimmt. Danach wurden die aus den Verträgen exzerpierten deutschen und polnischen fachphraseologischen Einheiten kontrastiv im Hinblick auf ihre Struktur, Fachlichkeit und Textfunktionen verglichen.

Die Arbeit ist in 5 Kapitel gegliedert. Den Ausgangspunkt der theoretischen Ausführungen bildet das erste Kapitel, in dem das Wesen der Fachsprachen erörtert wird. Anhand der einschlägigen deutschen und polnischen Literatur wurden die definitorischen Rahmen des Begriffs *Fachsprachen* festgelegt. Unter **Fachsprachen** werden in dieser Arbeit sämtliche fachbezogenen Subsprachen der Allgemeinsprache verstanden, die sich durch spezifische Eigenschaften im Bereich des Wortschatzes und der Stilistik auszeichnen, darunter insbesondere durch Anwendung von Fachtermini und fachlichen Syntagmen sowie durch den nominalen Stil der Äußerungen.

Ferner wurde in dem ersten Kapitel in Anlehnung an die von Hoffmann (²1984: 58; 1987: 186f.) vorgenommene Gliederung und Schichtung der Fachsprachen die **Rechtssprache** ausgesondert und näher bestimmt. Dabei wird zwischen der Gesetzessprache, d.h. der Sprache der Rechtsakte, und der Juristensprache, d.h. der Sprache der Kommentare und der Auslegung der Rechtsvorschriften, unterschieden (vgl. Wróblewski 1948: 23).

Der ausgewählten Literatur zur Rechtssprache zufolge wird in dem ersten Kapitel auf einen engen Bezug der Rechtssprache zur Allgemeinsprache hingewiesen. Recht ist nämlich zwar ein Fachbereich, er steht aber allen Menschen so nah, dass die juristische Lexik in die Allgemeinsprache und die allgemeinsprachliche Lexik in die Rechtssprache übergeht. Diese Feststellung ist von besonderer Bedeutung für die in weiteren Teilen der Arbeit erfolgten Untersuchungen der Fachsyntagmen.

Da sich Fachsprache – wie jede Sprache – in Texten realisiert, bilden Aspekte der **Fachtexte** den Gegenstand des zweiten Kapitels. Einer allgemeinen Begriffserklärung folgen die wichtigsten Charakteristika der Fachtexte. Als Hauptpunkt des Kapitels gilt die Analyse des EU-Vertrags und des AEU-Vertrags. Zu diesem Zweck wurden die Kriterien des mehrdimensionalen Modells der Textsortenanalyse von Heinemann und Viehweger (1991) und Heinemann / Heinemann (2002) gebraucht. Die beiden Verträge wurden hinsichtlich ihrer Funktionalität, Situationalität, Thematizität und Strukturiertheit untersucht und beschrieben.

Die Analyse der Verträge hat bewiesen, dass der EU-Vertrag und der AEU-Vertrag juristische Textsorten sind, die mithilfe präzis und konventionell formulierter Vorschriften bestimmte Bereiche des wirtschaftlichen, politischen und sozialen Lebens regeln.

Sie erfüllen – was typisch für juristische Texte ist – zum einem eine informierende, zum anderen eine steuernde Funktion. Sie werden von Spezialisten konzipiert und abgefasst, aber von Spezialisten und Laien rezipiert, woraus ihr dualer Charakter resultiert. Den EU-Vertrag und den AEU-Vertrag zeichnen u. a. solche Merkmale wie Präzision und Kohärenz, der nominale Stil und die wiederholte Verwendung von Fachtermini aus.

Die Analyse der Thematik der Verträge zeigt, dass sie unterschiedliche Sphären regeln: – von den eher allgemeinen Bereichen wie Kultur, Verkehr oder Tourismus, über Gesundheitswesen, Sozialpolitik und Industrie, bis zu stark fachbezogenen Bereichen wie Binnenmarkt, freier Warenverkehr und Verbraucherschutz. In Hinsicht auf den Aufbau der Inhalte lässt sich feststellen, dass die einzelnen die ausgesonderten Bereiche regelnden Gruppen von Vorschriften nach einem Muster gebildet sind: vom Allgemeinen über das Konkrete wieder zum Allgemeinen. So ist auch der ganze Text der beiden Verträge inhaltlich strukturiert. Ein solcher Aufbau ermöglicht den Rezipienten vorherzusehen, an welchen Stellen welche Informationen zu finden sind, wo die Informationen über die Wirksamkeit und den Geltungsbereich des Rechtsaktes stehen, und wo die detaillierte Auskunft über die Funktionsweise einer Institution einzuholen ist.

Die inhaltliche Strukturierung der Verträge spiegelt sich in ihrer Makrostruktur wider, d. h. auf der vierten Ebene der Analyse. Beide Verträge bestehen aus mehreren Makroteilen, unter denen sich der Titel, die Präambel, der eigentliche Teil und die Schlussbestimmungen als die wichtigsten Bestandteile aussondern lassen. Insbesondere der Titel, die Präambel und die Schlussbestimmungen kennzeichnen die Verträge als eine spezifische Textsorte und unterscheiden sie von anderen ähnlichen Textsorten, wie z. B.: Verordnungen, Richtlinien, Anordnungen.

Die letzte Ebene der mehrdimensionalen Textsortenanalyse betrifft die Formulierungsadäquatheit. Darunter wird vor allem die bevorzugte Anwendung angemessener

Termini und Phrasen verstanden. Die Termini und Phrasen sollen dem fachspezifischen Charakter einer Textsorte entsprechen und diesen zugleich exponieren. Die Erörterung der Formulierungsadäquatheit der analysierten Verträge erfolgt zum Teil im dritten und im ganzen vierten Kapitel.

Die auf den ersten vier Ebenen durchgeführte mehrdimensionale Analyse der beiden Verträge zeigt, dass die Verträge nach ähnlichen Prinzipien konstruiert sind, gleiche textuelle Eigenschaften aufweisen und gleichen konventionellen Anforderungen unterliegen wie alle anderen Rechtsakte, darunter nationale Gesetzestexte oder internationale Abkommen. Die Feststellung der Zugehörigkeit der analysierten Verträge zur **Fachtextsorte Rechtsakt** bzw. **Gesetzestext** ist für die weitere Untersuchung ihres phraseologischen Inventars von Bedeutung.

Das dritte Kapitel hatte zum Ziel, die definitorischen Rahmen der Fachphraseologismen festzulegen. In Anlehnung an die einschlägige Literatur wurden zuerst die zwei Hauptforschungsrichtungen im Bereich der Fachphraseologie dargestellt: die Untersuchung der Fachphraseologismen entweder im Rahmen der Terminologieforschung (bzw. der Fachsprachenforschung) oder marginal im Rahmen der Phraseologieforschung. In der vorliegenden Arbeit werden Fachphraseologismen – gestützt auf die Theorien der beiden Forschungsrichtungen – als polylexikale, feste, lexikalisierte und reproduzierbare sowie zum Teil teilidiomatische Wendungen verstanden, die zumeist einen Fachterminus als eine der Komponenten enthalten, rekurrent in bestimmten Fachtextsorten vorkommen und stilistisch neutral sind. Somit lassen sich Fachphraseologismen als sprachliche Einheiten an der Grenze zwischen Phraseologie und Terminologie definieren.

Im Hinblick auf ihre Struktur und Funktionen im Text lassen sich Fachphraseologismen in 6 Klassen gliedern – phraseologische Termini, Fachphraseme, Fachkollokationen, Funktionsverbgefüge, lateinische Phrasen und pragmatische Phraseologismen – und in Anlehnung an die bestehenden Theorien beschreiben.

Den Hauptteil der Arbeit bildet das vierte Kapitel, in dem die aus den Verträgen exzerpierten Fachphraseologismen ihren Klassen nach gegliedert und untersucht wurden. Die Analyse erlaubt vor allem die Antworten auf die am Anfang gestellten Forschungsfragen zu formulieren und auch weitere zukunftsweisende Folgerungen zu ziehen.

Die quantitative Analyse der gesammelten Fachphraseologismen zeigt, dass Syntagmen ca. 20% des Gesamtwortschatzes der beiden Verträge ausmachen, was bestätigt, dass sie einen wesentlichen Bestandteil von Fachtexten bilden und ihre eingehende Analyse berechtigt ist. Das ermittelte prozentuelle Ergebnis korrespondiert mit Gajdas Feststellung (2001: 185), dass Termini ca. 20–30% der in einem Fachtext verwendeten Lexik ausmachen. Die untersuchten Fachphraseologismen enthalten vorwiegend mindestens einen Terminus als Komponente, und die phraseologischen Termini sind selbst Mehrworttermini. Zu vermerken ist dabei die wiederholte Verwendung mancher Termini und Syntagmen, was ihre Festigkeit und Bindung an bestimmte Textsorten verdeutlicht.

Unter den exzerpierten Syntagmen bilden die Fachkollokationen (samt Fachkollokationsketten) die größte Gruppe der Fachphraseologismen. Ihnen folgen phraseologische Termini, pragmatische Phraseologismen und Funktionsverbgefüge. In dem Korpus wurde auch zwei Fachphraseme gefunden.

Abb. 24: Die Anzahl der einzelnen Klassen der Fachphraseologismen

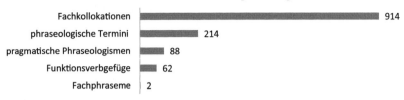

Die bevorzugte Anwendung von Fachkollokationen lässt sich mit dem terminologischen und konventionellen Charakter der analysierten Fachtexte begründen. Die meisten Fachkollokationen enthalten als Komponente einen Fachterminus, der zusammen mit anderen Fachtermini und phraseologischen Termini die sachliche Grundlage jedes Fachtextes bildet und wiederholt vorkommen muss. Da aber Fachtermini und phraseologische Termini nur reine Benennungsfunktion erfüllen, bedürfen sie entsprechender Verben, um Handlungen, Vorgänge oder Zustände zu nennen bzw. zu beschreiben. Mit diesen Verben sind sie zumeist auf eine assoziative und konventionalisierte Art und Weise verbunden, so dass verbale Fachkollokationen entstehen, die infolge unterschiedlicher kontextbedingter Transformationen auch zu nominalen Fachkollokationen werden können.

Fachkollokationen sind wie andere Fachphraseologismen, darunter auch pragmatische Phraseologismen, vorgeformte Strukturen, die fertige sprachliche Lösungen zum Ausdruck bestimmter Inhalte bieten. Daher werden sie in streng konventionalisierten und formelhaften Gesetzestexten bevorzugt verwendet.

Die zweitgrößte Gruppe der Fachphraseologismen bilden phraseologische Termini, die – wie erwähnt – zusammen mit den Einzeltermini die sachliche Basis jedes Fachtextes bilden, und somit bedarf ihre bevorzugte Verwendung in Fachtexten keiner weiteren Erläuterungen.

Auch pragmatische Phraseologismen bilden ein wesentliches Element jedes Gesetzestextes, weil sie die inhaltliche Kohärenz des Textes sowie des ganzen Rechtssystems sichern. Sie sind charakteristische Routineformeln, anhand deren sich die Gesetzestexte von anderen Textsorten abheben lassen. Sie leisten einen Beitrag zur Festlegung der Übereinstimmung zwischen Vorschriften, der Grundlage der Einführung einer Vorschrift, des Anwendungsbereichs einer Vorschrift sowie dienen einem formelhaften, textsortenspezifischen Abschluss eines Gesetzestextes. Somit lassen sie sich in Strukturen mit verweisender und mit abschließender Funktion gliedern. Pragmatische Phraseologismen mit verweisender Funktion haben eine satzgliedwertige Struktur mit bestimmten Variablen und werden in den Verträgen mehrmals wiederholt. Die mit abschließender Funktion treten einmal am Ende der Verträge als festgeprägte Sätze auf.

FVG gelten in der Literatur aufgrund ihres nominalen Charakters als besonders charakteristische lexikalische Einheiten der Fachsprachen. Sie tragen zur Sicherung des Nominalstils bei, der neben der Fachterminologie für Fachtexte typisch ist. Viele der exzerpierten FVG enthalten einen Fachterminus als Verbalabstraktum. Die Bedeutung solcher FVG ist infolge ihrer wiederholten Verwendung in Fachkontexten so fixiert worden, dass sie sich nicht mehr auf ein einfaches Verb zurückführen lassen. Das Verbalabstraktum hat zusammen mit dem Funktionsverb eine neue Bedeutung gewonnen. Diese FVG gelten als Grenzerscheinung zwischen Fachkollokationen und FVG und ihre eindeutige Abgrenzung ist schwer festzulegen.

Das Material umfasst darüber hinaus nur zwei deutsche Fachphraseme *die öffentliche Hand* und *Hand in Hand gehen,* denen im Polnischen keine Phraseme, sondern ein Adjektiv (*publiczny*) und ein einfaches Verb (*towarzyszyć*) gegenüberstehen. Fachphraseme sind aufgrund ihrer Idiomatizität Strukturen, die in Präzision fordernden Gesetzestexten selten Anwendung finden. Häufiger werden sie in eher publizistischen Textsorten gebraucht, die die Thematik des Rechtswesens und der Wirtschaft betreffen, wie z. B. fachspezifische juristische Pressetexte.

Unter den einzelnen Klassen der Fachphraseologismen lassen sich strukturelle Untergruppen aussondern, die als bestimmte fachphraseologische Strukturmuster gelten können. Zu den häufigsten gehören im Deutschen:

- Adjektiv+Nomen, *der subsidiäre Schutz,*
- Nomen+Verb, *Zölle erheben,*
- Nomen+Nomen, *Festsetzung der Preise*

und im Polnischen

- Adjektiv+Nomen, *zwykła większość,*
- Nomen+Adjektiv, *ochrona uzupełniająca,*
- Verb+Nomen, *pobierać cła,*
- Nomen+Nomen, *ustalanie cen.*

Die Entwicklung einer begrenzten Anzahl struktureller Muster der Fachphraseologismen unterscheidet diese von den allgemeinsprachlichen Phraseologismen, die strukturell differenzierter sind.

Innerhalb dieser Strukturmuster können die Fachphraseologismen gewissen kontextbedingten Transformationen unterliegen, so dass ein Fachphraseologismus einmal verbal, einmal nominal und einmal adjektivisch gebraucht werden kann. Der Transformation unterliegen dabei vor allem die Verben der verbalen Fachphraseologismen:

Festlegung der Maßnahmen ↔ *Maßnahmen festlegen* ↔ *festgelegte Maßnahmen*
określanie działań ↔ *określać działania* ↔ *określone działania.*

Fachphraseologismen sind keine isolierten Strukturen. Im Text interagieren sie miteinander und bilden Kompilationen von Einheiten verschiedener Klassen. Somit entstehen Fachkollokationsketten, die den Eindruck der Formelhaftigkeit der Verträge verstärken.

die Wahrnehmung der Zuständigkeiten der Mitgliedstaaten berühren / naruszać wyko-
nywanie przez Państwa Członkowskie obowiązków
Sätze des Gemeinsamen Zolltarifs festlegen / określać cła wspólnej taryfy celnej.

Die Analyse der Struktur aller Fachphraseologismen zeigt auch, dass sich das Streben nach nominalen Formen nicht nur in Verwendung der FVG, sondern auch der
anderen Klassen der Fachphraseologismen in ihrer nominalen Form widerspiegelt.
Ca. 34% von den gefundenen Syntagmen bilden im Deutschen Fachphraseologismen
mit einem Verbalsubstantiv als Komponente. Zu dieser Gruppe gehören 239 Fachkollokationen des Typs N+N, 135 Fachkollokationsketten und 62 FVG.

Die Untersuchung der Wortbildung der gesammelten Syntagmen hat erwiesen,
dass in phraseologischen Termini und Fachkollokationen – also in Syntagmen, in
welchen Termini als Kerne oder Basen gelten – relativ viele Internationalismen vor
allem lateinischer Herkunft vorkommen. 46% diese Syntagmen haben mindestens
eine internationale Komponente.

Das gegenwärtige Recht hat seinen Ursprung in dem Römischen Recht, wovon
die große Anzahl von lateinischen Entlehnungen in den analysierten Fachphraseologismen zeugt.

die Kommission /komisja	← *commissio* lat.
die Stabilität / stabilność	← *stabilitas* lat.
koordinieren / koordynować	← *co-ordinare* lat.

In der juristischen Lexik kommen auch französische Einflüsse zum Vorschein, weil
die französische Sprache seit dem 18. Jahrhundert die Sprache der Diplomatie und der
internationalen Beziehungen war, bevor sie teilweise durch Englisch ersetzt wurde.

harmonisieren /harmonizować	← *harmoniser* frz.
die Politik / polityka	← *politique* frz.
die Kontrolle / kontrola	← *contrôl* frz.

Die kontrastive Analyse der Fachphraseologismen ergibt, dass den deutschen
Syntagmen im Polnischen i. d. R. auch Syntagmen gegenüberstehen. Dadurch unterscheidet sich die Fachphraseologie von der allgemeinsprachlichen, in der phraseologische Entsprechungen in einer anderen Sprache nicht die Regel sind.

Die sprachliche Korrektheit der polnischen Strukturen wurde in dieser Arbeit
nicht zum Gegenstand der Untersuchung gemacht, weil die beiden Sprachfassungen
rechtlich als parallel und gleichrangig gelten. Nichtsdestotrotz entstehen beim Lesen
der polnischen Fassung des Vertrags an einigen Stellen Zweifel bezüglich der Rich-
tigkeit bestimmter Formulierungen. So scheint z. B. die polnische Kollokationskette
przyznać traktowanie narodowe, die eine Art Kompilation der Kollokation *przyznać
traktowanie* und des phraseologischen Terminus *traktowanie narodowe* ist, gegen
die Regeln der Kollokabilität des Verbs *przyznawać* gebildet zu sein. Nichtsdestotrotz wurde auch diese Fachkollokationskette in die Rechtssprache übernommen
und ist seit einigen Jahren, d. h. seit dem Beitritt Polens in die EU, in Verwendung.
Vergleicht man aber die deutsche und die englische Fassung derselben Vorschrift, so

liegt die Vermutung nahe, dass die polnische Fachkollokationskette in Anlehnung an die englische Formulierung *to accord the same treatment* entstanden und somit eine Art Lehnübersetzung ist. Dafür spricht auch, dass in der deutschen Fassung die betreffende Vorschrift mithilfe eines einfachen Verbs *jmdn. gleichstellen* formuliert wurde. Diese Frage bleibt jedoch offen und kann nicht mit Sicherheit beantwortet werden.

*Państwa Członkowskie **przyznają traktowanie narodowe obywatelom innych Państw Członkowskich** w odniesieniu do udziału finansowego w kapitale spółek w rozumieniu artykułu 54, bez uszczerbku dla stosowania innych postanowień Traktatów.*

*Unbeschadet der sonstigen Bestimmungen der Verträge **stellen die Mitgliedstaaten die Staatsangehörigen der anderen Mitgliedstaaten** hinsichtlich ihrer Beteiligung am Kapital von Gesellschaften im Sinne des Artikels 54 den eigenen Staatsangehörigen **gleich**.*

*Member States shall **accord** nationals of the other Member States **the same treatment** as their own nationals as regards participation in the capital of companies or firms within the meaning of Article 54, without prejudice to the application of the other provisions of the Treaties.*

Die inhaltliche Analyse der gesammelten Syntagmen ergibt, dass ihr **Fachlichkeitsgrad** nicht einheitlich ist. Zuerst lässt sich anhand der erhobenen Belege feststellen, dass sich ihre Fachlichkeit vor allem aus ihren **fachsprachlichen Komponenten** ergibt. Als fachsprachliche Komponenten gelten zumeist nominale Termini, seltener fachbezogene Adjektive bzw. Verben.

Gelegentlich enthalten Fachphraseologismen keine fachbezogenen Komponenten und trotzdem gelten sie als fachlich und textsortenspezifisch. Dazu gehören pragmatische Phraseologismen, die infolge **rekurrenter Verwendung in bestimmten juristischen Fachtextsorten** zu unumgänglichen Bestandteilen dieser Textsorten werden.

Vereinzelt wurden in dem Material Syntagmen berücksichtigt, die zwar keine Fachkomponenten enthalten und eher für Allgemeinsprache charakteristisch sind, aber aufgrund des **Kontextes** ihre Bedeutung eingeengt und spezialisiert wurde, so dass sie sich dennoch als Fachphraseologismen klassifizieren lassen. In Anlehnung an Jeand'Heu (1998: 1290) sind das Syntagmen, die je nach dem Verwendungskontext entweder juristisch oder allgemeinsprachlich konnotiert sind.

Die exzerpierten Fachphraseologismen lassen sich ihrem Fachlichkeitsgrad nach in zwei Gruppen teilen:

– **hochspezifische** Fachphraseologismen, die einem einzelnen Fachbereich zugeordnet sind, z. B. dem Rechtswesen oder der Wirtschaft:

den Binnenmarkt errichten / ustanowić rynek wewnętrzny
die offiziellen Währungsreserven / oficjalne rezerwy walutowe

– Fachphraseologismen mit einem **allgemeinwissenschaftlichen** Charakter, die eher fachsprachenübergreifende Termini als Komponente enthalten und einen nicht sehr hohen Spezialisierungsgrad aufweisen, wie *Kontrolle / kontrola, Daten / dane.* Diese finden in unterschiedlichen Fachbereichen Anwendung.

In meinem Material bilden die **hochspezifischen Fachphraseologismen mit juristischem und wirtschaftlichem Bezug** die Mehrheit. Sie bestehen zumeist aus einem Fachterminus aus dem Bereich des Rechtswesens oder der Wirtschaft und dienen dazu präzis definierte Objekte, Institutionen, Sachverhalte und Mittel der rechtlichen oder wirtschaftlichen Wirklichkeit zu versprachlichen.

Die zweitgrößte Gruppe bilden **Syntagmen mit einem allgemeinpolitischen Charakter.** Sie drücken vor allem die von der EU angestrebten Ziele und einzuhaltende Grundsätze aus, sowie bestimmte Handlungen und Tätigkeiten, die zuständige Organe der EU auszuführen haben, um die vorgesetzten Ziele zu verwirklichen. Die relativ große Anzahl der allgemeinpolitischen Syntagmen resultiert vor allem aus der Spezifik des Vertrags von Lissabon, der im Prinzip ein Verfassungstext ist und als solcher primär Hauptregelungen in Bezug auf Funktionsweise der Organisation, ihre Organe, den Prozess der Beschlussfassung sowie der EU zugrunde liegenden Grundsätze und Ziele einführt.

Die Grenze zwischen den hochspezifischen juristischen bzw. wirtschaftlichen und den allgemeinpolitischen Fachphraseologismen ist nicht immer scharf. Bei Grenzfällen ist es oft schwierig zu bestimmen, ob die Syntagmen noch allgemeinpolitisch sind oder schon eher einen höheren Spezialisierungsgrad aufweisen.

Die Untersuchung der in den Verträgen verwendeten Syntagmen und die Überprüfung ihres Vorkommens in anderen Rechtsakten und anderen juristischen Textsorten zeigen, dass juristische Fachphraseologismen im Deutschen und im Polnischen keine einmaligen okkasionellen Ausdrücke sind. Sie werden in dem Vertrag von Lissabon, in den dem Vertrag von Lissabon untergeordneten Rechtsakten und in nationalen Rechtsakten sowie in anderen die Thematik des Rechtswesens betreffenden Textsorten rekurrent verwendet. Demzufolge ist z. B. der phraseologische Terminus *die juristische Person / osoba prawna* neben den mit dem Vertrag von Lissabon verbundenen europäischen Rechtsakten auch in nationalen Gesetzestexten u. a. in dem deutschen Bürgerlichen Gesetzbuch und dem polnischen Zivilgesetzbuch (Kodeks Cywilny), sowie in Kommentaren, in der Rechtsprechung und in fachbezogenen Medientexten zu finden.

Unter den analysierten Fachphraseologismen sind jedoch auch Syntagmen zu finden, vor allem phraseologische Termini und Fachkollokationen, die ausschließlich in europäischen Rechtsakten bzw. in den die Problematik der EU behandelnden Medientexten gebraucht werden. Dazu zählen u. a.:

das öffentliche Defizit / deficyt budżetowy
der öffentliche Schuldenstand / dług publiczny (Staatsverschuldung/ Staatsschuld)
das transeuropäische Netz / sieć transeuropejska
der institutionelle Rahmen / ramy instytucjonalne
das vereinfachte Änderungsverfahren / uproszczona procedura zmiany
das integrierte Grenzschutzsystem / zintegrowany system zarządzania granicami

die einheitliche Wechselkurspolitik / jednolita polityka wymiany walut
(justizielle) Zusammenarbeit in Zivilsachen / współpraca w sprawach cywilnych
einen Referenzwert überschreiten / przekraczać wartość odniesienia
Verträge umsetzen / stosować Traktaty
den Integrationsprozess stärken / wzmacniać proces integracji
die Stückelung harmonisieren / harmonizować nominały
den Binnenmarkt errichten / ustanawiać rynek wewnętrzny
der ausgewogene Fortschritt / zrównoważony postęp
richtungweisende Grundsätze / zasady przewodnie.

Die gründliche Prüfung der Gebrauchskontexte ausgewählter phraseologischer Termini hat erwiesen, dass sich für einige Größen im Deutschen parallel zwei Benennungseinheiten entwickelten: eine europäische und eine nationale. So werden z. B. die deutschen phraseologischen Termini ***das öffentliche Defizit*** */ deficyt budżetowy* und ***der öffentliche Schuldenstand*** */ dług publiczny* eher in Texten mit europäischem Bezug gebraucht, während in auf die nationale Wirtschaftslage bezogenen Texten entsprechend die Termini **Haushaltsdefizit** und **Staatsverschuldung** bzw. **Staatsschuld** Anwendung finden. Zu betonen ist aber, dass sich beide Benennungseinheiten, *das öffentliche Defizit* und *Haushaltsdefizit,* auf die gleiche Situation der negativen Differenz eines Budgets zwischen den (erwarteten) Einnahmen und den (erwarteten) Ausgaben beziehen.[13] Dies ist ein Indiz dafür, dass die EU im Rahmen ihres europäischen Systems der Rechtsakte die Betonung der Unterschiede zwischen der nationalen und der europäischen Rechtslage anstrebt, und dafür eine neue Lexik und eine neue (Fach-)Phraseologie entwickelt.

Die Erforschung der Fachphraseologismen in Gesetzestexten bedarf ohne Zweifel weiterer Analysen. Insbesondere scheint es zweckmäßig zu sein, andere Rechtsakte hinsichtlich des Vorkommens der Fachphraseologismen zu untersuchen, wie z. B. die dem Vertrag von Lissabon untergeordneten Rechtsakte, die einen höheren Fachlichkeitsgrad aufweisen, und die nationalen, deutschen und polnischen Rechtsakte. Eine solche Analyse könnte folgende Fragen beantworten:

- Ist der Anteil der Fachphraseologismen in anderen europäischen dem Vertrag von Lissabon untergeordneten und somit präziseren und stärker fachbezogen Rechtsakten größer oder geringer?
- Ist der Anteil der Fachphraseologismen in nationalen, deutschen und polnischen, Rechtsakten desselben Ranges, d. h. in dem deutschen und dem polnischen Grundgesetz, größer oder geringer als in dem Vertrag von Lissabon?
- Wie sind der Fachlichkeitsgrad der Fachphraseologismen und der begriffliche Inhalt der terminologischen Komponenten in den europäischen untergeordneten Rechtsakten und in den deutschen bzw. polnischen Rechtsakten im Vergleich zu dem im Vertrag von Lissabon?

---

13 http://www.wirtschaftslexikon24.com/d/haushaltsdefizit/haushaltsdefizit.htm.

Ferner sollten die Fachphraseologismen in Hinsicht auf ihr lexikographisches Potenzial untersucht werden. Die vorgenommene Analyse hat gezeigt, dass nicht nur phraseologische Termini, sondern auch Fachkollokationen, FVG und pragmatische Phraseologismen in unterschiedlichen Gesetzestexten und in anderen mit diesen verbundenen Rechtstexten wiederholt verwendet werden. Ihre Kenntnis ist daher nicht nur beim Verfassen, sondern auch u. a. beim Übersetzen und Dolmetschen oder Kommentieren solcher Rechtsakte von Bedeutung. Demnach scheint es begründet zu sein, alle Klassen der Fachphraseologismen in Fachwörterbüchern – Rechtswörterbüchern und Wirtschaftswörterbüchern – sowie in verschiedenen elektronischen Basen und anderen Bezugsquellen zu berücksichtigen. Das gesammelte Material stellt eine Art Korpus dar, der nach seiner Ergänzung um Einzeltermini und um Syntagmen aus anderen Rechtsakten sowie nach einer entsprechenden Verifikation und Selektion lexikographisch genutzt werden kann.

Die in dieser Arbeit erzielten Ergebnisse können leicht um Schlussfolgerungen aus der Analyse anderer Sprachfassungen derselben Verträge erweitert werden, weil alle Sprachfassungen der Verträge als Paralleltexte gelten. Insbesondere wäre hier die Analyse der englischen und der französischen Fassung der Verträge von Bedeutung. Englisch gilt als *lingua franca* der heutigen Welt und die Ergänzung des Korpus um die englischen Entsprechungen würde seine Anwendungsmöglichkeiten erweitern. Französisch ist neben Deutsch, Italienisch und Niederländisch die Sprache, in der die ersten europäischen Verträge, auf die der Vertrag von Lissabon zurückzuführen ist, abgefasst wurden. Aus diesem Grunde liegt die Vermutung nahe, dass die weiteren Fassungen der Verträge, darunter auch die polnische, auf der französischen, italienischen oder niederländischen Sprachfassung basieren. Mit der Erweiterung des Korpus um französische und andere Entsprechungen ließe sich mehr über die Äquivalenz der Termini und Fachphraseologismen und über die eventuellen Abweichungen in den einzelnen Sprachfassungen sagen.

Die exzerpierten Syntagmen können auch für didaktische Zwecke im fachsprachlichen Unterricht Deutsch als Fremdsprache gebraucht werden. In Anlehnung an Hausmann (1984) sei wiederholt, dass Wortschatzlernen Kollokationslernen ist. Die Auflistung der deutschen und polnischen Fachsyntagmen ergibt ein vorgefertigtes lexikalisches Inventar, das für Lernzwecke bearbeitet und didaktisiert werden kann.

Die in der Arbeit vorgenommene Untersuchung sehe ich als Vorstufe zu weiteren Analysen der Fachphraseologismen in juristischen Textsorten, nicht nur auf der europäischen, sondern auch auf der nationalen Ebene. Mit dieser Arbeit sollte vor allem ein kleiner Beitrag zur Erforschung der juristischen Fachphraseologie im europäischen Kontext geleistet werden.

Bibliographie

A. Wissenschaftliche Literatur

Adamzik, Kirsten (2004): Textlinguistik. Eine einführende Darstellung. Tübingen.

Ammon, Ulrich (1973): Probleme der Soziolinguistik. Tübingen.

Antos, Gerd (1986): Die Grußworte der Schirmherren. In: Hartung, Wolfdietrich (Hg.): Untersuchungen zur Kommunikation – Ergebnisse und Perspektiven. Internationale Arbeitstagung in Bad Stuer. Dezember 1985. Berlin, 275–284.

Anusiewicz, Janusz (1978): Konstrukcje analityczne we współczesnym języku polskim. Wrocław.

Arntz, Reiner / Picht, Heribert (1989, ²1991): Einführung in die Terminologiearbeit (Studien zu Sprache und Technik; 2). Hildesheim.

Arntz, Reiner / Picht, Heribert / Mayer, Felix (⁴2002): Einführung in die Terminologiearbeit (Studien zu Sprache und Technik; 2). Hildesheim.

Bahns, Jens (1996): Kollokationen als lexikographisches Problem. Eine Analyse allgemeiner und spezieller Wörterbücher des Englischen. Tübingen.

Bahns, Jens (1997): Kollokationen und Wortschatzarbeit im Englischunterricht. Tübingen.

Bańko, Mirosław (2006): Polszczyzna na co dzień. ABC dobrego mówcy, językowy savoir-vivre, redagowanie tekstów, komunikacja internetowa, wzory tekstów użytkowych. Warszawa.

Bartnicka Barbara et al. (2004) Grammatik des Polnischen. (Slavolinguistica 5) München.

Baumann, Klaus-Dieter (1992): Integrative Fachtextlinguistik. Tübingen.

Baumann, Klaus-Dieter (1994): Fachlichkeit von Texten. Egelsbach.

Benson, Morton / Evelyn Benson / Robert Ilson (1986): The BBI combinatory dictionary of English: A guide to word combinations. Philadelphia.

Bizukojć, Katarzyna (2001): Neue Nominalkomposita in deutschen Newsletter-Texten. Frankfurt a.M.

Bogusławski, Andrzej (1978): Jednostki języka a produkty językowe. Problem tzw. orzeczeń peryfrastycznych. In: Szymczak, Mieczysław (ed.): Z zagadnień słownictwa współczesnego języka polskiego. Wrocław, 17–30.

Brinker, Klaus (⁷2010): Linguistische Textanalyse. Eine Einführung in Grundbegriffe und Methoden. Berlin.

Budin, Gerhard / Felber, Helmut (1994): Teoria i praktyka terminologii. Warszawa.

Bühler, Karl (1934): Sprachtheorie. Die Darstellungsfunktion der Sprache. Jena.

Bühler, Karl ([2]1965): Sprachtheorie. Die Darstellungsfunktion der Sprache. 2. unveränderte Auflage. Stuttgart.

Burger, Harald (1998, [5]2015): Phraseologie. Eine Einführung am Beispiel des Deutschen. Berlin.

Burger, Harald / Buhofer, Annelies / Sialm, Ambros (1982): Handbuch der Phraseologie. Berlin, New York.

Burger, Harald / Dobrovol'skij, Dimitrij / Kühn, Peter / Norrick, Neal R. (Hg.) (2007): Phraseologie. Ein internationales Handbuch zeitgenössischer Forschung. Berlin, New York.

Busse, Dietrich (1991): Juristische Fachsprache und öffentlicher Sprachgebrauch. In: Liedtke, Frank / Wengeler, Martin / Böke, Karin (Hg.): Begriffe besetzen. Strategien des Sprachgebrauchs in der Politik. Opladen, 160–185.

Busse, Dietrich (1998): Die juristische Fachsprache als Institutionensprache am Beispiel von Gesetzen und ihrer Auslegung. In: Hoffmann, Lothar / Kalverkämper, Hartwig / Wiegand, Herbert E. (Hg.): Fachsprachen. Ein internationales Handbuch zur Fachsprachenforschung und Terminologiewissenschaft. Berlin, New York, 1382–1391.

Busse, Dietrich (2002): Wortkombinationen (Phraseologismen II). In: Cruse, Alan D. / Hundsnurscher, Franz / Job, Michael / Lutzeier, Rolf P. (Hg.): Lexikologie. Ein internationales Handbuch zur Natur und Struktur von Wörtern und Wortschätzen. Berlin, New York, 408–415.

Caro Cedillo, Ana (2004): Fachsprachliche Kollokationen. Ein übersetzungsorientiertes Datenbankmodell Deutsch-Spanisch. Tübingen.

Coseriu, Eugenio (1967): Lexikalische Solidaritäten. In: Poetica. Zeitschrift für Sprach- und Literaturwissenschaft 3, 293–303.

Coulmas, Florian (1981): Routine im Gespräch. Zur pragmatischen Fundierung der Idiomatik. Wiesbaden.

Delplanque, Carine (1999): Der Beitrag der Fachphraseme zur Wissensrepräsentation. In: Bravo, Fernández N / Behr, Irmtraud / Rozier, Claire (Hg.): Phraseme und typisierte Rede. Tübingen, 101–110.

Delplanque-Tchamitchian, Carine (1995): Wirtschaftsphraseologie: Strukturen des Sachverhalts im Text. In: Baur, Rupprecht S. / Chlosta, Christoph (Hg.): Von der Einwortmetapher zur Satzmetapher. Akten des Westfälischen Arbeitskreises Phraseologie / Parömiologie. Bochum, 39–54.

Dickel, Agnieszka (2007): Klasyfikacja głównych kierunków badawczych podejmujących problem relacji między językami specjalistycznymi i językiem ogólnym ze szczególnym uwzględnieniem badań nad niemieckimi językami specjalistycznymi. In: Kornacka, Małgorzata (ed.): Języki specjalistyczne 7. Teksty specjalistyczne jako nośniki wiedzy fachowej. Warszawa, 98–133.

Diewald, Gabriele M. (1991): Deixis und Textsorten im Deutschen. Tübingen.

Dijk van, Teun A. (1980): Macrostructures. An Interdisciplinary Study of Global Structures in Discourse, Interaction and Cognition. Hillsdale.

Dolata-Zaród, Anna (2005): Aspekty kulturowe w tłumaczeniu tekstów specjalistycznych na przykładzie języka prawa. In: Lewandowski, Jan / Kornacka, Małgorzata (ed.): Języki specjalistyczne 5. Warszawa, 48–55.

Drozd, Lubomir / Seibicke, Wilfried (1973): Deutsche Fach- und Wissenschaftssprache. Bestandaufnahme – Theorie – Geschichte. Wiesbaden.

Duhme, Michael (1991): Phraseologie der deutschen Wirtschaftssprache. Eine empirische Untersuchung zur Verwendung von Phraseologismen in journalistischen Fachtexten. Essen.

Dunin-Dudkowska, Anna / Trębska-Kerntopf, Anna (2004): Rytualizacja aktu notarialnego a dydaktyka języka polskiego. In: Mazur, Jan (ed.): Rytualizacja w komunikacji społecznej i interkulturowej. Lublin, 139–143.

Eichholz, Chistiane (²2011): Europarecht. Heidelberg u. a.

Engel, Ulrich (1988, ²1991): Deutsche Grammatik. Heidelberg.

Engel, Ulrich et al. (2000): Deutsch-polnische kontrastive Grammatik. Band I und II. Warszawa.

Eriksen, Lars H. (2002): Die Polysemie in der Allgemeinsprache und in der juristischen Fachsprache. Oder: Zur Terminologie der „Sache" im Deutschen. In: Hermes 28, 211–222. http://download1.hermes.asb.dk / archive / download / H28_12. pdf (19.03.2011).

Feilke, Helmuth (1996): Sprache als soziale Gestalt. Ausdruck, Prägung und die Ordnung der sprachlichen Typik. Frankfurt a.M.

Feilke, Helmuth (2012): Was sind Textroutinen? – Zur Theorie und Methodik des Forschungsfeldes. In: Feilke, Helmuth / Lehnen, Katrin (Hg.): Schreib- und Textroutinen. Theorie, Erwerb und didaktisch-mediale Modellierung. Frankfurt a.M., 1–31.

Firth, John R (1951): Modes of meaning. In: Firth, John R. (1957) (ed.): Papers in Linguistics 1934–1951. London u. a., 190–216.

Fix, Ulla (2008): Texte und Textsorten – sprachliche, kommunikative und kulturelle Phänomene. Berlin.

Fleischer, Wolfgang (1982): Phraseologie der deutschen Gegenwartssprache. Leipzig.

Fleischer, Wolfgang (²1997): Phraseologie der deutschen Gegenwartssprache. 2. durchgesehene und ergänzte Auflage. Tübingen.

Fleischer, Wolfgang / Barz, Irmhild (2007): Wortbildung der deutschen Gegenwartssprache. Tübingen.

Fluck, Hans-Rüdiger (1976): Fachsprachen. Einführung und Bibliographie. München.

Fluck, Hans-Rüdiger (³1985, ⁵1996): Fachsprachen. Einführung und Bibliographie. Tübingen.

Fluck, Hans-Rüdiger (1997): Fachdeutsch in Naturwissenschaft und Technik. Heidelberg.

Fluck, Hans-Rüdiger (2001): Naturwissenschaftliche und technische Fachtexte. In: Helbig, Gerhard / Götze, Lutz et al. (Hg.): Deutsch als Fremdsprache. Berlin, New York, 549–565.

Fraas, Claudia (1998): Lexikalisch-semantische Eigenschaften von Fachsprachen. In: Hoffmann, Lothar / Kalverkämper, Hartwig / Wiegand, Herbert E. (Hg.): Fachsprachen. Ein internationales Handbuch zur Fachsprachenforschung und Terminologiewissenschaft. Berlin, New York, 428–439.

Gajda, Stanisław (1976): Rozwój polskiej terminologii górniczej. Opole.

Gajda, Stanisław (1990): Wprowadzenie do teorii terminu. Opole.

Gajda, Stanisław (2001): Styl naukowy. In: Bartmiński, Jerzy (ed.): Współczesny język polski. Lublin, 183–199.

Gładysz, Marek (2003): Lexikalische Kollokationen in deutsch-polnischer Konfrontation. Frankfurt a.M.

Gläser, Rosemarie (1986): Phraseologie der englischen Sprache. Tübingen.

Gläser, Rosemarie (1989): Gibt es eine Fachsprachenphraseologie? In: Fachsprache – Fremdsprache – Muttersprache. VII Internationale Konferenz „Angewandte Sprachwissenschaft und fachsprachliche Ausbildung" an der Sektion Angewandte Sprachwissenschaft der Technischen Universität Dresden. 6.-8. Sept. 1988. Heft 9 / 10. Teil 1. Dresden, 50–62.

Gläser, Rosemarie (1990): Fachtextsorten im Englischen. Tübingen.

Gläser, Rosemarie (2007): Fachphraseologie. In: Burger, Harald / Dobrovol'skij, Dimitrij / Kühn, Peter / Norrick, Neal R. (Hg.): Phraseologie: ein internationales Handbuch zeitgenössischer Forschung. Berlin, 482–505.

Gogolok, Kristin (2005): Die Verwaltungssprache als Untersuchungsgegenstand linguistischer und interdisziplinärer Analysen: Theorie und Praxis. In: Fachsprache. Internationale Zeitschrift für Fachsprachenforschung, Heft 3–4, 99–114.

Golonka, Joanna (2002): Ihre Meinung dazu oder: Wie denken Sie darüber? Zur Vererbung verbaler Valenzmerkmale in Nominalphrasen des Deutschen und des Polnischen. Eine Studie am Beispiel ausgewählter Verben und Verbalnomina des Denkens und des Urteilens. Mannheim.

Göpferich, Susanne (1998): Paralleltexte. In: Hönig, Hans G. / Kußmaul, Paul / Schmitt, Peter A. / Snell-Hornby, Mary (Hg.): Handbuch Translation. Tübingen, 184–186.

Gréciano, Gertrud (1997): Das hintergründige Idiom. Über die Implikatur als theoretischen Erklärungsansatz für den Idiomgebrauch. In: Wimmer, Rainer / Berens, Franz J. (Hg.): Wortbildung und Phraseologie. Tübingen, 45–64.

Gréciano, Gertrud (1998): (Fach)Textvergleich. In: Dalmas, Martine / Sauter, Roger (Hg.): Grenzsteine und Wegweiser. Textgestaltung, Redesteuerung und formale Zwänge. Festschrift für Marcel Pérennec zum 60. Geburtstag. Tübingen, 233–244.

Grucza, Franciszek (1976): Lingwistyka stosowana i glottodydaktyka. Warszawa.

Grucza, Franciszek (2002): Języki specjalistyczne – indykatory i/lub determinanty rozwoju cywilizacyjnego. In: Lewandowski, Jan (ed.): Języki specjalistyczne 2. Problemy technolingwistyki. Warszawa 2002, 9–26.

Grucza, Franciszek (2008): Języki specjalistyczne – indykatory i / lub determinatory rozwoju cywilizacyjnego. In: Lukszyn, Jerzy (ed.): Podstawy technolingwistyki. Warszawa, 5–33.

Grucza, Sambor (2004): Od lingwistyki tekstu do lingwistyki tekstu specjalistycz-nego. Warszawa.

Grucza, Sambor (2006): Idiolekt specjalistyczny – idiokultura specjalistyczna – interkulturowość specjalistyczna. In: Lewandowski, Jan et al. (ed.): Języki specjalistyczne 6. Teksty zawodowe w kontekstach międzykulturowych i tłumaczeniowych. Warszawa, 30–49.

Grucza, Sambor (2008): Lingwistyka języków specjalistycznych. Warszawa.

Gülich, Elisabeth (1997): Routineformeln und Formulierungsroutinen. Ein Beitrag zur Beschreibung ‚formelhafter Texte‘. In: Wimmer, Rainer / Berens, Franz J. (Hg.): Wortbildung und Phraseologie. Tübingen, 131–175.

Gülich, Elisabeth / Krafft, Ulrich (1998): Zur Rolle des Vorgeformten in Textpro-duktionsprozessen. In: Wirrer, Jan (Hg.): Phraseologismen in Text und Kontext. Phrasemata I. Bielefeld, 11–38.

Gülich, Elisabeth / Raible, Wolfgang (1977): Linguistische Textmodelle: Grundlagen und Möglichkeiten. München.

Hahn, Walther von (1998a): Vagheit bei der Verwendung von Fachsprachen. In: Hoffmann, Lothar / Kalverkämper, Hartwig / Wiegand, Herbert E. (Hg.): Fach-sprachen. Ein internationales Handbuch zur Fachsprachenforschung und Ter-minologiewissenschaft. Berlin, New York, 378–382.

Hahn, Walther von (1998b): Das Postulat der Explizitheit für den Fachsprachenge-brauch. In: Hoffmann, Lothar / Kalverkämper, Hartwig / Wiegand, Herbert E. (Hg.): Fachsprachen. Ein internationales Handbuch zur Fachsprachenforschung und Terminologiewissenschaft. Berlin, New York, 383–390.

Hahn, Walther von ([2]1980): Fachsprachen. In: Althaus, Hans P. / Henne, Helmut / Wiegand, Herbert E. (Hg.): Lexikon der Germanistischen Linguistik. Tübingen, 390–395.

Hałas, Bożena (1995): Terminologia języka prawnego. Zielona Góra.

Halliday, Michael A. K. (1966): Lexis as a Linguistic level. In: Bazell, Charles E. et al. (ed.): In Memory of J. R. Firth. London.

Härtinger, Heribert (2010): Textsortentypische Phraseologismen und Formulie-rungsmuster in europäischen Patentschriften: Kulturspezifik, Typen, translato-risches Management. Ergebnisse einer kontrastiven Korpusanalyse am Beispiel des Sprachenpaars Spanisch-Deutsch In: Trans-kom 3 [2] http://www.trans-kom.

eu/bd03nr02/trans-kom_03_02_05_Haertinger_Phraseologismen.20101218.pdf (12.10.2012).

Hartmann, Peter (1964): Text, Texte, Klassen von Texten. In: Bogawus 2, 15–25.

Hartmann, Peter (1971): Texte als linguistisches Objekt. In: Stempel, Wolf-Dieter (Hg.): Beiträge zur Textlinguistik. München, 9–29.

Hausmann, Franz J. (1984): Wortschatzlernen ist Kollokationslernen. Zum Lehren und Lernen französischer Wortverbindungen. In: Praxis des neusprachlichen Unterrichts. Jg. 31, 395–406.

Hausmann, Franz J. (1985): Kollokationen im Deutschen Wörterbuch. Ein Beitrag zur Theorie des lexikographischen Beispiels. In: Bergenholtz, Henning / Mugdan, Joachim (Hg.): Lexikographie und Grammatik. Akten des Essener Kolloquiums zur Grammatik im Wörterbuch 1984. Tübingen, 118–129.

Hausmann, Franz J. (1989): Le dictionnaire de collocations. In: Hausmann, Franz Josef et al. (Hg.): Dictionaries. Dictionnaires. Wörterbücher. International Encyclopedia of Lexicography. Berlin; New York, 1010–1019.

Hausmann, Franz J. (2007): Die Kollokationen im Rahmen der Phraseologie – systematische und historische Darstellung. In: Zeitschrift für Anglistik und Amerikanistik 55, 217–234.

Heine, Antje (2006): Funktionsverbgefüge in System, Text und korpusbasierter (Lerner-) Lexikographie. Frankfurt a.M.

Heinemann, Wolfgang (1997): Zu Nominationsproblem im Bereich des Verwaltungskommunikation. In: Barz, Irmhild / Schröder, Marianne (Hg.): Nominationsforschung im Deutschen. Festschrift für Wolfgang Fleischer zum 75. Geburtstag. Frankfurt a.M, 441–457.

Heinemann, Wolfgang (2000a): Textsorten. Zur Diskussion um Basisklassen des Kommunizierens. Rückschau und Ausblick. In: Adamzik, Kirsten / Antos, Gerd / Heinemann, Wolfgang (Hg.): Textsorten: Reflexionen und Analysen. Tübingen, 9–29.

Heinemann, Wolfgang (2000b): Textsorte – Textmuster – Texttyp. In: Brinker, Klaus / Antos, Gerd / Heinemann, Wolfgang / Sager, Sven F. (Hg.): Text- und Gesprächslinguistik. Ein internationales Handbuch zeitgenössischer Forschung. Berlin, New York, 507–523.

Heinemann, Wolfgang / Heinemann, Margot (2002): Grundlagen der Textlinguistik. Tübingen.

Heinemann, Wolfgang / Viehweger, Dieter (1991): Textlinguistik: eine Einführung. Tübingen.

Helbig Gerhard / Buscha Joachim ([5]2005): Deutsche Grammatik. Ein Handbuch für den Ausländerunterricht, Berlin u. a.

Helbig, Gerhard (1979): Probleme der Beschreibung von Funktionsverbgefügen im Deutschen. In: Deutsch als Fremdsprache 16, 273–285.

Helbig, Gerhard (2006): Funktionsverbgefüge – Kollokationen – Phraseologismen. Anmerkungen zu ihrer Abgrenzung – im Lichte der gegenwärtigen Forschung. In: Breuer, Ulrich / Hyvärinen, Irma (Hg.): Wörter – Verbindungen. Festschrift für Jarmo Korhonen zum 60. Geburtstag. Frankfurt a.M., 165–174.

Hellmann, Vanessa (2009): Der Vertrag von Lissabon. Vom Verfassungsvertrag zur Änderung der bestehenden Verträge – Einführung mit Synopse und Übersichten. Berlin, Heidelberg.

Henzen, Walter (1957): Deutsche Wortbildung. Tübingen.

Heringer, Hans J. (1968): Die Opposition von „kommen" und „bringen" als Funktionsverben. Untersuchungen zur grammatischen Wertigkeit und Aktionsart. Düsseldorf.

Hoffmann, Lothar (1976, ²1984): Kommunikationsmittel Fachsprache. Berlin.

Hoffmann, Lothar (1987): Fachsprachen: Instrument und Objekt. Leipzig.

Hoffmann, Lothar (1988): Vom Fachwort zum Fachtext. Beiträge zur angewandten Linguistik. Tübingen.

Hoffmann, Lothar (1993): Fachwissen und Fachkommunikation. Zur Dialektik von Systematik und Linearität in den Fachsprachen. In: Bungarten, Theo (Hg.): Fachsprachentheorie. Band 2. Tostedt, 595–617.

Hoffmann, Lothar (1998a): Fachsprachen und Gemeinsprache. In: Hoffmann, Lothar / Kalverkämper, Hartwig / Wiegand, Herbert E. (Hg.): Fachsprachen. Ein internationales Handbuch zur Fachsprachenforschung und Terminologiewissenschaft. Berlin, New York, 157–168.

Hoffmann, Lothar (1998b): Anwendungsmöglichkeiten und bisherige Anwendung von statistischen Methoden in der Fachsprachenforschung. In: Hoffmann, Lothar / Kalverkämper, Hartwig / Wiegand, Herbert E. (Hg.): Fachsprachen. Ein internationales Handbuch zur Fachsprachenforschung und Terminologiewissenschaft. Berlin, New York, 241–249.

Hoffmann, Lothar (1998c): Anwendungsmöglichkeiten und bisherige Anwendung von linguistischen Methoden in der Fachsprachenforschung. In: Hoffmann, Lothar / Kalverkämper, Hartwig / Wiegand, Herbert E. (Hg.): Fachsprachen. Ein internationales Handbuch zur Fachsprachenforschung und Terminologiewissenschaft. Berlin, New York, 249–269.

Hoffmann, Lothar (1998d): Fachtextsorten der Institutionensprachen III: Verträge. In: Hoffmann, Lothar / Kalverkämper, Hartwig / Wiegand, Herbert E. (Hg.): Fachsprachen. Ein internationales Handbuch zur Fachsprachenforschung und Terminologiewissenschaft. Berlin, New York, 533–539.

Hoffmann, Lothar (2001): Fachsprachen. In: Helbig, Gerhard / Götze, Lutz et al. (Hg.): Deutsch als Fremdsprache. Berlin, New York, 533–543.

Hohnhold, Ingo (1990): Übersetzungsorientierte Terminologiearbeit. Stuttgart.

Hohnhold, Ingo (1993): Terminologisch relevante Phraseologie in Fachtexten: Erscheinungsformen, Funktionen im Text, Bedeutung für Textherstellung und – übersetzung, Nutzung als terminologische Daten. In: Terminologie et Traduction 2–3, 251–270.

Höppnerova, Vera (1991): Phraseologismen in der Fachsprache der Außenwirtschaft. Dissertation Universität Dresden.

Höppnerova, Vera (2013): Konventionalisierte Routineformeln. In: Ference, Anja E. / Spáčilová Libuše (Hg.): Deutsch als Sprache der (Geistes)Wissenschaften. Brno, 21–29.

House, Juliane (2001): Übersetzen und Deutschunterricht. In: Helbig, Gerhard / Götze, Lutz / Henrici, Gert / Krumm, Hans-Jürgen (Hg.): Deutsch als Fremdsprache. Ein internationales Handbuch. 1. Halbband. Berlin, New York, 258–268.

Hums, Lothar (1971): Terminologie und Phraseologie – ihr Verhältnis zueinander auf dem Hintergrund der russischen Terminologie des Eisenbahnbaus. In: Wissenschaftliche Zeitschrift der Technischen Universität Dresden Jg. 20, H. 5, 1251–1254.

Hyvärinen, Irma (2011): Zur Abgrenzung und Typologie pragmatischer Phraseologismen – Forschungsüberblick und offene Fragen. In: Hyvärinen, Irma / Liimatainen, Annikki (Hg.): Beiträge zur pragmatischen Phraseologie. Frankfurt a.M., 9–43.

Iluk, Jan (2012): Deutsche und polnische Rechtsterminologie aus translatorischer Sicht. In: Chmiel, Peter (Hg.): Verba docent, exempla trahunt! Zum 80. Geburtstag von Norbert Morciniec. Wrocław, 97–101.

Ischreyt, Heinz (1965): Studien zum Verhältnis von Sprache und Technik. Düsseldorf.

Jeand'Heur, Bernd (1998): Die neuere Fachsprache der juristischen Wissenschaft seit der Mitte des 19. Jahrhunderts unter besonderer Berücksichtigung von Verfassungsrecht und Rechtsmethodik. In: Hoffmann, Lothar / Kalverkämper, Hartwig / Wiegand, Herbert E. (Hg.): Fachsprachen. Ein internationales Handbuch zur Fachsprachenforschung und Terminologiewissenschaft. Berlin, New York, 1286–1295.

Kalisz, Anna (2007): Wykładnia i stosowanie prawa wspólnotowego. Warszawa.

Kalverkämper, Hartwig (1990): Der Einfluß der Fachsprachen auf die Gemeinsprache. In: Stickel, Gerhard (Hg.): Deutsche Gegenwartssprache Tendenzen und Perspektiven. Berlin, New York, 88–101.

Kalverkämper, Hartwig (1998a): Fach und Fachwissen. In: Hoffmann, Lothar / Kalverkämper, Hartwig / Wiegand, Herbert E. (Hg.): Fachsprachen. Ein internationales Handbuch zur Fachsprachenforschung und Terminologiewissenschaft. Berlin, New York, 1–24.

Kalverkämper, Hartwig (1998b): Fachsprache und Fachsprachenforschung. In. Hoffmann, Lothar / Kalverkämper, Hartwig / Wiegand, Herbert E. (Hg.): Fachsprachen.

Ein internationales Handbuch zur Fachsprachenforschung und Terminologiewissenschaft. Berlin, New York, 48–59.

Kątny, Andrzej (2008): Zum Aspekt im Polnischen aus kontrastiver Sicht. In: Cirko, Lesław / Grimberg, Martin (ed.): Zwischen Lob und Kritik: sechs Jahre Erfahrung mit der Deutsch-polnischen Grammatik (dpg). Wrocław, 91–105.

Kirchhof, Paul (1987): Die Bestimmtheit und Offenheit der Rechtssprache. Berlin, New York.

Kjaer, Anne L. (1990): Phraseology research, State-of-the-art: Methods of describing word combinations in language for specific purposes. In: IITF Journal 1: 1–2, 3–20.

Kjaer, Anne L. (1991): Phraseologische Wortverbindungen in der Rechtssprache? In: Palm, Christine (Hg.): Europhras 90. Akten der internationalen Tagung zur germanistischen Phraseologieforschung Aske / Schweden 12.–15. Juni 1990. Stockholm, 115–122.

Kjaer, Anne L. (2007): Phrasemes in legal texts. In: Burger, Harald / Dobrovol'skij, Dimitrij / Kühn, Peter / Norrick, Neal R. (Hg.): Phraseologie. Ein internationales Handbuch zeitgenössischer Forschung. Berlin, New York, 506–516.

Kleinhietpaß, Cordula M. (2004): Metaphern der Rechtssprache und ihre Verwendung für Visualisierungen. Bochum.

Knoop, Ulrich (1998): Kritik der Institutionensprache am Beispiel der Verwaltungssprache. In: Hoffmann, Lothar / Kalverkämper, Hartwig / Wiegand, Herbert E. (Hg.): Fachsprachen. Ein internationales Handbuch zur Fachsprachenforschung und Terminologiewissenschaft. Berlin, New York, 866–874.

Korhonen, Jarmo (2007): Probleme der kontrastiven Phraseologie. In. Burger, Harald / Dobrovol'skij, Dimitrij / Kühn, Peter / Norrick, Neal R. (Hg.): Phraseologie. Ein internationales Handbuch zeitgenössischer Forschung. Berlin, New York, 574–590.

Kratochvílová, Iva (2011): Kollokationen im Lexikon und im Text. Mehrwortverbindungen im Deutschen und im Tschechischen. Berlin.

Krause, Wolf-Dieter (2000): Text, Textsorte, Textvergleich. In: Adamzik, Kirsten / Antos, Gerd / Heinemann, Wolfgang (Hg.): Textsorten: Reflexionen und Analysen. Tübingen, 45–76.

Kubacki, Artur D. (2009a): Skupienia terminologiczne w polskim języku specjalistycznym. In: Przegląd Glottodydaktyczny 26, 35–40.

Kubacki, Artur D. (2009b): Zasady rozbudowywania frazy nominalnej w języku niemieckim i polskim. In: Investigationes Linguisticae, vol. XVII. Poznań, 15–34.

KÜDES=Konferenz der Übersetzungsdienste europäischer Staaten Arbeitsgruppe Terminologie und Dokumentation (Hg.) (2003): Empfehlungen für die Terminologiearbeit. 2. überarbeitete und erweiterte Auflage. Bern http://www.bk.admin.ch/dokumentation/sprachen/05078/(20.01.2014).

Kühtz, Stefan (2008): Phraseologie in Fachtexten: Funktionen und analytisches Potenzial. In: Deutsche Sprache. Zeitschrift für Theorie und Praxis Dokumentation 2, 176–192.

Kunkel, Kathrin (1985): Untersuchungen zur funktional differenzierten Verwendung von Phraseologismen in ausgewählten Textsorten der deutschen Gegenwartssprache. Dissertation (A). Universität Leipzig.

Lapinskas, Saulius (2006): Pragmatische Phraseologismen als lexikographisches und Übersetzungsproblem. In: Kolbotyra 3, 100–107.

Lipczuk, Ryszard (1999): Zur Mehrdeutigkeit der Termini (am Beispiel von Sprechakttaxonomien). In: Bilut-Homplewicz, Zofia (Hg.): Zur Mehrdimensionalität des Textes. Repräsentationsformen, Kommunikationsbereiche, Handlungsfunktionen. Rzeszów, 117–126.

Lipczuk, Ryszard (2009) O wielości i wieloznaczności terminów (na przykładzie klasyfikacji aktów mowy). In: http://germ.univ.szczecin.pl/~lipczuk/Art.B.A.htm (06.06.2013).

Lüger, Heinz-Helmut (2007): Pragmatische Phraseme: Routineformeln. In: Burger, Harald / Dobrovol'skij, Dimitrij / Kühn, Peter / Norrick, Neal R. (Hg.): Phraseologie. Ein internationales Handbuch zeitgenössischer Forschung. Berlin, New York, 444–459.

Lüger, Heinz-Helmut (⁴2002): Routinen und Rituale in der Alltagskommunikation. Kassel.

Lukszyn, Jerzy (2002): Uniwersalia tekstów specjalistycznych. In: Lewandowski, Jan (ed.): Problemy technolingwistyki. Warszawa, 42–48.

Lukszyn, Jerzy (2007): Tekst specjalistyczny pod lingwistyczną lupą. In: Kornacka, Małgorzata (ed.): Języki specjalistyczne 7. Teksty specjalistyczne jako nośniki wiedzy fachowe. Warszawa, 51–70.

Lukszyn, Jerzy / Zmarzer, Wanda (2001): Teoretyczne podstawy terminologii. Warszawa.

Methfessel, Wolfgang (1997): Vertragsrecht. Band 1: Die allgemeinen Grundlagen des Vertragsrechts. Stuttgart.

Möhn, Dieter / Pelka, Roland (1984): Fachsprachen: eine Einführung. Tübingen.

Morciniec, Norbert (1964): Wortbedeutung und Wortzusammensetzung. In: Germanica Wratislaviensia IX, Nr. 27, 127–170.

Morciniec, Norbert (2012): Wortbedeutung und Wortzusammensetzung. In: Cirko, Lesław / Kiedroń, Stefan (Hg.): Vita in Linguis. Schriften zur Germanistik und Niederlandistik. Wrocław, Dresden, 61–102.

Munske, Horst H. (1996): Eurolatein im Deutschen: Überlegungen und Beobachtungen. In: Munske, Horst H / Kirkness, Alan (Hg.): Eurolatein. Das griechische und lateinische Erbe in den europäischen Sprachen. Tübingen, 83–105.

Otto, Walter (1981): Die Paradoxie einer Fachsprache. In: Radtke, Ingulf (Hg.): Die Sprache des Rechts und der Verwaltung. Stuttgart, 44–57.

Otto, Walter (1982): Erwartungen an die Rechts- und Verwaltungssprache der Zukunft. In: Muttersprache 91, 309–315.

Palm, Christine (1997): Phraseologie. Eine Einführung. Tübingen.

Parianou, Anastasia (1999): Routineformeln und ihre kulturelle Einbettung – unter besonderer Berücksichtigung des Sprachenpaares Deutsch – Griechisch. In: Sabban, Anette (Hg.): Phraseologie und Übersetzen. Phrasemata II. Bielefeld, 175–186.

Picht, Heribert (1988): Fachsprachliche Phraseologie. In: Arntz, Reiner (Hg.): Textlinguistik und Fachsprache. Hildesheim, 187–196.

Picht, Heribert (1989): Fachsprachliche Phraseologie. In: Laurén, Christer / Nordman, Marianne (Hg.): Special language. From humans thinking to thinking machines. Papers presented at the 6th European Symposium on LSP at the University of Vaasa. Aug. 3rd–7th. Clevedon, 89–109.

Picht, Heribert (1991): Die Fachwendung – ein Stiefkind der Fachübersetzung. In: Arntz, Reiner / Thome, Gisela (Hg.): Übersetzungswissenschaft. Ergebnisse und Perspektive. Festschrift für Wolfram Wilss zum 65. Geburtstag. Tübingen, 207–215.

Pieńkos, Jerzy (1999): Podstawy juryslingwistyki. Język w prawie – prawo w języku. Warszawa.

Płomińska, Małgorzata (2015): Formelhaftigkeit deutscher und polnischer Rechtstexte am Beispiel des Vertrags. In: Zenderowska-Korpus, Grażyna (Hg.): Phraseologie und kommunikatives Handeln, 131–152

Polenz von, Peter (1963): Funktionsverben im heutigen Deutsch. Sprache in der rationalisierten Welt. Düsseldorf.

Polenz von, Peter (1987): Funktionsverben, Funktionsverbgefüge und Verwandtes. In: Zeitschrift für germanistische Linguistik 15, 169–189.

Polenz von, Peter (1989): Funktionsverbgefüge im allgemeinen einsprachigen Wörterbuch. In: Hausmann, Franz J. / Reichmann, Oskar / Wiegand, Herbert E. / Zgusta, Ladislav (Hg.): Wörterbücher. Ein internationales Handbuch zur Lexikographie. Berlin, New York, 882–887.

Porzig, Walter (1934): Wesenhafte Bedeutungsbeziehungen. In: Beiträge zur Geschichte der deutschen Sprache und Literatur 58, 70–97.

Pottelberge van, Jeroen (2007): Funktionsverbgefüge und verwandte Erscheinungen. In: Burger, Harald / Dobrovol'skij, Dimitrij / Kühn, Peter / Norrick, Neal R. (Hg.): Phraseologie. Ein internationales Handbuch zeitgenössischer Forschung. Berlin, New York, 436–444.

Poźlewicz, Agnieszka / Duch-Adamczyk, Justyna / Schatte, Christoph (2013): Syntax des Deutschen im Abriss. Poznań.

Roelcke, Thorsten (1999, ²2005): Fachsprachen. Berlin.

Rossenbeck, Klaus (1989): Lexikologische und lexikographische Probleme fachsprachlicher Phraseologie aus kontrastiver Sicht. In: Snell-Hornby, Mary / Pöhl, Esther (Hg.): Translation and Lexicography. Amsterdam, 197–210.

Rothkegel, Annely (1994): Kollokationsbildung und Textbildung. In: Sandig, Barbara (Hg.): EUROPHRAS 92. Tendenzen der Phraseologieforschung. Bochum, 500–523.

Rzetelska-Feleszko, Ewa (2001): Nazwy własne. In: Bartmiński, Jerzy (ed.): Współczesny język polski. Lublin, 405–410.

Sabban, Annette (2007): Textbildende Potenzen von Phrasemen. In. Burger, Harald / Dobrovol'skij, Dimitrij / Kühn, Peter / Norrick, Neal R. (Hg.): Phraseologie. Ein internationales Handbuch zeitgenössischer Forschung. Berlin, New York, 237–253.

Saussure de, Ferdinand (1931): Grundfragen der allgemeinen Sprachwissenschaft. Berlin.

Schaeder, Burkhard (1990): Versuch einer theoretischen Grundlegung der Internationalismen-Foschung. In: Braun, Peter / Schaeder, Burkhard / Volmert, Johannes (Hg.): Internationalismen. Studien zur interlingualen Lexikologie und Lexikographie. Tübingen, 34–46.

Schirmer, Alfred (1913): Die Erforschung der deutschen Sondersprache. In: Germanisch-Romanische Monatsschrift 5, 1–22.

Schmidt, Wilhelm (1969): Charakter und gesellschaftliche Bedeutung der Fachsprachen. In: Sprachpflege 18, 10–21.

Schmidt, Wilhelm (1981): Funktional-kommunikative Sprachbeschreibung. Leipzig.

Searle, John F. (1974): Sprechakte: ein sprachphilosophischer Essay. Frankfurt a.M.

Seifert, Jan (2004): Funktionsverbgefüge in der deutschen Gesetzessprache (18.–20. Jahrhundert). Hildesheim.

Sinclair, John (1991): Corpus, Concordance, Collocation. Oxford.

Sozański, Jarosław (2010a): Prawo Unii Europejskiej. Poznań.

Sozański, Jarosław (2010b): Traktat Lizboński. Warszawa.

Starzec, Anna (1984): Rozwój polskiej terminologii motoryzacyjnej (od początku do 1945 roku). Opole.

Steger, Hugo (1988): Institutionensprache. In: Staatslexikon. Band 5. Freiburg, 125–128.

Stein, Stephan (1995): Formelhafte Sprache: Untersuchungen zu ihren pragmatischen und kognitiven Funktionen im gegenwärtigen Deutsch. Frankfurt a.M.

Stein, Stephan (2001): Formelhafte Texte. Musterhaftigkcit an der Schnittstelle zwischen Phraseologie und Textlinguistik. In: Lorenz-Bourjot, Martine / Lüger, Heinz-Helmut (Hg.): Phraseologie und Phraseodidaktik. Wien, 21–39.

Stein, Stephan (2004): Formelhaftigkeit und Routinen in mündlicher Kommunikation. In: Steyer, Kathrin (Hg.): Wortverbindungen – mehr oder weniger fest. Berlin, New York, 262–288.

Steyer, Kathrin (1998): Kollokationen als zentrales Übersetzungsproblem – Vorschläge für eine Kollokationsdatenbank Deutsch-Französisch / Französisch-Deutsch auf der Basis paralleler und vergleichbarer Korpora. In: Bresson, Daniel (Hg.): Lexikologie und Lexikographie Deutsch-Französisch. Aix-en-Provence, 95–113.

Stickel, Gerhard (1984): Zur Kultur der Rechtssprache. In: Mitteilungen des Instituts für deutsche Sprache. 10 Aspekte der Sprachkultur. Mannheim, 29–60.

Stöckl, Hartmut (2004): Typographie: Gewand und Körper des Textes – Linguistische Überlegungen zu typographischer Gestaltung. In: Zeitschrift für Angewandte Linguistik 41, 5–48.

Stolze, Radegundis (2009): Fachübersetzen – Ein Lehrbuch für Theorie und Praxis. Berlin.

Storrer, Angelika (2006): Funktionen von Nominalisierungsverbgefügen im Text. Eine korpusbasierte Fallstudie. In: Proost, Kristel / Winkler, Edeltraut (Hg.): Von der Intentionalität zur Bedeutung konventionalisierter Zeichen. Festschrift für Gisela Harras zum 65. Geburtstag. Tübingen, 147–178.

Szubert, Rafał (1998): Zur Fachsprache der Juristik. Forschungsstand und Aussichten. In: Orbis Linguarum. Legnickie Rozprawy Filologiczne. Vol. 8. Legnica, 139–146.

Szubert, Rafał (2010): Juristische Phraseologie – lexikalisierte Benennungseinheiten der Rechtssprache. In: Studia Germanica Gedanensia 23, 147–158.

Topolińska, Zuzanna (1979): O rzeczownikach jako o wykładnikach predykacji. In: Opuscula Polono-Slavica. Wrocław, 383–390.

Trubetzkoy, Nikolai Sergeyevich (1939, ⁶1977). Grundzüge der Phonologie. Göttingen.

Vater, Heinz (1992): Einführung in die Textlinguistik: Struktur, Thema und Referenz in Texten. München.

Volmert, Johannes (1990): Interlexikologie – theoretische und methodische Überlegungen zu einem neuen Arbeitsfeld. In: Braun, Peter / Schaeder, Burkhard / Volmert, Johannes (Hg.): Internationalismen. Studien zur interlingualen Lexikologie und Lexikographie. Tübingen, 47–62.

Wiesiołek, Wojciech (2005): Kilka uwag o tłumaczeniu tekstów specjalistycznych z zakresu prawa (w tym prawa europejskiego). In: Lewandowski, Jan / Kornacka, Małgorzata (ed.): Języki specjalistyczne 5. Warszawa, 70–78.

Wołodkiewicz, Witold (2009): Europa i prawo rzymskie. Szkice z historii europejskiej kultury prawnej. Warszawa.

Worbs, Erika (1998): Was ist fachsprachliche Phraseologie? Überlegungen am Beispiel der deutschen und polnischen Börsensprache. In: Rothe, Hans / Thiergen, Peter (Hg.): Polen unter Nachbarn. Polonistische und komparatistische Beiträge zur Literatur und Sprache. Köln, Weimar, Wien, 99–127. http://www.fb06.uni-mainz.de/inst/is/polnisch/texte/boersensprache.pdf (11.10.2011).

Wróblewski, Bronisław (1948): Język prawny i prawniczy. Kraków.

Wronkowska, Sławomira (2003): Podstawowe pojęcia prawa i prawoznawstwa. Poznań.

Wronkowska, Sławomira / Ziembiński, Zygmunt (2001): Zarys teorii prawa. Poznań.

Zimmermann, Klaus (1978): Erkundungen zur Texttypologie mit einem Ausblick auf die Nutzung einer Texttypologie für eine Corpustheorie. Tübingen.

Zimmermann, Małgorzata (1981): Zum Begriff der Kollokation in der Sprachwissenschaft und der Glottodidaktik. In: Glottodidactica XIV, 61–68.

B. Wörterbücher

Deutsche Rechtschreibung = Rat für Deutsche Rechtschreibung (Hg.) (2006): Deutsche Rechtschreibung: Regeln und Wörterverzeichnis; amtliche Regelung. Tübingen.

Duden = Das große Wörterbuch der deutschen Sprache (2000). Mannheim.

Duden = Das große Wörterbuch der deutschen Sprache (2005). Mannheim.

Duden = Deutsches Universalwörterbuch (2001). Mannheim.

Jędrzejko, Ewa (ed.) (1998): Słownik polskich zwrotów werbo-nominalnych. Warszawa.

Markowski, Andrzej (2002). (ed.): Nowy słownik poprawnej polszczyzny PWN. Warszawa.

PWN = Słownik języka polskiego (2009). Warszawa.

Quasthoff, Uwe (2011): Wörterbuch der Kollokationen im Deutschen. Berlin, New York.

Schemann, Hans (1993, ²2011): Deutsche Idiomatik. Wörterbuch der deutschen Redewendungen im Kontext. Berlin, Boston.

WAHRIG = Wahrig, Gerhard / Wahrig-Burfeind, Renate (2003): Deutsches Wörterbuch. München.

C. Rechtsakte

AEU-Vertrag = Vertrag über die Arbeitsweise der Europäischen Union vom 25.03.1957. Konsolidierte Fassung geändert mit dem Vertrag von Lissabon. C 115/47.

BGB = Bürgerliches Gesetzbuch. Das Gesetz vom 18.08.1896. BGBl. I S. 42, 2909; 2003 I S. 738 mit Änderungen.

EU-Vertrag = Vertrag über die Europäische Union vom 07.02.1992. Konsolidierte Fassung geändert mit dem Vertrag von Lissabon. C 83/13.

KC = Kodeks Cywilny. Das Gesetz vom 24.04.1964 r. Dz. U. 1964 r. Nr. 16, Stel. 93 mit Änderungen.

Vertrag von Lissabon = Vertrag von Lissabon zur Änderung des Vertrags über die Europäische Uno und des Vertrags zur Gründung der Europäischen Gemeinschaft vom 13.12.2007. Amtsblatt C 306 vom 17.12.2007.

Vertrag von Nizza vom 26.02.2001. Amtsblatt Nr. C 80 vom 10.03.2001.

Traktat lizboński, Dziennik Urzędowy Unii Europejskiej C 306 17.12.2007.

Handbuch der Rechtsförmlichkeit = Das Bundesministerium für Justiz (³2008).

Verzeichnis der Abbildungen

Danziger Beiträge zur Germanistik

Herausgegeben von Prof. Dr. Andrzej Kątny, Dr. Katarzyna Lukas und Prof. Dr. Czesława Schatte

Band 44 Werner Abraham: Schriften zur Synchronie und Diachronie des Deutschen. Herausgegeben von Andrzej Kątny, Michail Kotin, Elisabeth Leiss, Anna Socka. 2014.

Band 45 Elżbieta Kazimierska: Direktionalia im Deutschen und im Polnischen. 2014.

Band 46 Izabela Kujawa: Der politische Diskurs als Gegenstand der linguistischen Analyse am Beispiel der Integrationsdebatte in Deutschland 2006–2010. 2014.

Band 47 Magdalena Urbaniak-Elkholy: Komplexe deutsche Nominalphrasen und ihre polnischen Entsprechungen. Eine konfrontative Studie. 2014.

Band 48 Deutsch im Kontakt und im Kontrast. Festschrift für Prof. Andrzej Kątny zum 65. Geburtstag. Herausgegeben von Katarzyna Lukas und Izabela Olszewska. 2014.

Band 49 Agnieszka Marta Kurzyńska: Das deutsche Poplied als Textsorte. Eine Studie über neue deutsche Liedtexte aus textuell-stilistischer Sicht. 2015.

Band 50 Magdalena Pieklarz-Thien: Gesprochene Sprache in der philologischen Sprachausbildung. Theoretische Grundlagen – Empirische Befunde – Exemplarische Anwendungen. 2015.

Band 51 Jolanta Mazurkiewicz-Sokołowska: Zur individuell-subjektiven Prägung der Bedeutung am Beispiel ausgewählter Ess- und Trinkwaren. 2015.

Band 52 Joanna Woźniak: Fachphraseologie am Beispiel der deutschen und der polnischen Fassung des Vertrags von Lissabon. 2016.

www.peterlang.com